기득권층

The Establishment

기득권층

세상을 농락하는 먹튀의 귀재들

오언 존스 지음

조은혜 옮김

북인더갭
BOOKintheGAP

피터와 파멜라, 조부모님,

나에게 영감을 불어넣어주시고 힘을 주신 모든 분들께,

그리고

사랑을 다해, 조지에게

감사의 말

"책 한 권을 써내는 일은 고통스러운 병을 오래 앓는 것처럼 끔찍하고 진빠지는 투쟁"이라고 조지 오웰(George Orwell)이 1946년에 썼던가. 나는 지금 책 쓰는 일을 그보다 더 현명하게 표현할 수는 없다고 확신하고 있다. 하지만 "작가란 전부 허영에 가득 차 있고 이기적이며 게으르다"는 오웰의 주장에는 반대하며, 이 투쟁이 나만의 것은 아니었음을 분명히 해둔다. 모든 책은 집단 노력의 산물이며, 이 책도 예외가 아니다.

먼저, 편집자 톰 펜(Tom Penn)에게 특히 감사를 표한다. 톰은 내 첫번째 책인 『차브』(Chavs, 『차브: 영국식 잉여 유발사건』 북인더갭, 이하 작은 괄호 안의 주석은 모두 옮긴이의 것임)를 편집했고 그 책의 성공을 뒷받침해주었는데, 이 책을 편집하는 데 들인 그의 노력도 가히 스타하노프(소련의 노동영웅)를 떠올릴 정도였다. 그는 원고가 제 꼴을 갖추도록 망치질을 하고, 내게 이의를 제기하고 재촉했으며, 종종 내가 하려는 말을 나 자신보다 더 잘 아는 것처럼 보였다.

그리고 뛰어난 에이전트 앤드루 고든(Andrew Gordon)도 있다. 난 그에게 모든 걸 빚졌다. 그는 알 수 없는 이유로 나에게 판돈을 걸어, 무명인 상태에서 나를 끌어내 작가가 될 수 있는 기회를 주었다. 그건 위험부담이 큰 일로, 그에겐 엄청난 믿음이 필요한 것이었으니, 아무리 감사해도 모자라다.

훌륭한 교열담당자인 리처드 매이슨(Richard Mason)은 놀라운 활기와 끈기로 오랜 교열 작업을 견뎌주었다. 그는 오타를 잡아내고, 모호한 문장을 수정하도록 이끌어주었으며, 원고 전반을 극적으로 개선시켜주었다.

이 책을 쓰는 동안 내 존재를 견디며 가엾게 시달린 내 친구들도 특별히 생각난다. 조지(George)는 내 기복의 피해를 가장 많이 받았고, 교정·재교정에 시달려야 했다. 감사를 전한다. 그랜트 아처(Grant Archer), 레아 크레이츠먼(Leah Kreitzman), 엘리 매 오헤이건(Ellie Mae O'Hagan)과 제미마 토머스(Jemima Thomas)는 모두 초안을 읽고 뛰어난 조언과 비평을 해주었다. 그대들 모두와 그대들의 우정에 감사한다. 알렉스 비크로프트(Alex Beecroft), 제임스 베번(James Bevan), 데이브 로버츠(Dave Roberts), 스테펀 스미스(Stefan Smith)와 크리스 워드(Chris Ward)도 생각을 주고받고 결정적인 제안을 해주었던 친구들이다.

우리 아버지 롭(Rob)과 어머니 루스(Ruth)도 초고를 읽고 구체적인 제안과 함께 일반적인 지혜를 전해주셨다. 언제나 권위와 권력이 있는 자들에게 의문을 제기하고 도전하도록 나를 격려해주시고 투쟁과 이의제기라는 전통을 물려주신 두 분께 감사드린다. 내 형제 벤(Ben)과 마크(Mark) 또한 내게 훌륭한 조언을 주었고, 내 쌍둥이 동생 엘리너(Eleanor)도 나와 논쟁하고 나를 일깨워주었다.

그밖에도 내가 감사를 표하고 싶은, 그네들의 도움과 조언과 전문성에 의존했던 수많은 다른 사람들이 있다. 데이비드 블랜치플라워(David Blanchflower), 시메온 브라운(Symeon Brown), 마크 퍼거슨(Mark Ferguson), 메디 하산(Mehdi Hassan), 에릭 홉스봄(Eric Hobsbawm), 코스타스 라파비타스(Costas Lapavitas), 헬렌 루이스(Helen Lewis), 셰이머스 밀른(Seumas Milne), 개러스 퍼스(Gareth Peirce), 리처드 페피아트(Richard Peppiatt), 앤 페티포(Ann Pettifor), 앨리슨 폴록(Allyson Pollock), 제프리 로버트슨(Geoffrey Robertson), 로버트 스키델스키 경(Lord Robert Skidelsky), 스테펀 스턴(Stefan Stern) 같은 사람들이다.

내 신념을 표현할 수 있는 장을 제공해준 『가디언』(The Guardian)지와 그곳의 훌륭한 분들, 그리고 나를 처음 채용하고 계속 지지해준 『인디펜던트』(The Independent)에도 감사를 표하고 싶다.

인생의 많은 부분을 정의를 위해 그리고 기득권에 맞서 싸워온 사람들(많은 경우 내가 살아온 기간보다 길게) 덕에 나는 힘을 얻었고, 내 신념은 상당 부분 그들 덕분에 연마되었다. 노동조합원, 조세정의 운동가, 침실세(bedroom tax, 주택보조금을 받는 공영주택 거주자의 가족수에 견줘 남는 침실이 있으면 보조금을 삭감하여 저소득층의 반발을 불렀던 정책) 반대 운동가, 장애 활동가, 노인-청년 평등 운동가, 성차별·인종차별·성소수자혐오에 맞서 싸우는 사람들 등을 기억하고 싶다. 특히 긴축에반대하는시민회합(People's Assembly), UK언컷(UK Uncut), 삭감에반대하는장애인(Disabled People

Against the Cuts), 전국연금수령자협회(the National Pensioners Convention), 그리고 유나이트(Unite), GMB, PCS, 그리고 RMT와 같은 노동조합에 감사를 표한다. 무엇보다도, 크든 작든 간에 부정의에 맞서 싸우는 모든 이들에게 감사한다. 그대들은 매일 내게 영감을 주고 있다.

2014년 6월 런던에서,
오언 존스

차례

일러두기

1. 본문 내 작은 괄호 안의 주석은 옮긴이의 것이며, 큰 괄호 안의 설명은 저자의 것이다.

2. 각 장 안의 소제목은 편집자가 붙인 것이다.

3. 주요 인명이나 단체, 지역, 법령 등의 원어는 가급적 본문에서 맨 처음 나오는 곳에만 병기했다.

들어가며

영국 기득권층은 경고도 없이, 벌거벗은 채로 무대에 떠밀려나왔다. 관객은 숨이 턱 막혔다. 그들 앞에 서 있는 건 낯익은 사람이지만, 용서 없는 스포트라이트의 응시 아래 비로소 그 인물이 진정 누구인지 드러난 것이다. 그러나, 그 인물은 갑작스럽게 나타났던 만큼이나 다시 가려지고 원래 있던 자리로 되돌아간다. 무대 밖으로 말이다.

어쩌면 최근 영국 권력의 대들보를 뒤흔드는 중요한 위기의 순간마다 이런 일이 일어나는 것처럼 보인다. 2008년, 규제받지 않은 런던 금융중심지(City of London 또는 the City, 뉴욕의 월가에 비견되는 국제금융지구)의 탐욕이 경제적 화염폭풍을 불러일으키는 데 일조하면서 널리 퍼졌던 분위기는 당시에 돌던 농담으로 요약할 수 있다. '12명의 은행가가 바닷속에 가라앉는 걸 뭐라고 부르게? 좋은 출발점이지.' 그 다음해에 권력층은 연이은 스캔들에 시달렸다. 영국 하원의원들이 널리 사랑받은 적은 없었지만, 국민의 세금에서 나오는 의정활동비를 착복하다 들통난 후로 그들은 점점 더 미움을 받았다. 의원들이 와이드스크린 텔레비전 세트, 정부지원 주택, 연못의 오리집, 은닉처, 해자(垓字) 그리고 포르노 영화 등에 쓴 돈을 의정활동비 명목으로 처리했던 것이다. 그동안 영국 경찰 또한 무고한 사람의 죽음에서부터 보수당 내각각료에게 누명을 씌우는 일에 이르기까지, 끝없이 위기에 휘말리며 음모와 은폐의 문화를 드러내왔다. 그리고 나서 머독(Rupert Murdoch, 언론재벌) 소유의 언론사 중 하나인 『뉴스 오브 더 월드』(News of the World)의 조직적인 전화 해킹이 드러나면서, 언론권력은 인기있는 토론 주제가 되었다. 특히 머독이 운영하는 신문사가 경찰 및 공무원들을 디너파티, 의심스러운 채용, 비밀회의와 뇌물 따위로 꼬드겨왔음이 드러나자 정계엘리트, 언론계 거물, 그리고 경찰의 수상한 연고가 조명을 받기 시작했다.

스캔들의 쇄도와 함께, 진정으로 통치하는 자가 누구이고 그들이 무엇을 하고 있는지가 그 어느 때보다 긴급한 질문이 되었다. 영국 시민들은 민주주의의 번영 속에 국사(國事)가 인민의 의지에 따라 자유롭게 결정되는 나라에 살고 있다고 배웠다. "이 나라에 사는 우리는 자랑스러워할 일이 많다"고 영국의 전 총리 데이비드 캐머런(David Cameron, 2010~2016 재임, 보수당)은 2012년 하원에서, 진심으로 열정을 담아 말했다. "이 나라에는 세계에서 가장 역사 깊은 민주주의, 언중과 언론의 자유, 솔직하고 건강한 공공 토론 등이 있습니다."[1] 우리는 종종 큰 희생을 치르면서 이 나라의 역사를 가로지르는 치열한 투쟁을 이어온 결과, 권력층이 그 대가로 내놓은 권리와 자유를 향유하고 있다. 하지만 우리의 민주주의는 권력을 가진 자들, 다른 말로 기득권층을 형성하는 자들의 이권과 끊임없이 충돌하는 불안정한 것이다. 그러나 사람들의 입에 자주 오르내리는 친숙한 단어임에도, 우리는 '기득권층'(the Establishment)이 누구이고 무엇인지, 그들이 어떻게 생겼는지도 모른다. 기득권층에게는 다행스러운 일이다.

잉크가 번진 종이를 보고 있으면, 당신은 그 이미지의 외곽선을 감지할 수 있을 것이다. 그렇지만 같은 종이라도 사람마다 매우 다르게 볼 수도 있다. 우리가 보는 것은 번진 잉크의 문양이라기보다는 드러난 우리 자신의 모습이다. 물론 이것은 '로르샤흐 테스트'(Rorschach test)로 알려진 것이다(스위스 정신의학자 로르샤흐가 개발한 성격 검사법으로, 잉크가 번져서 생긴 무늬에 부여하는 의미를 통해 피검자의 내면세계를 파악함). 그리고 기득권층을 볼 때도 이와 같은 원리가 적용된다.

'기득권층'은 대강 '권력을 가지고 있고 내가 반감을 품는 사람들'을 일컬을 때 자주 사용되는 용어다. 이 책은 대부분 선거로 선출되지 않았고 책임도 지지 않으면서 실제로 지배권을 쥐고 있는 집단이 정말로 있으며, 그들은 단순히 부와 권력을 자기네끼리 나눠 가질 뿐 아니라 그들의 행동방식을 결정하는 사상과 사고방식 덕분에 지배권을 가진다는 점을 시사한다. 하지만 '기득권층'이 무엇인가, 기득권층이 무엇을 대변하고 누가 기득권층을 구성하며 누가 기득권층에서 배제되는가를 놓고 서로 다른 강경한 의견이 대립한다.

영국에서 두번째로 많이 읽히는 신문이고 정치적 논의를 형성하는 데 있어 강력한 역할을 행사하는 우익 언론 『데일리 메일』(Daily Mail)은 정기적으로 자신들이 '기득권층'이라고 보는 사람들을 힐난한다. 『데일리 메일』의 칼럼니스트였던 멜라니 필립스(Melanie Phillips)는 자유주의자에서 극렬 보수로의 놀랄 만한, 하지만 드문 경우는 아닌 변신을 겪은 경력의 소유자다. 필립스가 보기에 지금 책임을 맡고 있는 사람은 1960년대의 히피 청년들이다. 한 칼럼에서 그녀는 "이상한 점은 이 혁명가들께서 전혀 자라지 않았다는 점"이라고 주장한다. "이 전후 베이비붐 세대는 나이가 들어서도 자기들이 젊었을 적의 유아적 취향에 매달린다. 그러나 그들은 이 나라의 기득권층이 되었다. 대학, 경찰, 공공부문, 사법부 등 여러 직업군에 걸친 고위직에는 그 세대 사람들이 있다." 한편 한때는 트로츠키주의 혁명가였다『메일 온 선데이』(Mail on Sunday)의 보수 논객이 된 피터 히친스(Peter Hitchens)는 기득권층이란 도덕적으로 타락한 자들의 집합이라고 믿는다. "알다시피, 마약 오남용은 소수 비주류의 활동이 아니다"라고 그는 적었다. "그것은 영국 기득권층 전체의 악덕이다." 위대하고 선한 사람들이 식탁에 몸을 구부리고 신용카드로 코카인을 나누는 걸 생각해보면, 그것은 충격적인 이미지이며, 증거가 없는 만큼이나 관심을 끌 만하다. 하지만 기득권층이 이렇게 포착하기 어려운 개념임이 입증된 만큼, 이런 종류의 음모론은 피할 수 없다.

심지어 정치적 선동가로 경력을 시작해서 실제로 권력을 행사하는 자리로 간 사람들조차 기득권층에 관해서라면 바보가 되는 것 같다. 존 프레스콧(John Prescott)은 한때 상선에서 일하는 식당 종업원이었으며 급진 좌파의 일원이었다. 그는 1966년 당시 노동당 총리 해럴드 윌슨(Harold Wilson)이 '정치적 목적으로 굳게 단결된 집단의 행동'이라고 맹비난한 바 있는 해원(海員) 파업을 조직했다. 그로부터 30년 후,

프레스콧은 토니 블레어(Tony Blair, 영국 전 총리, 1997-2007 재임, 노동당)의 신 노동당정책(New Labour project, 친기업적, 시장 중심으로 선회한 새로운 노동당 정책)의 핵심 인물로 부총리가 되면서 좌측에서 중심으로의 여행을 마쳤다. 2010년 하원의원직에서 물러나면서, 그는 자신이 오랫동안 철폐를 외쳐온 영국 상원의 일원이 되었다. "아직도 엘리트가 영국을 지배한다"고 그는 2013년 『데일리 미러』(Daily Mirror) 칼럼에 썼다. "부유층에서 태어나 특권층의 관계망에 들어갈 만한 경제적 여유가 있는 이들이 앞으로도 기득권층을 지배할 것이다." 프레스콧은 자신처럼 배경이 하잘것없는 사람은 자동으로 기득권층에서 제외된다고 암시한다. 금수저를 물고 태어난 사람들만이 기득권이라는 딱지에 걸맞는다는 것이다. 그런 인식 덕택에 기득권층의 일부는 스스로를 전혀 기득권층이 아니라고 확신한다.

하지만 사람들이 기득권층에 대해서 내리는 다양한 정의는 한 가지 특성을 공유한다. 언제나 경멸 투라는 것이다. 이런 점에서, 당신은 이 경멸받는 무리에 기꺼이 들어갈 사람은 거의 없으리라고 생각할지도 모른다. 하지만 어떤 권력자들은 자신을 기득권층이라고 칭하는 데 조금의 거리낌도 없다. 귀족적인 버틀러 경(Lord Butler, 브록웰 남작 로빈 버틀러(Robin Butler) 경을 말함)이 런던 중심부의 삐에 아 떼르(pied-a-terre, 주로 시골에 영지와 저택이 있는 부유층 귀족들이 소유한 도시의 비교적 작은 처소)에서 힘있는 악수로 나를 반겨주는 순간, 나는 그가 타인을 지배하기 위해 태어난 사람이라는 느낌을 받지 않을 수 없었다. 그가 옥스퍼드 학생이었을 땐, 럭비 경기장에서 그에게 태클을 거는 사람은 출세 전망을 걷어차버리는 거나 마찬가지라는 루머가 반농담처럼 돌았다. 에드워드 히스(Edward Heath), 해럴드 윌슨, 그리고 마거릿 대처(Margaret Thatcher)를 포함해 여러 총리가 바뀌는 동안 비서관(Private Secretary)이었던 버틀러는 토니 블레어 정권에서 사직할 때까지 영국 최고위 공무원이었다. 위압적이면서도 가볍게 덧입혀진 그의 자기확신은 권력자에게 흔한 것이다. 버틀러 댁의 하녀가 부엌에서 바쁘게 일하는 동안, 나는 그에게 스스로를 기득권층의 일원으로 여긴 적이 있느냐고 질문했다. 그는 눈도 깜빡 않고 대답했다. "그렇소." 그러나 그가 자신의 대답에 부연하면서, 기득권층의 의미에 대한 정의는 모호해지기 시작했다. "뭐, 내 말은, 내가 특혜받은 환경에 있어왔고 그 덕분에 많은 사람들을 알게 되었으며 적절한 때에 적절한 장소에 있을 수 있는 행운을 누려왔다는 것입니다. 그러니, 맞소이다. 내가 권력을 가졌거나 가지고 있는 많은 사람이 포함된 집단의 일원이라고 생각합니다."

기득권층에 대한 지배적 견해는 다음과 같이 요약할 수 있다. 우익은 기득권층을 도덕적으로 타락한 사회적 자유주의(social liberalism)를 널리 퍼뜨리는 자들로 본다. 좌파에게는 기득권이 영국 정계의 핵심 기관을 지배하는, 사립학교와 옥스브리지(Oxbridge, 영국의 양대 명문대인 옥스퍼드대학과 케임브리지대학을 합쳐서 이르는 말) 졸업생의 관계망을 의미할 가능성이 높다. 이렇게 '기득권층'은 로르샤흐 테스트의 잉크 얼룩으로 남는다.

내가 이해하는 '기득권층'의 의미는 이렇다.

오늘날 기득권층은 언제나 그렇듯이 권력있는 자들의 집단으로 이루어져 있는데, 이들은 성인 인구의 거의 전체가 투표권을 가지는 민주주의 체제에서 자신들의 지위를 지킬 필요가 있다. 기득권층은 민주주의가 자신들의 이익을 위협하지 않도록 '관리'하려는 권력 집단의 시도를 대표한다. 이런 점에서, 기득권층은 권력자 집단을 더 광범위한 인구로부터 보호하려는 방화벽으로 볼 수도 있다. 연줄 좋은 우익 블로거이자 칼럼니스트인 폴 스테인스(Paul Staines)는 만족스럽게 말한다. "보통선거가 시행된 지 거의 한 세기가 지난 지금, 자본이 자신을 선거권자들로부터 보호할 방법을 찾아냈다."

　19세기에 보통선거를 요구하는 목소리가 힘을 얻으면서, 특권층은 가난한 사람들에게 투표권을 주면 자신들의 지위가 치명적으로 위협받을 거라고 두려워했다. 사회의 하층이 새로 얻은 목소리를 사용해 사회 최상층으로부터 권력과 부를 빼앗아 유권자 전체에게 재분배하리라는 거였다. "이곳에서 노동계급과 관련된 말을 많이 듣고 있는데, 솔직히 말해서 전 걱정이 됩니다." 1866년, 보수 정치인 솔즈버리 경은 (Lord Salisbury) 투표권을 확대하려는 계획에 대해 이렇게 말했다. 노동계급에게 선거권을 주면 그들은 "조세와 자산에 있어 특히 노동계급에게 유리한 법안"을 통과시키려는 유혹을 받을 것이고, "그러므로 투표권 확대는 노동계급을 제외한 다른 모든 계급에게 위험하다"는 것이다. 그는 자신의 주제를 더 자세히 설명한다. "자산이 적을수록 선거권을 오용할 위험이 커집니다." 다시 말해서, 시민이 가난할수록 그에게 투표권을 주면 위험하다는 뜻이다.[2] 하지만 지배엘리트들은 더 큰 두려움—계속 투표권을 주지 않으면 그 결과 사회혁명이 일어날지도 모른다는—에 사로잡혀 있어서, 1918년에 이르러 모든 남성과 일부 여성이 선거권을 획득하게 되었다.

　하지만 19세기의 보통선거 반대론자들이 아주 근거없는 우려를 한 건 아니었다. 2차세계대전 후 수십년간 영국의 강력한 이익집단들에게 개인사업에 대한 높은 세금과 규제를 비롯한 몇몇 통제가 부과되었다. 결국, 이것은 당시 선거권을 획득한 대중의 의지였다. 그러나 오늘날에는 그 통제 중 다수가 철폐되거나 해체되는 중이다. 그리하여 오늘날, 기득권은 소수에 의한 부와 권력의 독점을 정당화하고 보호하는 기관이나 관념으로 특정지을 수 있겠다.

영국 사회를 지배하는 사람들의 이익은 서로 이질적이다. 확실히, 그들은 자주 서로 대립한다. 기득권층에는 입법 활동을 하는 정치가, 정치 논의의 용어와 조건을 정하는 언론계 거물, 경제를 운용하는 기업인과 금융업자, 권력자에게 유리하도록 제정된 법을 집행하는 경찰 등이 포함된다. 기득권은 이런 여러 이익과 세계들이 의식적으로든 무의식적으로든 서로 교차하는 장이다. 꼭대기에 있는 사람들은 권력과 끝없이 증식하는 재산을 누릴 자격이 있다는 공통의 생각이 기득권을 통합해주는데, 이는 화장품 대기업 로레알의 '난 소중하니까요'(Because I'm Worth it)라는 광고 슬로건으로 요약될 수 있다. 이런 사고방식으로 정치인이 의정활동비를 빼돌리고, 사업가가 탈세를 하며, 런던 금융중심지의 은행가들은 세계 경제를 재앙으로 몰아넣으면서 어느 때보다도 큰 보너스를 요구하는 것이다. 복지 혜택 부정수급과 같이 사회적 위계의 밑바닥 사람들이 저지르는 가장 경미한 범죄를 엄벌하도록 제정된 법은 이 모든 사태를 가능케 하고, 심지어 조장한다. '우리에게 적용되는 규칙과 다른 사람들에게 적용될 규칙은 다르다'는 말 역시 기득권층의 생각을 요약한다.

이런 사고방식은 현대 기득권층이 공유하는 이데올로기, 그러니까 그들의 지위와 행동을 합리화하고 정당화하는 데 도움을 주는 일련의 발상에 모든 것을 빚지고 있다. 자주 '신자유주의'로 묘사되곤 하는 이 이데올로기는 소위 '자유시장'이라는 신념을 토대로 삼는다. 공공 자산을 되도록 많이 영리사업으로 전환하고, 이전에 국가가 경제에서 담당해온 역할에 어느 정도 반대하거나 혹은 그런 국가개입을 적대시하며, 사익에 부과되는 세금의 감면을 지지하고, 어떤 형태이건 현 상태에 도전할 가능성이 있는 모든 조직을 격퇴한다. 이 이데올로기는 자주 '자유', 특히 '경제적 자유'라는 명목으로 합리화되며, 자신을 개인주의의 언어로 방어한다. 기득권층은 이것이 마치 날씨처럼 당연한 것이자 삶의 진실이라고 여긴다.

이런 신념을 지지하지 않으면 오늘날 기득권층에서 배제될 뿐 아니라, 잘해야 특이하다고, 아니면 소수 과격분자로 여겨져 묵살될 것이다. 기득권층의 구성원들은 대체로 이 이념을 믿지만, 그것은 단지 그들이 부와 권력을 끝없이 증대시킬 수 있도록 해주는 편리한 신념과 정책들의 집합일 뿐이다.

공유된 사고방식뿐 아니라, 재정적 상호연관과 '회전문' 문화가 기득권층을 결속시켜준다. 다시 말해서, 권력자 개인들은 정계, 기업 그리고 언론계를 미끄러져 다니거나 이 다양한 세계들에 동시에 자리잡은 사람들이다. 정치적 논쟁의 조건은 소수의 부자들이 소유한 언론이 상당 부분 단독 결정하고 있으며, 싱크탱크와 정당은 부유한 개인과 기업의 지원을 받고 있다. 많은 정치인들의 이름이 민간 사업체의 급료지불 명세서에 올라 있다. 공무원과 정치인은 결국 자신이 다루는 정책 영역에 관심이 있는 회사를 위해 일하고, 공무를 수행할 때 그 회사들이 이득을 보게 해준다. 이런 사태는 공무원과 정치인들이 기업의 이익을 증대시키는 이념에 대해 치우친 이해관계를 갖도록 한다. 재계는 정치가나 공무원들과의 연줄을 통해 정부 구조를 경험하고 이해하는 이익을 누리고, 이는 사기업이 권력의 중심부까지 나아갈 길을 깨닫게 해준다.

그러나 기득권층 사고의 중추에는 논리적 오류가 존재한다. 기득권층이 국가를 혐오할지 몰라도, 그들의 번영은 전적으로 국가에 의존하고 있는 것이다. 은행 긴급구제, 국가 재정으로 건립된 사회기반시설, 국가에 의한 사유재산의 보호, 연구와 개발, 막대한 공공재정을 들여 교육받은 인재, 살아가기에 턱없이 모자란 임금의 보전, 각종 국가 보조금―이 모두가 오늘날 기득권층의 특징인 '부자를 위한 사회주의'로 설명될 수 있는 것들의 예다.

기득권층은 그들이 받아야 할 철저한 감시를 받지 않는다. 결국, 권력있는 자들의 행동을 조명하는 건 언론의 책무다. 그러나 언론은 기득권층의 필요불가결한 부분이다. 언론 소유주들과 기득권층은 같은 전제와 신조를 공유한다. 권력자를 조명하는 대신, 언론인과 정치인들은 한결같이 사회의 밑바닥에 있는 사람들의 행동을 비난하고 공격한다. 실업수당을 받는 실업자나 다른 국가보조금 청구인, 이민자, 공공부문 노동자―이들은 비난조의 폭로나 심지어 명백한 비방에 직면한 집단이다. 이런 힘없는 사람들에게 초점을 맞추면 실제로 사회에서 권력을 행사하는 이들을 향한 분노의 방향을 너무나 편리하게 바꿀 수 있다.

오늘날 기득권층이 무엇이며 그들이 어떻게 변화했는지 이해하려면 우리는 1955년으로 돌아가야 한다. 영국이 전후(戰後)의 근검절약을 버리고 소비주의, 로큰롤, 그리고 테디 보이(Teddy Boys, 에드워드 왕조 시대의 댄디 복장을 하고 다니던 1950년대 젊은이들)로 돌아선 시대 말이다. 하지만 그 시대에는 뭔가 이 나라에 해로운 것이 있었으며, 그것은 당시 30대의 야심만만한 보수 저널리스트 헨리 페얼리(Henry Fairle)의 신경을 건드렸다. 위풍당당하게 사회에 뛰어든 후에, 페얼리는 권력과 영향력이 있는 사람들과 어울렸다. 그는 20대에 이미 『타임스』(The Times)의 주요 사설을 쓰고 있었다. 그러나 30세가 되자 그는 자유기고가의 세계를 떠나 『스펙테이터』(Spectataor)에 고정 칼럼을 쓰기 시작했다. 페얼리는 영국 사회의 상류층을 냉소하였으며, 1955년 가을 어느날, 그 이유를 설명하는 글을 썼다. 그의 관심을 끌었던 것은 가이 버지스(Guy Burgess)와 도널드 매클린(Donald Maclean)이라는 두 외무부 공무원이 소련으로 망명했던 스캔들이었다(버지스와 매클린을 비롯해 다섯 명의 부유층 명문가 출신 고위공무원이 소련으로 망명하거나 영국의 정보를 소련에 넘겨 영국 사회에 충격을 주었고, '케임브리지 5인방'이라는 별명까지 생겨났다). 페얼리는 버지스와 매클린의 친구들이 그 두 사람의 남겨진 가족을 언론의 관심으로부터 보호하려 했다고 주장했다. 그는 이 일이 "내가 이 나라의 '기득권'이라고 부르는 것이 오늘날 그 어떤 때보다 강력하다"는 사실을 드러낸다고 역설했다. 페얼리의 글은 '기득권층'을 널리 알려진 단어로 만들었고, 그 과정에서 페얼리 자신도 명성을 얻었다.

페얼리에게 기득권층이란 '공권력의 핵심이 포함되긴 하지만,' 공권력만은 아니다. 기득권층은 '그것을 통해 권력이 행사되는 공적이고 사회적인 관계망 전체'이다. 이 '권력의 행사'는 오로지 '사회적 행사'로만 이해될 수 있다고 그는 주장했다. 다시 말해서, 기득권층이란 일련의 연고로 연결되어 있어 서로 아는 사람들, 같은 집단에서 어울리고 서로의 뒤를 봐주는 사람들이다. 그것은 공적이거나 법적인, 또는 형식적인 제도가 아니라, 오히려 '미묘한 사회적 관계'에 근거하고 있었다.

페얼리가 파악한 기득권층은 다양한 사람들의 관계망으로 이루어져 있었다. 기득권층에는 단지 영국 총리나 캔터베리 대주교(Archbishop of Canterbury)와 같은 부류만이 아니라, 영국예술위원회 회장이나 BBC 방송국 사장, 그리고 『타임스』 문학 별지의 편집자 같은 "좀 격이 떨어지는 사람들"과 "레이디 바이올렛 보넘 카터(Violet Bonham Carter, 자유당 당수와 총리직을 역임했던 허버트 애스퀴스(Herbert Asquith)의 딸이며 윈스턴 처칠(Winston Churchill)의 절친이고 할리우드 여배우 헬레나 보넘 카터(Helena Bonham Carter)의 할머니) 같은 거룩하신 분들은 말할 필요도 없이" 포함된다. 페얼리는 "알아야 할 사람들을 다 아는" 이들로 채워진 외무부는 "사회적 관계양식들의 심장부에 가까이 있으며, 그 사회적 관계양식이 이 나라에서 권력의 행사를 조정하는 데 아주 강한 영향력을" 미치고 있다고 주장했다. 다시 말해서, 기득권이란 '당신이 누구를 아는지'에 전적으로 달려 있다.[3]

페얼리가 정의한 '기득권층'은 타오르는 논란의 와중에 자주 소환되는 용어가 되었으며, 그가 인용했던 사람들 몇몇은 격분한 반응을 보였다. 페얼리가 암시했듯이, 바이올렛 보넘 카터는 버지스와 매클린을 향한 언론의 악영향을 덮어버리려던 사람들 중 하나였다. 그녀는 "내가 취한 행동은 오직 일부 언론인들이 그 사람들의 가족을 박해한 것과 관련이 있을 뿐"이라고 격렬하게 주장했다. 옥스퍼드 올 소울스 칼리지(All Souls College) 학장, 즉 옥스퍼드대학 내에서도 가장 엘리트적인 연구기관의 장도 마찬가지로 외무부의 채용에 관한 페얼리의 주장을 "그 가정과 의견 모두 질낮은 빈정거림과 거짓으로 가득하다"고 일축했다. 『옵저버』(The Observer)의 편집자이자 매우 강력한 애스터 가문의 일원인 데이비드 애스터(David Astor)는 격노했고, 페얼리가 제시한 "영향력 있는 사람들이 이 나라에서 권력을 휘두르고 은밀히 서로를 보호하거나 돕는다는 '기득권층'의 초상"을 매도했다. 애스터는 이런 페얼리의 주장은 "우리 사회에서의 상류층이 부당이득을 취한다고 말하는 거나 다름없다"며 이것은 "명예훼손"이라고 말했다.[4]

'기득권층'을 함께 어울리고 필요할 때 서로 돕는 권력자들의 관계망으로 보는 페얼리의 글은, 영국이 민주주의 이론에서 마땅히 그래야 한다고 주장되듯이 '인민이 지배하는' 나라가 아니라는 생각의 중요한 부연이었다. 그의 접근은 카를 마르크스(Karl Marx)와 프리드리히 엥겔스(Friedrich Engels)를 포함한 영향력 있는 좌파 사상가의 견해를 반영하는 것이었다. 마르크스와 엥겔스는 「공산당 선언」(Communist Manifesto)에서 자본주의 정부를 '부르주아 계급 전체의 범사를 관리하는 위원회', 또는 대기업 총수를 위한 기술관료 일선이라고 묘사했다.

그러나 페얼리의 기득권층 정의에는 영국 권력의 중요한 측면이 빠져 있었다. 첫째로, 대기업, 금융업계, 그리고 정계의 엘리트를 똘똘 뭉치게 해주는 뿌리 깊은 연결고리인 공통의 경제적 이익에 대한 언급이 없다. 둘째로, 그가 내린 정의로는 기득권층을 하나로 묶어주는 공통된 사고방식을 파악할 수 없다. 비록 그때나 지금이나 다우닝가(Downing Street, 영국 총리 관저가 위치한 정치1번지)에 있는 건 앤서니 이든 (Anthony Eden, 1955-57년 보수당 영국 총리) 같은 이튼 출신 보수파(Old Etonian Conservative, Old Etonian은 명문사립학교-옥스브리지를 졸업한 특권층 출신을 가리키는 말로 쓰임)지만 당시 기득권층의 사고방식은 오늘날 기득권층의 지배적 사고방식과 매우 달랐다. 페얼리의 시대는 복지자본주의의 시대였던 탓에 국가주의와 온정주의 기풍, 무엇보다도 건강하고 지속 가능한 사회를 위해서는 적극적인 정부가 꼭 필요하다는 신념을 권력자들이 공유하고 있었다. 그럼에도, 예나 지금이나 기득권은 단일한 사고방식을 통해 결속된다.

페얼리의 시대와 우리 시대의 차이점은 영국을 지배하는 기득권층이 고정되어 있지 않다는 점이다. 상류층은 지속적으로 유동해왔다. 이 무자비한 변화는 생존을 위해서였다. 역사는 지배엘리트들로 하여금 자기네 힘의 일부를 포기하게 만들고, 사회 권력층의 양보를 강요하는 아래로부터의 요구로 점철되어 있다. 결국 변화의 요구 앞에 아무렇게나 방치된 완고함은 기득권층의 개별 인물 몇몇이 도태되는 것뿐 아니라 그들이 가진 힘의 체계 자체를 함께 위험에 빠뜨릴 수 있다.

군주제야말로 때로 강력한 위협에 직면하며 생존에 적응한 전통적 권력자의 사례다. 이것은 17세기 혁명과 외세 침략의 여파 속에 체결된, 의회와 왕이 맺은 권력분립 합의에서 명백히 기원했으며, 이 합의는 오늘날까지 지속되고 있다. 전쟁을 벌일 수 있는 권한과 같은 군주제의 전제적 권력 중 많은 부분은 총리의 손으로 넘어갔다. 하지만 오늘날에도, 왕가의 권력이 완전히 상징적인 것만은 아니다.

선출을 통한 국가수반 결정을 추구하는 단체인 '공화국'(Republic)의 활동가 앤드루 차일드(Andrew Child)는 "군주제는 좀 모호한 제도인데도, 헌법의 심장이며 모든 권력이 거기에서 비롯된다"고 말한다. 총리는 여왕의 권력을 사용하는 것이기 때문에 입법부와 상의할 필요 없이 정부각료를 임명하고 파면할 수 있다. 군주의 총리이지 인민의 총리가 아닌 것이다. 실천에 있어서도, 왕족들은 민주적 의사결정에 끼어들 유력한 통로가 있다. 왕위계승권자인 찰스 왕세자는 2010년 총선 이후 각료들과 적어도 36번은 만났으며, 환경, 사냥 금지, '대체'의학과 상속 같은 문제에 관해 확고한 의견을 가지고 있다고 알려져 있다. 왕세자가 2014년 6월 그래머스쿨(grammar school, 성적이 우수한 학생들을 대상으로 대학진학 예비 과정을 가르치는 영국의 중등교육기관)을 늘리는 문제로 토니 블레어 정부에 로비를 해왔던 사실도 밝혀졌다. 『가디언』은 2014년 말 찰스 왕세자가 왕위를 계승하면 군주의 역할을 변화시킬 의향을 가지고 있으며, 국정에 '진심으로부터 우러나오는 개입'을 하려고 한다는 것을 밝혀냈다.[5] 이 사실이 밝혀지자 '공화국'은 격분한 반응을 보였다. '공화국'측은 "민주 국가에서 정치운동가 왕을 용납할 수는 없다"며 그런 행태는 군주제를 종식시킬 것이라고 주장했다. 무엇보다도 중요한 건, 영국 인민이 아니라 영국 왕가가 주권자로 대두된다는 점이다. 이 사실은 기득권의 특성에 내재하는 반민주적인 특성을 제도화하는 데 도움이 된다. 결국엔, 헌법적으로 보면 영국은 인민이 지배하는 나라가 아닌 것이다.

　다른 유럽 국가들과는 대조적으로, 영국 귀족은 적응과 동화를 통해서 소멸을 피할 수 있었다. 산업혁명 후로 그들은 런던의 금융업자 애딩턴 경(Lord Addington)이나 비단 중개상 차일즈모어 경(Lord Cheylesmore) 같은 번창하는 사업가 중 일부를—전통주의자들이 매우 역겨워했음에도—자기네 지위에 받아들였다. 귀족들은 19세기를 통틀어서 상당한 권력을 휘둘렀고, 1대 웰링턴 공작(Duke of Wellington), 2대 그레이 백작(Earl Grey), 2대 멜버른 후작(Viscount Melbourne) 등 많은 총리를 배출했다. 1963년까지만 해도 보수당 귀족 홈 경(Lord Home)이 영국 총리가 되었다. 그러나 1911년과 1949년 하원의원들에 의해 의회법(Parliament Acts)이 통과되자, 선출된 하원이 귀족들의 상원에 비해 우위에 있음이 법에 기입되어 귀족 권력은 축소되었다. 그러나 몇세기에 걸친 귀족 권력은 여전히 사라지지 않았다. 영국과 웨일스 땅의 1/3이상, 그리고 시골 땅의 50% 이상이 36,000여명의 귀족들 손아귀에 남아 있다.[6]

  지금 그 어느 때보다도 영향력이 줄었지만, 잉글랜드 성공회(Church of England)는 아직 옛 힘의 잔여물을 보유하고 있다. 사실 '기득권층'이라는 말 자체가 그들이 한때 누리던 중요성을 증거한다. 기득권층(Establishment)이라는 용어는 아마도 영국 군주를 그 수장으로 섬기는 성공회가 영국의 '국교회'(established church) 또는 국가 종교라는 데서 유래한 것으로 보인다. 성공회의 최고위 성직자인 캔터베리 대주교는 국왕을 대신하여 총리가 임명한다. 영국인은 10명 중 한 명만이 매주 교회에 가고 4분의 1은 무교이며, 영국이 지구에서 가장 무종교적인 국가 축에 드는데도 성공회는 유의미한 권력을 보유하고 있다. 영국 초중등학교 네 개 중 하나는 성공회가 운영하며 성공회 주교는 상원의원 자리에 앉게 되는데, 국민이 뽑은 사람이 아닌 성직자가 자동으로 입법기관에 들어가는 나라는 이란을 제외하면 영국이 유일하다. 19

세기에 성공회는 220만 에이커에 달하는 토지의 소유자로서 영국에서 가장 큰 지주였다.[7] 그 후로 순위는 좀 떨어졌지만, 성공회는 아직도 105,000에이커가 되는 44개의 부동산을 소유하고 있으며, 이것은 도시에 있는 소유지를 빼고 계산한 것이다.[8] 그러나 정기적으로 교회에 다니는 사람들은 더욱 보수적이라는 연구가 있긴 하지만,[9] 우리 시대 영국 자유시장경제의 여명기인 1970년대 후반부터 많은 고위 성직자들은 기득권층의 골칫거리였다. 마거릿 대처의 임기 동안 캔터베리 대주교였던 런시 경(Lord Runcie)은 1985년에 도심지역 빈곤에 대한 보고서를 의뢰했는데, 그 보고서는 익명의 보수당 고위급 인사에게 '완전히 마르크스주의 신학'이라고 비난받았다. 이와 비슷하게, 신노동당 집권 후기와 연립정부(고든 브라운 총리가 이끄는 신노동당에 뒤이어 2010년에 집권한 보수당-자민당 연립정부) 첫해의 대주교였던 로언 윌리엄스(Rowan Williams)는 정부 정책을 혹독하게 비난하는 글을 썼다. 이런 공적 개입은 성공회의 힘이 쇠퇴했다고는 해도 어느 정도의 영향력을 유지하고 있음을 보여주었다고 평가된다.

군대도 대영제국의 쇠락 이후로 그 중요성이 떨어졌다. 2차세계대전의 여파 속에 식민지들이 독립을 쟁취하면서, 세계 질서에서 영국의 권력은 급격하게 약화되었고 영국 외교정책은 미국의 힘에 종속되었다. 필연적으로 군대는 그 중심적 역할을 상실했다. 최근 몇년간의 긴축정책은 더 급격한 군사력 감축을 가져왔는데, 여기에는 3만 명의 군인과 육해군 인력 감소가 포함된다. 국방참모총장 니컬러스 호턴(Nicholas Houghton) 장군은 최첨단 장비가 있어도 그것을 다룰 사람이 없는 '군사력의 공백'을 경고했으며, "이대로 방치하면, 현재 우리나라의 방침은 전략적으로 모순된 군조직으로 가게 된다. 최고의 장비는 있는데 그 장비를 다룰 사람이나 훈련받은 인력이 부족한 상황이 될 것"이라고 주장했다. 그리고 호턴은 BAE 시스템즈(BAE Systems. 영국의 방위산업체)와 같은 강력한 이익집단들이 국가의 후의에 의존하고 자금을 위해 로비활동을 하면서 예산지출의 우선순위가 '영국의 방위산업 기반을 지원'하기 위해 배정된다고 지적했다. 무기 회사의 요구가 영국의 군사목표를 이긴 것이다. 그렇지만 이런 불평은 영국군의 수장이 얼마나 무력한지를 역설한다. 군 고위급 인사들의 개인적인 불만은 일축되고, 그들은 대중 앞에서 헛된 불평을 해야만 한다.

기득권층은 필요할 때면 진화하고 적응하면서, 자유자재로 변신한다. 하지만 오늘날의 기득권층을 이전과 구분해주는 것은 그들이 느끼는 승리감이다. 한때 권력자들은 그들을 억제하는 중대한 위협에 대면했다. 하지만 분명, 현재 기득권층의 반대자들은 의미있고 조직된 방식으로 존재하지 않는다. 정치인들도 대체로 비슷한 각본에 따른다. 한때 위대했던 노동조합들은 이제 정치나 심지어 공적 삶에서 적법한 자리가 없는 것처럼 취급되고 있다. 그리고 기득권층의 이념을 따르지 않는 경제전문가나 학자들은 대부분 지적 주류에서 쫓겨났다. 정치인, 지식인, 그리고 언론이 냉전의 종말은 현상황(status quo)을 대체할 모든 대안의 사멸을 알리는 신호라고 떠들어댔다. 미국 정치학자 프란시스 후쿠야마(Francis Fukuyama)가 말하듯이 '역사의 종말'이라는 것이다. 이 모든 것이 기득권층이 원하는 것을 쉽게 얻도록 해주었다. 한때는 민주주의 출현에 의해 권력자의 위치가 흔들렸지만, 지금은 그 반대의 과정이 진행되는 중이다. 기득권층은 근대 이후 전례가 없는 방식으로 부를 축적하고 권력을 얻어내고 있다. 결국엔 그들을 막을 도리가 없다.

　이런 묘사에 대해 예상할 수 있는 반론이 있다. 우리가 1950년대의 기득권층을 생각할 때면, 대체로 양복을 입고, 다림질한 손수건을 가슴 주머니에 꽂고, 한 손에는 우산을 다른 손에는 서류가방을 든 중상류층 백인 남성이 떠오른다. 그들에 비하면 오늘날 기득권층의 성차별, 성소수자 혐오, 인종차별은 덜 노골적이다. 비록 이 기득권층이 편리하게도 권력자를 향한 관심을 다른 곳으로 돌리는, 종종 선동적인 반(反)이민 수사학은 관용하였지만 말이다. 편협함에 맞서 싸운 사람들의 희생 덕분에 이전에는 공식적으로 인가된 편견이었던 것들을 일부나마 극복해낼 수 있었다. 오늘날 상당수의 기득권층은 이제 사회적으로는 자유주의자다. 거물 사업가들은 심지어 성소수자 혐오 반대운동을 재정적으로 지원하기도 한다. 이는 1950년대 초반, 영국의 수학자이자 컴퓨터 과학의 선동자 앨런 튜링(Alan Turing)이 동성애자라는 이유로 화학적 거세를 당했던 시절로부터 비약적인 발전이 있었음을 나타낸다.

　비록 그중 일부가 그나마 더 다양해지긴 했으나, 그럼에도 기득권층은 만성적으로 영국 사회를 대변하지 못하는 상태로 남아 있다. 1945년에 여성 하원의원은 단 2명이었다. 현재는 143명의 여성 하원의원이 있다.[10] 그러나 이것이 여성 의원의 인상적인 증가처럼 들릴지는 몰라도, 여전히 5명중 4명 가까이 되는 숫자의 국회의원은 남성임을 의미한다. 이것은 아프리카의 수단처럼 기회의 평등으로 명성을 얻지는 못하는 나라에 비해서도 엉망인 수치이다. 2010년에 흑인과 소수민족의원의 수는 이전에 비해 거의 두 배가 되었으나, 여전히 하원의원 27명에 불과하다.[11] (현재 영국의 인구통계를 반영하려면 90명이 넘어야 한다.) 한편 우량기업 중역의 20.8%만이 여성이며, 전무이사 중에서 여성은 겨우 6.9%다.[12] 우량기업의 이사회 임원 중 흑인 또는 소수민족 출신은 1/16에 불과하며, 그중 다수가 국제 임명이다.[13] 공무원 조직 상부에는 이제 1/3을 약간 넘게 여성이 있지만, 여전히 지배자는 남성이다.[14] 신문사 최고위직에는 물론 남성이 더 많고, 흑인과 소수민족 언론인은 터무니없이 적지만, 전보다 여성이 많이 있긴 하다. 하지만 이 책은 기득권층이 충분히 대표성을 띠는지를 논하지 않는다. 기득권층이 다양한 영국 사회의 단면이 될 수도 있겠지만, 그래도 여전히 기득권층은 민주주의에 위협적이다. 이 책은 권력을 행사하는 사람들의 다양성 부족보다는 사리사욕을 도모하는 권력이 어떻게 행사되는지를 말한다. 책임지지 않고 파괴적인 권력을 휘두르는 사람 가운데 남자나 백인이 더 적어질 수도 있겠지만, 그 권력은 여전히 책임지지 않고 파괴적이다.

이 책은 '악당' 개인에 대한 것도 아니다. 기득권은 이 정치인, 저 유명 언론인 하는 식으로 축소할 수 없는 체계와 사고방식이다. 단순히 개인들을 탐욕스럽다거나 동정심이 결여되어 있다고 비난해서는 아무것도 이해할 수 없다. 이 책의 의도는 단순히 개인이 미리 짜인 각본을 맹목적으로 따르는 기계나 로봇의 톱니바퀴일 뿐이라고 주장해서 그들의 책임이나 주체성을 면제하려는 것이 아니다. '나쁜' 사람들이 나라를 통치하고 있고, 만약 그들이 '좋은' 사람들로 대체되면 민주주의가 당면한 문제는 해결될 것이라는 관념에 반대하기 위해서 체제를 보려고 노력하는 것이다. 기득권층 인물 중 많은 이들은 매우 너그럽고, 자신들보다 특권의 혜택을 받지 못하는 타인들에게 공감하는 능력도 뛰어나다. 개인적 친절은 가장 해로운 체계와 문제없이 공존할 수 있다. 반면, 어떤 기득권층 인사들은 이기적이고 타인이 어떤 대가를 치르든 부와 권력을 얻으려는 의지가 확고하다. 언론인 존 론슨(Jon Ronson)이 밝혔듯이, CEO의 약 4%는 사이코패스인데 이는 나머지 인구에 비하면 약 4배 정도 높은 수치이다.[15] 타인을 짓밟고서라도 부와 권력을 추구하는 행태가 체제가 지향하고 장려하는 행동이라는 것을 이해해야 한다.

이 책은 오늘날의 기득권이 무엇이고 어떻게 작동하는지, 기득권층의 사상이 어떻게 그런 승리를 거두고 도전받지 않았는지, 그들이 어떻게 보이는지, 자기네 행동을 어떻게 정당화하는지, 그리고 기득권층이 왜 우리의 민주주의에 위협적인지를 탐구할 것이다. 나는 기득권층이 자신들의 주장과는 다르게 국민을 섬기지 않음을 드러낼 것이다. 그들은 자기 자신을 섬긴다. 이 책은 기득권층에 만연한 '난 소중하니까요'라는 이념을 드러내려고 시도할 것이다. 어떻게 과거 어느 때보다도 불평등한 부의 분배에도 불구하고 권력자들은 스스로 거대한 몫을 차지할 당연한 권리가 있다고 생각하는지 말이다.

이 모든 것은 기득권층의 핵심 인물들을 탐구하고 그중 몇몇 거물과 마주칠 거라는 의미다. 나는 국회의사당의 카페에서 정치인들과 카푸치노를 마시고, 웨스트민스터 뒷골목에서 기업 후원을 받는 이데올로그들과 농담을 주고받고, 비싼 요릿집에서 은행가들과 점심을 먹고,

부산한 편집국에서 고위급 언론인들을 만나고, 우뚝 솟은 회사 본부에서 기업 중역들과 함께 런던의 스카이라인을 바라보았다. 이 이야기는 대부분 기득권층 자신들의 언어로 서술되었다. 그들은 21세기에 국가가 어떻게 통치되는지에 대해 대단히 흥미로운 것을 드러내주는 그림을 그렸다.

이토록 가차없이 기득권층에게 도전하는 책을 쓰면서 나 자신의 자격을 따지는 일을 피해가기는 어려울 것이다. 나는 기득권에 맹렬히 반대하는 스톡포트(Stockport, 잉글랜드 서북부 도시)의 한 집안에서 자라났고, 영국 지배엘리트의 전통적 양성소인 옥스퍼드대학 출신이다. 나와 동문수학했던 이들 중 일부는 이미 기득권의 중추로 부상했다. 나는 이제 텔레비전에 자주 출연하는 신문사 칼럼니스트이고, 종종 권력자들을 만나고 그중 일부와는 서로 이름을 부르는 사이다. 나 자신도 기득권층의 구성원이라고 말하는 사람도 있을 것이다. 하지만 누군가가 기득권층의 일원인지를 규정하는 것은 그 사람의 배경이나 교육, 심지어 의견을 발언할 공적 통로가 있는지 여부나 영향력의 정도가 아니다. 기득권층을 규정하는 것은 권력과 사고방식이다.

내가 보유한 의견 표명의 통로가 이 책에서 인터뷰한 사람 중 일부에게 접근할 수 있도록 해주었다는 점에는 의심할 여지가 없다. 심지어 데이비드 아로노비치(David Aronovitch) 같은 사람들은 내 면전에 대고 그렇게 말했다. 급진주의 학생이자 공산주의자였던 그는 1975년 BBC의 「유니버시티 챌린지」(University Challenge, 대학생들이 출연하는 BBC 방송국의 퀴즈 프로그램) 팀 중 한 명으로, '레닌' '트로츠키' '체 게바라' 같은 마르크스주의 지도자들의 이름이 들어가는 모든 질문을 다 맞혀서 프로그램의 형식을 바꿔놓기도 한 인물이다. "그 시절에 난 꽤나 판관처럼 굴었고, 모든 걸 메모해놓곤 했다"고 그는 설명한다. 아로노비치는 결국 머독 소유의 『타임스』지 칼럼니스트가 되었고 좌파를 가차없이 비판한다. 그는 분명히 나에게서 과거 자신의 메아리를 보며, 내가 자신과 같은 길을 걸을 운명이라고 여기고 있었다.

"우리는 왜 여기 있는 걸까요? 내가 알려드리죠. 왜겠습니까?" 햄프스테드(Hampstead, 런던의 한 지역)의 카페에 마주앉아서 그가 물었다. 아로노비치가 나의 저작을 이미 알지 못했더라면, 그리고 내가 그와 같은 '언론계'에 속한 사람이 아니었다면 자기가 날 만나기 위해서 금요일 아침시간을 포기하지 않았을 거라는 말이었다. "엘리트의 세계에 오신 걸 환영합니다." 그가 결론지었다. "여기서 우리는 엘리트 담소를 나누는 거지요."

그러나 기득권층의 본질은 언론인들이 햄프스테드의 카페에서 궁리하도록 두기에는 너무 중요하다. 기득권층은 너무나 오랫동안 책임지지 않고 도전받지도 않았다. 그것은 상당 부분, 누가 기득권층이고 그들이 무엇을 하는지 규정하는 데 실패했기 때문이기도 하다. 이 책은 너무 오래 미뤄진 논의, 단지 누가 우리를 지배하는지뿐만 아니라 그 지배층이 민주주의 자체에 가하는 위협에 대한 논의이다.

1

선동자들

우익 블로고스피어, 폴 스테인스

올해 마흔일곱인 폴 스테인스는 첫눈에 호감가는 인물이라고는 할 수 없다. 검은 더벅머리 가르마를 뚜렷하게 가로지르는 흰머리를 보면, 그는 마치 크루엘라 드 빌(도디 스미스(Dodie Smith) 소설 『101마리 달마시안』의 악역 등장인물)의 남자 정치꾼 버전처럼 보인다. 런던 이슬링턴에 위치한 고급 가스트로 펍의 와인잔 너머로, 우익 블로고스피어(blogosphere, 인터넷 가상세계)의 왕이 가볍게, 거의 여담처럼 말했다. "나는 민주주의를 그리 좋아하지 않습니다."

스테인스는 1980년대에 마거릿 대처의 성전에 감화된 젊은 열성분자였다. "대처 전 총리를 사랑했던 것 같아." 그가 드물게 인간적인 감정을 내보이며 말했다. "난 그분을 사랑했어요." 스테인스는 재차 확언한다. 그는 오랫동안 좌파에 대한 아량없는 미움을 드러내왔다. "난 당신네 주의(主義)가 악이라고 믿어요." 스테인스가 비꼬는 기색도 없이 말했다. 그건 진심이었다.

스테인스는 열세살 되던 해인 1980년, 전체주의 이념에 맞서 자유주의를 통렬하게 방어한 것으로 여겨지는 칼 포퍼(Karl Popper)의 『열린 사회와 그 적들』(The Open Society and Its Enemies)을 읽고 자신이 자유주의자라고, 또는 정부와 국가가 본질적으로 개인의 자유를 위협한다고 믿게 되었다. 10대 시절조차 스테인스는 그 자신의 말을 빌리면 "꽤 여러 명의 권력자와 가까웠다." 그는 마거릿 대처의 고문이었으며, 루퍼트 머독에게 활동의 일부를 지원받은 바 있는 데이비드 하트(David Hart)의 '짐꾼' 혹은 개인 수행비서가 되었다. 대처리즘의 결정적 승리였던 1984-85년의 광부 파업 시기에 하트가 "전국광부노동자조합(NUM, National Union of Mineworkers)을 분쇄하는 데 돈을 댔다"고 스테인스는 자랑했다. 광부노조의 분쇄로 대처리즘은 결정적인 승기를 잡는다. 하트와 스테인스 둘 다 니카라과의 콘트라스(Contras)에 대한 미국의 무기 판매를 소리 높여 옹호했는데, 콘트라스는 1980년대에 니카라과의 좌파 산디니스타(Sandinista) 정부와 싸우면서 빈번하게 잔학행위를 저질렀던 잔인무도한 우익 불법 무장집단이다.

2004년까지 몇년간, 스테인스는 런던 금융중심지에서 주식중개인 및 거래원으로 일했다. 그러다가 투자기금의 재정후원자를 고소하고 나서 파산신청을 할 수밖에 없었다. 새로운 사업이 필요해졌다. 아직 블로그가 초창기던 시절에, 스테인스는 후일 수지맞는 틈새시장으로 밝혀진 기회를 잡게 되었다. 매우 선정적인 타블로이드 신문조차 맥빠지게 만들 정도로 정치인들을 파헤치는 웹사이트를 만든 것이다. 한때 정권을 문자 그대로 무너뜨리려고 했던 인물에 대한 존경의 표시로,

그는 귀도 포크스(Guido Fawkes, 1605년 웨스트민스터 궁전 지하에 화약을 설치해 제임스 1세와 의원들을 폭살시키려 한 인물)라는 필명을 사용한다. "정치인들을 향한 내 분노는 진정 마음에서 우러난 것"이라고 그는 설명한다. "나는 저 엿먹을 도둑놈 개자식들을 증오해요."

귀도 포크스는 거침이 없었다. 2009년에 그는 고든 브라운(Gordon Brown, 영국 전 총리, 2007~2010년 재임, 노동당)이 가장 신뢰하는 보좌관 중 하나인 대미언 맥브라이드(Damian McBride)와 전 신노동당 공보담당자 데릭 드레이퍼(Derek Draper)가 주고받은 이메일을 공개했는데, 거기에는 두 사람이 정적들을 중상할 루머를 퍼뜨리자는 음모가 들어 있었다. 스테인스가 어떻게 그 이메일을 볼 수 있었는지는 불확실하다. 스테인스는 사건의 여파가 한창일 때 자기 컴퓨터의 하드드라이브를 부숴버렸으며 자기 정보원이 "아일랜드 비밀정보부 요원이라오. 당신은 그들을 비웃을지 몰라도, 그자들은 세계 최고란 말씀이야"라고 내게 농담을 했다. 그의 폭로가 미친 영향은 어마어마했다. 맥브라이드는 명예롭지 못한 강제사직을 당했고, 이미 수세에 몰려 있던 브라운은 정치적 위기를 맞았다.

그러나 스테인스는 귀도 포크스 사이트의 서버를 해외, 그러니까 자신의 말을 빌리자면 '볕 잘드는 조세회피지'(tax haven)에 두어서 명예훼손 소송에 걸려 무력해질 일을 피한다. 정치인들이 스테인스를 정말로 두려워할 만하다. 스테인스는 그 명성에 흡족해한다. "그 일 덕에 악명을 얻게 되었는데, 난 그 악명을 즐기고 있지요."

하지만 스테인스를 영국 지배엘리트에 대항하는 성전의 선봉이라고 본다면 실수다. 스테인스는 그런 것과는 거리가 멀다. 사실 스테인스는 사회 최고 부유층을 가차없이 선동하며 경호한다. "세계의 대부호들(plutocrats)을 옹호하고 있는 거지. 대부호들은 이미 충분히 시달리지 않았나요?" 그리고 민주주의에 대한 스테인스의 경멸 한가운데는 최고의 부호들을 향한 지지가 놓여 있다. "정치인들의 기반을 약화시키면 그들이 할 수 있는 일의 정당성도 약화되지요"라고 그는 말한다. "궁극적으론, 내 이념적 전략에 합치하는 일이죠."

이 '대부호'의 대변자에게 민주주의는 심각한 잠재적 위협이다. "민주주의는 내가 원하는 결과를 가져오지 않아요. 그리고 무산자는 유산자의 것을 빼앗으려고 투표를 한단 말이야. 난 그게 공평한 일이라고 생각하지 않지요. (…) 그러니까 보통선거 제도가 있는 한, 민주주의는 언제나 못 가진 자들이 가진 자들의 것을 빼앗는 사태를 초래한단 말예요."

민주주의에 대한 자기의 반감을 설명하려고, 스테인스는 많은 사람들에게 비판받을 만한 비교를 한다. "아파르트헤이트(Apartheid, 남아프리카공화국의 인종차별정책)를 봐요. 아파르트헤이트 체제의 꼭대기에 있던 백인들이 세상일을 자기네한테 좋게 조작할 게 분명했잖아요? 그건 명백한 일이었고, 백인이 흑인으로부터 정치 권력을 빼앗았으니, 실제로 그렇게 한 게 맞지요. 그와 마찬가지로, 모두에게 투표권이 있는데 분배는 공평하지 않은 체제에서 못 가진 사람들은 가진 사람들 것을 빼앗으려고 투표를 하리란 것도 나한텐 명백하다는 말이지." 스테인스는 그게 그렇게 간단한 문제라서가 아니라, 오로지 "자본은 자신을 유권자에게서 보호할 방법을 찾아내기" 때문이라고 말한다. "돈이 정치를 지배하는 미국의 체제는 매우 명백히 그러하고, 그건 살짝 좌파 쪽으로 기운 민주당이 정권을 잡을 때조차 체제는 부의 재분배를 향한 충동을 억제한다는 뜻이에요."

스테인스의 견해 때문에 그를 시대에 뒤떨어진 기인 정도로 일축해 버릴지 모르지만, 그건 실수다. 그는 정부의 고위각료는 물론 주목받는 우익인사들과도 인맥이 좋다. 귀도 포크스 사이트는 영국 정치 블로그 순위 제1위를 유지하고 있으며, 스테인스는 영국에서 가장 많이 읽히는 신문인 『선 온 선데이』(Sun on Sunday)에 고정 칼럼란이 있는 기고자다. 정치적 기득권층에 대항하는 그의 성전―정치인이 책임을 다하게 하기 위해서가 아니고, 민주주의 체제 자체를 약화시키기 위한 성전―은 더 광범위한 이데올로기 운동의 일부분이다. 지난 30년간, 다수 인민이 빼앗긴 부와 권력은 체계적으로 최상층에게 재분배되었다. 이것은 최상층을 경호하는 선동자들(The Outriders, 척후나 선두, 그리고 오토바이 등에 탑승하여 중요 인물의 행진을 둘러싸고 호위하는 경호대라는 뜻이 있다)의 단호한 노력 없이는 불가능했을 것이다.

자유주의자 하이에크

오늘날 기득권층의 지도 원리를 알려면, 1947년으로 돌아가 몽 펠르랭(Mont Pelerin)이라는 한적한 스위스 마을로 가보아야 한다. 몽 펠르랭을 방문하는 사람은 주위 경치의 아름다움에 경이감을 느낄 것이다. 탁 트인 제네바 호수와 우뚝 솟은 당 뒤 미디(Dents du Midi) 산맥이 장관을 이루고 있다. 이 목가적 풍경 속에 중립국 스위스 바깥에서 바로 2년 전에 창궐했던 죽음과 파괴(2차세계대전을 뜻함)는 쉽게 잊혀졌을지도 모르겠다.

몽 펠르랭은 언젠가 세계를 휩쓸 반혁명이 탄생할 것 같지는 않은 곳이었다. 1947년 4월의 처음 며칠간, 서구 각지에서 온 거의 40명에 달하는 지식인들—학자, 경제학자, 그리고 언론인들도 있었다—이 뒤 팍 호텔(Hotel du Parc)로 몰려들었다. 자주 격렬해지기도 하는 철저한 토론을 일주일간 거쳐, 거기 모인 사람들은 2차세계대전의 폐허 속에서 출현한 새로운 세계질서를 논하는 한 문장에 합의하고자 했다. "문명의 중심 가치가 위험에 처해 있다"고 그들은 선언문을 쓰고 있다. "지구 위 많은 지역에서 인간 존엄과 자유에 필수적인 조건들이 이미 사라지고 말았다." 이 사상가들에게 위기의 근원은 명확했다. 위기는 "사유재산과 경쟁시장에 대한 믿음의 쇠퇴가 조성했다." 이렇듯 점차 궁지에 몰리고 있는 자유시장자본주의를 방어하려는 세대의 분투라는 무대 위에서, 몽 펠르랭 소사이어티(the Mont Pelerin Society)가 태어났다.

몽 펠르랭 소사이어티는 오스트리아 출생의 영국 경제학자 프리드리히 하이에크(Friedrich Hayek)의 머리에서 나왔다. 소비에트 연합의 붉은 군대와 서방 연합군의 손에 나치 제국이 분쇄될 때, 하이에크는 자신이 한 세대에 걸쳐, 혹은 그 이전부터 출현하고 있다고 본 세계질서에 대해 매우 비관적인 고발장을 내놓았다. 하이에크는 자유방임경제의 포기가, 혹은 정부가 경제적 삶에 개입하지 말아야만 번영과 자유가 보장된다는 믿음의 포기가 자유의 근간을 위협한다고 주장했다. "우리는 계속해서 경제부문에서 자유를 포기해왔는데, 경제적 자유가 없었다면 개인의 자유와 정치적 자유가 결코 존재하지 않았을 것이다."[1]

2차대전이 끝나갈 무렵 출판된 하이에크의 중요한 책 『노예의 길』(The Road to Serfdom)은 눈부신 성공을 거두었다. 영국과 다른 서구 국가들에서 수십만 권이 팔렸고, 1945년에는 리더스 다이제스트(Reader's Digest)에서 요약본이 출간되었다.[2] 하지만 『노예의 길』의 성공은 하이에크에겐 별 위안이 되지 못했다. 책에 쏟아지는 관심에도 불구하고, 하이에크는 동료 사상가에게 보내는 편지에 "난 가까운 장래를 전혀 낙관적으로 보지 않네. 내가 보기에, 유럽의 미래는 더없이 암울해"[3]라고 썼다.

하이에크와 그의 지지자들은 가장 참된 의미에서 '반동'(reactionaries)이었다. 그들은 1930년대 경기침체와 1940년대 세계대전의 트라우마에 휩쓸려 사라진 소위 황금시대로 시계를 되감으려 했다. 그들은 무안해하지도 않고 스스로를 '옛날식 자유주의자'(old-fashioned liberals)라고 묘사했다. 하이에크가 몽 펠르랭 소사이어티 개회식에서 말했듯이, 주된 당면과업 중 하나는 '시간이 지나면서 전통 자유주의이론에 부착된 우연한 부가물'[4]을 숙청하여 전통 자유주의를 정화하는 것이었다. 꽤나 건조한 이 학술어 속에는 몽 펠르랭 소사이어티 멤버들이 스스로를 어떻게 보는지 드러내주는 성명서가 숨겨져 있다. 그들은 자신들을 이데올로기적으로 순수한 이들, 스스로의 더럽혀진 신념체계를 정화하는 사명을 띤 사람들로 보았던 것이다.

하이에크는 서구가 최근까지 "19세기의 관념 또는 자유방임주의(laissez-faire)[5]라고 모호하게 불리는 것에 의해 통치돼왔다"고 믿었는데, 하이에크와 그의 추종자들이 회귀하자고 주장했던 모델이 바로 그 자유방임주의다. 하지만 이것은 사회개혁과 20세기 후반 50년 동안의 정부개입과 연결되는 그런 자유주의가 아니었다. 하이에크와 가까운 동료이며 미국 자유시장주의 경제학자 밀턴 프리드먼(Milton Friedman)이 생각하는 자유주의란 18세기 후반과 19세기에 출현한, '자유의 증진을 궁극적 목표로 삼고 개인을 사회의 궁극적 실체로 삼는' 것이었다. 그들이 생각하는 자유주의가 의미하는 것은 무엇보다도 '국내에서의 자유방임주의'와 '해외 자유무역', 또는 다른 식으로 표현하자면, 경제 부문에서 국가의 개입을 축소하는 것이었다.[6]

하지만, '자본주의 이데올로기에서 최악의 순간'[7]이라고 적절하게 일컬어지곤 하는 새로운 전후 세계에서, 하이에크, 프리드먼 그리고 다른 과거 회귀를 원하는 자유주의자들은 버림받은 자들이었다. 당시 그들은 단순한 '기인들' 정도로 취급되었다.[8] 자유방임주의 경제학은 1930년대의 대공황과 그에 뒤이은 국제 갈등을 일으켰다고 비난받고, 전시(戰時) 국가계획의 성공으로 더욱 기반이 약화되어, 이념적으로 파산한 것처럼 보였다.

서유럽 전체에 걸친 총력전의 경험을 통해 수백만 노동자가 급진화되었고, 노동자들은 평화시에 대기업과 부자들이 비용을 치러야 하는 광범위한 사회개혁을 요구했다. 사회주의와 사민주의 정당이 연립정부를 구성해서, 혹은 영국, 스웨덴과 노르웨이처럼 단독으로 선거에서 압승을 거두었다.[9] 좌익의 힘에 위협당한 우파는 자기네가 전통적으로 신봉하던 자유방임주의 경제학을 버리는 수밖에 별 도리가 없었고, 1970년대에 이르러 한 작은 이데올로그 집단이 놓칠 수 없는 기회를 잡을 때까지 거의 30년간은 계속 그러했다. 그리고 영국 기득권층 전체를 바꿔놓은 계획의 중심에는 매드슨 피리(Madsen Pirie)라는 젊은이가 있었다.

매드슨 피리와 애덤스미스연구소

요즘의 피리는 줄무늬 나비넥타이 덕에 더 밝은 느낌을 주는, 유쾌하게 별난 사람이다. 처음 만난 날 나는 피리 씨와 점심을 함께 먹었는데, 피리가 나를 파악하려고 했기 때문이기도 하다. 그러나 인터뷰는 하원의회와 겨우 몇분 거리의 조용한 뒷길에 자리한, 기분 좋게 격의 없는 분위기의 애덤스미스연구소(Adam Smith Institute)에서 했다. 그는 장난기 있는 태도였고, 자기가 쓴 공상과학소설을 내게 건네주기도 했다. 나선형 계단을 올라가면, 발랄한 젊은 자유주의자들이 키보드를 두드리고 있었다. 그러나 그는 엘리트의 자식이 아니다. 피리는 링컨셔(Lincolnshire, 잉글랜드 동부 해안지역) 근처의 클리숍스(Cleethorpes)라는 바닷가 마을에서 할머니 손에 자랐는데, 그의 할머니는 거실에서 고기잡이 그물을 만들어 생계를 잇는 여인이었다. 이미 자식 여럿을 키워낸 나이든 여인인 할머니는 피리가 뭐든 마음대로 하도록 내버려두었다. "그 덕분에 자립심을 얻었다"고 그는 말했다. "아마 그런 무사태평한 양육방식이 내가 자립적 방침을 선호하게 된 심리적인 원인일 겁니다." 피리는 자신이 기억하는 한 항상 자유주의 관점을 지지했다. 20대 초반에, 피리는 자신의 신념 모두를 2페이지 정도로 요약한 글을 썼는데, 그건 "이미 존 스튜어트 밀(John Stuart Mill)이 한 세기도 더 전에, 훨씬 훌륭하게 해냈음"을 발견하기 전이었다.

1970년대 초, 피리는 오랫동안 우익 학생정치의 중심이 되어온 세인트 앤드루스 대학교(University of St. Andrews)에서 철학을 공부하는 대학원생이었다. 그는 동료 학생들에게 연설을 해달라고 몽 펠르랭 소사이어티 창립자 중 하나인 칼 포퍼를 연사로 초청했다. 피리는 계속해서 몽 펠르랭 소사이어티 회의 자리에도 참석했고, 그러면서 프리드리히 하이에크와 밀턴 프리드먼을 알게 되었다. "하이에크 선생님은 온 세상에서 사회주의가 승리하고 있다고, 공산주의 국가뿐 아니라 자본주의 민주주의 국가에서도 그렇다고 보았어요." 피리가 회상했다. 피리가 기억하기로, 2차세계대전 후 30년간 하이에크와 프리드먼은 학문적으로 유죄 판결을 받았을 뿐 아니라, 이론적 필요성 면에서도 전에 없이 고립되어 있었다. "아마 그분들은 몸담은 대학교에서, 아니면 자신의 나라에서 각각 외로운 싸움을 하고 계셨을 거예요. 하지만 이제 자신은 혼자가 아니고, 어떤 운동에 참여하고 있다는 느낌을 주는 조직의 일원이 된 거죠." 몽 펠르랭 소사이어티를 이끌어가는 구성원들은 별로 낙관적이지 않았다. "프리드먼 선생님은 예외였고, 나머지는 전부 비관적이었어요. 대부분 자신들이 역사의 내리막길에 있다고 생각하셨거든요. 그분들은 잘해봐야 궁극적으로는 혼합경제—일종의 스칸디나비아 모델 같은 거죠—가 우리가 바랄 수 있는 최선이라 생각했던 거예요."

피리가 철학박사 학위를 마칠 무렵, 영국은 여전히 클레먼트 애틀리(Clement Attlee, 1883~1967, 영국의 전 총리. 주요사업을 국유화하고 사회보장제도를 확립하는 데 큰 역할을 함)의 1945년 노동당 정부가 그 기틀을 세운 사회민주주의적 합의에 의해 통치되는 나라였다. 이 사회적 합의는 한때 전후 영국을 지배했던 기득권층의 정치적 지주였으며, 그에 동의하지 않는다면 정치적으로 수용 가능한 장 너머로 밀려날지도 모른다는 공포 때문에 주류 정치인이라면 모두 참여한다고 여겨지던 일련의 핵심 강령이었다. 당시 노동조합은 무시할 수 없는 세력이었다. 1968년 100주년 기넘식에서, 노동조합회의(Trades Union Congress, TUC, 직능별 노조들의 연합 성격을 띠는 전국적 대표체)는 자신들이 어떻게 '소규모 토론회'에서 '정부 정책 형성'과 '주요 사회복지의 시행'에 참여하고, '거대 고용주측 대변인과 동등한 조건으로' 만나는 노조 대의체로 변화했는지를 자랑했다.[10] 근로소득 대비 소득세의 최고세율은 75%였다. 기간산업과 공익사업은 공공의 소유였다. 이 시대는 현대 자유시장 이데올로그들에겐 악몽의 소재다. "지금 1970년대로 돌아가자는 겁니까!"라는 질타는 약간이라도 좌익적인 착상에 흔히 돌아오는 우익의 항변이다. 그러나 이 시대에 그러한 사회적 합의는 믿기 힘들 정도로 생활수준을 향상시켰으며 경제를 전례없이 크게, 그리고 안정적으로 성장시켰다.

1955년, 노동당 내 전통 우파의 지적 대부인 토니 크로스런드(Tony Crosland)는 '유권자의 견해가 중도에서 좌측으로 이동'했음을 기념하는 책을 썼는데, 그는 그 이동이 우리 생활의 일부로 자리잡았다고 강조했다. 사회민주주의가 그토록 승리감에 도취되어 있었던 것은 냉전이 끝날 무렵 등장하는 자유시장주의 이데올로그들(free-market ideologues)을 예고하는 전조였다. 크로스런드의 설명에 따르면, 전후 영국 보수파는 '20년 전만 해도 좌파에는 수용되고 우파에 거부당했던 정책에 크게 의지하며' 선거를 치렀다. 크로스런드의 극적인 결론에 의하면, 이 변화는 너무 지대해서 "현대 영국을 자본주의 국가라고 부르는 것은 명백하게 부정확하다."[11] 그의 논지는 '우리가 이겼다'로 요약할 수 있다.

좌파의 승리주의와 우파의 절망은 한쌍이다. 후일 마거릿 대처는 이 시기의 보수당 행보에 대해 "깨알 같은 정책 세목을 잔뜩 쏟아냈지만,

보수당은, 특히 정부로서는, 좌측으로 향하는 대행진 중에 겨우 작게 진을 쳤을 뿐"이라고 불평했다. 대처는 자신의 스승인 자유시장 지지자 키스 조지프(Keith Joseph)에게 찬성하면서 그를 인용했다. 영국 정치는 '사회주의 미늘톱니'(역진을 방지하도록 한쪽으로만 돌아가는 톱니바퀴)가 되어 버렸다는 것이다. 달리 표현하면, 조지프는 영국이 가차없이, 그리고 어쩌면 돌이킬 수 없이 사회주의를 향해 움직이고 있다고 믿었다. 영국 전후 정치의 행보를 묘사하면서, 대처는 "다음 노동당 정부가 이 나라를 좀더 왼쪽으로 움직이는" 동안 보수당이 어떻게 "현상을 유지했는지" 썼다. "보수당은 사회주의라는 코르셋을 느슨하게 했다. 그러나 그것을 벗지는 않았다."[12]

1970년 총선 준비기간 동안, 보수당 당수 에드워드 히스가 당 정책을 수정하려 할 때만 해도 하이에크의 추종자들에게 희망이 있는 것 같았다. 크로이던(Croydon, 런던 남부에 위치한 도시)의 셀스던 파크 호텔(Selsdon Park Hotel)에서의 논의에 이어, 히스는 감세와 국가에 대한 거부를 포함한 자유시장정책의 물결을 제안했다. 노동당의 해럴드 윌슨은 그 정책이 퇴행적이고, 원시적이고, 기만적이라는 점을 나타내려고 선사시대의 '필트다운인'(Piltdown Man)을 따서 '셀스던인'(Selsdon Man)이라고 보수당 공약을 풍자했다. 그러나 가혹한 경제적 현실과 실업률 증가에 맞닥뜨리면서, 셀스던 공약은 히스 정권이 집권한 후에 갑자기 폐기되고 말았다. 대처는 "개혁을 시작한 후에, 히스 정부는 (…) 영국에서 선출된 그 어떤 정부가 시도했던 것보다 더 급진적인 형태의 사회주의정책을 제안했고 거의 실행했다"고 쓰면서, "노동조합이 정부의 소득정책(물가상승 억제를 위해 임금상승폭을 줄임)을 묵인해주는 것을 대가로 가격과 이자를 국가가 통제하고 노동조합회의, 영국산업연합, 그리고 정부를 대표하는 3자가 경제정책을 합동 감시할 것"을 제안했다고 히스를 비난했다. 대처는 "우리는 보수주의 덕택에, 그리고 노동조합회의가 자기네들의 '계급의 적'이 싸워보지도 않고 항복할 준비가 되어 있다는 걸 믿지 못했던 덕분에 이 혐오스런 사태를 피할 수 있었다"고 썼다.

이런 확고하게 사민주의적인 체제에서 힘을 잃어가던 매드슨 피리는 스스로를 '혁명적이고, 급진적이고, 반항적'이라고 느꼈다. 피리는 영국에서, 적어도 영국에서만큼은 프리드먼과 하이에크 이론의 주창자가 되었고, '사회주의 미늘톱니'와 맞서기 위해 할 수 있는 건 다 하리라고 굳게 결심했다. "70년대 초반에 세인트 앤드루스 대학교에서 쓴 과제물에서 '역 미늘톱니'(reverse ratchet)라는 용어를 만들어냈지요. 우리 쪽도 사회주의 편과 비슷한 걸 해야 한다는 뜻이에요." 피리는 자신의 적들이 사회적 합의를 이루어냈다면 자신과 뜻을 같이 하는 동료들도 그럴 수 있으리라 믿으면서 적으로부터 배우겠다고 굳게 결심했다. 바로 그렇게 하기 위한 계획도 있었다. '우리가 시장개혁을 시행할 기회를 잡는다면, 이익집단들의 지지 안에서 해야 역진이 절대 불가능할 것이다.'

박사학위를 취득한 뒤에, 피리는 학계에서 자리를 얻으리라 굳게 마음먹고 '돈도, 직장도, 전망도 없이' 미국으로 갔다. 학계의 일자리 대신 그는 당시 에드윈 풀너(Edwin Feulner)가 이끌던, 미국 의회에서 보수파 쪽인 공화당연구위원회(Republican Study Committee)에서 일하게 되었다. 그후 풀너는 보수주의 사상을 발전시킬 목적으로 설립된 우익 싱크탱크 헤리티지재단(Heritage Foundation)을 이끈다. 헤리티지재단만이 아니었다. 미국 보수파는 베트남전쟁의 여파와 장기화된 경기침체 속에 미국이 끝없이 쇠퇴하고 있다고 생각했으며, 이를 역전시키기 위한 계획을 세우며 투지로 들끓고 있었다.

영국에는 이미 좀더 제한적이긴 해도 비슷한 싱크탱크들이 있었다. 경제문제연구소(Institute for Economic Affairs, IEA)는 1950년대 중반에 설립되었고, 적대적인 정세 속에서 자유시장사상을 밀어붙였다. "사람들은 경제문제연구소가 미쳤다고 했죠"라고 현재 소장인 마크 리틀우드(Mark Littlewood)는 말한다. 리틀우드는 경제문제연구소가 환율규제 철폐를 주장했을 때의 반응을 "경제문제연구소는 지적으로 솔직하다고 여겨지긴 했습니다만, 주류에서 너무나 멀리 떨어져 있었다"고 요약했다. 그 제안은 "완전히 미친 짓이라고들 했습니다. 정부가 자국 통화의 환율규제를 폐지할 거라는 생각은 완전히 허황된 거였고요. 그리고 물론, 대처 정부가 첫번째로 한 일이 환율규제 폐지였습니다." 비슷하게, 1960년대에 경제문제연구소에서 발행한 소책자는 통신사업을 민영화하자고 주장한다. 리틀우드가 말하길, 이때의 반응도 비슷했다. 경제문제연구소는 '미치광이' '완전 돌아버린 인간들'로 여겨졌다.

리틀우드의 말처럼, 경제문제연구소는 '플래카드를 흔들고, 전단을 나눠주고, 포스터 표어를 만들기'보다는 '학문적 싸움'에서 이기려고 했다. 이것은 마거릿 대처가 가장 좋아했던 광고대행사인 "사치 앤드 사치(Saatchi and Saatchi)식으로 대중을 움직이려는 노력"이 아니라고 리틀우드는 이야기한다. 그보다, 그것은 "정말로 아주 철저히 학문적이고 지적인 노력"이었다. 그런 의미에서 경제문제연구소는 이미 피리가 말한 '역 미늘톱니' 작전에 착수하고 있었다. "대처가 보수당의 수장이 되고 총리가 된 것은 경제문제연구소가 지적 토대를 제공했기에 일어날 수 있었던 전환이고, 마거릿 대처의 첫 임기 동안 대처를 지적으로 무장시켜준 곳도 경제문제연구소입니다."

피리도 경제문제연구소가 전후체제에 도전하는 데 중요한 역할을 수행했다고 인정한다. "경제문제연구소는 시장 이념을 전파하는 데, 특히 대학에서 뛰어났죠." 그러나 그걸로는 충분하지 않았다. "우리는 정책에 직접적으로 영향을 미칠 수 있는 뭔가를 원했어요. 자유시장이라는 목표를 성취할 수 있는 정책을 만들어내고 싶었습니다." 피리의 눈은 반짝였고 목소리는 열정으로 가득 찼다. 추상적 관념을 사회개혁의 실천적 정책으로 만들 기회야말로 피리가 가장 열망하던 일이다. 피리에게는 '자유시장 이념은 건전하다'고 정치인들을 설득하는 걸로는 충분하지 않았다. 정치인들은 자유시장의 이념이 현실 세계에서 어떻게 시행될 수 있는지를 봐야 하는 것이다. "성공적으로 실행될 뿐 아니라, 정치인들이 재선에 성공할 수 있게 도와주는 현실적인 정책을 만들어야 했지요"라고 그는 설명했다. "그렇지 않으면, 그 정치인들이 다음 선거에 패배해서 잊히고 모든 게 원래대로 돌아간다면 정치인들이 그 모든 건전한 정책을 실행할 이유가 없잖아요."

이것이 매드슨 피리의 임무였다. 그는 구체제(the old Establishment)를 타도하고 전적으로 새로운 체제를 설립하기 위한 기반을 닦으려고 했다.

피리가 머물던 1976년의 미국은 독립선언 200주년을 기념하는 축하행사가 절정이었다. 자유시장 경제의 추종자들에게 그해는 또다른 기념일의 200주년이었다. 최초로 자본주의를 뒷받침하는 이데올로기 중 일부를 제시한 스코틀랜드 사상가 애덤 스미스의 『국부론』(The Wealth of Nations) 출간일 말이다. 동료인 에이먼 버틀러(Eamonn Butler)와 함께, 피리는 새로운 싱크탱크를 출범시키기로 했다. 그리고 1977년 런던에서, 애덤스미스연구소가 태어났다.

피리는 전후체제를 파묻어버리려고 굳게 결심했으나, 자신과 동료들이 얼마나 탄탄대로를 가게 될지는 예상하지 못했다. "우리는 정책 한두 개가 채택되고 성공해서, 그 성공을 통해 더 많은 걸 할 수 있길 바랐습니다. 차차 이뤄지는 것이리라 생각했죠." 그가 말했다. "그 당시로선, 우리가 내놓은 방안이 그렇게 전적으로 성공할지는 전혀 몰랐어요." 피리의 애덤스미스연구소는 그가 꿈에도 생각지 못했을 만큼 성공을 이룬다.

대처를 위한 싱크탱크

1970년대 중반이 되면서 전후에 이루어졌던 사회적 합의가 비틀거리기 시작했다. 1971년 8월, 베트남전쟁 비용으로 휘청거리던 미국이 세계 금융의 초국가적 틀인 브레튼우즈 체제(Bretton Woods system, 미국 달러화를 기축통화로 하는 금본위제, 고정환율제의 국제적인 통화제도 협정)를 단독으로 해체해버린 것이다. 2년 후, 산유국들이 수출 금지령을 내리면서 '석유 파동'이 촉발되었다. 경기침체 와중에 인플레이션까지 서구를 덮쳤다. 매출이익이 붕괴되기 시작했다. 몽 펠르랭의 선동자들에게 결정적인 순간이 찾아온 것이다. 밀튼 프리드먼이 말했듯이, "위기만이—진짜 위기든 위기로 여겨지는 무엇이든 간에—진정한 변화를 만들어낸다. 위기가 발생하면, 뒤이어 어떤 일이 일어날지는 어떤 생각이 유통되는지에 달려 있으며" 그리고 "이전에 정치적으로 불가능했던 것이 정치적으로 피할 수 없는 것이 된다."

중요한 점은, 이 이데올로기 투쟁이 그 당시 영국 사회를 반영하고 있었다는 것이다. 인플레이션이 격심해지고 노동조합들이 물가인상분을 반영한 임금협상 타결을 얻어내려 하면서 파업의 물결이 영국을 뒤흔들었는데, 1978~79년 사이 '불만의 겨울'(Winter of Discontent, 16년 만에 가장 추웠던 그 겨울 공공부문노조의 파업이 확산됨)에 절정에 달한 일련의 노동쟁의는 일부 지역에서 필수공익사업을 정지시켜버렸다. 그러나 비록 몇몇은 승리했더라도, 노동조합 운동 전체는 처참한 패배를 목전에 두고 있었다. 영국은 전에 없이 몽 펠르랭 선동자들의 사상을 수용하는 쪽으로 이동하고 있었다.

당시 영국을 강타한 위기 속에 설립된 새로운 싱크탱크들의 물결을 타고, 마거릿 대처와 부유한 건축계 거물의 아들이자 오랫동안 보수당 각료였던 키스 조지프도 1974년 자신들의 반동 우익 관점을 홍보하려고 정책연구소(Centre for Policy Studies, CPS)를 설립했다. "정책연구소는 분명 혁명적 목적으로 설립되었다"고 현 소장 팀 녹스(Tim Knox)는 말한다. "그 무렵 키스 조지프의 연설을 보면, 그는 70년대 중반에 등장한 사회적 합의를 통렬히 비판했으며, 당대의 경제적 곤란은 애초에 그 사회적 합의에 대한 도전을 의미한다고 주장했습니다. 뭔가 잘못되어 갈 때에야 사람들은 대안을 들을 준비를 하는 겁니다. 모든 게 잘 되어가는데 왜 평지풍파를 일으키겠습니까?" 사회개혁을 위해선 거대한 위기가 필수적이라는 밀턴 프리드먼의 관점은 당대 모든 자유시장주의 선동자들에게 일반적이었다.

1977년 설립 당시부터 피리의 애덤스미스연구소는 끈질긴 선동을 시작한다. 연구소 구성원들은 의회 사무실에서, 혹은 점심식사 자리나 학회에서 정치인을 만나 탄원했다. 또 그들은 자신들의 착상이 권력있는 사람들의 주의를 끌길 바라면서 주요 신문에 기고를 하고, 영향력 있는 언론인들과 긴밀한 관계를 쌓았다. "『텔레그래프』(Telegragh)에 처음 글을 쓰다가 『타임스』에도 글을 썼던 존 오설리번(John O'Sullivan)은 우리의 최신 출판물을 어떻게든 인용하거나, 자기 동료가 우리 출판물을 글에서 언급하도록 설득해주었죠." 애덤스미스연구소의 공식 연혁에도 이렇게 나와 있다.[13] 애덤스미스연구소는 언론인들을 자신들의 작업을 대중에 전파하는 기수로 변화시키고 있었고, 이 연구소의 연구에 근거한 특집 기사가 『데일리 메일』 같은 신문에도 실렸다. 애덤스미스연구소는 야심이 매우 대단했다. "우리 목표는 또다른 사회적 합의를 시도하고 만들어가는 것이었거나, 아니면 합의가 아니라도, 세상의 흐름이 그쪽으로 가고 있다는 인상을 만드는 것"이라고 피리는 말한다.

　　이 일은 곧 합동 공세로 확장되었다. 애덤스미스연구소는 경제문제연구소, 정책연구소, 그리고 다른 자유시장 단체와 합작하여 세인트 제임스 소사이어티(St. James Society)를 설립했는데, 이 이름은 그들이 처음 모인 웨스트민스터의 세인트 제임스 코트 호텔에서 따온 것이다. 그들은 키스 조지프나 곧 대처의 첫 재무장관이 된 제프리 하우(Geoffrey Howe) 같은 보수당의 예비내각(Shadow cabinet, 야당이 장차 집권을 대비하여 미리 조직해두는 내각) 핵심 인사들의 강연을 들으러 모이곤 했다. 그러나 이런 기운과 허세에도 불구하고, 선동자들에겐 자신감이 없었다. "당시에는 자유시장 사상과 경제적 유인이 영국을 호전시킬 수 있을 거라고 생각하는 사람이 거의 없었다"고 후일 피리는 썼다. "우리는 우리 쪽 사람들 전부를 택시 한 대에 다 태울 수 있을 거라고, 그리고 그 택시가 사고라도 나면 자유시장 운동 전체가 사라질 거라고 농담하곤 했다."[14]

처음에는 숫자가 적었는데도, 이 선동자들의 업적은 그야말로 엄청났다. 그들은 한때 구제받기 어려울 만큼 우스꽝스럽고 괴상한 착상이었던 것을 새로운 정치적 상식으로 만들었다. 이것은 심하게 자포자기에 빠졌을 때는 그들 자신조차 불가능한 일이라고 믿었던 일이다. 선동자들은 후에 대처리즘의 초석으로 알려진 민영화, 규제철폐, 그리고 부자감세 등의 정책을 정치적으로 개시했다. "나이절 로슨(Nigel Lawson, 전 보수당 재무장관)과 함께 노력하고 실제로 보수당 정책에 꽤 영향을 끼친 분야 중 하나가 주거정책, 특히 임대주택 매각 부문"이라고, 1970년대에 보수주의 싱크탱크인 보우그룹(Bow Group) 구성원이었던 마크 볼리트(Mark Boleat)는 말한다. 그리고 그는 덧붙인다. 공공주택 매각이라는 의제는 "좌파와 우파의 전쟁터였습니다. 지금은 전혀 그렇지 않죠. 공공주택 매각이 완벽하게 합리적인 정책이란 게 일반적으로 받아들여지고 있으니까요."

그런 정치나 발상이 인기를 얻은 데는 싱크탱크뿐 아니라 광고인들의 힘도 작용했다. 지금은 작위를 받아 티머시 경이 된 티머시 벨(Timothy Bell)은 1970년대 대처주의자들의 성전에서 핵심 인물이었으며, 여전히 대처 전 총리가 시행했던 정책의 열렬한 지지자로 남아 있다. 2013년 대처의 사망을 공표하는 일을 맡은 것도 벨이다. 요즘 그는 벨 포팅거(Bell Pottinger)라는 홍보대행사의 사장인데, 이 회사는 벨라루스의 독재자와 시리아 알-아사드 대통령(바샤르 알-아사드. 2011년부터 군대를 동원하여 반군 세력을 잔인하게 진압해 반인권적이라는 비판을 받고 있다)의 영부인에서부터 칠레 독재자의 유산을 홍보하기 위해 설립된 피노체트 재단에 이르기까지 다양한 고객을 위해 일한다. 벨은 대처를 성공적인 승리로 나아가게 해준, 엄청나게 효과적인 미디어 캠페인 뒤에 있는 원동력이었다. 1979년 보수당을 승리로 이끈 그 유명한 포스터, 취업상담소 밖에 실업자가 한가득 줄을 선 '노동당은 일하지 않는다' 포스터가 바로 벨의 작품이다. 사회민주주의에 맞서 대처가 충격적 승리를 거두었던 1984~85년의 광부 파업 기간에 벨은 국립석탄국(National Coal Board)이 언론을 이용해 노조를 맹공격하도록 도왔다. 요즘의 그는 수많은 캠페인에서의 승리를 회고하며 햇볕을 쬐는 은퇴한 장군과 비슷하다.

벨의 사무실은 런던의 부유한 지역인 메이페어(Mayfair)에 있는데, 처음 그곳을 찾아갈 때 나는 길을 잃고 헤맸다. 메이페어는 백만장자 은행가, 러시아 올리가르키(oligarch, 소련 붕괴와 천연자원 관련 사업의 민영화 와중에 등장한 러시아의 신흥재벌), 그 외에 현대 영국의 승리자들로 가득한 곳이다. 헤매던 나는 마침내 기관총으로 무장한 경찰관들이 지키는 사우디아라비아 대사관 옆의 건물을 발견할 수 있었는데, 사우디아라비아는 벨의 유력한 고객 중 하나다. 작은 엘리베이터는 나를 곧바로 벨의 사무실로 데려다주었다. 그곳은 수도에서 가장 사치스러운 건물들이 보이는 훌륭한 전망을 뽐내는 곳이었다. 대화를 나누는 동안 벨은 방 한가운데 있는 책상 뒤에 앉아서, 벤슨&헤지스 담배를 연이어 피우며 멍하니 관심없다는 듯한 분위기를 내뿜고 있었다.

벨은 대처리즘의 독단적인 신념을 일상언어로 번안해, 그것을 새로운 상식으로 주조하는 데 일조했다. 이렇듯 대중에 호소하는 메시지로 소통하는 능력이야말로 종종 대처리즘의 적대자들을 고생하게 만들었던 것이다. "복잡한 메시지를 매우 단순한 언어와 짧은 구절로 표현하는 것이 광고인의 기술 중 하나"라고 벨은 설명했다. "그런 걸 비판하는 사람들은 '당신은 그 메시지를 망쳤어, 지나치게 단순하게 만들었으니까'라고 하겠죠. 내 작업을 좋아하는 사람들은 '아니, 그건 사실이 아니에요, 당신은 다른 사람들, 평범한 사람들이 그 메시지를 이해할 수 있도록 해준 겁니다'라고 하죠." 대처리즘을 다수 대중에게 주입하려는 벨의 노력은 그보다 더 야심찼다. 그는 사람들의 사고방식을 개조하려 했다. "광고는 대중의 상상력을 사로잡고, 그들의 태도나 행동을 바꾸는 것"이라고 그는 설명했다. "정치도 그와 같아야 하고요."

1970년대 후반, 벨과 같은 인물의 영향력 하에서 대처리즘은 명확하면서 여러 모로 설득력 있는 내러티브와 함께 부상했다. 전후의 정치적 카르텔이 무너지고 영국의 사회구조가 압박을 받게 되면서, 대처리즘은 자신들이 명백히 사회적·경제적 침체라고 묘사했던 상황을 역전시킬 계획을 내놓았다. 대처리즘은 2차세계대전 전후의 여파 속에 하이에크가 내놓았던 것과 같은 종류의, 파멸을 예고하는 경제예측에 의지했다. 벨이 제공했던 것은 거의 대중을 위한 하이에크였다.

"끔찍한 시절이었죠." 벨이 내가 그저 믿어야 한다는 듯이, 지극히 객관적인 어조로 선언했다. "그리고 대처 여사가 새로운 발상을 가지고 나타났습니다. 우리는 이렇게 살 필요가 없고, 지금 이 순간 예전으로 돌아가 다시 위대해질 수 있다는 생각이었죠. 그 생각이 대다수 사람들의 상상력을 사로잡았습니다. 그리고 사람들은 그녀를 딱히 좋아하지 않았으며, 자기 포장에 능숙한 토니 블레어처럼 그렇게 엄청나게 인기있거나 대단히 카리스마적인 인물도 아니라고 생각하면서도 대처 총리를 지지한 겁니다." 대처의 숭배자들은 대처가 독특한 카리스마로 영국을 사로잡았다고 믿는다. 그러나 벨은 그런 믿음을 수정하며 대처를 묘사했다. 벨에게 대처는 인기가 있거나 사랑받는 인물도, 특별히 카리스마 있는 인물도 아니었지만 그냥 옳은 사람이었다.

1979년 5월 대처가 집권했을 때는 대처 정책의 기반을 닦는 힘든 작업은 많은 부분 이미 완료된 상태였다. 애덤스미스연구소는 민영화가 바람직할 뿐 아니라 가능하다는 것을 보여주었고, 정부가 민영화를 어떻게 시행할지에 대한 자세한 계획도 있었다. "대처의 혁명을 보면, 전부 싱크탱크가 동력이었다"고 로버트 할폰(Robert Halfon)은 말한다. 현재 보수당 하원의원 중 선동자들에게서 정치 교육을 받은 대처주의에서 영감을 얻은 이가 많은데, 할폰도 그중 한명이다. "그래서 1970년대와 1980년대에, 할 수 있는 한 모든 싱크탱크를 찾아갔었다고 기억합니다. 경제문제연구소든, 자유연합(Freedom Association)이든 어디든지요, 이름만 대보시죠."

매드슨 피리의 '역 미늘톱니' 작업은 대처가 총리가 되었다고 해서 끝나지 않았다. 그건 단지 시작일 뿐이었다. 오늘날 선동자들은 권력과 부를 유지하는 데 없어서는 안 될 수호자들이다. 그리고 2000년대 후반 영국이 경제적 재앙에 빠져들었을 때 그들은 만반의 준비가 되어 있었다.

엘리엇의 기만적인 캠페인—납세자동맹

매슈 엘리엇(Matthew Elliott)의 사무실은 짓궂은 유머감각을 드러내고 있다. 책상 위에는 작은 레닌 동상이 올라앉아 있는데, 레닌의 대머리 위에는 모직 모자가 얹혀 있고, 장난감들이 조각상을 친근하게 둘러싸고 있다. 액자에 넣은 신문 1면, 언론 분야에서 거둔 인상적인 대성공을 전시하는 과거 영광의 증거들이 벽을 채운다. 포스터 중 하나에는 'NOtoAV'라는 글자가 새겨져 있었는데, 이는 2011년 국민투표에서 당시로부터 1년 전에 집권한 보수당-자유민주당 연정이 도입하려 한 대안투표(alternative vote, 각 후보에 대한 선호도를 투표용지에 기입하여, 과반수를 득표한 후보가 없을 경우 이 순위가 당선에 영향을 미치는 선거방식, 선호 투표제)에 반대해 선풍적인 성공을 거둔 엘리엇의 캠페인 이름이다. 엘리엇은 'NOtoAV' 캠페인의 가장 무자비한 전략 하나를 이렇게 요약했다. "새로운 투표제도에 250,000파운드를 쓰고 싶습니까, 아니면 그 돈을 아기 인큐베이터나 장병들의 방탄복에 쓰고 싶습니까?" 캠페인은 성공을 거두었고, 국민투표에서 대안투표제도(AV)는 큰 차이로 부결되었다. 엘리엇은 지난 10년간 자신이 영국 정치에 끼쳐온 영향력이 아무리 낮게 잡아도 상당하다는 사실을 기뻐하는 사람이다. 그는 정적(政敵)들과 대화하길 즐기고, 우리의 만남을 사진으로 기록해야 한다고 고집했는데, 그 사진은 그의 사무실 벽에 걸려 있다.

엘리엇은 리즈의 그래머스쿨(영국의 인문계 중등학교)에 다니는 소년이었다. 런던정치경제대학(LSE)을 졸업한 후, 반EU유럽재단(anti-EU European Foundation)의 보도 담당관으로 일하다가 유럽연합 의회 보수파 의원의 정책비서가 되었다. 그 두 자리 모두 엘리엇이 생각을 같이하는 우익 인사들과 만나고 의기투합하는 데 도움이 되었다. 2004년, 20 대 중반이었을 무렵 엘리엇은 자칭 '감세와 더 바람직한 공공부문 지출을 추구하는 초당파적 풀뿌리운동'인 납세자동맹(TaxPayers' Alliance)을 설립했다. 그는 유럽 단일통화에 참여하는 데 반대하여 세간의 이목을 끄는 캠페인을 시작했던, 1990년대 후반과 2000년대 초반의 '비즈니스 포 스털링'(Business for Sterling, 영국 파운드화를 스털링이라고 부름) 캠페인에 흥미를 느꼈다. 그 캠페인은 "싱크탱크 캠페인이 아니었어요"라고 엘리엇은 강조했다. "비즈니스 포 스털링 캠페인은 중도우파 쪽 사람들이 많이 관여한, 꽤 상식에 호소하는 캠페인이었습니다. 하지만 중도우파 캠페인이라고 명시한 건 아니었죠." 이는 명백히 이념적 싱크탱크였던 예전 선동자들의 전략이 크게 변화한 것이다. 납세자동맹은 이제 영리하게도 자신들을 초당파적 대중운동으로 자리매김하는 캠페인 단체가 되었다.

엘리엇의 비결은 뻔뻔스러울 정도로 대중영합주의자가 되는 것이었다. "그렇죠, 집단 캠페인의 여지가 있었어요. 어떻게 감세를 할지 등의 생각을 내세울 집단운동이지만 요즘 경제문제연구소가 무척 잘하는 그런 학문적 싱크탱크의 방식은 아니고, 좀더 미디어에 정통한 풀뿌리운동 방식의 캠페인이죠." 엘리엇은 융성한 미국 우익으로부터도 영감을 받았다. 번영을추구하는미국인(Americans for Prosperity), 전국납세자연합(the National Taxpayers Union), 정부지출낭비반대시민모임(Citizens Against Government Waste), 프리덤워크스(Freedom Works)와 같은 선동자 단체들은 큰 폭의 감세와 정부지출 삭감을 요구했다. 이들은 자신들을 사회문제에 관심있는 시민들로 이루어진 초당파적 '풀뿌리' 캠페인

집단으로 자리매김해 우익 선동자 정치인이라는 정체를 가렸다.

여기에 엘리엇 계획의 천재성이 있다. 납세자동맹은 보수파 사업가에게 자금지원을 받고 자유시장 이데올로그가 일을 하는 우익 조직이다. 그런데도 납세자동맹은 자신들이 마치 그저 납세자의 목소리를 대변하는 것처럼 군다. 결국 '동맹' 자체가 어떤 광범위한 연합이라는 뜻을 은연중에 품고 있는데도 말이다. 납세자동맹 초창기부터, 언론은 그들을 열심히 일하는 납세자의 공정한 대변자라고 언급했다. 더구나 납세자동맹은 시작 단계부터 언론인들과 전문적으로 관계했다. 납세자동맹에는 24시간 대기하는 홍보담당자, 그리고 언제든 24시간 뉴스 채널에 바로 출연할 수 있는, TV출연이 익숙한 대변인들이 있었던 것이다. 마감에 쫓기는 기자들이 무시해버릴 긴 분량의 정책설명서를 출판하는 대신, 납세자동맹은 곧바로 요점을 보여주는 짧고 분명한 연구 노트를 발행했다. 이런 능수능란한 접근은 성공적이었다. 납세자동맹 웹사이트는 자랑스럽게 선포한다. "모든 정당의 정치인들로부터 무시당하던 지난 몇년의 세월 끝에, 마침내 납세자동맹은 정치인들이 평범한 납세자의 목소리에 귀를 기울이도록 압박하는 데 전념하고 있습니다."

2008년 재정위기까지, 보수당은 노동당과 똑같은 예산안을 내놓고 있었다. 이는 엘리엇과 그의 동지들에게는 분통터질 노릇이었다. "당시 보수당은, 기본적으로 다시 집권하는 유일한 방법은 예산안을 노동당과 똑같이 맞추는 길뿐이라고 여겼을 뿐 아니라, 사실 정부지출을 노동당보다 늘려야 한다고 생각하고 있었다"고 엘리엇이 말할 때, 그의 목소리는 예전 보수파가 취했던 자세를 향한 경멸을 겨우 숨기고 있었다. 하지만 보수당의 그런 저자세 덕분에 엘리엇의 말처럼 '낮은 세금과 자유시장의 메시지'를 밀어붙일 수 있는 '정치적 여지'가 생겼다. 당시 보수당 정책이 보수 원칙에 대한 배신이라 여겨, 반감을 품고 지도력을 찾고자 한 우익 인사가 여럿 생겨났던 것이다. 납세자동맹은 2004년부터 공공지출 낭비의 극단적인 예를 마치 모든 세금지출의 대표적인 사례처럼 강조하는 게릴라 캠페인을 벌였다. 엘리엇은 "정말로 감세가 가능하다고 사람들을 설득하려면 정부지출에 관한 논의에 뛰어들어야 한다"고 말한다. 거액의 연금기금이 있는 공무원, 의학적으로 뭔가 의심스럽게 앓고 있다고 주장하는 장애연금 청구인, 쓸모없어 보이는 대학 학위—이런 종류의 이야기들이 납세자동맹이 추적한 사례다.

납세자동맹의 전략은 명확했다. 공공지출을 악마화하기 위해, 힘들게 번 납세자들의 돈이 아무런 근거도 없이 속임수에 속아 특전으로 낭비되고 있다고 묘사하는 것이다. 엘리엇에게 신문에 보도되는 이른바 '공공부문 낭비', 그러니까 단지 공공서비스를 더 효율적으로 개혁하는 게 아니라 공공지출을 아예 절감하자고 주장할 만한 확실한 사례 하나를 들어달라고 했더니 그는 분명하게 대답했다. "굉장히 의도적인 질문이군요. 감세를 해야 한다는 주장을 들여다보면 설명하기가 굉장히 힘듭니다. 청자에게 당신들의 돈이 낭비되고 있고 세금을 줄일 수 있다고 지적하는 게 먹히는 거죠." 다른 무엇보다도, 그 전략은 반대자마저 납세자동맹의 용어를 사용해서 논쟁하도록 만들었다. 엘리엇은 납세자동맹이 지방정부 당국의 높은 급여를 밝혀낸 사례를 들었다. "시의회의 부자 명단—당신은 여기에 찬성하십니까? 고든 브라운조차 이 공공부문의 재력가들의 임금을 삭감해야 한다고 말하게 될 지경입니다."

이것은 매우 효과적인 전략이었다. 2008년 9월, 리먼브라더스 파산 직후의 여파 속에서 당시 야권 지도자였던 데이비드 캐머런은 "우리 보수당은 노동당과의 이견을 잠시 내려놓고, 재정안정을 확보하기 위해 정부와 힘을 합쳐야 한다"고 선언했다. 그러나 국익 앞의 파벌정치 포기는 오래가지 않았다. 몇주 이내에, 보수당은 노동당 예산안 지지를 중단했다. 그러면서 보수당은 역사를 새로 쓰기 시작했다. 노동당 산하 싱크탱크인 파비안 소사이어티(Fabian Society)의 팀 호턴(Tim Horton)은 보수당이 그 다음 했던 조치들이 직접적으로 납세자동맹에 의지하고 있다고, 다시 말해 납세자동맹이 정책적 전략에 있어서 '보수의 기반'이었다고 주장하는 논자 중 한 명이다.[15]

보수당은 새로운 스토리를 제시했다. 납세자동맹이 몇년 간이나 만들어온 스토리였다. 이때 "위기만이—진짜 위기든 위기로 여겨지는 무엇이든 간에—진정한 변화를 만들어낸다"는 밀턴 프리드먼의 금언이 실현되었다. 그 이야기란 다음과 같다. 영국이 맞닥뜨린 경제적 대참사는 전례없이 막대한 이익을 추구하며 날뛰던, 부패하고 통제 안 되는 금융부문 때문이 아니라 공공서비스에 돈을 너무 많이 쓰는 정부 때문이라는 것이다. 그리하여 보수당이 지어낸 이야기로 인해 비난받아 마땅한 탐욕스러운 은행가들이 위기의 주범이 아니라 비대한 공공부문이 문제라고 분위기가 흘러갔다. 보수당과 그 동료들은 납세자동맹에서 완성된 이 내러티브를 채택해서 주류에 퍼뜨렸다. 엘리엇이 뽐내듯 말하길, "우리는 노동당 지출 계획에 맞추자던 보수당을 정부 지출 절감을 주장하는 위치로 옮긴 겁니다."

고든 브라운의 노동당 정부가 연이은 위기로 휘청일 때, 보수당과 주류 언론 다수가 이 과도한 지출이라는 내러티브를 밀어붙였다. 2010년 총선에서 실패한 후 보수당이 자유민주당과 연립정부를 구성했을 때, 연정이 공공부문을 더 광범위하게 공격하고, 공공부문 예산을 대폭 삭감하여 그중 많은 부분을 민간사업자에게 넘기는 과정에서 납세자동맹은 여전히 여론을 누그러뜨리는 노릇을 했다.

　기업엘리트와 영국 우파 대부분의 오랜 적인 노동조합은 납세자동맹의 핵심 표적이었다. 한 캠페인은 노조 대표들이 조합의 일을 하기 위하여 휴직 신청을 허용하는 소위 '전임휴직'(facility time)에 반대했다. 2007년 사업·기업·규제개혁부(Department of Business, Enterprise and Regulatory Reform)의 평가에 따르면, 그러한 전임휴직은 사실 큰 절약이었다. 직장에서 일어나는 문제를 노조가 해결해서 고용주는 값비싼 고용심판소(Employment Tribunal, 개별 노사분쟁 사건을 담당하는 영국의 공공기관/독립사법기구) 소송에서 2,200만에서 4,300만 파운드 가량의 비용을 절약할 수 있었고, 이는 다시 직장 내 부상과 업무 관련 질병을 감소시켜서 사회 전체적으로도 5억 파운드 이상이 절약되었다.[16] 심지어 우파 인사 몇몇도 그런 이익을 인정했다. 2012년 자신의 지역구에서 노조위원에게 전임휴직제를 도입한 버스 회사 아리바(Arriva)의 사례를 인용하며 보수당 하원의원 로버트 할폰이 "지역구 의원으로서의 경험에 비추어볼 때 대부분의 전임휴직과 노조 자유지원제는 바른 것"이라고 썼듯이 말이다. 할폰은 아리바의 사례를 통해 "심판소로 갈 수도 있는 직원을 지원하거나 직장 내 고충을 해결하는 문제에 대해서 전임휴가제가 비용에 합당한 가치를 한다는 것을 알게 되었다"[17]고 강조한다.

누군가는 전임휴직 제도에서 고용주와 노동인력의 생산적 상호이해를 보았지만, 납세자동맹은 거기에서 기회를 포착했다. 2011년 봄 납세자동맹은 제인 필그림(Jane Pilgrim)이라는 여성에게 달려들었는데, 그녀는 NHS(National Health Service, 영국의 국영의료보험)에서 오래 근무한 간호사로, 노조대표로서 일을 수행하기 위해 휴직을 했다. 납세자동맹은 이 노조대표들을 '필그림즈'라고 부르기로 했다(영어 단어 Pilgrim에는 '순례자'라는 뜻이 있으며 미국의 초기 청교도 정착민을 뜻하기도 한다). 귀도 포크스 블로그 운영자인 폴 스테인스는 엘리엇의 가까운 동료로, 이들은 웨스 디지털(Wess Digital)이라는 데이터 분석 회사의 설립을 함께 도왔다.[18] 스테인스는 "우리는 '필그림즈'라는 호칭을 놓고 엄청나게 내부 토론을 했는데 (…) 나는 '문제가 개인화되면 안 된다'고 했다"고 회상한다. 엘리엇과 스테인스는, 처음에는 그 단어의 긍정적 함의를 걱정했다. '필그림즈는 좋은 사람이다.' 하지만 그 단어는 끈질기게 사용되었고, 엘리엇과 스테인스는 그 단어의 의미가 전복될 수도 있음을 깨달았다. "필그림즈라는 말을 사용해서 사람들을 비난할 수 있는 거였어." 그래서 그들은 그렇게 했다.

'필그림즈'에 대한 공격은 협동캠페인이 되었다. 보수당 하원의원 제시 노먼(Jesse Norman)을 비롯해 많은 사람들이 신문 칼럼을 썼고, 스테인스는 수많은 블로그 글을 올렸다. 하원에서 이 문제가 논의되었고, 리플릿과 탄원서를 비치한 가판대들은 심지어 대중의 지지를 얻어내려고 조직을 결성하기도 했다. 소위 노동조합개혁(Trade Union Reform) 운동 단체라고 하는, 또다른 풀뿌리운동인 척하는 선동자들의 무리가 노동조합의 권리를 광범위하게 공격했다. 노동조합개혁 단체 수장은 보수당 하원의원인 아이단 벌리(Aidan Burley)였는데, 이 사람은 후에 나치 복장을 하고 나치식 경례를 하는 남성 모임을 조직한 일로 의원직을 박탈당한다. 해리 콜(Harry Cole)은 노동조합개혁 단체의 직원이었는데, 폴 스테인스의 오른팔이었다.

노동조합이 정치적 의제가 되자, 이제 노동조합 공격에 동조하는 정치인들이 행동에 착수할 수 있었다. 2011년 말, 데이비드 캐머런은 전임휴직제는 '도덕적으로나 경제적으로나' 정당화될 수 없다며 벌리에게 동의하는 글을 썼다. 전임휴직제는 '추문'이고 '노조에게 지급하는 공공보조금'은 중단되어야만 한다는 것이다. 2013년 지역사회-지방정부처(Department for Communities and Local Government)는 전임휴가제를 단속하라는 새로운 '지침'을 발행했다. 노동조합을 표적으로 하는 새로운 법안이 입안되었다. 노동조합과 그 지지자들은 수세에 몰렸다. 납세자동맹의 주도 하에, 선동자들은 정치 토론을 정확히 그들이 원하는 방향으로 바꾸어놓았다.

납세자동맹이 끼친 놀라운 영향은 익히 인정받고 있다. 2008년 『가디언』지는 납세자동맹이 '논란의 여지는 있으나 영국에서 가장 영향력 있는 압력 단체'라고 평했다. 한편 『타임스』의 사설 편집자이자 '보수의 고향'(Conservative Home)이라는 영향력 있는 웹사이트의 운영자를 맡았던 팀 몽고메리(Tim Montgomerie)의 평에 따르면 엘리엇은 "아마 이번 세대에 영국에서 가장 효과적인 정치캠페인 진행자"다.[19] 2007년 11월에 한때 보수당 당수였던 윌리엄 헤이그(William Hague)는 엘리엇에게 컨서버티브 웨이 포워드 '원 오브 어스' 상(Conservative Way Forward 'One of Us' award)을 수여했다. 이 상의 이름은 마거릿 대처가 정치적으로 올바른 길을 가는 이들을 지칭한 유명한 표현에 바친 찬사다. "우리는 영국에서 하나의 세력이 되었다"고 엘리엇이 자랑스럽게 선언했다. "우리는 정부 관계자들과 건설적인 회의를 많이 하지요."

물론 하나의 합의를 만들어내는 게 언제나 쉽진 않다. 납세자동맹은 실행의 어려움에 직면할 필요없이 정책을 고안해내는 사치를 누리는 이념적 몽상가들의 집단이다. 반면 납세자동맹의 생각에 동조하는 정치인들은 시민사회로부터 압력을 받으며 유권자와 씨름해야 한다. 선동자들이 논쟁의 어휘를 바꾸고 여론을 구워삶는 길 돕긴 했지만, 그들이 성취할 수 있는 지점에는 한계가 있었다. 로버트 할폰이 말하길, 선동자들은 "기준점을 설정하지만 약점도 있는 것이, 『텔레그래프』 등에 정부가 이렇게 저렇게 지출을 줄여야 한다는 훌륭한 기사가 실리긴 하지만 그런 걸 쓰기는 매우 쉽기 때문"이다. 하지만 할폰은 연정의 집권에 뒤이어 청소년 멘토 서비스인 커넥시온(Connexions)을 국가가 제공하지 않기로 하자 반발이 일었던 걸 고려하면, 복지 축소가 반대에 부딪혔음을 인정한다. "그게 옳다거나 그르다고 주장할 수야 있지요"라고 커넥시온의 해체에 대해 말하며 할폰은 "그리고 맞습니다, 난 경제가 균형을 찾아야 한다고 믿어요, 그렇지만 싱크탱크 인재들은 정책이 어떻게 일선에서 영향을 미치는지는 절대 고려하지 않습니다, 학문적 프레임을 만드는 건 그네들인데도 말입니다"라고 말했다.

선동자와 대기업, 정치엘리트들의 잘못된 만남

물론 납세자동맹은 우익 선동자들의 관계망에 긴밀히 속해 있다. 2010년 총선 후 납세자동맹의 '원탁' 논의에 참여한 인사들은 영국 극우파의 '인명록'이나 다름없었다. 여기에는 하원의원 더글러스 카스웰(Douglas Carswell)이나 유럽의회 의원인 대니얼 해넌(Daniel Hannan) 같은 보수 정치인과 매드슨 피리의 동료 연구원인 애덤스미스연구소의 에이먼 버틀러, 경제문제연구소의 마크 리틀우드 같은 싱크탱크의 책임자들, 경제학자이자 기후변화에 회의적 입장을 취하는 데이비드 헨더슨(David Henderson), 그리고 브리티시페트롤륨(British Petroleum, 런던에 위치한 다국적 석유기업) 영국지부의 대정부 업무 책임자 리처드 리치(Richard Ritchie), 마지막으로 폴 스테인스와 같은 블로거 등이 있었다.[20] 이런 모임에서 그들은 생각을 교환하고 전략과 우선순위를 논의했다.

이런 조직들은 그들이 활성화시키는 사회의제 탓에, 사회의 부유층 일부에게는 그냥 '선동자'이기만 한 건 아니다. 그 조직들을 고용하는 사람이 있는 것이다. 엘리엇은 그 조직들에 "다른 싱크탱크, 보수당과 영국독립당(Ukip)과 같은 곳을 지지하는 동질적인 지지자들이 있다"고 인정한다. 그러나 그들의 자금 출처는 미심쩍다. '지원은 누가?'(WhoFundsYou?) 라는 캠페인 단체는 납세자동맹과 애덤스미스연구소의 재정 투명성에 엄밀히 말해 최하등급인 'E'등급을 주었다. 경제문제연구소, 정책연구소와 정책교환센터(Centre for Policy Studies and Policy Exchange) 등의 다른 우익 싱크탱크는 'D'등급을 받았다. 이 조직들은 자금이 어디서 오느냐고 질문을 받으면 딱히 신뢰감을 주지 못하고 얼버무리며 대답하는 경향이 있다. 마크 리틀우드는 "정말로, 우리 기부자 중 몇분은 본인들의 이름이 공개되면 더이상 돈을 주지 않을 겁니다"라고 말한다. 정책교환센터의 전 이사인 닐 오브라이언(Neil O' Brien)은 살짝 북동부 억양으로—남부 출신이 다수를 이루는 영국 우파

가운데는 드물게도—"사람들은 여기저기서 돈을 달라고 하는 걸 꺼리기 때문에 기명으로 기부하기 싫어한다"고 말하고는 "그밖에 다른 부적절한 이유는 없어요"라고 덧붙였다.

그러나 누가 선동자들에게 자금을 대는지 짐작할 힌트가 좀 있다. 2005년에서 2009년 사이에 납세자동맹은 중부산업위원회(Midlands Industrial Council)라는 수상쩍은 단체로부터 8만 파운드를 받았는데, 중부산업위원회는 보수당에도 150만 파운드를 기부했으며 2005년 총선에서 보수당 후보들이 근소한 차로 의석을 얻을 수 있도록 선거기금도 댔다.[21] 중부산업위원회의 핵심 구성원에는 JCB(다국적 중장비 제조기업) 소유주인 앤서니 뱀포드 경(Sir Anthony Bamford), 건설업계의 큰손 맬컴 맥컬파인(Malcolm McAlpine), 도박계의 큰손 스튜어트 휠러(Stuart Wheeler, 스프레드 베팅을 중개하는 IG Group의 설립자) 등의 선도적인 우익 사업가가 포함되어 있었다.[22] 여기 국가의 역할을 축소시키고 자기들이 내는 세금 액수를 줄이고 싶어하는, 그리고 자기들의 무시 못할 부를 정부의 공공지출에 대한 신뢰를 약화시키는 데 사용하는 세력가들이 있다. 선동자들 덕택에 이 세력가들은 대체로 보이지 않는 곳에서, 또는 캠페인을 이끌지 않고도 원하는 바를 얻을 수 있었다.

이와 비슷하게, 정책교환센터 뒤에 버티고 있는 이사들의 명단은 런던 금융중심지의 백만장자와 보수당 기부자들의 인명록과 동일하다. 보수당에 수만 파운드를 기부했으며 재정로비그룹 큐빗컨설팅(Cubitt Consulting)의 창립자인 사이먼 버로클뱅크-파울러(Simon Brocklebank-Fowler)도 그중 하나다. 그 인명록에는 에드몽 드 로스차일드 은행사(Edmond de Rothschild Ltd.)의 최고경영자이자 보수당 후원자인 리처드

H. 브라이언스(Richard H. Briance)와, 134,000파운드를 기부했으며 보수당 교육부 장관 마이클 고브(Michael Gove)가 교육부위원회(Department of Education board) 비상임이사로 지명한 보험사 중역 시어도어 애그뉴(Theodore Agnew) 같은 사람도 올라 있다. 한편 헤지펀드 매니저인 조지 E. 로빈슨(George E. Robinson)은 보수당에 372,000파운드를 건넸는데, 의류회사 넥스트(Next)의 최고경영자이자 조지 오스본(George Osborne) 장관(영국 보수당 정치인, 젊은 나이에 재무장관에 취임함)의 전 자문인이기도 했던 사이먼 울프슨(Simon Wolfson)이 383,350파운드를 기부하며 기록을 갱신했다. 20년간 사모투자 관련 일을 했으며 현 정책교환센터 회계담당자인 앤드루 셀스(Andrew Sells)는 투자은행부터 건설에 이르는 다수 사기업의 이사이며, 'NotoAV' 캠페인의 공동 회계담당자 중 한 사람이었고, 137,500파운드를 보수당 은행계좌에 입금한 장본이기도 하다. 사정이 이럴진대 정책교환센터가 보수파 거물들 및 소위 자유시장이라는 곳에서 기득권을 차지한 은행가들의 비밀회의소라고 결론짓는 것도 결코 무리는 아니다.

선동자들과 거물 사업가들의 이러한 제휴가 새로울 것은 없다. 1980년대에도 선동자들은 부유한 사업가의 기부에 의존했다. 대처 집권 초기에 애덤스미스연구소는 구체적인 재집권 전략을 창안하기 위해 오메가 프로젝트(Omega Project)라는 구상을 고안해냈다. 그러면서 매드슨 피리와 그의 동료들은 머리를 조아리며 돈을 부탁하여 제임스 골드스미스 경(Sir James Goldsmith) 같은 자본가나 클라이브 싱클레어 경(Sir Clive Sinclair), 그리고 맬컴 맥컬파인 같은 사업가들에게서 성공적으로 기금을 모았다.

그렇다면 선동자들은 부유한 엘리트들의 도구에 지나지 않으며, 부자들의 경제적 이익을 정치적 이념으로 바꾸어 대중에게 퍼뜨리는 것뿐이라는 관점에 유혹을 느낄지도 모른다. 하지만 마크 리틀우드의 말에 따르면 이런 결론은 억측이다. "우리 같은 이들을 단일한 집단으로 묶고자 하는 사람들이 빠지는 잘못된 믿음과 함정이 있다고 봅니다." 그의 설명에 의하면 "우리에게 기부하는 사람들의 명단을 보자마자 사람들은 즉각 '음, 저들이 주장하는 바는 전부 이 기부자들의 이익을 위하는 거로군'이라고 생각할 거란 말이죠." 그러나, 리틀우드의 말에 의하면 진실은 이와 반대다. "사실 우리는 우리의 주장을 하는 것이고 기부자들은 우리 주장을 좋아하기에 돈을 내는 겁니다. 그것이 진정 진실입니다."

리틀우드가 옳다. 리틀우드와 매슈 엘리엇, 매드슨 피리 및 그들의 이념적 동료들은 그냥 힘있는 사업가들의 명을 받아 프로파간다를 쏟아내는 냉소적인 돌팔이가 아니다. 그들은 진짜 신앙인, 심지어는 광신도다. 그들은 진정한, 흔들림 없는 신념을 가지고 발언한다. 그냥 우연히 그들의 신앙이 세금을 낮추고, 규제를 줄이고, 국가의 역할을 축소하고, 노동조합을 약화시키길 원하는 거물 및 유력자들의 이익과 일치했던 것이다. 이 사업가들은 선동자들이 이런 자기네 이익과 일치하는 생각을 대중화하는 데 고마워하고, 그들에게 기부하는 것이 현명한 투자라고 믿는다.

그럼에도, 싱크탱크와 민간사업체 간의 연계는 때로 리틀우드가 주장하는 것보다 부정적일 수 있다. 공공서비스의 민영화 건을 밀어붙이는 데 특화되어 있는 우익 싱크탱크 '리폼'(Reform)의 경우를 보자. "우리 자금 전체의 70%는 기업에서 나오고 30%는 개인이 기부합니다"
라고 리폼의 전 부소장인 닉 세든(Nick Seddon)은 말한다. 리폼의 기부자
에는 제너럴 헬스케어 그룹(General Healthcare Group), BMI 헬스케어(BMI
Healthcare), 부파 헬스케어(Bupa Healthcare, 모두 의료산업이나 개인/민간건강보험 관
련기업)처럼 공공으로 운영되는 서비스들을 매각할 때 이익을 보는 거
대기업들이 포함되어 있다. 세든 자신이야말로 '유럽 최대 건강보험
조합'이라고 자칭하며 국영의료보험(NHS)의 민영화로 가장 크게 이득
을 보는 곳 중 하나인 서클 파트너십(Circle Partnerships, 영국의 건강보험사)의
커뮤니케이션 총괄이었다. 2012년에 서클 파트너십은 힌칭브룩 건강
보험신탁(Hinchingbrooke Health Care Trust)을 인수했는데. 이는 민간부문이
NHS병원을 인수한 첫 사례였다. 이것이야말로 리폼이 오래도록 지지
해온 일이었다. 세든은 15만 명의 NHS 노동자를 감축하고, NHS 예산
을 실질적으로 삭감하며, 1차진료(GP)에 진료비를 청구하자고 촉구하
는 기사를 썼다(영국 NHS에서는 1차진료에 진료비를 청구하지 않는다). 또한 세든은
건강보험이 '상당 부분 정부에서 지원을 받더라도 (…) 정부가 아닌 보
험회사나 다른 단체에 의해 조직되고, 환자에게만 응대'해야 한다고
주장했다.[23] 리폼의 의장인 리처드 사이크스 경(Sir Richard Sykes)은 글락
소스미스클라인(GlaxoSmithKline)을 비롯한 다수 제약회사의 임원을 지낸
바 있고 2011년에는 임페리얼컬리지건강보험NHS신탁(Imperial College
Healthcare NHS Trust)의 책임자가 되었다. 이 또한 기업이 자기네에게 직
접적으로 이득이 될 주장을 하려고 실용적으로 선동자들을 후원한 사
례다.

2013년 초 리폼은 보수당 집권 정권마저 포기하려 한 교도소 민영

화를 지지하는 연구를 발표했다. 이 보고는 영국 언론에 폭넓게 인용되었다. BBC는 '시사하는 바가 많다'면서 그 연구를 치켜세웠다. 그러나 G4S, 서코(Serco), 그리고 소덱소(Sodexo) 같은 경비회사, 그러니까 이미 14개소의 교도소를 운영하고 있으며 민영화를 더 진행하면 할수록 이득을 보는 기업들로부터 리폼의 자금 상당 부분이 나온다는 사실은 언급되지 않았다. 리폼은 2012년에만 G4S로부터 24,500파운드를, 서코로부터 7,500파운드를 받았다.[24]

리폼은 이제 이 민망한 세부사항을 굳이 숨기려들지도 않는다. 위 정보는 리폼의 웹사이트에서 찾을 수 있다. "사람들은 그저 우리가 지원을 받았다는 사실을 숨기고 보고서에 기재하지 않은 문제에만 관심을 쏟는데요"라고 닉 세든은 말한다. "전 투명성을 확보하려고 그렇게까지 해야 한다고는 생각하지 않습니다. 누구나 우리 단체의 소득을 알아볼 수 있는 게 투명성이죠. 우리는 웹사이트에 명확하게 소득을 밝혀놓았고, 모든 걸 보여주는 그 웹사이트에 투명성이 있는 겁니다." 이렇게 말하지만, 리폼측은 민영교도소 제공기관에서 자금 지원을 받는 싱크탱크가 민간운영 교도소를 극찬하는 게 어떤 이해관계를 품고 있는지 알아보고 뒤져보는 데 시간을 들일 사람은 거의 없다는 사실을 알고 있다.

세든은 리폼을 지원하는 다수의 민간건강보험 회사들에도 같은 관점을 취한다. "그렇다고 우리가 보건의료에 관한 보고서를 출판할 때 '지난 1~2년 사이에 우리 단체에 돈을 준 회사에는 X, Y, 그리고 Z가 있습니다'라고 써야 하는지는 잘 모르겠네요." 이 정도면 슬슬 너무 강한 부정은 긍정이라는 말이 떠오를 지경이다. 자금 출처를 그렇게 솔직하게 인정하면 리폼과 같은 싱크탱크의 역할에 대한 의심을 널리 불러일으킬 것이라는 점에서 세든은 확실히 옳다. 그 스스로도 인정하듯이, "거기에 대해선 의심의 여지가 없죠. 우리는 사기업과 함께 일하고, 그 사기업들은 아마 공공부문이 공공서비스를 민간으로 양도해야 한다는 주장을 제기하는 우리와 이해관계가 있겠죠." 이 말은 솔직한 인정으로밖에 보이지 않는다. 그러나 놀랍게도, 세든은 이 사태에 뭔가 충돌하는 부분이 없다고 본다. 그렇지만 주류 언론인들 또한 이 투명성 부족의 사태에 책임을 져야 한다. 세든에 따르면, BBC기자 한 명이 세든에게 잘못된 이해관계가 있는지 질문하긴 했지만, 굳이 그걸 보도하려고 애쓰진 않았다고 한다.

오늘날 선동자들은 대기업뿐만 아니라 정치엘리트들과도 엮여 있다. 공공서비스의 대규모 민영화를 요청하는 보고서를 낸 정책교환센터를 보라. 그들은 다음과 같이 주장한다. "공공서비스 제공방식에 진정한 혁명을 일으키기 위해, 정치인들이 응급요원 파업 금지 조치를 내리는 등 전투적인 노조원들에게 맞서야 한다."[25]

정책교환센터는 사실 정치인이 설립한 곳이다. 2002년 보수당 하원의원과 하원의원 후보들이 모여서 정책교환센터를 설립했는데, 그중 가장 중요한 인물 중 하나는 후에 데이비드 캐머런의 가장 가까운 협력자가 되며 2010년 교육부 장관으로 지명되는, 설립위원장 마이클 고브다. 다른 창립 멤버는 캐머런의 보수정권에서 재무성 회계장관(Paymaster General)을 지낸 프란시스 모드(Francis Maude)와 후에 캐머런 정부의 차관이 되는 정책교환센터 설립이사 니컬러스 볼스(Nicholas Boles) 등이다. 정책교환센터의 현 소장은 『타임스』의 수석 논설위원이며 무보수로 조지 오스본의 자문 역을 맡고 있는 대니 핀켈스타인(Danny Finkelstein)이다.

2012년 당시 정책교환센터 이사였던 닐 오브라이언은 캐머런의 전 전략책임자였던 스티브 힐턴(Steve Hilton)의 후계자라고 홍보되었다. 그 건 '전혀 사실무근'인 이야기였다고 오브라이언은 내게 말했다. 귀도 포크스 블로그에 이러한 루머가 보도된 후에 "모두가 그 이야기를 알 게 되었는데, 그게 마치 기정사실처럼 여겨질 때까지 여러 다른 출처에 서 반복된 거예요." 그럴지도 모르지만, 말보다 행동이 중요하다. 2013 년 오브라이언은 재무장관 조지 오스본의 정책보좌관이 되기 위해, 그 리고 보수당의 2015년 공약 설정을 돕기 위해 싱크탱크를 떠났다.

정책교환센터의 다른 인사들도 인상적이다. 2013년 오브라이언의 예전 동료이자 정책교환센터의 경제사회정책 책임자였던 매슈 오클 리(Matthew Oakley)가 소위 독립기관이라는 사회보장연금 자문위원회 위 원으로 지명되었는데, 이 위원회는 정부에 사회보장 의제에 관해 자문 을 하는 곳이다. 몇달 후에 오클리는 복지수당 제재부문을 '독립적으 로' 검토하도록 지목되었다.[26] 또다른 정책교환센터 인사인 앨릭스 모 턴(Alex Morton)은 고가의 공영임대주택 매각을 옹호하는 보고서를 작성 한 뒤에 10번가 정책부서(Number 10's policy unit, 정책 입안을 담당하여 총리와 정 부를 보좌하는 기관. 다우닝가 10번지에 있다)에 주택계획부문 특별자문으로 합 류했다.[27] 일이 반대로 돌아갈 수도 있다. 데이비드 캐머런의 정책팀장 이었던 제임스 오셔그네시(James O'Shaughnessy)는 2012년 학교통합(school federations) 계획을 입안하기 위해 정책교환센터에 합류했다.[28]

이 정책교환센터 동문들은 납세자동맹의 전 직원이었던 이들과 정부 동료로 일하게 된다. LBC 라디오 방송국에서 진행한 2008년 인터뷰에서, 납세자동맹 선거사무장이었던 수지 스콰이어(Susie Squire)는 납세자동맹이 은밀히 보수적이었다는 의견을 '전혀 터무니없다'고 격노하며 일축했다. 2년 후 그녀는 보수당 노동연금부 장관인 이안 덩컨 스미스(Iain Duncan Smith)의 특별자문이 되었다가 2012년에는 보수당 공보책임자가 되었다.

반발을 샀던 인사조치도 있었다. 금연운동가들은 2012년 각종 사업에 대한 규제를 다시 완화하기 위해 시작된 '레드 테이프 챌린지'(Red Tape Challenge) 계획에 경제문제연구소 소장 마크 리틀우드를 책임자로 임명한 것을 비판했다. 리틀우드는 흡연 억제 조치를 격렬히 반대했으며 경제문제연구소는 담배회사에서 기부금을 받은 적이 있었고, 정부는 흡연자를 줄이기 위해 무지(無地) 담뱃갑을 도입하는 방향을 검토중이었다. 따라서 리틀우드의 임명은 잘못된 이해관계와 관련된 우려를 불러일으킬 만했다.[29]

다른 인사조치에서도 정부의 정치적 방향이 뚜렷하게 나타난다. 세든이 민영화 지향 싱크탱크인 '리폼'을 설립하는 데 4년 동안 도움을 준 닉 허버트(Nick Herbert)는 2005년 데이비드 캐머런의 야당 내각 구성원이 되어 보수당 하원의원으로 의회에 진출했다. 그의 동료 앤드루 할든비(Andrew Haldenby)는 한때 보수당연구소(Conservative Research Department)의 정치부(Political Section) 부장이었으나 대처와 키스 조지프가 설립한 싱크탱크인 정책연구소로 갔다. 리폼의 또다른 부소장이었던 리즈 트러스(Liz Truss)는 2010년 보수당 하원의원으로 선출되었으며, 영국인을 '세계의 게으름뱅이 중 최악'이라고 비난하며 노동자 권리를 다시 공격해야 한다고 요구하는 책 『브리타니아 언체인드』(*Britannia Unchained*)를 공동 저술했다. 2013년 NHS 민영화의 열렬한 지지자인 세든은 데이비드 캐머런의 새 보건자문이 되기 위해 리폼을 떠났다.

선동자와 정치엘리트의 어울림은 단순히 이런 싱크탱크 및 캠페인 단체의 설립자와 고위 간부에만 국한되지 않는다. 이 관계를 닐 오브라이언은 '생태계'라고 부른다. "사람들이 여기서 정부로 갔다가 정부에서 여기로 왔다가 하는 (…) 싱크탱크는 언론, 사업, 정치, 공직 등의 분야에 있던 사람들이 섞여 있는, 서로 다른 종류의 세상에서 온 사람들이 만나는 좋은 장소입니다."

현대 영국에서 선동자가 되면 상당한 권력을 행사하게 된다. 선동자는 기업의 후원을 받고, 정치적 기득권과는 폐쇄적 관계를, 언론인들과는 강력한 연줄을 형성한다. 24시간 뉴스가 등장해서 끊임없이 논평자를 갈구하기 때문에 선동자는 텔레비전과 라디오 양쪽에서 빈번하게 전국적 발언대를 제공받는다.

선동자에겐 진정한 대항마가 없다. 예를 들면 중도좌파 싱크탱크인 공공정책연구소(Institute for Public and Policy Research)는 우익 선동자들에 대한 대안이 되었어야 할 것이다. 그러나 그곳은 대처리즘이 이룩한 사회적 합의에 전혀 도전하려 하지 않는 기술관료들의 집단이다. 소장 닉 피어스(Nick Pearce)는 블레어주의의 최대 신봉자인 데이비드 블렁킷(David Blunkett)의 자문을 역임한 바 있는데, 2013년 아동빈곤 감소를 목적으로 하는 노동당 예산 편성을 비난하면서 그 문제는 '2008년 이전에 이미 막다른 골목에 도달했으니, 지금 신경쓰지 마라'고 주장했다. 공공정책연구소가 노동조합에서 기부를 좀 받긴 하지만, 그 연구소의 가장 큰 기부자에는 조세회피 다국적 기업인 구글, 공공자산을 인수해 돈을 벌어들이는 사기업 캐피타(Capita), 그리고 EDF 에너지나 E. ON UK 같은 에너지기업이 있다. 다시 말해 공공정책연구소는 기득권에 도전하기는커녕 기득권에서 독립된 싱크탱크조차 아니라는 말이다. 또다른 자칭 '중도좌파' 싱크탱크에는 '데모스'(Demos)가 있는데, 이곳 현 소장인 데이비드 굿하트(David Goodhart)는 1995년 『프로스펙트』(Prospect)라는 정치 잡지를 창간해서 유명해진 이튼교 졸업생으로, 무엇보다도 거의 집착에 가까울 정도로 대규모 이민 반대에 열정을 쏟고 있는 것 같다. 굿하트는 "제가 데모스를 이끌어가고 싶은 방향은 '사회적 접착제'의 방향"이라고 말하는데, 사회적 접착제란 사회적 응집을 말한다. "특히 노동당에 힘든 문제인 복지, 이민, 그리고 다문화주의 같은 것들에 집중하고 있습니다." 예외적으로 이런 단체들과 다른 곳은 진보적 싱크탱크인 신경제재단(New Economics Foundation, NEF)인데, 대부분의 주류 언론은 이곳을 주도면밀하게 무시한다.

한편 대학 경제학과는 현상을 타파하고 싶어하는 사람들을 쫓아내 버렸다. 영국의 극적인 정치변동만큼이나, 규제받지 않는 자유시장 경제의 지지자들은 다른 종류의 발전에서도 도움을 받았다. 1980년대 후반 소비에트 연방 붕괴 이후 줄곧, 이 발전은 자유시장 자본주의의 극적 승리와 함께 나아가고 있었다. 그것은 미국 정치과학자 프랜시스 후쿠야마가 선언한 '역사의 종말'이다. 미국 신보수주의자(neo-conservative)인 미지 덱터(Midge Decter)는 후쿠야마의 이 선언을 '우리가 이겼다, 안녕'이라고 평했다. 심지어 온건한 케인즈주의(Keynesianism)조차도, 아무리 소비에트적 공산주의와 연관이 없다 해도 도를 넘는 짓이라고 여겨졌다. 경제에 대한 국가개입은 아무리 온전해도 이미 지나간, 불명예스러운 과거 취급을 받았다.

"학계에서 저는 한 5%밖에 없는 비주류"라고 반체제 경제학자 장하준은 말한다. 마치 다윗 대 골리앗의 싸움을 즐기기라도 하는 것처럼, 그의 목소리는 고립된 처지를 생각하면 놀라울 만큼 낙관적이었다. 흥미롭게도 그의 어조는 매드슨 피리가 1970년대에 사회적 합의에 맞섰던 자신의 싸움을 묘사할 때의 어조와 다르지 않았다. 근래 반체제 경제학자 중 많은 이가 경제학과 밖에서 일하도록 강요받았다고 장하준은 말한다. "자유시장학파의 이념적 지배 때문에, 이 사람들은 경영대학원, 공립학교, 그리고 국제관계 분야에서 일자리를 얻었습니다." '훌륭'하거나 '주류' 학자로 보이고 싶어하는 경제학자들에겐 신자유주의를 신봉하는 것 외에 다른 대안이 거의 없다.

이러한 주변화 과정은 새로운 사회적 합의에 필수적인 버팀목이다. 그것은 부와 권력의 편에 선 자들이 학문적 존경을 보장받을 뿐 아니라, 그들의 의견을 뒷받침해줄 수 있는 학문적 자료가 끝없이 있다는 뜻이다. 반면 그들의 반대자들은 지적 빈곤에 시달리고 있다. "신자유주의의 유산 중 하나가 그것이다. 지식 생산의 의미를 구분짓고 자기네들이야말로 지식의 생산자라고 주장하는 것 말이다." 『가디언』 경제부 기고자 아디트야 차크라보르티(Aditya Chakrabortty)의 말이다. '특정 전제를 받아들이지 않으면 이쪽으로 올 수 없음'이라는 논리가 그들의 기풍이다. 물론 이 모든 것이 자본주의 및 신자유주의 밖의 대안은 없다는 감각을 강화하는 데 도움을 준다. 1990년대 중반이 되면 자유시장의 교의는 '새로운 규준'(new normal)이 되었고 오늘날까지 그 상태로 남아 있다.

매드슨 피리와 그의 동료 여행자들은 주변부에서 출발해 먼 길을 왔다. 그들의 관점이 주류의 학문적 견해에 진입한 게 아니다. 선동자들이 주류가 되었다.

기업의 후원을 받는 선동자들이 성취한 것은 이것이다. 그들은 터무니없고 우스꽝스러우며 괴팍한 생각을 새로운 상식으로 만들어서 논의의 골대를 옮기는 것을 도왔다. 우익 정치사상가의 전문용어로 하자면, 선동자들은 '오버턴의 창'(Overton Window)을 옮겨놓은 것이다.

오버턴의 창은 미국 우파가 중히 여기는 개념으로, 우익 싱크탱크인 매키낙공공정책센터(Mackinac Center for Public Policy)의 부소장이었던 조지 프 P. 오버턴(Joseph P. Overton)을 기리며 만들어진 신조어다. 이 용어는 특정 시기에 정치적 주류의 범위에 남아 있으면서 정치적으로 가능하다거나 합리적이라고 여겨지는 것을 뜻한다. 그러나 정치인들은 감히 언급도 못할 사상이나 정책을 제시할 수 있는 것이 바로 선동자의 본성이다. 그런 활동을 통해서, 그들은 창을 옮겨놓았다. 설령 정치인들이 선동자들의 개념을 절충시킨다 해도, 무엇이 중도적이라고 여겨지는지가 이미 변한 것이다. NHS의 민영화가 한 예다. 마거릿 대처조차 감히 NHS를 민영화하진 못했지만 보수-자민당 연립정부는 그것을 현실로 만들고 있다. 납세자동맹 설립자 매슈 엘리엇의 가까운 친구인 보수 하원의원 로버트 할폰은 이렇게 설명한다. "선동자들은 이런저런 걸 말할 수가 있고, 그러면 정치인이 '사실 그건 못한다, 너무 극단적이지 않느냐, 하지만 실은 이 정도라면 해볼 수 있다'고 말할 수 있는 겁니다."

선동자들 혼자서 이 사상의 승리를 쟁취한 건 아니지만, 그들은 핵심적인 역할을 수행했다. 과격한 우익 사상의 지적 토대를 마련하고 그것으로 다수 대중을 사로잡은 일 말이다. 언론인들은 선동자들의 편향되고 치우친 정책 제안—소개되면 직접적으로 그들의 후원자에게 이득이 될—을 객관적이고 공정한 것처럼 다루었다. 선동자들은 자신들이 창조를 도운 나라의 수호자들, 기득권층에게 있어 지적 자료의 보고이다. 선동자들은 재계, 정계, 그리고 언론계의 연결을 도왔다. 그들은 그냥 국가 지배엘리트의 핵심부이기만 한 것이 아니다. 선동자들은 국가 지배엘리트가 현재와 같은 형태로 구조화되는 데 기여했다. 선동자들은 신자유주의 영국에서 부와 권력을 누리며 번영하는 기업과 부유한 은행가들에게 현명한 투자처임이 증명되었다. 국가의 정치 담화는 가차없이 부와 권력이 있는 자들에게 유리한 언어로 이루어진다. 상황이 이렇게 된 것은 대부분 선동자들의 공이다.

2

정치인 카르텔

의회지출 스캔들

뭔가 못할 말이라도 해버린 기분이었다. 나는 막 금융업계 유력 로비스트와 인터뷰를 마무리지은 참이었다. 구술 녹음기의 스위치가 꺼지자, 정치인의 급여라는 주제로 대화가 흘러갔다. 때는 2013년 4월로 당시는 하원의원 봉급인상을 두고 공개토론이 계속되던 때였는데, 정치인들이 수백만 노동자의 실질임금 삭감 방안을 도입하려던 터라 하원의원 봉급인상 건은 엄청난 논란을 불러일으켰다. 나는 그 로비스트와 그의 언론담당자에게 하원의원들은 이미 봉급생활자의 상위 5%에 넉넉히 들어갈 만큼의 급료를 받고 있지 않느냐면서, 사실은 하원의원 급료를 삭감하자는 주장도 있다고 말했다. 하원의원은 결국 자기 지역 사회의 대표자들이 되어야 하지 않는가. 과도한 봉급은 유권자의 생활에 대한 현실 감각을 잃게 할 것이라고 말이다.

갑자기 어색한 정적이 흘렀다.

정확성을 위해 인터뷰를 녹음하고 있던, 깔끔하게 빼입은 로비스트의 언론담당자는 깜짝 놀라 내가 농담을 한 건지 알아내려고 나를 바라보았다. 내 말이 진담임을 깨닫자 그는 미친 사람을 진정시킬 때 그러듯이 신중하게 말을 고르느라 대답에 뜸을 들였다. 그가 말하길 의원의 봉급을 삭감하는 조치는 가장 뛰어난 사람들, 특히 민간부문 인재들의 정계 진입을 방해할 터인데, "왜냐하면 골프 코스에서 하원의원님 친구분들이 9만 파운드, 10만 파운드 또는 그 이상의 수입을 자랑하는 걸 듣게 되지 않겠습니까"라고 그는 덧붙였다.

그 언론담당자의 관점은 하원의원 자신들이 진심으로 지지하는 관점이다. 비록 하원의원들의 지지는 언제나 비공식적이지만 말이다. 그런 의견을 공개적으로 피력한다면 경제적으로 넉넉지 못한 유권자들의 분노를 피할 수 없다.

2013년 이루어진 유고브(YouGov, 영국 여론조사기관)의 익명 여론조사에 따르면, 보수당 하원의원은 평균적으로 현재보다 3만 파운드 정도를 더 받아야 한다고 생각하는 반면 노동당 의원은 연봉이 적어도 1만 파운드는 올라야 한다고 생각하고 있었다. 2013년 12월, 의회의 급여와 경비를 독립체가 주관하도록 보장하기 위해 당시로부터 몇해 전 창설된 독립의회윤리기관(Independent Parliamentary Standards Authority, IPSA는 2009년 '의회지출 스캔들'의 여파로 설립된 독립기구로 영국 의원들의 보수결정 업무를 비롯한 일종의 윤리감사기구 역할을 맡는다)은 영국 하원의원 연봉을 11% 인상해야 한다고 제안했고, 노동당 각료였던 잭 스트로(Jack Straw)는 이에 대해 "하원의원 급료를 인상하기에 좋은 때는 결코 없다, 그러나 의원 연봉을 인상하지 않으면 '출신이 평범한 사람들'이 정치에 입문하는 것을 불공평하게 방해할 것"이라고 말했다.

스트로의 논지는 전도된 것이다. 역사적으로 볼 때 의회의 의원들은 봉급을 전혀 받지 않았고, 이는 봉급이 없어도 생계를 잇는 데 아무 지원도 필요없는 부자들의 전유물로 공직을 남겨두는 데 공헌했다. 좌파와 노동계급 운동은 공직의 대가로 임금을 지급받기 위해 부자들과 싸웠다. 1911년이 돼서야 하원의원이 처음으로 400파운드의 연봉을 받았다. 현재 평의원은 1년에 67,000파운드(2017년 초 기준 한화로 약 1억 원)가 넘는 봉급을 받는데, 이는 '출신이 평범한' 사람들 대부분이 꿈도 꿀 수 없는 액수이다. 어쨌든 2013년 12월 『이코노믹 저널』(*Economic Journal*)에 실린 연구에 따르면, 하원의원에게 급여를 지나치게 많이 지급하면 의원들의 직업윤리를 해칠 위험이 있다. 같은 달에 독립의회 윤리기관은 하원의원의 현재 봉급이 '후보자가 선거에 입후보하는 데 직접적 영향'을 미친다는 '증거가 없다'고 인정하며 스트로의 견해에 반대되는 의견을 내놓았다.

그렇지만 의원 봉급을 두고 일어난 이 논란은 2009년, 하원의원들이 의정활동비를 엄청나게 남용한 스캔들을 설명하는 데까지 거슬러 올라가야 한다. 그들은 공공자금을 의정활동 경비로 요청하며 필요도 없는 정부지원 주택(실거주지에서 먼 선거구에서 당선된 의원을 지원하기 위해 두번째 주택에 대해 세금으로 주거비를 지원하는 제도), 정원 유지, 주택 개조(정원 연못에 오리집도 지었다), 조세회피, 음식 사재기, 수천 파운드씩 나가는 사치품 구입 등의 영수증을 제출했다. 손꼽을 만한 예외를 제외하면, 부당하게 경비를 청구한 하원의원들은 그냥 돈을 반환하기만 하면 되었다. 하지만 어떤 의원들은 부당하게 취한 세금을 반환하는 것조차 하지 않았다. 다른 직업을 가진 사람이 이런 짓을 했다면 사기로 규정되었을 것이다. 그러나 대부분의 하원의원들은 사기꾼 취급을 받지 않았다.

몇몇 하원의원이 자기들은 사기꾼이 아니라고 내놓는 핑계야말로 놀랍게도 그 자체로 의원들이 사회에서 자신들의 역할을 어떻게 규정하는지 알려준다. 그들은 자기네 연봉이 부적절하다고 중얼거릴 것이다. 그러니까 은행가들이 가져가는 보수보다 훨씬 적다는 것이다. 여기에 공감하는 언론인들이 이 핑계를 뒷받침해준다. "시장(市場)은 최고의 재능에 전례없이 높은 시세를 쳐준다"고 『데일리 텔레그래프』의 정치면 편집자 제임스 커컵(James Kirkup)은 주장한다. "요즘 시대는 대형 법률회사가 로스쿨 최우수 졸업생을 데려오려고 50만 파운드 이상을 지불하고 상장기업 CEO의 봉급이 매년 두 자리씩 뛰는 시대다 (…) 그러니 우리가 하원의원을 뽑을 때 최고로 재능있는 사람들을 데려오기 위해서는 경쟁할 준비를 해야 한다."[1] 웨스트민스터(영국 국회의사당, 또는 영국의회 자체를 말한다)에 최고의 '재능'을 가진 사람들을 유인하기 위해 대부분의 유권자는 꿈도 못 꿀 액수의 봉급을 지급해야 한다는 주장은 증권가 이사들이 직접 한 것일 수도 있다. 바로 이것이 핵심이다.

30년이 넘도록 하원의원들은 가장 부유한 사람들의 소득세를 낮추고, 대기업의 법인세를 깎아주고, 금융계를 번성시키는 정책을 지지해왔다. 그들은 그 결과를 목도했다. 부자들의 은행 잔고는 영국 역사상 최고 수준에 도달했다. 2014년 영국에서 가장 부유한 1천명의 자산은 거의 5,200억 파운드(2017년 초반 기준으로 대략 750조원을 상회하는 액수)에 달했

다. 게다가 최고 부유층은 대저택, 별장, 요트 같은 과시적 소비에 돈
을 펑펑 써댔다. 정치인들은 분명 사람들이 굉장한 부자가 될 수 있게
해주는 자기네 정책의 영향력을 자랑스러워하는데, 스스로의 봉급과
그 굉장한 부자들을 비교해보지 않을 수 없는 것이다. 그리고 정치인
자신들이 만든 정책으로 부추겨놓은 '난 소중하니까'의 사고방식이
이젠 의회를 사로잡았다.

그렇다면 정치인들에게 의회지출은 그저 이런 부당한 상황을 일소
할 수단 중 하나였을 뿐이다. 사실 하원의원이 대중 앞에서 봉급인상
이라는 주제를 꺼내기만 해도 정치적 자살행위가 된다. 따라서 공공
자금 요청권은 봉급을 올릴 수 없는 현실에 대한 보상이라는 분위기
가 스캔들이 터지기 전부터 의회에 있었다. 한 노동당 의원(익명을 요
구했다)은 "큰 폭의 봉급인상은 정치적으로 불가능하니까 의회지출
로 보상하자는 게 비공식적 접근이었죠"라고 말했다. BBC의 연줄 좋
은 편집자 닉 로빈슨(Nick Robinson)은 "대중의 반감을 경계하느라 상승
이 억제된 의원 봉급을 '보충'하도록 원내총무와 의회 고위공무원들
이 하원의원들을 부추겼다"고 썼다.[2]

하원의원들은 기업정치인(corporate politician)이 되었고, 자신들의 도움
으로 엄청난 부를 이룬 엘리트들이 부러웠으며, 자신들이 만든 정책의
전리품을 챙길 기회를 놓칠 때는 좌절을 느꼈다. 이제는 많은 하원의
원들이 의원직을 소명이나 의무 및 봉사라고 보지 않고, 다른 비슷한
직업군만큼의 보수를 지불받지 못하는 중상류층의 직업이라고 본대
도 과장이 아닐 것이다.

의회지출 스캔들은 정치엘리트들의 충격적인 위선을 노출시키는

역할도 했다. 선동자들은 국가개입을 축소시켜야 한다고 설파했고 정치인들은 선동자들의 설교를 채택해서 강화했다. 국가에 의존해서 살아가는 것처럼 묘사된 사람들이 특히나 악마화되었는데, 하원의원들은 대중의 분노를 사회에서 가장 빈곤한 사람들에게 집중시키는 데핵심적인 역할을 했다. 그럼으로써 최상류층을 향하던 면밀한 감시의눈길을 굉장히 효과적으로 분산시킬 수 있었다. 국가개입을 후퇴시켜야 한다고 가장 목청 높여 부르짖던 자들이 종종 국가의 단물을 가장많이 빨아먹고 있었다는 사실은 아이러니다. 많은 경우 이들은 이미부자였는데도 말이다. 의회지출에 관해서라면 하원의원들은 국가개입을 최소화한다는 자신들의 방침을 명백히 벗어나고 있었다.

백만장자 보수당 하원의원이자 10번가 정책부서 구성원인 나딤 자하위(Nadhim Zahawi)의 예를 살펴보자. 그는 2013년 사회보장 수당에 대한 정부의 공격을 지지하며 "도움이 필요한 분들은 도와드려야겠지만, 직장생활을 하는 가족의 수입을 초과하는 액수를 나눠주자는 터무니없는 주장은 시대착오적"이라고 트위터에 올렸다. 일곱 달 뒤에, 자하위는 자신의 정부지원 주택에 있는 마구간 난방비로 수천 파운드의 의회경비를 부당 수령했다고 인정했다. 조지 오스본 재무부 장관은 "정부 수당에 의지해 사는 삶에 대한 자괴감일랑 푹 자며 털어버리는사람들과 어둑어둑한 새벽에 집을 나서면서 그런 이웃들의 커튼 친창문을 올려다보는 교대근무 노동자"를 애절하게 묘사한 바 있다. 그런데 오스본 장관은 자기 가족이 운영하는 벽지 사업에 4백만 파운드의 지분이 있다고 알려져 있는데도, 2009년에 하원의원에게 지급되는정부지원 주택을 바꾸었다는, 혹은 '번복'했다는 것이 밝혀졌고 그가 공적자금으로 55,000파운드를 절세했다는 주장이 그 뒤를 이었다(2009년 오스본 장관은 런던에 있는 집과 체셔에 있는 집을 번갈아 정부지원 주택으로 지정해 대출금 상환에 세금을 지원받은 데다 부동산 매각시 양도소득세도 제대로 내지 않았다는 비판을 받았다). 백만장자인 캐머런 총리조차 자신의 선거구에 따로 마련한 정부지원 주택 정원에서 등나무를 없애겠다며 세금 지출을 요청했다.

국가보조금 삭감 정책을 도입한 각료인 이언 덩컨 스미스는 주당 53파운드(2017년 초 기준 한화로 약 8만원)로 살아갈 수 있다고 선언한 적이 있다. 53파운드는 복지수당 청구인들이 의지해 살아가는 금액이다. 백만장자이고 대부분의 사람들은 평생 벌어보지도 못할 액수의 연봉을 받으면서도 가장 경박한 물건에 공공자금을 청구한 사람이 발설한 것치고는 꽤 대단한 헛소리다. 예를 들면, 덩컨 스미스는 보스(Bose)사의 블루투스 헤드셋에 110파운드, 아침식사 한끼로 39파운드의 공공경비를 청구했다. 한편 전 노동당 노동연금부 장관 리엄 번(Liam Byrne)은 "노동당은 열심히 일하는 사람들의 정당이지 무임승차자의 정당이 아니다. 그 이름이 밝혀주듯이 (…) 노동자의 정당이지 게으름뱅이의 정당이 아니"라고 선언한 바 있다. 『텔레그래프』가 밝혔듯이, 번은 국민의 세금으로 카운티 홀(County Hall)에 월세 2,400파운드짜리 아파트를 빌렸으며 단 한달 식비로 400파운드의 공공자금을 청구한 적도 있는데, 두 경우 모두 퍽이나 합법적이었다.

국가 의존이라는 질문을 놓고 벌어지는 이러한 위선은 점입가경이다. 보수당 하원의원의 4분의 1, 자유민주당 하원의원의 15%, 노동당 하원의원의 12.5%가 개인토지 소유주다.[3] 어떤 면에서 이 수치들을 보면 하원의원들이 급상승하는 임대료 및 불안정한 임차계약 때문에 고

군분투하는 임차인에게 이익을 줄 정책을 지지하기보다, 동료 토지소유자와 자신을 동일시하리라고 확신하게 된다. 그러나 그게 다가 아니다. 집권 정부들이 연이어 주택공급이나 주택임대료 통제에 실패한 까닭에, 매년 주택보조금으로 240억 파운드가 소모된다. 이 정부보조금은 복지국가를 공격해대는 하원의원 일부를 포함한 개인토지 소유자에게 지급된다. 보수당 하원의원 리처드 베논(Richard Benyon)은 영국에서 가장 부유한 의원으로, 재산이 1억 1천만 파운드에 달한다. 그는 "감당할 수 없을 만큼 급격히 증가하는" 사회보장 지출을 규탄했으며 보수당 정부가 "노동당의 '거저먹기' 복지 문화를 개혁"한다며 현 정부에 갈채를 보냈지만, 정작 자신은 주택보조금으로 매년 12만 파운드를 얻고 있다. 복지 감축을 열렬히 지지하는 또 한 명의 보수당 하원의원 리처드 드락스(Richard Drax)도 2013년 주택보조금으로 13,830파운드에 달하는 금액을 수령했다.[4]

그러나 의회지출 스캔들의 가장 큰 문제는 정치인들이, 그러니까 하나의 계층으로서 정치인 전체가 이같은 위선과 탐욕이 용인된다고 믿었다는 점이다. 선동자들의 이론과 강령을 현실 정책으로 바꾸면서, 정치인들 자신이 진짜 그 신봉자가 된 것이다. 이제 모든 정당의 정치인들이 매드슨 피리 같은 이들이 보였던 이념적 열의를 공유한다. 새로운 공통의 사고방식이 구축된 것이다. 하지만 이 사고방식이 전부 확신과 신념의 문제만은 아니다. 하원의원들은 새로운 질서하에서 매우 수익성이 높은 사적 지분을 제안받았다.

신노동당의 기구한 운명

2002년 가을, 사우샘프턴(Southampton)의 보틀리 그레인지(Botleigh Grange) 호텔에는 기대가 감돌고 있었다. 500명이 넘는 헌신적인 보수주의자가 마거릿 대처 전 총리의 연설을 들으려고 호텔 회의실에 가득 모여들었다. 보수의 아이콘 대처는 예전 자신의 부관 중 하나였던 노먼 테빗(Norman Tebbit, 대처 총리 집권 당시 주요 내각각료직을 역임한 보수당 의원) 옆에 서 있었다. 당시로부터 18개월 전에 토니 블레어가 이끄는 노동당이 압도적인 표차로 두번째 역사적 승리를 거두었고, 보수당은 절망적인 곤경에 처해 사기가 나락으로 떨어져 있었다. 권위자들은 한때 천하무적이었던, 이 보수당이라는 정치세력이 과연 다시 선거에서 승리할 수 있겠는지를 두고 심각한 토론을 벌였다. 그러나 놀랍게도 대처는 승리감에 도취되어 있었다. "토니 블레어가 우리의 가장 큰 업적"이라고 그녀는 자신을 경외하는 무리에게 선언했다. "우리는 우리의 반대자에게서 변화를 이끌어낸 것입니다." 노동당이 집권은 했을지 모르나, 대처가 보기에 노동당은 진실로 대처 자신의 정치적 신념의 불꽃을 피워올리고 있었다.

대처가 자신의 정당성이 입증되었다고 느낄 이유는 충분했다. 철의 여인(마거릿 대처의 별명)이 자기 당에 의해 다우닝가 10번지에서 울며 쫓겨난 지 사반세기가 지났으나, 우리는 여전히 대처리즘이 건설한 나라에 살고 있다. 정치적 논쟁의 경계는 정부와 그들의 선동자들이 정했고, 지금도 마찬가지다.

대처가 다른 어떤 정치인보다 나라의 국론을 양극화시켰다는 사실은 그녀의 정책이 얼마나 사회의 변화를 가져왔는지를 보여준다. 본머스의 보수당 하원의원 코너 번즈(Conor Burns)는 2002년 당시 사우샘프턴에 있었던 대처의 응원단 중 하나였다. 소호의 평범한 식당에서 점심을 같이하며 번즈는 자신이 보수당 지도부의 상류층 패거리에 속하지 않으며 '호사스러운 건 사절'이라는 점을 강조했다. 그는 자신이 어떻게 대처 남작 각하(마거릿 대처는 정계 은퇴 후 남작 작위〔Baroness〕를 수여받았다)의 말년에 절친한 친구이자 동반자가 되었는지 말해주었다. 포크를 내려놓으면서, 그는 지지자들이 자주 그냥 여사님(The Lady)이라고만 부르곤 했던 정치인을 처음 제대로 만났던 때를 아련하게 회상했다. 때는 1997년, 블레어가 압승을 거두며 총리가 된 해였고 코너는 대처의 남편인 데니스(Denis)가 도싯(Dorset)에서 한 보수당 의원 후보와 골프를 치는 날 그를 모시고 운전하고 있었다. 기쁘게도 데니스는 번즈를 자택으로 초대해 대처와의 만남을 주선했다.

"두려웠어요." 번즈는 회상했다. "계단을 올라갔던 게 기억나는데, 그냥 멍하게 내 무릎이 저절로 움직이고 있었죠." 거기 그녀가 있었다, "굉장히 큰 잔 가득 위스키를 담아서 들고" 거실에 앉아서 『월 스트리트 저널』(The Wall Street Journal)에 실린 시장동향을 살피면서, 맨발로, 신발은 마루에 놓아둔 채로. "첫인상에 그분은 아주 부드럽고, 모성적으로 보였다"고 번즈가 애정어린 목소리로 말했다. "그분은 벌떡 일어나선, 우리를 주려고 마실 것을 따르셨어요, 오믈렛을 만들어주고 싶어하셨죠."

마거릿 대처를 향한 번즈의 사랑은 격동의 1980년대 영국에서 일어났던 전쟁과 승리에서 비롯되었다. 번즈가 다닌 학교 학생들은 사물함을 벽걸이용 사진으로 장식했다. 번즈의 친구 하나는 카일리 미노그

(Kylie Minogue, 오스트레일리아의 배우 겸 가수) 사진을 붙여놓았고 번즈 자신은 당시 총리였던 대처, 그의 표현을 빌리자면 '혁명을 시작한 암사자'의 사진을 붙여놓았다. "내가 자랄 무렵인 1980년대엔 정치적 견해차이라는 게 어마어마했다"고 그는 설명했다. "냉전이 아직 계속되고 있었고, 노동당은 보수당 정부가 제시하는 노동조합 개혁안을 철회하려 했고, 민영화도 아직 사회적으로 합의된 사안이 아니었던 때죠. 그때 정치는 중요한 사안이었고, 어떤 면에선 오늘날과는 중요도가 달랐습니다. 요즘에야 정권이 바뀐대도 증세·지출 우선순위에서 기껏 3% 정도 바꾸는 걸 놓고 여야가 논쟁을 하겠지요. 그렇지만 그 시절엔 정권 교체가 엄청난 일이었습니다."

번즈는 오늘날과 달리, 한때는 영국 정치가 명확한 차이, 서로 다른 관념의 충돌, 철저하게 판이한 정책 사이의 격렬한 전투였다는 점을 강조했다. 오늘날 정치적 충돌이란 뿌리깊은 철학적 불일치라기보다는 미묘한 차이를 놓고 일어난다. 주류 정치인들은 대처리즘이 구축한 정치적 현상(status quo)에서 근본적으로 벗어날 방법을 거의 제공하지 않는다. 번즈가 말하듯 마거릿 대처가 만족감 속에 죽었다고 해도 놀랄 일이 아니다. "그분은 자신이 승리했다는 걸 알고 계셨다"고 번즈가 말했다. 그분은 "모두가 세제개혁이 불가능하다고 했지만 우리는 해냈다"고 하셨을 거예요. "모두가 민영화는 불가능하다고 했지만, 우리는 해냈다. 노동조합 개혁은 불가능하다고 했지만, 우리는 해냈다고요."

전후 영국의 자유시장주의자들은 자신들과 자신들의 이념이 냉대받고 있다고 느꼈다. 오늘날, 대처의 새로운 정치체제 속에 그들의 반대자들이 같은 운명으로 고통받고 있다. 부자와 대기업에 대한 감세, 공공자산의 민영화, 서구세계에서 가장 억압적인 노동조합 관련법, 시장을 숭배하고 시장의 힘을 해방시킨 것—이것들은 새롭게 합의된 체제의 사실상 도전할 수 없는 기념비, 제거가 불가능한 정치적 요소가 되었다. 대처는 한때 천하무적이었던 광부노조를 포함해서 노동조합을 파괴했고, 국가 에너지공급 같은 서비스와 공공시설, 그리고 공영임대주택을 민간에 헐값에 팔아넘겼으며, 최고세율을 처음에는 60%로, 그 다음에는 40%로 깎았다. 이제 자유시장 각본에서 이탈하는 이들이야말로 괴짜, 답이 없을 만큼 순진해 빠진 사람(젊을 경우), 또는 정치적 화석(나이든 사람의 경우) 취급을 받는다. 바로 이것이 새로운 기득권층의 집단순응 사고다. 대처가 신노동당의 탄생에 자신이 한 역할을 기렸는지는 몰라도, 노동당의 변해버린 모습을 즐겁게 경멸한 것은 분명했다. 그녀는 번즈에게 "오로지 집권만을 좇는 정당은 자신이 스스로 신념이라고 여기는 것을 믿지 않으며, 그러한 정당은 나라를 통치할 자격도 없습니다"라고 말했다.

보수당을 향한 노골적인 기부

그러나 새로운 기득권으로의 이행이 완전히 매끄럽지만은 않았다. 심지어 자연스럽게 새로운 질서의 수호자가 된 보수주의자들에게도 마찬가지였다. 많은 보수주의자는 국가의 개입과 노동조합 지도자에 대한 동등한 대우, 높은 한계세율의 유지 등, 전후체제의 원칙을 유지하는 데 전혀 불만이 없었다. 1950년대까지만 해도 보수당은 누가 공영임대주택을 더 많이 건축하는지를 놓고 노동당과 경쟁을 벌였다. 이는 후일의 대처주의자들이 자택 소유와 주택정책 시장방기 원칙을 고집했던 것과 정반대이다. 전후 시대의 보수당 지도자들은 해럴드 맥밀런(Harold Macmillan, 영국 전 총리. 1957~1963년 재임, 보수당, 백작)과 같은 이튼교 졸업생들이 포함된, 귀족적인 보수당원이었다. 1975년, 보수당 당수가 된 대처는 자기 당의 예비내각에 갇혀 고립되었다는 느낌을 받았다. 대처는 보수당 내부의 반대와 투쟁해야 했다. 전후체제의 전복이 가져올 결과를 두려워하는 소위 '물렁이들'(wets, 마거릿 대처의 정책에 반대한 보수당 정치인들을 타협적이고 강단이 없나고 얕잡아 붙인 이름) 말이다. 1985년 맥밀런 전 총리는 공개적으로 대처의 민영화정책을 '조지 왕조 시대로부터 전해온 집안의 가보 은식기와 응접실에서 사용했던 좋은 가구를 몽땅 내다파는 짓'과 비교했다. 2차세계대전 종전 후 10년간 보수당은 19세기 보수당 총리 벤저민 디즈레일리(Benjamin Disraeli)가 기반을 닦은, 온정주의적인 '하나의 국가' 전통이 지배하고 있었으며, 맥밀란도 여기 동의한 것이다. 보수당 내부의 이런 세력이야말로, 선동자들에게는 경멸스럽게도, 전후의 합의를 받아들이고 새로운 신자유주의 질서에 의구심이나 두려움을 품은 집단이었다. 대처리즘하에서 그들은 존재감이 거의 사라질 지경으로 소외되었다.

보수주의자들이 자연스럽게 현대 기득권층의 정치적 대표자가 된데에는 여러 이유가 있다. 이념적으로 보수주의자들은 체제로서의 자본주의에 전혀 의구심을 품지 않는다. 그러나 보수당이 현 질서에서 이득을 보는 이들로부터 재정적 지원을 받았다는 점이 결정적이다. 보수당 후원자 목록은 런던 금융중심지가 틀어쥔 형국인데, 런던 금융중심지는 대처리즘하에서 자유롭게 번영을 누렸으며 2008년 나라를 경제적 파탄으로 거꾸러뜨리는 데 한몫을 했던 곳이다. 현재 보수당의 가장 큰 후원자는 헤지펀드계의 일인자이자 보수당 공동 회계담당자인 마이클 파머(Michael Farmer)로, 2백만 파운드가 넘는 돈을 기부했다. 또다른 핵심 후원자는 데이비드 롤런드(David Rowland) 같은 부동산 백만장자들, 헤지펀드 거물 스탠리 핑크(Stanley Fink), 메이 막주미(May Makhzoumi, 사업가 푸아드 막주미(Fouad Makhzoumi)의 아내)와 합법 대부업체 웅가(Wonga)의 주요 투자자인 벤처 투자가 에이드리언 비크로프트(Adrian Beecroft) 등이다.

호주의 전략가 린턴 크로스비(Lynton Crosby)는 영국 보수당 정치에서 중요한 역할을 했는데, 그는 자기 로비사업을 위해 정계에서의 위치를 조정해왔다. 2012년 보수당 정치인 보리스 존슨(Boris Johnson)의 런던 시장 재선 선거 지휘를 도와준 다음, 크로스비는 재선 시장 존슨이 아랍에미리트 연방으로 5일간 사업차 여행을 떠날 때 동행하였다. 덕분에 훨씬 큰 다른 기업들은 시장으로부터 초청받지 못했고, 크로스비 로비 회사는 호주인 대변인이 동행하여 홍보를 할 수 있었다.[5] 2012년 11월 크로스비가 보수당 지도부와 관계된 새 일을 맡으면서 그의 사업은 또다시 엄중한 조사를 받게 되었다. 린턴 크로스비가 운영하는 크로스비 텍스터 회사(Crosby Textor)는 영리추구 의료보험 회사들의 연합인 H5사적의료보험연합(H 5 Private Healthcare Alliance)에 어떻게 국영의료보험의 이른바 '실패'를 활용할지에 대해 자문을 해주었다고 알려져 있다.[6] 크로스비의 다른 고객에는 담배 회사와 주류 회사가 있는데, 그가 보수당에 공식적으로 합류한 뒤에 곧 이 사실도 세간의 관심을 끌었다. 그도 그럴 것이, 캐머런 정부는 주류 최저가격 제한안을 보류했고 금연을

권장하는 담뱃갑 포장 도입안을 폐기하려 했던 것이다.[7]

다른 후원자들도 건실한 수익을 보장하는 보수당에 현명한 투자를 했다. 2010년 총선에 뒤이어, '하향식 개편'을 종결시키겠다고 서약한 공약에도 불구하고, 보수당이 이끄는 정부는 국영의료보험을 철저히 민영화하기 시작했다. 케어UK(Care UK)와 같은 민간건강보험 회사들이 이익을 노리고 있었다. 앤드루 렌슬리(Andrew Lansley, 영국 보수당 정치인, 남작. 2010~2012년 보건부 장관)는 보수당이 야당일 때 예비내각의 보건부 장관이자 민영화 의제의 주요인사로 있으면서 당시 민간건보회사 케어UK 이사였던 존 내쉬(John Nash)에게서 21,000파운드의 기부금을 받았다. 총 20만 파운드가 넘는 기부금을 보수당에 쾌척한 내쉬라는 인물은 런던 금융중심지에 자리한 회사이자 '영국에서 가장 활동적인 건강보험 서비스부문 사적 자산투자자'[8]라고 자처하는 소버린캐피털(Sovereign Capital)의 창립자이다. 요양시설 사업으로 억만장자가 된 달러 포팻(Dolar Popat)과 국영의료보험 컴퓨터 서비스 제공자인 IC테크놀로지(IC Technology) 같은 다른 수많은 민간건강보험 거물과 사업가들도 보수당에 투자한다.

런던 금융중심지로서는 기쁘게도, 캐머런 정부는 집권 후 금융거래세를 도입하려는 유럽연합에 대항해 맹렬히 반대 로비를 했다. 『파이낸셜 타임스』(Financial Times)가 2011년 12월 지적했듯이 "보수당 하원의원들이 최고소득세율을 50% 이하로 감축하고 싶어하는 건 금융계의 부자 후원자들이 보수당과 가깝기 때문이다. 이는 그 후원자 자신들조차 인정한다." 후원자 중 하나는 2011년 12월 『파이낸셜 타임스』에 "아마 최고소득세율을 50% 이하로 내리자는 주장에 투표한 유권자가 많진 않겠지만, 보수당에 상당한 금액을 기부하는 인사들에겐 최고소득세율 인하 문제가 매우 중요하니까 보수당에도 그 문제가 중요하지 않을까 싶다"고 말했다.[9]

그렇다면 석 달 후에 보수당이 이끄는 정부가 최고소득세율을 50%에서 45%로 삭감한 것은 그다지 놀랄 만한 일이 못 된다. ICM(영국의 여론조사기관) 여론조사에 따르면, 유권자의 다수, 심지어 보수당 지지자 중에서도 65%가 삭감에 반대했다. 또한 부당해고를 당해 상급자를 고소한 노동자에게 소송비용 부담금을 도입한 2013년의 조치를 비롯해, 이미 다른 유럽 국가들에 비해 직장에서의 열악한 노동자 권리를 더욱 침해하는 바람에 피고용인이 더 쉽게 착취당하게 만들었다. 몇달 안에 부당해고와 관련된 법정소송은 55% 감소했고 고용주들은 기뻐했다.[10] 부유한 기부자들을 대변하는 보수당의 로비활동은 이보다 더 노골적일 때도 있다. 2012년 가을 보수당은 2백만 파운드 이상의 대저택에 추가 세금을 부과하려는 자유민주당과 노동당의 입법안을 물리칠 수 있도록 기부금을 요청하는 편지를 유복한 기부자들에게 보냈다. 이 편지 위쪽에는 '우리 집에 세금은 안 돼'라는 문구가 인쇄돼 있었다. 다수를 차지한 보수당 정부가 대저택세를 막을 수 있을 것이라고 굳게 약속하며, 편지는 보수당 기부자들에게 '우리 집에서 세금징수원을 몰아내자' 운동에 재정적 후원을 해달라고 요청했다.[11] 어떤 기부자들은 매우 개인적인 이득을 얻었다. 현금을 기부한 이들 중 많은 인사들은 심지어 상원의원이 되기까지 했다. 예를 들면 2013년 8월 작위를 수여받은 30인 중에는 중장비 제조기업 JCB의 거물 앤서니 뱀포드와 CCF(Cavendish Corporate Finance) 소유주인 하워드 리(Howard Leigh)가 끼어 있었다.

　현 기득권층에서 자유민주당의 위치는 좀 덜 명백하다. 영국 자민당은 1988년의 구 자유당과 1980년대 초반 노동당에서 분파한 우파 노동당원 집단인 사회민주당이 합쳐져 형성되었다. 보수당이나 노동당과 달리 자유민주당에는 강력한 정치적 뿌리가 존재하지 않으며, 종종 그점이 드러나곤 했다. 일관적인 정치운동이 아니라 반발표를 대표하는 일이 잦은 자민당은 노동당과 보수당 양당의 대안으로 스스로를 자리매김했다. 자민당 정치인들은 선거기간 동안 사정에 따라 모순되는 정책을 번갈아 내놓기로 악명이 높았다. 그러나 자유민주당은 집권할 가능성이 거의 없다고 여겨지기 때문에 무시당하곤 했다. 기득권층을 넓게 봐도, 자유민주당은 영국 기득권층과 별 상관이 없었다.

　자민당은 일정 기간 대처리즘의 의제를 포용한 신노동당의 행태를 이용하여 최고세율 증세라거나 대학 무상교육 같은 진보적인 정책을 내놓았으며, 2003년 이라크 침공을 반대함으로써 (전쟁이 시작되고 나서는 반대의 목소리가 빠르게 증발해버렸지만) 노동당, 보수당 양당의 지도력과 자신들을 차별화했다. 하지만 2004년 신자유주의적 생각을 태연하게 드러낸 자민당 고위정치인의 글을 실은 『오렌지북』(*The Orange Book*)—오렌지색은 자민당의 상징색 중 하나이다—을 출판하면서, 자민당 내 자유시장 지지파가 자기주장을 펴기 시작했다. 그 신자유주의적 생각 중에는 국영의료보험을 국가보험 체제로 대체하자는 주장도 있었는데, 그 당시로서는 주류 보수당의 정책보다 더 나아간 생각이었다. 2006년 1월 좀더 사회민주주의 쪽인 자민당 지도자 찰스 케네디(Charles Kennedy)가 사임하고 나서는, 이 '오렌지북' 쪽의 자민당 정치인들이 지배력을 행사하게 되었다. 2010년 총선 후, 자유민주당은 보수당과 연립정부를 구성했고 자신들을 정치적 현상과 구별해주던 그나마 남아 있던 정책은 다 내다버렸다. 자민당 지도자 다수가 보수당 고위 정치인들만큼이나 대처 정부가 개시한 이념적 성전에 헌신적으로 참여했다. 동성애자 인권 같은 의제에 대해 취하는 자민당의 진보적인 입장은, 데이비드 캐머런 정권의 지도부조차 동성 결혼을 수용하는 마당에 더이상 그들을 보수당과 차별화해주지 못한다.

기득권층의 조력자, 노동당

노동당의 경우 기득권층과 좀더 갈등이 있다. 그러나 노동당 지도자급 인사 중 많은 이들이 아주 기꺼이 새로운 기득권에 편입되었다. 토니 블레어는 언론재벌 루퍼트 머독, 억만장자 버니 에클스턴(Bernie Ecclestone), 그리고 우익 미국 대통령 조지 W. 부시(George W. Bush)처럼 부와 권력을 지닌 인물에게 집착했다. 블레어의 오른팔 중 하나인 피터 맨델슨(Peter Mandelson)은 권력자와 같이 다니는 것을 즐긴다고 알려져 있다. 2005년 12월 31일 맨델슨은 마이크로소프트 공동창립자인 폴 앨런(Paul Allen) 소유의 요트에서 포착되었다. 2008년 8월에는 러시아 올리가르키 올레크 데리파스카(Oleg Deripaska)의 요트에서 당시 보수당 예비내각 각료였던 조지 오스본을 비롯한 다른 초대객들과 휴가를 보냈다.

하지만 노동당은 본래 부와 권력을 가진 자들에게 들러붙기보다는 그들에게 도전하기 위해 만들어진 정당이다. 19세기 후반과 20세기 초반 노동조합은 파업으로 인한 손해배상을 청구받는 등 노조활동에 지장을 주는 법으로 좌절한 상태였으며, 자유당과 보수당은 대기업 수장과 지주의 이익만 신경쓴다는 인식이 만연했다. 그러나 자신들을 대변할 방법을 찾는 노조의 분투는 길고 격렬한 과정을 거쳐야 했다. 1892년 영국 최초의 사회주의자 하원의원 커 하디(Keir Hardie)가 당시의 전통적 노동자 복장으로 의회에 나타나자 그런 광경에 익숙지 않았던 의회 경찰은 하디에게 지붕을 고치러 왔느냐고 물은 적이 있다. 몇년 후 토머스 R. 스틸스(Thomas R. Steels)라는 동커스터(Doncaster)의 철도 신호원이 자신의 노조지부에 이런 상황을 타개할 방안을 제시하며 노동조합 회의를 요청했다. 그는 하원 의사당에서 노동조합의 대표성이 더 잘 반영되도록 살피기 위해 노동계급 조직들의 대표자를 소집한 것이다. 이 시기에 이런 정치화 움직임은 큰 논란을 불러왔다. 많은 노조원이 아직 자유당과 긴밀한 관계를 유지하는 것이 노동운동의 최선이라고 믿었으며, 스틸스의 해법은 간신히 통과되었을 뿐이었다. 그러나 노동대표위원회(Labour Representation Committee)가 설립될 만큼 그 영향은 지대했으며, 노동대표위원회는 후일 노동당 설립의 기반이 되었다.

오늘날 노동당의 성격은 매우 달라졌다. 1994년 토니 블레어가 노동당 지도부를 장악한 이후, 당 활동가들의 이의제기가 두려웠던 신노동당 지도부는 당내 민주주의를 축소했다. 연례 노동당 당대회에서 활동가와 노조원들은 철도 재국유화와 공영임대주택 건설계획 등의 정책을 요구하는 발의안을 통과시켰다. 하지만 이 발의안은 거듭 무시되었다. 당대회 자체가 점점 토론의 장이 아니라 미국식의 정치집회로 변질되고 있었다.

토니 블레어는 노동당이 노동조합 자금에 의존하는 상황을 타개하겠다고 굳게 결심한 상태였고, 노조 대신 부자들에게서 재정적 지원을 구했다. 이 사명은 10년 이상이 지난 후일, 연차관(상환기간이 길고 금리가 낮은 차관)을 작위와 교환한 것 아니냐는 의혹을 받던 중 2007년에 터진 '매관매직' 추문(cash for honours, 귀족 작위를 추천받은 이들이 노동당에 거액을 기부한 것으로 드러난 스캔들)으로 막을 내린다. 현직 총리가 경찰의 심문을 받은 것은 영국 역사상 이때가 처음이었다.

토니 블레어가 추진한 노동당에서 '신노동당'으로의 개명은 '기업친화적'으로 보이기 위한 의식적 시도였다. 1997년 총선 준비기간 동안 블레어는 부자의 세금을 늘리지 않을 것이며 민영화나 반노조법 같은 대처리즘의 기념비 역시 그대로 남겨두겠다고 굳게 서약했다. 신노동당은 집권기간 동안 법인세를 가차없이 깎아서 대기업의 세금부담을 줄여주었다. 공공지출을 늘린 것이 대처리즘으로부터의 주요한 일탈이었다. 그러나 이 공공지출은 대처가 무엇보다도 이루고자 했던 것, 즉 공적서비스의 민영화와 함께 이루어졌다. 공공지출 증가가 영구적인 정치적 풍토가 된 것도 아니었다. 2010년 노동당이 선거에서 패배할 무렵 이미 보수당과 언론은 공공지출을 영국 경제위기의 원인으로 비난하고 있었다. 노동당이 패배하자 연립정부는 재빨리 거의 한 세기 동안 볼 수 없었던 규모로 예산을 삭감하면서 지출 관련 공약을 뒤엎기 시작했다. 그동안 노동당은 다시 한번 대처리즘에서 이탈해 최저임금제를 도입했다. 그러나 기업의 노예가 된 노동당 지도부는 최저임금제의 시행마저 염려스러워했다.

신노동당 공보비서관이었던 데릭 드레이퍼는 세련된 취향의 부자들을 상대로 운영되는 회원제 클럽 그루초(Groucho)에서 나와 함께 점심을 먹으며 "토니 블레어 전 총리가 최저임금제를 염려했던 건 공적 기록이 남기 때문"이라고 말했다. "블레어 전 총리는 당시의 사회적 합의 구조에선 최저임금제를 감당할 수가 없고 최저임금제를 시행하면 일자리가 줄어들 거라고 생각했던 것 같은데, 어느 정도 맞는 말이죠. 완전히 확신할 순 없지만, 최저임금제가 노동당 전통에서 승계되지 않았다면 토니 블레어가 꼭 그걸 고집하진 않았을 것 같습니다." 낮은 수준의 최저임금조차 노동자를 보호하려고 설립된 정당의 지도자를 불안하게 만든다. 이렇듯 노동당이 본래의 사명에서 이탈한 일은 오늘날의 기득권층을 만드는 데 중요한 역할을 했다.

최후의 승리자, 대처

피터 헤인(Peter Hain)은 시위에 참여하고 사회활동을 하던 급진적 과거에서 멀어졌다. 토니 블레어와 고든 브라운의 내각 구성원이었던 그는 이제 조용히 하원 평의원석을 지키고 있다. 헤인과 나는 그의 의원 사무실에서 이야기를 나누었는데, 사무실은 헤인이 오랫동안 싸워온 인종차별 반대 투쟁의 사진과 포스터를 비롯해서 그의 지나간 열정을 증거하는 기념비로 장식되어 있었다. 요즘에 헤인이 거리에서 시선을 끈다면 그건 눈에 띄게 그을린 피부 때문일 텐데, 헤인 의원의 선거구인 남웨일스 지방의 니스(Neath)에서 그렇게 탔을 것 같지는 않다. 중도 정치인으로 예전과 다른 모습을 연출해온 헤인은 신노동당이 기득권을 위협하지 않는다는 점을 솔직하게 인정했고, 사실 신노동당은 지배 엘리트에 진정 귀의한 것이라고 말했다. "블레어와 신노동당의 기획은 자본주의의 씨앗을, 어떤 면에서는 신자유주의적인 측면까지 받아들이자는 것"이라고 그는 설명했다. "우리는 지배적 계급이익이나 경제적 이익에 정말로 반기를 든 건 아니었기 때문에, 그런 문제는 건드리지 않았어요."

의회와 지척지간인 웨스트민스터 중앙홀(Westminster Central Hall)의 칙칙한 카페에서, 나는 토니 블레어의 최측근 한 명과 커피를 마셨다. 현재는 머독 소유의 『타임스』 칼럼니스트인 필립 콜린스(Philip Collins)는 오랫동안 블레어의 연설문을 작성한 사람이다. 그는 정계에 연구원으로 입문해서 제임스 퍼넬(James Purnell)과 데이비드 밀리밴드(David Miliband) 같은 신노동당의 유력인사들과 어울렸다. 그리고 퍼넬과 밀리밴드가 후일 블레어 내각각료가 되었듯이 콜린스 자신도 블레어의 눈에 들었다. 콜린스의 말에 따르면 블레어는 콜린스가 그레이터맨체스터(Greater Manchester)의 프레스트위치(Prestwich) 출신으로 보수당 지지자인 노동계급 가정에서 교육받았다는 점을 특히 마음에 들어했다고 한다. 콜린스의 배경이야말로 블레어가 타깃으로 삼아야겠다고 생각한 집단인 것이다.

콜린스가 보기에, 블레어는 자신의 정치적 위치를 잘 모른 채 집권한 것처럼 보였다. 블레어가 자신의 신념이 실제로 무엇인지를 명확히 깨닫는 것은 시간문제일 뿐이었다. "그리고 그분은 깨달으셨다"고 콜린스는 말했다. "그렇게 그분은 노동당을 지향하는 게 아니라 멀어지셨던 거죠, 결국에는 일련의 개혁안을 내놓았습니다." 하지만 블레어의 재무장관이었던 고든 브라운은 경우가 달랐다고 콜린스는 확언한다.

토니 블레어와 고든 브라운 양자의 설계대로, 노동당은 1994년부터 기득권층과 화해했다. 그러나 블레어가 본능적으로 자유시장 원칙을 추구하는 데 만족했던 반면, 브라운은 그렇지 않을 거라는 예감이 널리 퍼져 있었다. 노동당이 재집권한 후 몇년간 노동당 당대회에서 브라운의 열변은 블레어에게 매우 비판적이었던 노동조합 지도자들에게 찬사를 받았다. 블레어의 신노동당 노선이 지속될 때, 현 예비내각 각료 에드 볼스(Ed Balls, 재무부의 요직을 맡는 등 블레어와 브라운 정부에서 활약함) 같은 브라운의 동지들은 노동당 내 지도부 구성이 변하면 공공서비스의 시장개방과 같은 정책에도 변화가 있을 거라는 말을 사석에서 흘리고 다녔다. 2007년 브라운은 오랫동안 꿈꾸던 총리 자리에 앉았고, 브라운을 비방하는 사람들은 그가 총리직을 맡고 몇달 후에 '구 노동당이 귀환하며 블레어리즘이 장악력을 잃다'라는 『타임스』기사의 주장을 되풀이했다. 컴레스(ComRes, 시장조사 및 자문기관)가 기업인들을 상대로 실시한 여론조사에 의하면, 2008년 11월 68%의 기업인은 '구 노동당이 돌아왔다'고 믿고 있었다. 그 해 연초를 덮쳤던 영국 재정위기에 뒤이어, 예상한 대로 고소득층에 대한 소득세 인상과 함께 구 노동당이 귀환했다는 것이다. 이는 이상한 광경이었다. 신노동당 시대를 통틀어 법인세를 인하하고 공공서비스를 민간부문에 개방한 것은 브라운이었고 정부가 런던 금융중심지와 유착한 데 대한 주된 책임도 브라운에게 있었다. 다우닝가 10번지에 이르면서 브라운 전 총리는 민영화를 밀어붙이는 등, 블레어 정부와 정치적으로 결별할 만한 의미있는 정책은 거의 내놓지 않았고, 단지 그가 지지하는 이념이 도대체 무엇인지 궁금하게 만들었을 뿐이었다.

"어떤 점에서 브라운 전 총리에겐 (블레어 전 총리와) 정반대의 문제가 있었다"고 필립 콜린스는 말한다. "브라운 전 총리는 2002년 이후 정책이 없었습니다. 아무것도 안했던 거예요. 2002년 이후 밑천이 다 떨어졌고, 그 때문에 재앙이 오리란 게 분명히 보였죠." 콜린스가 말하는 '재앙'이라는 건 점점 처참함을 더해갔던 브라운의 임기 마지막 3년이다. 콜린스의 말처럼, 브라운이 한때 가졌던 신념인 "상당히 전통적인 사회민주주의 모델로 세상을 바꾸기"는 백기를 들었다. 콜린스의 말처럼, 브라운은 "총리라는 최고위직에 오를 전망에 너무 집착해서 그냥 정략가가 되어버렸다."

브라운의 동기가 개인적 야심에 있었다는 점에 의심의 여지가 없는 만큼, 브라운이 대처리즘의 정치적 합의로부터 이탈한 건 아니었다는 점도 분명하다. 현재 밀리밴드의 최측근인 스튜어트 우드 경 (Lord Stewart Wood)은 "제 생각에 (현 노동당 당수인) 에드 밀리밴드(Ed Miliband)가 고든 브라운을 보는 관점이 맞는 것 같다"(2015년 9월 이후 현 영국 노동당 당수는 제러미 코빈(Jeremy Corbyn)임)며, "브라운 전 총리가 좋은 일도 많이 했지만, 1979년(마거릿 대처의 총리 임기가 시작된 해) 이후의 합의에 이의를 제기할 준비는 안 되어 있었다"고 말했다. 그러니까 브라운은 대처리즘의 합의인 자유시장경제에 이의를 제기할 준비가 안 되어 있었다. 우드가 볼 때 브라운이 기존의 정치적 합의와의 절연에 실패한 건 "때로는 철학이 이유였고, 어떤 때는 전략적 이유였다." 그러나 우드는 블레어나 브라운이 방향을 바꾸도록 하는 그 어떤 유인이나 압박도 없었다고 결론지었다. "신노동당은 계속 선거에서 승리했지만, 진보 정치라면 이의를 제기해야만 하는 부분에선 맞서지 않은 채로 이겼던 겁니다." 다시 말해서 신노동당은 선거 승리는 따놓은 당상이며 한때는 노동당이 자신의 사명이라고 믿었던 불의의 종식 같은 문제는 떠맡을 이유가 없다고 보았던 것이다. 그렇게 대처리즘이 이뤄낸 합의가 존속되었다.

처음에는 블레어 시대와 단호하게 결별하고 싶어했던 사람들에게 희망을 불러일으켰지만, 브라운 정부는 연이은 재앙을 맞았고 2008년 세계경제 붕괴를 맞아 잠시 다시 활기를 찾았을 뿐이었다. "우린 은행과는 물론 언론과도 너무 밀착돼 있었죠." 노동당 법무 대변인이자 에드 밀리밴드의 당대표 경선을 성공적으로 이끌었던 선거사무장 시디크 칸(Sadiq Khan, 노동당 출신 전 법무장관이며 2016년 런던 시장으로 취임)도 인정했다.

그리하여 신노동당과 보수당 양당이 모두 대처리즘의 정치적 합의를 유지시켰다. 블레어 정부와 브라운 정부는 모두 대처리즘을 영구적 합의로 정착시키는 도구 역할을 했다. 결국 1980년대에 보수주의 정치에 그렇게 목 놓아 반대했던 정당마저 보수주의를 이렇게나 많이 수용했으니, 대처가 왜 사우샘프턴 보틀리 그레인지 호텔에서 자신의 정당성이 완벽하게 입증되었다고 선언했는지 이해가 된다. 블레어와 브라운 둘 다 이 합의에 도전할 수 있는 목소리는 전부 제외시켜버렸다.

그렇다면 부와 권력을 지닌 이들의 이익을 증진시키는 정책이 어떻게 그냥 '상식'으로 통하게 되었는지도 답이 나온다. 의견을 달리하는 목소리가 주변화되는 상황이 아주 오래 지속되면서 지금은 기득권에 대한 가장 온건한 도전조차 거의 히스테리에 가까운 반응을 불러일으키는 상황이다. 이것이 기득권이 수용 가능한 정치적 견해의 경계를 규율하는 방식이다. 기득권층이 현재 영국의 정치적 합의에서 자신들에게 유리한 방향의 논의를 발견하면, 아무리 이견이 분분해도 그 논의의 관점은 훌륭한 시각으로 적법성을 얻는다. 반면 기득권의 사상에서 아주 살짝만 멀어져도 도리를 벗어난 것으로 신임을 잃고 더이상의 논의가 차단되며 정치적 논쟁에서 수용 가능한 경계 밖으로 밀려난다.

넘사벽 합의

정치적 이견을 주변화시킬 때, 언어는 핵심적인 도구가 된다. '개혁'은 한때 좌파와 관련된 용어였다. 예를 들어 국영의료보험의 창설은 원대한 개혁이었다. 그러나 이제 '개혁'은 민영화, 공공서비스를 시장에 개방하는 것, 그리고 국가개입의 후퇴 등 기득권층이 옹호하는 정책을 완곡하게 표현하는 말로 사용되는 경우가 잦다. 이런 방식으로 '개혁'을 반대하는 이들은 진정한 반동, 구습에 젖어 변화를 훼방놓는 자들로 묘사된다. 데이비드 캐머런이 야당 당수였던 시절 그는 고든 브라운이 공공서비스 부문에 민간기업의 개입을 늘리자는 블레어리즘 의제에 반대한다는 점을 이유로 '개혁의 걸림돌'이라고 일축해버린 바 있다. '진보' 또한 이제는 기득권에 의해 전유된 용어 중 하나며, '근대화'도 그러하다. '후퇴 아닌 전진'은 신노동당이 좋아했던 상투어로, 소위 시대에 뒤쳐졌다고 하는 좌파와 신노동당을 대조할 때 자주 쓰였다. 1990년대 즈음 블레어가 정치 어휘 목록에 '보수주의의 힘'이라는 표어를 추가했을 때 이 말은 주로 시장주도 정책에 반발하는 노동조합원과 공무원을 비난하는 데 쓰였다. '기득권익'(Vested interests) 또한 기업 거물 같은 사람들이 아니라 노조와 노동자를 가리키는 말로 일상적으로 사용되고 있다. '힘든 결정'(Tough decisions)도 기득권층의 어휘에 눈에 띄게 자주 등장하는데, 일반적으로 타인의 생활수준을 저하시키는 정책을 의미하거나 아니면 정치인을 제외한 나머지 모두가 힘들어진다는 뜻이다. 이런 식으로 자신은 '힘든 결정'을 내리는 반면 자신의 반대자들은 심약하거나 비겁하다고 암시하는 것이다. 이런 용어 사용이 계속되면 기득권의 이념은 미래지향적이고 진보적으로 보인다. 고전적인 자유주의경제로의 회귀와 (그들의 관점에서는) 아직 국가개입으로 타락하지 않았던 과거 시대를 공개적으로 옹호했던 원조 선동자들의 반동적인 관점을 고려해보면, 이는 극심한 아이러니다.

  정치적 허용 범위에서 아주 살짝이라도 벗어난다면 완강한 반발에 부딪힐 것이다. 정치적 논쟁의 경계에 대한 규율은 에드 밀리밴드가 2010년 노동당 당수직을 맡은 뒤 그를 향한 지배적인 태도가 무엇이었는가에서 드러난다. 에드 밀리밴드의 친형제이자 당수 자리를 놓고 경쟁했던 데이비드 밀리밴드는 기득권이 안심해도 될 만한 후보라는 평을 받았다. 데이비드는 노동당 경선기간 중 노동당이 1950년대의 보수당 정치인 리처드 버틀러(Richard A. Butler)에게서 배워야 한다고 말했는데, 버틀러는 보수정치가 전후 합의를 받아들일 것을 장려하는 데 있어 핵심적 인물이었다. 같은 맥락에서, 데이비드 밀리밴드는 노동당이 그저 보수당이 이끄는 정부의 정책, 그러니까 공공서비스 예산 삭감을 통한 국가의 역할 축소에 반대하기만 하는 '안전지대'(comfort zone)를 벗어나야 한다고 주장했다. 데이비드 밀리밴드의 제안을 요약하면, 노동당은 뚜렷한 정치적 의제가 있다는 시늉도 하지 말자는 것이다. 그의 말대로 노동당이 정치적 의제를 완전히 내버린다면 기득권층의 교조주의는 지금보다도 더 강고한 정치적 생명력을 얻게 될 것이다.

에드 밀리밴드가 당수로 선출되었을 무렵, 그는 기득권의 사고방식에서 용납할 수 없을 만큼 이탈한 인물로 여겨졌다. 언론과 밀리밴드의 정적들이 다같이 그에게 '빨갱이 에드'(Red Ed)라는 딱지를 붙였다(에드 밀리밴드의 부친 랠프 밀리밴드(Ralph Miliband)는 저명한 마르크스주의 학자였다). 밀리밴드의 온건한 사회민주주의 계획안은 신노동당 집권 이전 시절에나 있었던 이미 패배한 정책으로의 회귀로 비춰졌다. 에드 밀리밴드는 지속적으로 '귀족 노조'의 손아귀에 놀아나는 인물로 묘사되었다―영국 언론을 주무르는 진짜 귀족들과 달리, 노동조합 지도부는 투표로 뽑는 선출직인데도 말이다. 사실 에드 밀리밴드는 노조 지도부가 아니라 개인 노동조합원들의 투표 덕택에 당수가 된 인물이며 28,299표차로 승리했다. 언론은 이런 점을 고려하지 않고, 에드 밀리밴드의 승리가 노동조합원들의 투표에 의지한 불법적인 것인 양 묘사하고 있다.

에드 밀리밴드는 2013년 9월 정치적 통념에 어긋난 세 가지 공약을 발표했다. 이에 대한 반응에서 기득권층이 정치적 합의에서 벗어난 어떤 일탈에도 관용의 여지를 두지 않는다는 점이 드러난다. 5백만 인구를 공영주택입주 대기목록에 올려놓고 주택 건설은 사상 최저로 떨어뜨린 주택위기에 대응하기 위해 밀리밴드는 땅을 매입하고 가격이 오를 때까지 보유만 하는 건설사에 대해 조치를 취할 것을 약속했다. 그리고 사상 최저 법인세라는 신노동당과 보수당의 공약에 반대하여, 대기업에 부과되는 세금을 인상하여 그 돈으로 영세사업을 지원할 것을 약속했다. 또한 사람들의 생활수준이 폭락하는 동안 연료비를 인상해 부당이득을 챙긴 거대 에너지기업 6곳에 대응해 연료비를 일시 동결하겠다고 했다.

이러한 공약에 맞선 기득권층의 대응은 조직적 공세라고는 할 수 없더라도 확실히 어떤 공유된 사고방식을 드러냈다. 고의적으로 선동적인 단어를 사용하여 밀리밴드 당수를 위험한 과격분자로 묘사한 것이다. 대기업들의 연합체인 영국산업연맹(Confederation of British Industry, CBI) 중역인 존 크리드랜드(John Cridland)는 한 신문 인터뷰에서 밀리밴드의 연설을 들으니 "목 뒤의 털이 곤두섰다"고 말했다. 보수당 런던시장인 보리스 존슨에 따르면 밀리밴드는 토지비축을 탄압하는 데 어찌나 전념하는지 거의 "무가베식의 토지몰수"(무가베(Mugabe)는 짐바브웨의 정치인으로 독재자라는 평을 받는다) 수준에 다다랐으며, 경영인협회(Institute of Directors)의 수석 경제연구원 그레임 리치(Graeme Leach)는 "재산권을 스탈린식으로 공격하는 일"이라고 평했다. 데이비드 캐머런은 밀리밴드가 '마르크스주의 세상'에 살고 싶어하는 인물이라며 거품을 물었고, 재무장관 조지 오스본은 밀리밴드의 목소리는 "본질적으로 칼 마르크스가 『자본론』에서 했던 주장"이라고 결연하게 대본을 읽었다.

그럼에도, 정치인과 기업인들은 이러한 반응에서 자기네들이 얼마나 여론을 모르는지를 드러내 보였다. 밀리밴드의 제안은 사실 다수 인민이 원하는 바보다 덜 급진적이다. 2013년 유고브 여론조사를 보면 유권자의 3/4이 정부가 가스와 전기의 가격을 결정할 권한을 가져야 한다는 밀리밴드의 정책안을 지지했으며 거의 10명 중 7명에 가까운 국민이 에너지산업의 재국유화를 원했는데, 이건 조심스러운 밀리밴드로선 아직 제기할 준비가 되지 않았던 의제였다. 심지어 보수당에 투표하는 유권자들마저 에너지산업을 국가가 인수하는 데 찬성했다. 영국 유권자의 2/3가 철도와 로열 메일(Royal Mail, 우체국)의 재공영화를 원했다. 유권자 다수가 정부가 민간 임대료를 조정하길 원했으며, 심지어는 영국 인구의 1/3 이상이 정부가 다시 예전처럼 식품 가격을 통제하길 바랐다.[12] 이보다 이른 유고브 여론조사에서는 거의 10명 중 6명의 국민이 백만 파운드 이상의 소득에 대해 75%의 세금을 부과하는 새로운 과세등급에 찬성했는데, 보수당 지지자들마저 10명 중 4명이 찬성의 뜻을 밝혔다.[13] 영국 권력의 성채에서야 신자유주의 도그마가 일반적 통념으로 취급될지 모른다. 그러나 영국의 길거리와 지역공동체에서 기득권의 교의야말로 소수 비주류의 의견일 뿐이다.

기득권이 만들어낸 합의를 지지하는 이들 중 좀더 생각 깊은 축들은 이런 사실을 발견하고 거의 공황 상태에 빠졌다. 런던에서 배포되는 비즈니스 일간지인 『시티 에이엠』(City A. M.)의 주필이었던 앨리스터 히스(Allister Heath)는 "애석하게도 국유화와 가격 통제를 지지하는 사람이 매우 많다"는 제목의 사설로 위와 같은 여론조사에 반응했다. "서서히 그러나 확실히, 대중은 자유시장경제에서 등을 돌리고, 만일 실행되면 끝이 좋을 수가 없는 원시적 판본의 사회주의를 다시 받아들이고 있다"고 히스는 경고했다. "어떤 의제에서 대중은 보수당이 깨달은 것보다 훨씬, 또는 노동당이 믿을 수 없을 만큼 좌익적이다." 이점을 깨달으면 '오싹해진다'고 그는 덧붙였다. "시장경제 주창자들은 매우 큰 문제점을 안고 있다"고 그는 결론을 지었다. "대중의 우려를 검토하지 않는다면, 시장경제 지지가 괴멸할 수 있다."[14] 경영계 엘리트들 또한 점차 이점을 깨닫고 있다. 거대 약국 체인 얼라이언스 부츠

(Alliance Boots)의 회장인 스테파노 페시나(Stefano Pessina)는 "나는 영국 정부가 옳은 일을 하려고 하고 있으며 세금을 인하하려는 정부의 움직임이 맞는 방향으로 가는 것이라 생각한다"고 선언했다. "유감스럽게도 대중의 의견과 분위기는 정부만큼 기업에 호의적이지 못하다."[15]

여기서 현대 영국 정치의 실상이 드러난다. 수백만 영국인의 관점이 전혀 대변되지 못하고 있는 것이다. 노동당 지도부가 기득권층의 집단 사고에서 아주 조금만 벗어나려고 해도 광분이 촉발된다. 좁은 합의가 열광적으로 보호받고 규율된다. 자유시장의 세계화는 기득권층의 관념에 도전해선 안 된다는 분위기를 강화하는 데 기여한다. 기득권층의 정치적 교의에서 벗어나면 거대기업과 자본이 분노해서 나라를 이탈하고 경제가 마비될 것이라는 식이다.

빈스 케이블(Vince Cable)은 1970년대 한때 노동당 장관 존 스미스(John Smith)의 특별 자문으로 일했다. 오늘날 케이블은 보수당이 이끄는 정부에서 기업혁신기술부(Business, Innovation and Skills) 장관을 맡고 있는 자유민주당 장관이다. 케이블이 수장을 맡고 있는 기업혁신기술부는 의회에서 몇백 미터 거리의 빅토리아 거리(Victoria Street)에 자리한 콘크리트 덩어리 흉물이다. 입구 근처에 걸린 포스터는 뽐내는 듯한 영국 국기 디자인 위에 '비즈니스는 위대(Great)하다'고 선언하고 그 밑에 작은 글씨로 '한 영국'이라는 글귀와, 같은 방식으로 '혁신은 위대하다'라는 문구도 보인다(영국의 약칭 중 하나인 대브리튼(Great Britain)을 이용한 언어유희). 내가 도착했을 때는 걱정이 가득한 분위기였다. 보좌관 하나가 일정에 혼선이 있었다고 말했지만, 어쨌거나 그들은 장관의 빡빡한 일정에 나를 어찌어찌 끼워넣어주었다. 마침내 도착한 케이블 장관은 그가 공개

석상에서 특징적으로 보이는 살짝 심란한 듯한 분위기를 풍겼다.

"내 생각에 국제문제야말로 선출된 정부의 권력을 제약하는 가장 큰 힘입니다, 사실," 기업혁신기술부 회의실 중 하나에서, 의자에 걸터앉은 케이블이 말하는 동안 공무원과 보좌관들은 뭔가를 맹렬히 메모하고 있었고 유리벽 너머로는 옆구리에 서류를 낀 공무원들이 바삐 왔다갔다 하고 있었다. "우린 대체로 국제기업을 상대하게 된단 말이지요. 영국의 대기업들도 이제 대부분은 해외에 있고, 영국에서 가장 큰 제조업체는 인도 회사란 말입니다. 좋은 기업도 있지만 나쁜 기업도 있고, 그렇지만 결국 그 회사들은 전부 우리나라를 떠나버릴 수 있으니까 국가가 뭘 어떻게 해볼 여지는 엄청나게 제약을 받지요."

피터 헤인도 이런 말을 했다. "세계화를 부인하는 건 아무 소용이 없지요. 세계화는 매우 강력한 흐름입니다. 어떤 국가의 환경이 마음에 들지 않으면 기업은 옮겨갈 수 있는 겁니다. 기업은 실제로 국가를 옮기면서 일자리도 같이 옮겨버린단 말입니다." 그러나 헤인조차도 신노동당이 대기업에 굽실거리는 데 대해서는 체념하지 않고 유감스러워한다. "하지만 지금 우리가 타협한 힘의 균형보다 더 나은 균형지점이 있고, 좀더 정치적 결단력을 가지고 우리 노동당의 사명을 최우선 순위에 두었더라면, 우린 이보다 훨씬 많은 걸 잘 해냈을 겁니다."

이렇게 고위 각료들은 유권자의 뜻을 거스르는 행위를 정당화할 때 자유시장의 세계화를 들먹인다. 부자에게 세금을 더 물리라는 대중의 요구가 있을지도 모른다. 그러나 부자들, '부를 창출하는' 사람들이 해외로 달아나버릴지 모르기 때문에 그런 요구는 억제되어야 한다는 논리다. 노동자의 권리 향상이나 최저임금 인상의 경우도 마찬가지로,

'사업에 적대적인' 환경을 만들 것이고 그러면 기업들이 다른 곳으로 옮겨가버릴 것이라고 주장한다. "노동당은 우리나라에서 가장 규모가 크고 성공한 경영자들에게 법인세를 올려 받자고 한다"고 2013년 보수당 당대회에서 데이비드 캐머런이 말했다. 캐머런은 "이건 가장 모자라고, 터무니없고, 비뚤어진 경제정책"이라며, 노동당의 입장을 "우린 당신이 낼 세금을 올릴 거야. 이쪽으로 오지 마, 네 일이나 해, 다른 데 가서 하든 말든"이라고 묘사해 마치 노동당이 이것저것 지시하는 대장인 것처럼 말했다. 압도적인 숫자의 대중이 어떤 정책을 선호하더라도, 그것이 기업엘리트들이 언짢아할 만한 정책이라면 받아들여서는 안 된다는 것이다.

우리가 남이가—정계와 재계의 편안한 관계

한때는 심하게 논쟁적인 선동자들의 관념이었던 것을 상식처럼 받아들인 행정부도 현상유지에 기여했다. 2차대전 전후 공무원들은 클레먼트 애틀리의 노동당 정부가 설정한 사회적 합의를 유지시키는 수단이었다. 그들은 경제에 대한 국가개입을 비롯한 여러 원칙에 익숙해 있었다. 마거릿 대처가 새로운 정치적 합의를 설정하려 했을 때, 대처는 행정부의 소문자 'c' 보수주의(우파적 정치이념으로서의 보수주의(대문자 C의 Conservatism)가 아니라 기존의 관습을 따르며 급격한 변화를 거부하는 경향 또는 일상적 태도를 말함)에 맞서 투쟁해야 했다.[16] 사실 정치인은 좌우를 막론하고 행정부 일부를 바꾸려 할 때 전반적 저항을 받으면서 체념을 느낀다. 정책 실행과정이 얼마나 참기 힘들 정도로 느리게 진행되는지 상기하면서, 필립 콜린스는 "마치 인생을 다 바쳐 권력을 행사할 수 있는 자리에 오른 게 오로지 그 자리에서 권력을 행사할 수 없다는 걸 깨닫기 위해서였단 걸 알게 되는 기분"이라고 말했다.

그러나 대처는 너무나 성공적으로 반대파를 제거해냈기 때문에 오늘날 행정부는 기득권층의 지배적인 사고방식을 공유한다. 1997년 노동당의 압승 후, 노동당 하원의원 앤젤라 이글(Angela Eagle)은 블레어 정부에서 차관이 되었다. 이글은 주택수당에 세금이 끝도 없이 소모되고 그 돈이 줄지어 부동산 소유주들의 주머니로 들어가는 상황을 해결하고자 임대료에 대한 정부통제 방안을 발의했다. 이글은 행정부가 뭔지 모를 '일종의 공식적 방침'을 내세워 이 정책에 반발했다고 말했다. 이글은 그녀의 제안이 '인권법에 어긋날 것'이라는 말을 '거만한' 공무원에게서 들었는데 이글로서는 전혀 이해할 수 없는 일이었다. 이글은 자신의 발의가 대체 어떻게 인권법을 위반하는지 알 수가 없었고, 그래서 이렇게 말했다. "전 인권법이란 게 다 (악명높은 슬럼가 주택 임대인인) 래크만 씨와 그 친구들을 보호하는 법인지 깨닫지 못했던 거죠." 공무원들은 노동당 집권 초기에 보조금 삭감을 건의했는데, 이는 결국 10년 이상 지난 연립정부에서 제대로 실행되었다. 이글이 재무부에 배치되었을 때, 그녀는 공무원들이 '자유시장자본주의와 결혼'해 신자유주의 교조주의가 상식이라도 되는 듯 확신을 가지고 지지하는 걸 보았다. 피터 헤인도 그런 걸 느꼈는데, "대처 시대 이후로 재무부는 매우 신자유주의적인 경제 모형을 받아들였다"고 말했다. 예를 들면 헤인은 공무원들이 에너지정책에 대한 국가개입 시도를 좌절시키려 한다는 걸 발견했는데, '불간섭주의 원칙'이라는 신주단지가 깨진다는 게 그 이유였다. 재무부의 한 고위 공무원도 이점을 (물론 익명으로) 수긍했다. "재무부에서 그런 관점이 강하긴 합니다. 어떤 점에서 그건 재무부 장관님이 가지고 계신 관점과는 구분되는 거죠"라고 그녀는 말했다. "재무부에는 고유의 이념적 관점이 있는데, 그건 아무도 무슨 예산도 쓰지 말라는 겁니다. 어떤 면에서 그건 꽤나 강력한 문화예요."

하지만 정치인들이 행정부 탓으로 기득권층의 관념에 갇혀 있는 건 아니다. 주류 정치인들을 자연스럽게 현상의 수호자로 만드는 것이 바로 영국 정치엘리트의 본성이다. 정치는 특권층의 전유물이 되어버렸다. 오늘날 영국의 사회 및 경제질서에서 가장 혜택받지 못하는 사람들은 점점 웨스트민스터 버블(Westminster Bubble, 원래 '의회 인근지역'을 뜻하는 말이었으나, 현재는 의회 안의 정치에만 몰두하며 의회 밖의 상황은 아무것도 모르는 국회의원이나 로비스트 및 공무원을 꼬집는 말로 쓰임)을 뚫고 들어가기 어려워지고 있다. 교육 자선단체인 서턴 트러스트(Sutton Trust)는 2010년 선거로 당선된 국회의원의 구성을 분석하며 "의회는 전체적으로 매우 사회적 엘리트 부류로 남아 있다"고 결론지었다. 현재 하원의원의 35%가 사립학교 출신이며(전국적으로 학생의 7%만이 사립학교에 다닌다는 점에도 불구하고), 43%가 종합중등학교(학생을 성적이나 특기 등을 기준으로 선발하지 않고 입학을 원하는 학생이면 받아주는 중등학교. 공립학교는 대부분 종합중등학교다)에 다녔는데 이는 국회의원이 아닌 나머지 인구의 경우 절반도 채 안 되는 비율이다. 총리를 포함한 20명의 하원의원이 명문(이고 학비가 비싼) 이튼 칼리지를 나왔다.[17]

선출되기 전에 정계에서 일해본 경험이 있던 하원의원의 수가 늘어난다는 점은 정치가 점차 전문직화되고 있다는 강력한 증거다. 예를 들면, 당선 이전에 정치분야에서 일해본 하원의원은 1979년에 21명 뿐이었으나 1997년에는 60명으로 뛰었고 2010년에는 90명까지 증가했다. 2010년 노동당 당수 경선의 유력후보 네 명은 모두 하원의원으로 선출되기 이전부터 정계 출신이었으며 같은 해에 새로 당선된 노동당 하원의원 중 34%는 이전에 정치분야에서 일한 적이 있었다. 정계에 입문하기 전 다른 분야에서 일하고 있던 하원의원들의 경우, 직업 이력으로 미루어보아 의회에 들어가면 대규모 사기업의 이익과 자신을 동일시하리란 점을 확신시켜주는 경우가 늘어나고 있다. 2010년 성공적으로 당선된 하원의원 8명 중 한 명은 개인 자문으로 일한 경험이 있는데 1997년 노동당 압승 당시에는 25명 중 한 명이었다. 전반적으로 하원의원의 1/4은 과거에 사업가였으며 보수당 의원의 경우는 41%가 그러하다. 공무원 출신 하원의원의 비율은 감소했다. 일례로, 교육자였던 하원의원은 1997년의 17%에서 2010년에는 5%로 줄었다. 1979년엔 15.8%의 하원의원이 생산직 노동자 출신이었으나 2010년에는 그 비율이 4%대로 붕괴했다. 보수당 하원의원 중 11명이 이전에 공보담당자로 일했던 반면, 단 2명만이 생산직 노동자였던 배경을 가지고 있다.[18]

영국의 정당은 더이상 정치인에게 책임을 물을 수 있는 풀뿌리운동 활동가로 가득 차서 번창하는 정치운동이 아니다. 1950년대 초반에 보수당 당원은 3백만 명이었고, 노동당 당원은 1백만 명이 넘었다. 오늘날 노동당 당원은 20만 명이 채 안 되며, 보수당 당원 수는 13만명대까지 무너졌고, 남아 있는 당원들의 평균 연령은 68세이다.[19] 정당은 지역공동체에 뿌리내린 민주주의 운동으로 번영하지 못한 채 속 빈강정이 되었다.

노동당 예비내각의 법무장관 사디크 칸은 요즘 웨스트민스터 엘리트 중에서는 보기 드문 타입이다. 칸의 부모는 버스기사와 재봉사였고, 그는 런던 남부의 공영주택단지에서 자라났다. 칸과 나는 의회의 포트컬리스 하우스(Portcullis House, 웨스터민스터 의회 건물 중 하나)의 시끄러운 구내식당에 마주 앉았는데, 그는 대부분의 주류 정치인에게서 찾아볼 볼 수 없는 싹싹하고 스스럼없는 태도로 가득했다. "제가 지역구 국회의원 후보가 되었을 때, 다른 후보들은 저와는 달리 특수자문, 장관, 정부와 연줄이 있는 게 분명했어요. 그런 사람들은 저하고는 다르게 빠른 출세가도를 달리게 되죠"라고 그는 회상했다. 출마할 때 들어가는 비용만 해도 대부분의 사람에게는 엄두도 못 낼 정도로 비싸다. "입후보하는 건 거의 상근직으로 일하는 것이나 같다"고 칸이 말했다. "인쇄물도 만들고, 지역구 유권자와 노동당 당원들에게 직접 편지도 써야 했고요. 제가 보수가 좋은 직업에 종사하고, 제 소유의 회사를 운영하고 있으니까 그게 가능했죠. 제가 공장에서 일했거나 교대 근무로 버스를 몰았다고 생각해보면요, 그런 일을 어떻게 해낼 수 있었겠어요?"

바로 이 부분이 정파를 막론하고 하원의원들이 서로 통하는 지점이다. 보수당 하원의원 로버트 할폰은 말한다. "선거에 출마하느라 지난 10년에 걸쳐 내 돈 수천 파운드를 썼습니다. 한번은 엄청난 빚더미에 앉았던 적도 있는데, 지금은 다 갚았으니 하느님께 감사드릴 일이죠." 그러나 다른 이유도 있다. 노동조합과 지방정부는 한때 포부를 품은 노동계급 출신 후보에게 정치적 훈련을 받을 기회와 지지기반을 제공하는 길이었으나, 지금 노조는 철저히 약화되었다. 유복한 사람들만 시도해볼 형편이 되는 무급 인턴이 어느 때보다 의회, 싱크탱크, 그리고 다른 정계 진입구에 널리 퍼져 있다.

정치인들이 자신이 섬기는 이들을 대표하지 못하는 것만이 문제가 아니다. 하원의원 자신들이 거대한 권력을 가진 정부의 거수기 취급을 받았던 것이다. 정부 정책을 검토하는 특별위원회(Select Committees)의 구성원은 몇 의석을 제외하곤 각 당의 당수가 지명한다. 입법 일정 또한 정부가 정한다. 단독으로 법안을 통과시킬 수 있는 입법부가 전권을 가지는 미국과 달리, 영국에서 하원의원이 제시한 법안은 그냥 의원 몇명이 연설을 길게 하는 '의사진행방해'(filibustering)만으로 간단히 폐기될 수 있다. 법 개정안을 논하기 위해 존재하는 공공관계위원회(Public Bill Committees)는 반드시 정부 후원자들이 지배하게 되어 있다.

"하원의원으로서, 진짜 권력을 소유한다는 측면에서 전 아주, 아주 보잘것없다고 느낀다"고 온화한 태도의 녹색당(Green) 하원의원 캐럴라인 루커스(Caroline Lucas)는 말한다. "마치 권력이 어디 있는지 알아내는 데 제 커리어를 다 바친 느낌이에요. 제가 어떤 위치에 있든 항상, 권력이란 어딘가 다른 곳에 존재하고 전 그냥 그걸 계속 좇고만 있는 것 같아요." 의회를 경영자들에게 호의적으로 조작하듯이, 정부는 고의적으로 하원의원들이 입법현안에 무지하도록 내버려둔다. 정치인들이 정당의 정책에 따르도록 하는 것이 임무인 원내총무(Whip)들은 되도록 하원의원이 입법 관련 지식을 얻지 못하게 한다. 하원의원들은 입법 투표를 하러 가는 길에 대화를 나누며 자신들이 무엇에 투표하는지 서로에게 묻는다. 루커스의 설명에 따르면, 자주 "아무도 모르더라고요. 그러니까 투표장에 가면 원내총무님이 둘 중 하나의 로비에 아주 효율적으로 밀어넣고—말 그대로 밀어서 넣는다는 거예요, 비유가 아니고 진짜로 밀어넣죠." 이런 행동은 새로운 것이 아니나, 웨스트민스터에서 언제나 지배적인 기득권식 사고가 도전받지 않고 남아 있음을 확신시켜준다.

그러나 단지 무지 때문에 하원의원들이 기득권의 사고에 충성한다고 말하면 그들에게 면죄부를 주는 격이 될 것이다. 하원의원들은 개인주의와 자기계발이라는 지배적 표어와 직접적인 이해관계로 엮여 있다. 하원의원의 의무는 주민을 대표하는 것이지만, 정작 입법부에서 하는 일은 기업과 부유층의 세금 인하, 사기업에 공공서비스 매각, 규제철폐 등으로 이는 기득권의 도그마로 이득을 보는 사기업에게만 매우 매력적이다. 한 노동당 평의원은 사견임을 전제로 "하원의원에는 두 종류가 있다고 생각한다"며, "의원직을 공공에 대한 봉사로 보는 이들과, 의원직을 두 번의 임기를 거친 후 얻게 될 민간부문 직업으로 가는 컨베이어 벨트이며 한시적으로 정부에서 활동하는 기간이라고 보는 이들이 있죠. 요즘에는 후자가 훨씬 더 많은 것 같습니다"라고 말한다. 그렇다면 그렇게 많은 하원의원이 자기네가 이득을 보는 사회질서를 옹호하는 것도 별로 놀랄 일은 아니다. 이제 정치와 기업엘리트 간의 경계는 상호침투가 너무나 쉬워서 그 둘을 분리된 세계로 취급하는 것이 점점 어려워지고 있다.

2012년 연구에 인용된 조사결과에 의하면 신노동당 집권 중기에 영국 50대 상장기업 중 46%의 기업에 정치엘리트가 중역 아니면 주주(株主)로 있었다. 이 수치는 조사에 포함된 다른 47개국보다 높았으며 영국에 이어 2위를 차지한 선진국인 이탈리아는 50대 상장기업의 16%만 정치엘리트가 관여하고 있었다. 기업과 입법부의 유착은 놀랍게도 서구유럽 평균의 6배에 달하고 북유럽 국가들의 10배에 달한다.[20] 영국 기업엘리트와 정치엘리트는 구분된 독립체가 아니고 서로 깊이 얽혀 있다. 너무나 많은 정치인이 기업인을 겸하고 있으니 기업으로선 자신들의 이익이 웨스트민스터에서 충분히 대변되도록 보장돼 있다고 확신할 만도 하다.

데이비드 밀리밴드만큼 부당이득을 취하는 정치인의 전형을 잘 보여주는 인물도 없다. 그는 자존감이 부족하다는 평을 듣는 인물은 아닌데—많은 정치인과 언론인이 데이비드 밀리밴드가 자기와 이야기할 때 '어깨 너머로 두리번거렸다'고 말해줬다. 더 권력이 있거나 쓸모가 있는 사람을 찾아 방을 둘러보는 것이다. 데이비드는 2010년에 노동당 당수직은 따놓은 당상이라고 생각했다. 예상을 뒤엎고 자기 동생(에드 밀리밴드)에게 경선에서 지자 그는 다른 어떤 노동당 지도직도 맡길 거부했는데, 이건 아마 영국 정치에서 사상 최대의 삐침 중 하나일 것이다. 하지만 '겨우' 한 선거구의 의원으로 남는 것, 그가 2001년에 낙하산으로 후보가 되기 전까지는 아무 상관도 없던 빈곤한 북동부 선거구 주민들의 관심사를 대변하는 것은 데이비드에게 딱히 우선순위가 아니었다. 임박한 선거가 없더라도 하원의원이 적어도 한 주에 한 번씩 여론조사를 하는 일은 자주 있다. 자기 지역구 주민들의 관심사를 듣고 지지기반에 대해 자세한 데이터베이스를 쌓으려는 목적이다. 하지만 2013년 3월 데이비드 밀리밴드가 하원의원을 사임했을 때 해당 선거구 주민들, 그가 의회에서 임기중 대변해야 했던 사람들의

의견과 관심사는 거의 주목받지 못했다.[21]

그 대신 데이비드 밀리밴드는 사업계 쪽에서 인상적인 이력을 쌓는 데 힘을 다 쏟고 있었다. 모든 하원의원은 의회 봉급 이외의 수입을 국회의원 재정이익등록처(The Register of Members' Financial Interests)에 등록해야 하는데, 데이비드 밀리밴드 항목은 아주 재미난 읽을거리다. 데이비드 밀리밴드는 선덜랜드 AFC(Sunderland Association Football Club, 선덜랜드 축구클럽협회)의 부의장이자 비상임이사로서 1년에 12일에서 15일가량 일하면서 75,000파운드를 벌어들였다. 또한 그는 법률회사와 세무 전문가들에게 강연을 해주는 대가도 후하게 받았다. 캐머런 맥케나 LLP(Cameron McKenna LLP, 런던에 본부를 둔 다국적 법률회사)는 하룻저녁 강연을 대가로 14,000파운드를 건넸고, 연금펀드, 국부펀드 및 자산관리 전문가들의 네트워크인 글로벌 아크(Global Arc)도 연설 한 번의 대가로 같은 액수를 그에게 지불했다. '기업과 정부의 중역들'에게 자문을 해준다며 자랑하는 옥스퍼드 애널리티카(Oxford Analytica)는 데이비드 밀리밴드에게 이틀간 일한 대가로 18,000파운드를 지불했다. 자칭 '에너지 혁신과 효율화 분야의 선두 투자자'라는 밴티지 포인트(VantagePoint)는 데이비드 밀리밴드를 4일간 고용한 대가로 거의 10만 파운드를 지불했다. 밀리밴드의 지갑에 기업의 돈만 있는 것은 아니다. 아랍에미리트 연방 독재정부는 행사 하나에 참석하는 대가로 그에게 64,475파운드에 더해 여행경비와 숙소를 제공했다. 그리하여 2010년 당수 경선 낙선에서 그 2년 반쯤 후에 하원의원을 사직하기까지의 기간 동안 데이비드 밀리밴드는 평의원 봉급에 더해 백만 파운드 가량을 벌었다.

데이비드 밀리밴드에게 있어서 국회의원직과 장관직은 도약을 위한 발판에 불과했다. 그러한 경력이 경제엘리트들의 마음에 들 만한 연줄과 명망을 만들어주었다. 하지만 다른 정치인들의 경우 사기업과의 관계가 더 심하게 노골적이다. 퍼트리샤 휴잇(Patricia Hewitt)의 경우를 보자. 휴잇은 1981년 사회주의자 토니 벤(Tony Benn)의 노동당 부당수 경선 캠페인을 지원했었고, 어찌나 좌파 선동가였는지 MI5(영국 국내 방첩과 안보활동을 하는 정보기관)는 그녀가 공산당 동지가 아닌가 하고 의심할 정도였다. 1981년 노동당 당대회에서 휴잇은 이전 노동당 정부의 실패를 질책하며 '한줌 각료와 공무원'이 아니라 노동당의 풀뿌리당원들이 정책을 결정해야 한다고 요구했다.[22] 그러나 정치적 흐름이 어느 쪽으로 흐르는지 명확해지자 휴잇은 1983년 노동당 당수 경선의 두 후보 모두에게 지지를 서약하며 자리를 요구하는, 동일한 내용의 서신을 보냈다. 노동당 좌익인 고(故) 토니 벤은 정치인에는 두 종류가 있다고 말한 적이 있다. 날씨가 어떻든 한 방향을 가리키는 이정표 같은 정치인과 그때그때 바람이 부는 방향을 가리키는 풍향계 같은 정치인이 그것이다. 휴잇은 후자의 적나라한 사례다. 그녀는 결국 충실한 블레어주의자가 되어 블레어 정부에서 여러 각료직을 차지한다. 그러나 그녀의 마지막 각료직인 보건부 장관이야말로 그녀가 많은 것을 얻어간 직위다.

공적으로 운영되는 보건서비스의 수호자였지만, 퍼트리샤 휴잇은 민간건강보험 회사로부터 더욱 인기가 많았고, 2007년 개인적인 문제로 장관직을 사임하고 6개월 후에 마침내 경력을 이용할 수가 있었다. 2008년 초 다국적제약 중심 보건 및 미용 그룹인 얼라이언스 부츠—그 수입의 40% 정도를 국영의료보험과의 계약에서 얻는 회사—는 휴잇을 '특수자문'으로 임명하여 시간당 300파운드가 넘는 돈을 지불한다. 민간건강보험계의 거인 부파(Bupa)로부터 25개소의 민간 병원을 매입한 사모펀드회사 신벤(Cinven)은 휴잇을 55,000파운드, 혹은 시간당 500파운드에 특수자문으로 고용했다. 휴잇이 하원의원직을 사임하고 3년 후인 2010년에 부파는 그녀를 이사로 고용한다. 거기서 끝이 아니다. 브리티시 텔레콤즈(British Telecoms)는 1년에 75,000파운드를 주고 휴잇을 비상임이사로 고용했으며, 휴잇이 의원직에서 물러나자 두 배의 연봉으로 그녀를 사외이사직에 앉혔다. 휴잇은 장관직 덕분에 기업의 돈을 받아 은행계좌를 두둑하게 만들 수 있었다.

이건 지저분한 사업이 될 수도 있다. 2010년 3월 『선데이 타임스』(The Sunday Times)와 채널 4(Channel Four, 영국의 공영 텔레비전 방송국)의 언론인들이 퍼트리샤 휴잇을 노동당 내각 동료들인 제프 훈(Geoff Hoon)과 스티븐 바이어스(Stephen Byers)와 함께 옭아맨 일이 있었다. 제프 훈과 스티븐 바이어스가 돈을 대가로 로비를 하는 장면이 몰래 촬영당한 것이다. 바이어스는 자기 일급이 보통 3,000~5,000파운드라고 하면서 "일종의 돈 내고 빌리는 택시"라고 자신을 표현했다. 전직 장관으로서 훈은 자기같은 정치인은 "문을 열어줄" 수 있다며 "국제 무대에 대한 지식과 연줄을 뭔가, 직설적으로 말하자면 돈을 벌 수 있는 것으로 바꿔내길 고대한다"고 거들먹거렸다. 그 셋이 충실한 블레어주의자인 것, 또는 확고하게 기득권의 관념을 지지하는 것은 우연이라고 보기 힘들다. 셋 모두 감세와 민영화처럼 부유한 개인과 기업에 이득을 주는 정책을 지지했고, 그런 정책으로부터 개인적인 이득을 얻었다.

비록 이 의원들이 2010년 선거에서 사임할 때까지 노동당에서 정직당하는 징벌을 받긴 했으나, 이 일화는 권력자는 불명예스럽게 실각하고 나서도 여전히 잘 살 수 있다는 걸 보여준다. 2005년 당시 국방부 장관이었던 제프 훈은 방산업계의 유망주인 어거스타웨스트랜드(AgustaWestland, 다국적 헬리콥터 회사, 영국군도 이 회사의 군용헬기를 보유함)의 신형 헬리콥터를 구매하기로 하며 이 회사에 17억 파운드짜리 계약을 주었는데, 이 계약은 당시 다른 어떤 경쟁사도 입찰에 초대받지 않았다는 점에서 적지 않은 논란을 일으켰다. 훈은 어거스타웨스트랜드사에 깊은 감명을 주었던 게 분명하다. 사우디아라비아처럼 인권을 유린하는 독재국가를 고객으로 둔 회사에 말이다. 그리고 2011년 제프 훈은 어거스타웨스트랜드의 국제사업부 상무이사가 되었다. 유튜브를 찾아보면 훈이 회사를 대표해서 어거스타웨스트랜드가 어떻게 '헬리콥터 솔루션'을 제공할 수 있는지를 자막 화면을 따라 로봇처럼 자랑하며 읽는 동영상이 있다. 무기거래반대운동(Campaign Against the Arms Trade)의 연구 코디네이터 이언 프리처드(Ian Pritchard)는 정치인과 군수산업계의 연계를 언급하며 "그냥 너무 편안한 관계"라고 말했다. "정치인들은 군수산업계에 일자리가 엄청나게 많다는 걸 알고 있거든요. 그러니 뭐 하러 군수산업계를 기분 상하게 하겠어요? 의식적으로든 무의식적으로든 말입니다."

정계와 재계 간의 이런 회전문은 아주 활발하게 돌아간다. 앨런 밀번(Alan Milburn)은 토니 블레어의 긴밀한 협력자 중 한 명이자 초기 신노동당 프로젝트의 옹호자였다. 퍼트리샤 휴잇처럼 밀번도 보건부 장관이었고, 민간부문의 전례없이 심한 국영의료보험 개입을 열심히 옹호했다. 2003년 가정 사정으로 의원을 사직한 후, 밀번은 민영건강보험

분야를 전문으로 하는 사모펀드 그룹 브릿지포인트 캐피털(Bridgepoint Capital)로부터 연간 30,000파운드의 자문료를 받았으며 결국 같은 그룹의 유럽 자문위원회 회장이 되었다. 브릿지포인트가 인수한 회사 중에는 케어UK가 있는데, 이 회사는 2010년 이후 보수당이 이끄는 정부의 민영화 의제를 통해 계속 번창해나갔다. 사적 건강보험사업과 연관이 있는 다른 기업들도 밀번의 전문성을 구매하는 데 관심이 많았다. 예를 들면 로이드제약(Lloyds Pharmacy)은 30,000파운드 연봉으로 밀번을 고용했고, 신장(腎腸) 치료 회사 디아베룸(Diaverum)도 밀번과 일한다. 심지어 다국적 청량음료회사 펩시코(Pepsico, 펩시콜라, 게토레이, 트로피카나 등의 브랜드를 가지고 있다)도 밀번에게 관심을 보여, 건강에 무해하다는 이미지를 증진시키기 위해 매년 25,000파운드의 연봉을 주고 있다.

국영의료보험(NHS) 민영화는 우울하게도 영국 국회의원들에게—NHS를 처음 설립한 정당인 노동당의 국회의원까지 포함해서—수익이 좋은 사업이다. 『데일리 미러』의 조사에 따르면 40인 이상의 상원의원이 NHS 민영화정책과 '재정적' 이해관계로 얽혀 있으며, 거기에는 전 보수당 보건부 장관이자 부파의 중역인 버지니아 보톰리(Virginia Bottomley)도 포함되어 있다. 노동당 상원의원이자 전 보건부 장관 워너 경(Lord Warner)은 보수당이 주도하는 정부 정책안의 지지를 선포하는 사설을 썼는데, 그 기사에서 자신이 해당 정책으로 이득을 보는 사기업과 일한다는 점은 밝히지 않았다. 테크놀로지 기업 잔사(Xansa)와 항균회사 바이오트롤(Byotrol)처럼 NHS에 서비스를 제공하는 기업들 말이다. 2014년 3월 워너 경은 우익 선동자 싱크탱크인 '리폼'과 함께 NHS 수혜 요건으로 월 10파운드를 납부하도록 요청하는 보고서를 출

판했다.[23]

데이비드 블렁킷 또한 좌익 선동가였다가 충성스런 블레어주의자로 돌아선 인물로, 블레어 정부 시절 권위주의적인 내무부 장관이었으나 기업 이사직을 신고하지 않아 2005년 장관직에서 해임되었다. 그렇지만 그의 사업망은 평의원석(정부 각료나 정당 간부가 아닌 의원들의 자리)에 있을 때부터 만개했다. 블렁킷은 결국 A4e라는 회사에서 일하게 되었는데, 이곳은 정부 재정에 의존하는 근로연계복지 회사로, 그 대표가 납세자의 세금으로 조성된 기금 수백만 파운드를 자기 명의로 지급하다가 강제사직당한 곳이니, 의회에서 복지국가의 예산을 사기업의 손에 넘겨주는 정책을 지지했던 블렁킷이 거기에서 일한다고 놀랄 것도 없다. 비슷하게, 고든 브라운의 붕괴된 행정부에서 등을 돌리기 전인 블레어 시대에는 머독의 언론제국 또한 믿음직한 동맹이었다. 어쨌거나 이 모든 일은 블렁킷의 직업진로 결정에 영향을 미치지 않았다.『뉴스 오브 더 월드』(News of the World, 머독 소유의 영국 신문사로, 기사 정보를 얻는 과정에서 유명인이나 범죄 피해자, 영국 왕족 등의 휴대전화를 도청하거나 해킹한 사실이 드러나 2011년 폐간되었다. 3장 참조)의 광범위한 전화 감청이 공개된 다음에도 데이비드 블렁킷은 그 모회사인『뉴스 인터내셔널』(News International)의 '사회적 책임' 부문 특별자문위원으로 재계약해 50,000파운드에 가까운 연봉을 받는다.

이런 행보를 보이는 와중에도 블렁킷은 불편해하지 않았다. 불편해한 것과는 반대라고 해야겠다. 블렁킷의 의회 사무실에서 그를 만나면서, 나는 그의 매력에 즉각 끌렸다. 블렁킷은 소파에 앉아 안내견을 한 번씩 쓰다듬고 있었으며—그는 시각장애가 있음에도 좌절하지 않고 정치활동을 이어나가 폭넓은 존경을 얻는 인물이다—동향 출신이라 고향인 셰필드(Sheffield) 이야기도 서로 나눴다. 블렁킷의 태도는 명랑하지만 방어적이다. 내가 그의 광범위한 기업 유착에 대에 묻자 그는 없는 집에서 자라나 "뼈에 사무치는 가난"을 겪었다며 그것을 합리화했다. "지금 번드르르하게 사는 건 아니지만, 매우 편안하다"고 그는 말했다. "10대 때 우리 집에 며칠 동안 말 그대로 집에 빵과 기름밖에 없었던 적이 있어요. 부친께서 업무상 재해로 돌아가셨거든요. 어머니께서 보상금을 받기까지 2년이 걸렸습니다. 그런 일을 겪으면 빈곤에 뭔가 멋지고 당당한 면이 있다는 걸 믿지 않게 됩니다. 가난한 시절로 절대 돌아가기 싫은 거예요. 그러니 모순과 갈등이 생기고 사실은 자기 이익만 추구하고 있는데 뭔가 선한 일을 하는 것처럼 믿도록 자신을 속일 위험이 언제나 있죠." 이런 근거로는 대중적으로 동의를 얻기 힘들 것이다. 평의원 수입만 해도 어쨌든 영국 중위소득의 3배 가까이 되니 말이다.

피터 맨델슨은 청년공산주의동맹(Young Communist League)의 구성원에서 신노동당 기획의 원동력이 되었는데, "세금만 잘 낸다면 누군가 지독한 부자가 된대도 아무 상관없다"라는 선언으로 유명하다. 물론, 많은 부유한 개인과 기업이 세금을 제대로 내지 않는다. 하지만 맨델슨은 금융자문회사 라자드 인터내셔널(Lazard International) 회장이 되고 코카 콜라(Coca-Cola)나 로이드 은행(Lloyds Bank) 등으로부터 거액의 자문료를 받으며 '지독한 부자'가 되려는 야망을 확실히 이뤄냈다. 피터 맨델슨은 뭔가 비밀스러운 국제 자문회사인 글로벌 카운슬(Global Counsel)을 창립하기도 했다. 그는 2011년 사업광고 메일을 보냈는데, "(내가 신노동당을 창당하면서 했던 것과 같이) 브랜드를 일신하고 개선하며" "(내가 여러 성공적 정부 부처에서 했듯이) 거대 조직이 새로운 목표에 재집중하도록" 해준다고 약속하는 내용이었다.'[24] 맨델슨의 고객 명단에는 석유 대기업 BP, 도박회사인 베트페어(BetFair), 그리고 압력에 못 이겨 생산방식을 바꾸기 전까지 그린피스와 다른 환경운동가들에게 인도네시아 열대우림을 파괴한다고 비판을 받던 포장회사 아시아 펄프 앤 페이퍼(Asia Pulp and Paper) 등이 있다.[25]

맨델슨은 2011년 이집트 혁명 이전에 호스니 무바라크(Hosni Mubarak, 1981년부터 이집트를 통치했으며, 2011년 국민의 저항으로 퇴임했다) 정부에 글로벌 카운슬의 서비스 제공을 제의하며 접근한 적이 있다.[26] 또한 그는 자주 고문을 실행하여 인권단체 국제앰네스티(Amnesty International)의 비난을 받는 카자흐스탄의 독재정부와도 긴밀한 사이를 유지하고 있다. 2010년에 맨델슨은 카자흐스탄 국부 펀드가 여는 행사 두 건에 참석했는데 그중 하나는 카자흐스탄에서 열렸다. 그러나 카자흐스탄의 독재자 대통령 누르술탄 나자르바예프(Nursultan Nazarbayev)의 환심을 사서 가장 큰 이득을 본 인물은 바로 신노동당의 대부 토니 블레어 자신이다. 한때 독재정권들의 끔찍한 인권상황을 이용해 영국의 군사개입을 정당화하던 토니 블레어는 2011년부터 카자흐스탄 정부에서 1,300만 달러에 이르는 돈을 자문료로 받고 있었다. 카자흐스탄의 야당 당수 아미르잔 코사노프(Amirzhan Kosanov)는 블레어가 고용된 후 인권상황이 사실 더 악화되었다고 주장했다 한다.[27]

블레어는 총리직이 가져다준 국제적 명성과 연줄에 의지하여 이렇게 수익성 좋은 일을 구했다. 토니블레어어소시에이츠(Tony Blair

Associates, 토니 블레어 소유의 자문회사)는 카자흐스탄 외에도 쿠웨이트에 대한 보고서를 쓰는 일로 쿠웨이트 독재정권으로부터 1백만 파운드를 받고 있는 실정이다. 블레어의 자문 서비스를 받은 회사 가운데는 한국의 유아이에너지(UI Energy Corporation)도 있는데, 이 회사는 블레어가 이라크 침공에 참여한 이후 이라크에서 상당한 상업적 이익을 얻었다. 월가의 투자은행 JP모건(JP Morgan)은 토니 블레어의 자문 서비스를 받는 대가로 250만 파운드를 내놓았다. 블레어의 부인 셰리(Cherie)도 남편의 총리직에서 이득을 얻었는데, 사모펀드 회사를 공동 설립하고 사적 건강보험에 투자해서—그렇다, 또 사(私)다—영국 전역에 걸쳐 100개의 민영병원을 세울 계획이다.

물론 이 모든 것이 불법은 아니다. 인권을 유린하는 독재자와 유착해서 돈을 버는 전 총리가 역겨워 보일 수는 있겠으나, 이런 일조차 법으로 금지된 것이 아니다. 그러나 정치와 기업 간의 경계가 얼마나 취약한지 이해해야 기업엘리트들이 국가의 민주주의를 옭죄고 있다는 것을 이해할 수 있다.

로비 조사단체 스핀워치(SpinWatch, 영국을 비롯한 유럽에서 홍보, 언론, 로비가 인권과 민주주 관련 문제에 잘못 개입하지 않는지 조사하는 비영리 독립기구)의 책임자 태머진 케이브(Tamasin Cave)는 기업엘리트의 전략을 이렇게 설명했다. "그러니까, 내가 입법자인 당신에게 투자를 할 거고, 도와줄 거고, 당신의 정책을 지원해주겠다. 당신이 자기홍보를 할 수 있는 창구도 제공해주겠다. 은퇴할 때 직업까지 제공할 수도 있다. 나는 분명 재미있고도 친절할 거다. 난 당신에게 유용한 정보도 줄 것이다. 이 모든 걸 제공하겠다,라는 거죠." 물론 정해진 대가는 없다. 하지만 이렇게 정치인은 기업 권력의 망에 얽매이게 되는 것이다. "제가 볼 땐 대기업과 오늘날 정부 요직을 차지한 최고위급 인물들의 사이는 아주 편리한 관계인 것 같아요." 녹색당 하원의원 캐롤라인 루커스의 말이다. "정치인이 은퇴 후 기업인이 되는 회전문을 통해 기업이 정책결정에 영향을 끼치는 게 보입니다." 루커스가 보기에 그녀의 동료 정치인들은 "자발적으로 기업에 권력을 넘기고 기업이 권력을 휘두르는 것도 조장해왔다."

신노동당 지도부는 결국 자기 당의 전통적 가치와 충돌하는 기업의 이익을 위해 일한 덕분에 부유해졌다. 권력을 잡고 있을 때, 신노동당 정치인들은 기득권의 정치학을 수용하고, 자유시장과 기업 및 회사의 이점을 찬양했다. 권력에서 밀려나, 심지어 불명예스럽게 밀려나면서 그들은 자신들이 그 이익을 옹호했던 경제엘리트들에게서 계약을 따낼 수 있었다. 보건부 장관들은 민영보험회사에 고용되고, 국방부 장관들은 방산 대기업의 손아귀로 들어갔다. 한때는 선동자들만의 이념이었던 것이 지금은 그 이상, 다시 말해 돈벌이 책략이 된 것이다. 근본적으로 신노동당은 신념이 없다는 대처의 결론을 반박하기 힘들다. 그들은 돈만 좇았을 뿐이다.

연립정부는 비록 신노동당과는 비교가 안 될 만큼 권력에서 멀었으나, 그 지도자급 인물 몇몇은 노동당 지도부와 마찬가지로 기업판 골드러시를 향해 달려갔다. 데이비드 캐머런의 디지털 전략 자문이었던 조너선 러프(Jonathan Luff)는 재정적으로 절박한 긴축시대 영국의 수많은 이들을 뜯어먹은 합법 사채회사 웡가에서 일하려고 다우닝가를 떠났다. 상원의 보수당 원내총무인 힐 경(Lord Hill)은 로비 그룹 퀼러 콘설턴츠(Quiller Consultants)의 창립자인데, 퀼러 콘설턴츠는 스캔들이 많은 근로연계복지회사 A4e처럼 납세자의 돈에 의존하는 민간기업을 많이 대변하고 있으며, 아랍에미리트와 같은 외국 독재정권도 대변한다. 내각각료로서 힐은 공립학교 운동장을 테스코(Tesco)에 매각하는 안―거센 반대에도 불구하고 교육부에서 승인된―에 지지를 표했는데, 테스코 또한 힐 회사의 고객이다.[28] 2014년 10월 힐은 금융서비스를 전문으로 하는 영국의 EU위원으로 임명되었다. 기업 감시기구인 CEO(Corporate Europe Observatory)의 지적과 같이, 런던금융중심지의 기업들이 특히 힐 경의 임명 소식에 기뻐했으며 그의 '런던금융중심지에 대한 전문성과 지식'을 두고 우쭐해했다. CEO가 '그건 그렇고'라며 짓궂게 지적한 바에 따르면, 런던금융중심지 기업, 그러니까 HSBC은행은 퀼러 콘설턴츠를 로비스트로 고용했다. "유럽 의회 의원들(MEP)이 힐의 임명을 막아야 한다"고 CEO는 선언했으나, 그 조언은 무시되었다.[29]

정치인들이 그렇게 자연스럽게 부유층을 옹호하는 게 이념과 사리사욕 때문만은 아니다. 정치인은 사익을 추구하는 기업 및 번드르르한 기업 로비팀과 많은 시간을 보낸다. 정치인은 그들과 같은 환경에 있으면서 끊임없이 기업이 설득력 있고 매력적인 방식으로 자신들을 정당화하는 걸 들으며, 기업의 행태에 대한 비판은 그보다 훨씬 덜 접하게 된다. 이는 기업 이익을 옹호하려는 정치인의 신념을 강화시킬 뿐이다. 연립정부 집권 후 15달 동안 기업 대표들이 장관들을 만난 횟수가 1,537회라고 하는데, 이건 주요기업이 참석한 다른 원탁회의 수백건을 제외한 횟수다. 반면 노동조합 대표들이 장관을 만난 횟수는 겨우 130번이다. 이건 공식적으로 기록된 경우일 뿐이며, 정부각료와 기업인의 만남은 비밀스럽게, 비공개로, 그리고 그 어떤 감시감독도 없이 이루어지기도 한다.[30] 2012년 보수당 당대회에서 합법 사채업체 웅가와 다른 기업 경영진들이 기업 친화적 생각과 정책을 개발한다며 1인당 1,250파운드를 주고 장관들을 만났다. 의회의 카페에서 독자파 보수의원 더글러스 카스웰을 만났을 때, 그는 활짝 웃으며 낮은 목소리로 이야기하는 하원의원과 장관들, 멀끔하게 차려입은 남녀 가운데서 손을 흔들어 보였다. "주위를 둘러보세요"라고 그는 말했다. "여기 로비중인 사람들이 얼마나 많은지 봐요."

"대형 로비 대행사들이 있긴 하지만, 그런 곳은 전체 로비산업에서 한 4분의 1 정도밖에 차지하지 않을 것"이라고 태머진 케이브는 설명한다. "업계 사람 다수는 각 기업 내부에서 일합니다. 그러니까 테스코 슈퍼마켓은 로비에 전념하는 팀을 6개 정도 운용하는데요, 거기에다 거대한 기업홍보팀도 운용하고 있고 그곳의 일이 로비팀에 반영될 것이고, 기업홍보전략에 큰 영향을 미치겠죠." 로비산업은 19억 파운드의 규모에 달할 것으로 추정되고 있다.[31] 얻는 게 많다고 생각하지 않는다면, 기업들이 그런 거액을 뿌릴 이유가 없다. "큰 로비팀을 꾸리지 않는 기업은 거의 없습니다, 그만큼 돌아오는 게 있으니까요"라고 케이브는 설명한다. "재정적으로 얻을 게 없다면 로비를 하지 않겠죠." 전략은 다양하다. 위치선정을 잘하고 인지도를 얻는 것, 정부에서 자신들과 관련있는 정책을 논의할 때 그 '내부에 있기', 충분한 영향력을 발휘하기 위하여 정책결정 과정 초기부터 관여하는 것, 정부계약 입찰에서 유리한 위치를 선점하는 것 등이 전략이다.

로비가 의제화된 것은 2012년 3월 보수당 재무담당관 피터 크루다스(Peter Cruddas)가 현금을 받고 고위 정치인과의 만남을 주선해주었다는 고발이 『선데이 타임스』에 실린 이후다. 나중에 크루다스가 『선데이 타임스』로부터 명예훼손을 당했으며(당시에는 그런 뉴스가 설득력이 있었다), 그 때문에 막대한 손해를 본 것이 밝혀졌으나 그럼에도 그 사건은 로비에 대해 조치를 취하도록 하는 추동력이 되었다. 연립정부가 2013년 로비투명성법(Transparency of Lobbying), 비정당단체의선거활동과행정에관한법(Non-party Campaigning and Administration Bill)을 도입할 때의 목적은 미심쩍은 로비활동을 규제하는 것이었다. 그러나 입법이 실행되자 사적 로비활동의 성공과 사익을 보호하려는 정치인들의 자연스러운 성향만 드러날 뿐이었다. 로비법은 그러한 관행의 95%를 무시했다. 정부 정책을 비판하는 운동가들은 그 법을 '재갈법'이라고 불렀다. 이제 그 '비정당 선거활동'이라는 조항에 걸려 잉글랜드에서 5,000파운드 이상, 그리고 스코틀랜드와 웨일스에서 2,000파운드 이상의 돈을 쓰는 단체는 강제로 선거관리위원회에 등록된다. 자선단체, 노동조합, 그리고 운동단체들은 엄청난 비용과 시간이 소모되는 악몽 같은 관료주의에 얽매여 모든 지출내역을 일일이 보고해야 한다. 총선 1년 전에 이 비정부단체들은 연 989,000파운드까지 지출했으나, 이제는 390,000파운드까지 지출이 삭감되었으며 이 비용으로 인건비부터 공청회 개최까지 모든 것을 해결해야 한다. 그러나 '비정당 선거활동'의 정의는 너무나 모호해서 암 치료에 자원을 더 투입하는 문제에서부터 가용주택 부족 사태에 이르기까지 모든 의제를 포함할 수 있다.

　　법과 연루되는 것을 두려워한다고 알려진 비정부단체 및 시민단체—이 단체들은 엄격한 법적 규제를 짊어지고 있다[32]—들은 권력자를 감시하는 활동을 그만두게 될 것이다. 노동조합회의(TUC)는 이 법이 연례회의를 여는 일이나 선거가 있는 해에 시위를 하는 활동을 범죄행위로 만들 수 있다고 지적했다. 이 법안이 정치 블로그에도 영향을 미칠까 두려워, 심지어 우익인 귀도 포크스 블로그도 반대 의사를 밝혔다. 영국의료협회(British Medical Association)는 "이 법안이 통과되면 표현의 자유에 미칠 영향이 우려스럽다"고 주장했다.[33]

상원에서 재갈법 반대세력을 이끌었던 해리스 경(Lord Harries)은 로비를 규제한다는 법안을 등록할 때 "비정부단체든 운동부문이든, 그 어떤 곳과도 협의가 없었다"고 말한다. "비정부단체와 운동단체는 우리 민주주의의 핵심입니다. 사람들은 정당에 굉장히 무관심하거든요. 비정부단체와 운동단체가 여러 의제를 활기있게 만들고, 선거활동을 하면서 후보에게 어떤 의제에 대해 질문을 하지요. 따라서 이러한 우리 민주주의의 근본 특성에 영향을 미치는 입법은 헌법을 근본적으로 변화시키는 것입니다." 그런데 막상 재갈법은 민영기업의 로비활동은 그냥 내버려두었다. 결국 이 법으로 침묵당한 사람들은 기득권층을 비판하는 이들이었다.

노동조합—감시감독이 부족한 기업이익과는 극명한 대조를 보이는 운동—에 대한 무자비한 공격에도 같은 원칙이 적용되었다. 노동당 지도부가 서구에서 가장 구속적인 반노조법을 유지시키고, 공무원의 실질임금을 삭감하는 데 전념하며, 선거에서 이긴 후 적어도 1년간은 보수당의 긴축정책을 유지한다고 약조하는데도, 노동당이 '노조 돈줄'의 입김에 놀아난다는 주장이 끊임없이 제기되었다. 가장 큰 노동조합인 유나이트(Unite)의 위원장 렌 매클러스키(Len McCluskey)가 제일 악랄한 악당이 되었다. 매클러스키의 모습이나 말투는 아무리 봐도 기득권과는 거리가 멀어 보인다. 자랑스러운 리버풀 시민인 매클러스키는 말쑥하게 면도하는 일이 거의 없는 데다 인상적인 풍채의 소유자다. 그가 정치집회에서 열변을 토하면 지지자들이 열광했다. 그러나 사석에서 그는 오히려 조용하고 사려깊게 처신한다.

"조직적인 공격이 있었다는 점에는 의심의 여지가 없죠. 그건 누구에게나 보였을 것"이라고 조용조용히 분개한 투로 매클리스키가 밀했다. 매클러스키는 데이비드 캐머런 전 총리의 끊임없는 맹비난을 두고, 1984~5년 광부 파업 당시 전국광부노동자조합의 위원장이었던 아서 스카길(Arthur Scargill)에 대한 공격 이후 영국 총리가 그렇게 무자비하게 노조위원장을 비난한 일은 없었다고 주장했다. "우리가 얻은 정보를 살펴보면 그들은 유나이트가 무슨 악마고, 영국 내부의 적이고, 보수주의자들이 에드 밀리밴드와 대결할 때 이용할 수 있는 악당이라고 생각하는 게 분명해요." 노동당 지도부가 그런 공격에 직면해 겁을 집어먹자 노조 공격은 연중 진행되는 캠페인이 되었다. 보수주의자들 및 그들과 제휴하는 언론이 노동당과 노조의 연결고리를 이용해서 노동당 지도부가 뭔가 불미스럽고 수상쩍은 급진세력의 손아귀에서 놀아난다고 주장한 것은 의심의 여지없이 사실이다. 하지만 에드 밀리밴드와 같은 노동당 고위층도 유나이트 노동조합을 맹공격하는 걸 정당화한다. 여기서도 공유된 사고방식이 드러난다. 노동당 지도부가 기득권의 구호에 도전하는 데 실패하자 노조들은 새로운 정치적 역할을 떠맡게 된다. "정치에서 다른 목소리라는 게 존재하질 않으니까, 거의 자동으로 유나이트와 내가 지도부 역할을 맡아서 대안적 목소리를 제시해야 하는 것처럼 되었다"고 매클러스키는 지적한다.

여러 해 동안 노동당 중심부의 고위층은 때로 자기네가 겨우 발만 들이민 선거구에까지 자신들이 선호하는 후보를 낙하산으로 세워 선거를 마음대로 좌지우지해왔다. 그러나 그런 경우에도 소요는 없었다. 그렇지만 노조가 개입되면 정치엘리트들의 폐쇄적 결속이 강화된다. 2012년 2월 폴커크(Falkirk, 스코틀랜드 도시)시 하원의원 에릭 조이스(Eric Joyce)가 동료 하원의원 세 명에게 주먹질과 박치기를 한 후 노동당에서 축출당했을 때, 그 자리를 대신할 의원을 뽑는 선발투표에서 유나이트가 개표부정을 저질렀다는 혐의가 제기되었다. 그러나 스코틀랜드 경찰은 유나이트에서 범죄가 될 만한 부정행위의 증거를 찾지 못하여 수사는 종료되었다. BBC 라디오4 방송국이 수행한 조사에서도 유나이트의 부정을 밝혀내는 데 실패했다. 그러나 반노조의 기치를 든 성전(聖戰)에서 사실관계란 별 상관없는 것이다. 데이비드 캐머런은 유나이트가 '추문'을 일으켰다고 선언했다. 당시 노동당 예비내각 국방장관이던 짐 머피(Jim Murphy)도 유나이트 노조가 '선을 넘었다'고 선언했다. 『데일리 메일』과 『선데이 타임스』는 '부정선거'와 '노조 깡패들'을 맹비난했고 밀리밴드가 조치를 취해야 한다고 요구했다. 계속되는 공격 속에 노동당 지도부는 당과 노조의 연계를 점검하겠노라고 서약해야 했고 이는 노동당 사상 최악의 당체제 위기를 촉발했다. "우익이 조직적으로 히스테리를 부린 것에 불과한데, 불행히도 노동당 지도부를 비롯한 노동당의 일부가 거기에 부채질을 한 것"이라고 매클러스키는 말한다.

그리고 또다른 정치엘리트들의 집중공세가 있었다. 2013년 가을 유나이트는 수천 노동자의 일터인 그레인지머스 정유공장(Grangemouth refinery, 스코틀랜드 소재)의 사장과 협상중이었다. 공장주이며 이네오스 (Ineos, 영국의 화학 기업) 회장이자 최고경영자인 짐 래트클리프(Jim Ratcliffe)가 세금을 덜 내려고 사업을 해외로 옮기는 바람에 정유공장의 미래가 위기에 처해 있었다. 사측은 노동자측에 대규모 임금삭감과 노동조건 악화를 받아들이라고 요구했다. 그레인지머스 정유공장의 수익성이 악화되고 있었던 것은 사실이지만, 총매출의 17%만이 인건비였다는 점을 고려하면 임금과 연금이 문제가 아니었다. 노사협상이 진행되던 도중에, 래트클리프는 앞서 언급된 선발투표 관련 행위를 이유로 들어 노동조합 임원이면서 폴커크노동당(Falkirk Labour Party) 의장이기도 한 스티븐 딘스(Stephen Deans)를 정직시켜버렸다. 협상은 난장판이 되어버렸고 유나이트는 파업을 하겠다고 위협했다. 그러자 이네오스는 자기네가 제시한 조건으로 노조가 항복문서를 내놓아야 한다고 요구했고, 안 그러면 정유소를 닫겠다고 했다. 정유소 노동자들의 삶과 그들의 지역공동체뿐만 아니라 스코틀랜드 경제에도 매우 파괴적인 영향을 주었을 재앙은 간신히 모면했다. 매클러스키는 "노동자의 관점을 대변하는 데 수치스러울 것은 전혀 없다"고 주장했지만, 유나이트의 항복문서는 그저 수치일 뿐이었으며, 그렇게 되도록 사측에 의해 계획되었다. "우리는 자본의 적나라한 권력행사 앞에 무방비였고, 노사관계에서 경기장이 얼마나 기울어져 있는지가 드러났다"고 매클러스키가 수긍했다.

이것이 1억 3천만 파운드짜리 요트에 편히 앉아 수천 명의 노동자와 그들의 지역공동체, 그리고 영국 전체의 운명을 좌자우지할 수 있는 짐 래트클리프의 세금 망명 이야기다. 그러나 일은 그것으로 끝난 게 아니었다. 유나이트는 새로운 맹공격을 받았다. 노동자 수천 명을 실업자로 만들려고 했던 회사 지배인의 집 밖에서 유나이트 활동가들이 시위를 했다는 이유로, 데이비드 캐머런은 유나이트를 마피아에 비교하며 그들을 '깡패'로 묘사했다. 이미 억압적인 반노조법을 강화하려는 목적으로 브루스 카(Bruce Carr) 변호사가 이끄는 공식 조사단이 유나이트의 전략을 조사했는데, 카는 '오래 전부터 반노조 성향의 변호사'였다고 유나이트가 비판하던 인물이다.

이는 정치적 전략을 요약해 보여준다. 주류 정치인들은 한때 선동자들의 꿈이었던 정책들에 귀화했다. 기업엘리트 사이에서 탐욕의 사상이 고취되어, 이제는 이 사상이 정치엘리트까지 물들였다. 정치인들은 웨스트민스터 안팎에서, 거리낌도 없이 사익을 위하는 로비스트가 되었다. 그리고 무자비하게 조사받고 공격받는 것은 현 상황을 비판하는 이들이었다.

현재의 정치질서가 의미있는 저항에 맞닥뜨리는 일은 거의 없다. 그런데도 정치인을 향한 신뢰도는 한심스러울 만큼 낮다. 입소스 모리(Ipsos MORI)의 여론조사에 따르면, 영국인의 50%가 하원의원들이 자기 이익을 앞세운다고 생각한다. 72%는 하원의원이 진실을 말한다고 믿지 않는다. 그리고 65%는 하원의원의 적어도 절반이 개인의 이득을 위해 힘을 남용한다고 생각한다.[34] "사람들이 정치인을 싫어한다는 건 모두가 알고 있어요." 장관부터 개인비서에 이르기까지 정치엘리트의 스펙트럼 전체가 점심을 먹고 있는 소란스러운 하원의사당 카페에서 한때 TV진행자였다 노동당의 예비내각 각료가 된 글로리아 드 피에로(Gloria De Piero)는 나에게 말했다. 드 피에로는 강한 요크셔 억양과 소탈하고 수다스러운 태도를 지닌 사람이다. 당선된 후 그녀는 왜 정치인들이 그렇게 미움받는지 알아내려고 유권자를 만나며 영국 전역을 돌아다녔다. "모든 집단에서 같은 대답이 나와요. 유권자들은 대체로 우리 정치인들이 자신의 사익을 위해 정치를 한다고 생각해요. 물론 용서의 여지는 있지요. 좋은 지역구 의원이 있는 지역이라면 주민들은 '뭐, 정치인들 괜찮아요'라고 말할걸요." 그러나 전반적으로 유권자들이 정치인 하면 떠올리는 단어는 암울하다. "거짓말쟁이, 거만함, 그들과 우리, 자기 잇속 챙기기… 아주 안 좋았죠." 이토록 널리 퍼진 선출 정치인에 대한 경멸은 민주주의 상태에 대한 고발임이 분명하나, 만연한 냉소는 낮은 투표율이나 당원수의 감소와 마찬가지로 소극적인 체념의 표현이다. 투표율은 1992년 77.6%에서 2010년 65.1%로 떨어졌다.

영국의 정치적 삶은 숨 막히는 이데올로기 통제하에 있다. 부자의 세금을 깎고, 공적 자산을 팔아치우고, 국가개입 영역을 후퇴시키고, 사회안전망을 축소하고, 노조를 약화시키는 이 모든 일은 주류, '중심부'로 무자비하게 침투하여, 선거에서 당선될 수 없는 극단적인 이들만이 거기서 벗어날 수 있다. 아주 조금이라도 '노선에서 벗어났다'고 여겨지는 이들, 아주 얌전하게라도 기득권층의 사고방식에서 이탈하는 이들은 합법적인 정치 논쟁의 경계를 벗어난 것으로 묘사되어 낙인찍히고 비방당한다. 이 합의를 옹호하는 자들은 합의의 지속에 개인적 이해가 달려 있다. 정계와 부유층 엘리트들은 서로 분리된 독립체가 아니라 극심하게 겹쳐지는 집단이다.

물론 기득권층의 생각을 집행하는 건 정치인만이 아니다. 제대로 기능하는 민주주의에서 언론은 아마 현 상태를 비판하고 거기에 도전하기 위해 존재할 것이다. 그러나 언론은 기득권층을 위한 가장 효과적인 로비처가 되어버렸다.

3

언론귀족의 힘

무한반복 앵무새, 언론

리처드 페피어트(Richard Peppiatt)는 영국 언론의 어두운 이면을 너무나 잘 아는 사람이다. 리처드와 나는 런던 소호 극장(Soho Theatre)의 시끄러운 바에서 만났는데, 이제 20대 후반이 된 페피어트는 라거 맥주를 앞에 두고 어린 시절 품었던 포부를 회상했다. 그는 언제나 기자가 되고 싶었지만, 『가디언』같은 언론사는 옥스브리지 엘리트주의로 가득 차서 노동계급 부모를 둔 자신 같은 사람에겐 어울리지 않는다고 생각했다. 운이 따라주어, 그는 2008년에 『데일리 스타』(Daily Star, 영국의 타블로이드 일간지)에 입사하게 되었다. 『데일리 스타』가 본인이 원하던 신문사는 아니었을 수도 있지만, 그것조차도 특권층이 아닌 사람들의 언론계 진입을 막는 장벽을 넘기 위해 곡예를 해서 얻어낸 결과였다. 아무튼 페피어트는 언론계에 발을 딛게 되었다.

"내 생각엔 그냥, 아 제기랄, 모르겠다. 결국은 사다리를 기어올라야 되는 것이거든요"라고 그는 회상했다. "그리고 입사 후 2년 하고 6개월 동안 내가 한 게 바로 그겁니다, 사다리 기어오르기. 『데일리 스타』에서 일하면서 제가 갖고 있던 원칙은 거의 다 무시하고 그냥, '뭐, 이제는 이게 내 일이잖아, 신념을 지키는 건 개인 시간에 하고, 직장에선 거스를 수 없는 거지. 저 사람들이 이런 기사를 쓰라잖아. 이렇게 안 쓰면 혼쭐이 난다고.' 이렇게 되더라고요."

『데일리 스타』에서 일하는 건 재미있을 수도 있다. 유명인들이 참석하는 연예계 파티에 계속 초대를 받을 수 있는 등, 특전이 여럿 있다. 하지만 페피어트는 독자의 분노를 희생양에게 돌리는 언론의 작전에 자신이 참여하고 있음을 점차 깨달았다. 뉴스 작성실에 들어가면 "무슬림들이 이렇고, 저렇고, 그런 걸 했다는 기사를 쓰라는 거죠. 사실관계를 살펴보면 '어? 그 사람들 그런 거 안 했는데?' 하게 되는 거예요." 망명자야말로 가장 인기있는 표적이었다. 한번은 『데일리 스타』가 소말리아 내전을 피해 영국으로 망명을 와서 첼시(Chelsea, 템스 강변에 위치한 런던 남서부의 고급 주택가 지역)의 침실 5개짜리 집에 머무르는 가족을 캐보라고 페피어트를 보내기도 했다. 페피어트는 다른 기자들과 함께 그 집 바깥에 진을 치고 있었다. "다음날 사무실로 가서 그 집에서 아무도 안 나오더라고 했더니, 편집자가 날 불러서 『선』(the Sun)지 한 부를 내밀면서 '봐요, 『선』은 그 난민가족의 가장이 〈알게 뭐야, 받을 수 있는 만큼 받아내는 거지〉라고 말하는 걸 실었잖아요' 하더라고요. 그래서 '그렇지만 그 사람은 집 밖으로 나오질 않았어요, 그런 말도 안 했고. 내가 온종일 그 집 앞에 있었다고요.' 그랬더니 편집자가 '그게 문제가 아닙니다. 좀더 약게 굴라구요' 합디다."

페피어트는 그런 종류의 보도에 패턴이 있다는 걸 점점 더 분명히 알아차렸다. "사회 병폐의 원인이라고 비난할 대상이 언제나 있는 거죠"라고 그는 말하며, "그렇게 되면 사람들은 이토록 많은 사회 병폐의 진짜 원인이 뭔지 진지하게 질문하지 않게 되는 것 같아요. 그냥 '빌어먹을 이민자들 때문이야, 이게 다 빌어먹을 무슬림들 때문이지.' 이럴 수가 있잖아요. 독자가 우리가 살아가고 있는 제도 전체의 근본적 의제들을 알아야 할 때에, 신문사에선 '정말 그런가?'라고 묻지 못하게 합니다." 점점 기자라는 직업이 견디기 힘들어졌다. 그는 자포자기해서 술을 마시기 시작했다. "정말로 스스로한테 못할 짓을 하는 기분이더라고요. 내가 하는 일이 싫었어요."

그렇지만 페피아트는 마침내 뭔가를 해야 한다는 걸 깨달았다. 잭 다니엘 위스키 4분의 3병의 힘을 빌려, 그는 『데일리 스타』 소유주 리처드 데즈먼드(Richard Desmond)에게 투지 넘치는 공개편지를 썼다. 그의 손가락은 '전송' 버튼 위를 맴돌았다. 페피아트는 그 버튼을 클릭하면 그의 인생이 바뀌고 자신이 실직 상태가 된다는 걸 알고 있었다. 2011년 3월 그의 편지는 공개되었고 큰 화제가 되었으나, 페피아트는 그 결과로 고난을 감수해야 했다. 서로 다른 여러 번호로 전화와 문자메시지를 통한 살해협박이 빗발쳤고 어떤 때는 10분에 한 번씩 협박을 받았다. 그 중 하나는 이렇다. '넌 죽을 때까지 찍혔다. 우리가 널 잡으러 갈 거야, 지금 너네 집 밖이다.' 그와 동거하던 여자친구는 겁에 질려 이사를 갔고, 페피아트는 두 달 동안 현관 쪽에 야구방망이를 두었다. 웬 남자가 전화해서 자위하는 소리를 들려주기도 했다. 이 가해자들은 악명높은 미친 자들로, 여러 언론사의 사주를 받아 각종 비윤리적 행위를 하는 자들이었다. 알고 보니 그것은 페피아트가 침묵하도록 겁주려는 시도였다.

미셸 스태니스트리트(Michelle Stanistreet)도 희생양을 찾는 데 혈안이 된 언론 기득권과 투쟁하는 데 이골이 난 인물이다. 현재 전국언론노동조합(National Union of Journalists) 사무총장인 그녀는 『데일리 익스프레스』(Daily Express, 가십과 흥미 위주의 기사를 많이 싣는 영국의 타블로이드 신문으로, 한때 리처드 데즈몬드의 소유였다)지와 있었던 일을 들려주었다. "우리 『데일리 익스프레스』 기자들은 지난 2001년 망명 신청자를 다루는 보도에 문제가 있다고 봤어요." 그녀가 말을 꺼냈다. "언론중재위원회(Press Complaints Commission, PCC)에 『데일리 익스프레스』에 대한 불만을 접수했죠. 그런데 『데일리 익스프레스』 편집자가 언론중재위원회 위원인 탓에, 우리는 (전 언론중재위원회 회장) 크리스토퍼 마이어 씨한테서 자기는 문제가 없다고 믿는다는 둥, 기자들이 그런 기사를 쓰라고 압력을 받았다고 보지 않는다는 둥의 터무니없는 쪽지를 받았어요." 또 스태니스트리트의 동료 기자들이 언론중재위원회에 『데일리 익스프레스』가 집시를 음해한다고 보고한 적도 있었다. 이번에도 기자들은 성공하지 못했다. 한번은 '데일리 파트와'(Daily Fatwah, 파트와는 이슬람교의 학자가 이슬람법에 관해 내놓는 의견을 뜻한다)라는 제목을 달고 무슬림들을 희화하는 '패러디' 코너에 넌더리가 난 기자들이 편집실을 나가버렸다. 이건 그 신문사에서 거의 전례가 없는 일에 가까웠다. 편집자들은 사측과 교착상태에 있다가 결국 해당 코너를 취소시켰다.

페피어트와 스태니스트리트의 경험은 언론계의 부정직한 문화적 풍토나 그들의 허구적 통념 만들기를 예증한다. 언론단체들은 사회를

정직하게 바라보고 전달하는 대신 널리 퍼진 편견과 불안에 호소할
수 있는 극단적인 사례 색출을 즐긴다. 그러면서 이 시대의 정치적 합
의에 협력하는 것이다. 모든 정당이 사회보장에 대해서 앵무새처럼 읊
어온 말을 여러 신문이 그대로 반복했다. 세금 내는 사람들이 쓸모없
고 게을러빠진 인간들을 지원해주고 있다는 것이다. 보수당이 주도하
는 연립정부가 집권한 지 석달 후인 2010년 8월『선』은 "세금 도둑들
이 15억 파운드를 뜯어가는 걸 막을 수 있게『선』을 도와주세요"라고
독자에게 요청하는 캠페인을 시작하며 주로 다자녀 복지혜택 수령자
들이 자신들이 받는 국가지원을 자랑하는 코멘트를 같이 실었다.『데
일리 메일』은 아이들과 애완 비단뱀을 위해 더 큰 집이 필요하다고 주
장하는 복지혜택 수령자 커플의 이야기를 실었다.『선데이 타임스』의
한 기사 제목은 '무상 퍼주기 문화를 끝장내자'였고, 코미디 텔레비전
시리즈「셰임리스」(Shameless)에 나오는 허구의 '세금 도둑' 갤러거 가
족 이야기가 마치 실제 복지기금 수령자들의 삶인 것처럼 그 기사와
함께 실렸다.『선데이 타임스』는 요구하는 사람마다 복지혜택을 주는
정부는 이제 '춤을 추라고 하면 춤도 춰줄 거다'라는 한 관료의 말을
인용했다.

　이런 보도 때문에 유권자는 현 상황이 실제로 어떤지 모를 수밖에
없다. 2013년 1월에 발표된 유고브 여론조사는 사람들이 평균적으로
27% 정도의 사회복지 혜택이 부정하게 수령되었다고 추정한다는 사
실을 밝혔는데, 그와 달리 실제로는 0.7% 정도만 부정 수령액이다. 또
사람들은 사회복지 기금의 41%가 직업 없는 사람에게 돌아간다고 답
했는데, 사실 전체 기금의 3%만이 구직자에게 간다. 사람들은 복지기

금이 실제보다 더 후하다고 인식하고 있었으며 복지혜택을 받는 기간을 실제보다 길게 추정했다.[1] 다른 여론조사에서 조사 대상의 29%는 연금보다 실업수당에 세금이 더 많이 들어간다고 보고 있었다. 사실은, 정부가 복지혜택에 쓰는 기금보다 연금에 들어가는 액수가 15배 많다. 실제 수치를 가장 잘 알고 있는 이들이라면 사회보장 축소를 지지할 가능성이 훨씬 낮다. 이점은 결국 현실을 지우고 무지를 촉진할 때 정치적 자본을 얻을 수 있음을 보여준다.

다른 여론조사들도 언론보도가 대중의 인식을 현실과 얼마나 동떨어지도록 유도하는지를 보여준다. 최근 입소스 모리 여론조사에서 영국인들은 10대의 임신율이 공식 조사에 나타난 숫자보다 25배나 높다고 생각하는 것으로 드러났다. 또한 영국인들은 영국 인구의 24%가 무슬림이라고 생각했는데, 실은 잉글랜드와 웨일스에서 5%에 지나지 않는다. 그리고 이 여론조사에 참여한 영국인들은 영국 인구 중 31%가 이민자라고 대답했는데, 실수치는 13~15%다.[2]

언론은 기득권에서 핵심적 역할을 담당한다. 자주 왜곡과 허구와 명백한 거짓말을 동원한 기사로 최하층에게 집중 포화를 가하여, 사회 최상층의 부유하고 힘있는 엘리트가 받아야 할 감시를 다른 곳으로 돌린다. 언론사 소유주들이 그 엘리트층의 일부이며 현 상황의 유지에 헌신하는 이데올로기를 따른다는 점에서 이 모든 일은 그다지 놀랍지도 않다. 오늘날 부와 권력을 가진 자들의 이익을 심하게 당파적으로 수호하는 많은 언론의 행태는 언론을 운영하는 주체와 운영방식에 기인한다.

언론이라는 야수

영국 역사의 한 장을 장식한 막상막하 선거 캠페인이었다. 1994년 4월, 몇년간의 대량실업, 노조의 공격과 공공자산 매각 속에 진행된 13년간의 선거 격전 끝에 마침내 영국 노동당과 당수 닐 키넉(Neil Kinnock)이 대처의 후계자 존 메이저(John Major)가 이끄는 보수당에서 권력을 되찾을 것만 같은 찰나였다. 4월 2일, 투표자들이 학교와 마을회관에 투표하러 가기 일주일 전, 한 여론조사는 노동당이 6포인트 앞서나가고 있음을 전해주었다. 그러나 노동당 풀뿌리당원들이 서서히 승리감을 느끼면서, 영국 언론엘리트들은 노동당의 승리를 점점 더 두려워하기 시작했다. 대처리즘을 굳건히 하며 그 적들을 무너뜨리는 데 결정적인 역할을 한 언론계로서는 1980년대의 위대한 성취 중 어느 하나라도 잃고 싶지 않았다. 노동당과 노동당 당수는 전후 영국 정치사에서 가장 악랄한 공격을 받았다.

키넉을 향한 언론 공격이 있은 지 거의 사반세기 후에, 그는 상원 구내식당에서 내게 커피를 사주었다. 일생을 바쳐 상원의 폐지를 지지했던 키넉은 이제 상원의원 자리에 앉아 있다. 적갈색 머리칼로 유명했던 그의 얼마 안 남은 머리칼은 새어 있었지만, 걸걸한 웨일스 지방 억양은 그대로였다. 키넉을 보면, 왜 그가 한때 '웨일스 출신 떠버리'라고 공격받았는지 쉽게 알 수 있다. 그는 한 문장으로 말할 내용을 한 단락으로 말하는 사람이다. 다소 장황하긴 해도 유창하고 열정적인 그의 대답은 씁쓸함으로—우파에 대한 것만이 아니라 키넉 자신의 당과 운동에 대한—얼룩져 있다.

키넉이 보기에, 무엇보다 당시의 공격은 키넉 개인을 향한 것이 아니라 '점점 성공을 거두며 설득력을 얻고 있던 노동당'을 적대시하는 것이었다. 노동당이 이기게 두어서는 안 된다고 단단히 결심한 "타블로이드 신문 편집자들, 아, 『데일리 미러』는 빼고, 여하튼 그들이 여론 조사 전 목요일에 똘똘 뭉쳤던 거지요"라고 키넉이 설명했다. "이 편집자들은 조직적으로 노동당을 공격하기로 결심했소." 이틀 뒤 『선』, 『데일리 익스프레스』, 그리고 『데일리 메일』이 노동당의 이민 '개방' (open-door)정책을 비난한 보수당 내무장관 케네스 베이커(Kenneth Baker) 의 예전 연설을 되풀이해 쏟아내기 시작했다. 키넉은 『데일리 익스프레스』가 심지어 중요한 격전지에는 수천 부를 무료로 뿌리기도 했다고 기억한다. "나 개인을 공격하는 내용도 일부 있었지만, 그 기사들은 기본적으로 그냥 반(反)노동당이었던 거요. 그들은 노동당이 이길 수도 있고 그렇게 되면 위험하다고 생각한 거지." 선거 당일에는 『선』의 악명높은 제1면 훈계가 있었다. "오늘 키넉이 이기면 영국을 마지막으로 떠나는 사람이 전깃불을 꺼주시기 바랍니다." 예상대로 보수당은 노동당의 코앞에서 선거 승리를 거머쥐었고, 의기양양한 『선』은 이튿날 기사 제목에 '『선』 덕분에 이겼다'고 쓰며 뽐냈다.

언론 탓만은 아니었다. 노동당 지도부는 유권자를 고무시키지 못했고, 선거 전날 셰필드에서의, 어리석게 승리감에 도취된 행진도 도움이 되지 않았다. 그날 키넉은 '우린 괜찮아!'라고 격앙된 목소리로 외치며 무대에 올라가야 했다. 하지만 위 사건들은 영국 언론의 핵심적 진실을 강조한다. 영국에 자유로운 언론은 없다. 정부의 직접적인 간섭으로부터 자유로운 언론은 있지만, 그건 다른 얘기다. 대신에 대부분의 주류 언론은 정치적 동기를 가진 소수의 소유주가 지배하며, 이들의 언론 장악이야말로 현대 영국에서 가장 강력하고 효과적인 형태의 정치권력이자 영향이다. 무엇이 수용 가능한 정치적 논의인가 하는 문제는 무자비하게 감시되며 특히 타블로이드 신문이 이런 감시에 많이 참여한다. 타블로이드 언론은 자기네와 대립하는 사람을 십자가에 매달아버릴 수 있다. 다시 말해서, 언론은 기득권의 대들보다. 이 사실을 받아들이기 힘들어하는 기자가 많겠지만 그렇다고 사실이 변하진 않는다.

장관, 평의원, 기자와 야심찬 정치연구원들이 득실거리는 포트컬리스 하우스의 카페에 앉아 "영국 언론이 자유 언론은 아니"라고 현 노동당 예비각료인 앤젤라 이글이 말했다. "주류 언론은 존스 씨 당신이나 내가 거의 동의할 수 없는 특정 관점을 가진 소유주들이 이데올로기적으로 운영하는 언론입니다. 그 점이 좀더 지적되고 이해되길 바랄 뿐입니다."

1992년으로 돌아가서, 언론이 조직적으로 키넉과 노동당을 괴물로 만들었던 것은 현대 기득권층을 구축해낸 1980년대 정책이 번복될지도 모른다는 공포 때문만이 아니었다. 주도적 선동자 매드슨 피리는 1970년대에 전후의 사회적 합의를 역전시키기 위한 '역 미늘톱니'에 대해 말한 바 있다. 1992년에 노동당이 승리한다면 1980년대 이후의 기득권에 대해 그와 같은 조치를 취하지 않을 거라고 누가 장담할 수 있단 말인가? 키넉은 노동당 당수로 있는 동안 노동당 집권 정부하에서는 언론의 권력이 축소될 수 있다고 시사하곤 했다. 1986년에 키넉은 외국인의 언론 소유를 제한하는 미국과 같은 법을 영국에도 도입하자고 제안했는데, 그렇게 되었다면 미국 시민인 루퍼트 머독은 즉시 영국 언론사를 소유할 자격을 박탈당했을 것이다. "그리고 외국인 언론 소유주들이 법적 요건을 충족시키려고 국적을 영국으로 바꾸고 싶어하더라도," 키넉이 히죽 웃으며 말하길, 노동당 정권하에서라면 "그자들의 귀화신청 서류는 내무장관의 미결서류함에서 오래 오래 먼지를 뒤집어쓰게 해줄 참이었단 말이오." 그때가 바로 머독이 "적의를 넘어 전쟁 수준의 공격으로 넘어가기로 결심했던" 때였을 거라고 키넉은 말했다.

톰 왓슨(Tom Watson, 정치인. 2015년 노동당 부당수에 오름)은 웨스트미들랜즈(영국의 중부에 위치한 주) 사투리가 두드러지는, 건장한 체구에 안경을 쓴 사람이다. 왓슨에게는 1980년대의 투쟁이 아직도 크게 다가온다. 전에 의회 사무실에서 만났을 때 왓슨은 노동당의 선거전략담당자였으나, 2013년 6월 '마케터와 언론담당자와 특수자문들'을 성토하는 편지를 쓰고 사직했다. 그에게는 오랫동안 파벌에 매인 정치인이라는, 성미가 거칠고 자기 스승인 고든 브라운에게 맹목적으로 복종하는 사람이라는 이미지가 있었는데 스스로는 그런 이미지를 매우 벗어나고 싶어했다. 그가 말하길 자신이 1983년 15세의 나이로 노동당에 입당했을 때, 노동당은 '거의 스스로를 살해한' 셈이었다. 왓슨은 당시에 노동당이 "당을 접수하려고 위장 입당한" 좌익들과 전쟁을 벌이고 있으며, "우리 노동당이 대변하는 사람들에게 보답할 수 있도록" 선거에서 승리하기 위해 "매우 현실지향적인 노선을 걷게 되었다"고 생각했다. 하지만 영국 언론의 역할을 깨달은 후에 왓슨은 그 견해를 모두 수정해야 했다. "내 예전 견해는 실제로 무슨 일이 일어나고 있는지를 틀리게 설명한 것"이라고 그는 말한다. "1981년 지방 관저에서 마거릿 대처와 루퍼트 머독이 비밀리에 만나 머독이 『타임스』와 『선데이 타임스』를 사들이기로 거래하는 게 현실이었습니다." 머독은 노동조합과의 대립이라거나 25% 인력감축을 포함한 그의 계획을 대처에게 보고했다. 이 비밀회담 이후, 대처 정부는 머독이 주식 공개매입(takeover bid)을 해도 독점및기업합병위원회(Monopolies and Mergers Commission)에 아무 말도 하지 않았고, 덕분에 머독이 후일 영국 최대의 신문그룹이 된 언론들을 소유하게 되었다. "정부가 정치인의 흥망을 좌지우지할 수 있는 아주 강력한 언론의 환심을 사려고 한 거죠."

1980년대와 1990년대 초를 통틀어, 머독의 언론사는 대처주의의 과업을 충실하게 수호했고, 노조협의회(Labour councils, 노동조합의 특정 지역이나 특정 직능 분회)에서 노조 간부에 이르기까지 대처주의의 반대자들을 훼방하고 악마화했다. 대처주의와 머독 계열 언론의 만남은 천생연분이었다. 머독은 작은 국가를 주장하는 우익 포퓰리즘을 요란하게 지지하는 사람이었다. 그러나 머독이 존 메이저를 다우닝가 10번지에 꽂아준 후부터 승승장구하던 보수당이 삐걱거리기 시작했다. 키녁이 총리 선거에서 대패하고 몇달 안 되었을 무렵인 1992년 9월 16일, 소위 '검은 수요일'에 영국이 유럽환율메커니즘(European Exchange Rate Mechanism, 유럽 환율변동을 조정하고 안정화할 목적으로 유럽위원회가 도입한 제도)에서 탈퇴하는 재앙이 일어나 수십억 파운드의 손실이 있었고(당시 영국 정부는 파운드화의 환율 하락을 방어하려 했으나 조지 소로스를 비롯한 헤지펀드들의 공격을 버티지 못하고 파운드는 대폭락, 결국 영국은 ERM을 탈퇴했으며 그날이 검은 수요일이라 불린다) 보수당 정부의 경제 신뢰도는 산산조각이 났으며 혼란을 더해가던 메이저 행정부는 유럽연합을 둘러싸고 일어난 위기에 각료들의 사생활 스캔들까지 더해지며 휘청거리게 되었다. 하지만 결정적으로, 노동당의 내부 서열에도 변화가 진행중이었다. 1994년 5월 옛날식 사민주의자 당수 존 스미스(John Smith)가 갑자기 사망하고, 노동당의 다른 오랜 원칙들과 함께 노동당의 역사적인 주요 기간산업 국유화 원칙을 폐기하기로 서약한 카리스마적 우익 당수 토니 블레어가 그의 후임이 되었다. 자칭 신노동당은 더이상 대처리즘이 설정한 정치적 합의에 그 어떤 위협도 되지 않는 것 같았다. 1995년 6월 보수당이 영국의 웃음거리가 되자(당시 보수당은 총리 메이저를 비롯한 보수당 의원들의 혼외정사 스캔들이 연이어 터졌으며, 경제정책 실패와 유럽의회 선거에서의 부진 등으로 안팎으로 약화되고 있었다) 블레어는 오스트레일리아의 헤이먼 섬(Hayman Island, 호화 리조트가 들어선 호주의 관광지)으로 루퍼트 머독을 만나러 날아갔다. 두 달 후,『선』은 극적으로 태도를 바꿔 블레어 편을 들었고, 1997년 선거에서 신노동당이 압승을 거두었다.

키넉은 "내가 어떤 취급을 당하는지를 보고 토니 블레어와 고든 브라운은 겁을 먹었고, (노동당 공보비서관) 앨러스테어 캠벨(Alastair Campbell)은 완전히 노발대발했소"라며 이 일을 합리화했다. "그래서 그들은 가능하면 할 수 있는 한 적대적인 언론을 중화시켜보려고 한 거지요." 신노동당 엘리트들에게는『선』의 지원이야말로 승기를 잡는 데 결정적인 요인이었다.

데이비드 우딩(David Wooding)은 전형적인『선』기자가 아니다. 그는 리버풀 노동자 가정 출신이다.『선』이 96명의 리버풀 FC팬이 사망한 1989년 4월의 힐즈버러 참사(Hillsborough Disaster) 정황에 대한 경찰측의 거짓말을 퍼뜨린 이후, 리버풀은『선』을 추방한 도시가 되었다(대규모 사망사태는 경찰의 판단착오와 상황통제 실패의 탓이었으나,『선』은 이 사고가 술취한 홀리건들의 난동 탓에 발생했으며 이들이 경찰의 구조활동을 방해하기까지 했다고 왜곡 보도했다. 4장 참조). 리버풀에는 아직 『선』을 불매하는 신문 가판대가 많고, 『선』의 판매량은 참사 이전 55,000부의 겨우 1/4이다. 우딩은 때이른 새치가 났고 젊을 때 당한 교통사고로 의안(義眼)을 쓰는, 무뚝뚝하지만 친근한 태도의 사람이다. 1980년대에 그는 블레어가 『데일리 미러』에서 빼온 노동당의 거친 일꾼, 앨러스테어 캠벨과 함께 일한 적이 있다. 1997년 선거 당일 밤, 『선』 기자였던 우딩은 토니 블레어의 선거구인 세지필드 (Sedgefield, 잉글랜드 더럼 주에 있는 행정구역)를 맡고 있었는데, 캠벨이 전화를 걸어와 그의 사무실로 가게 되었다. 우딩의 기억에 따르면, "이번 선거에서 가장 큰 전환점이 뭐였냐고 캠벨에게 물었더니, 노동당을 당선되게 해준, 의심의 여지없이 가장 큰 전환점은 『선』이 신노동당을 지지하고 나선 거라더군요."

"블레어가 자신을 향하는 적의를 진정시키고 싶어하는 건 이해가 간다"고 톰 왓슨은 말한다. "운동이 『선』을 적대하고 『선』이 노동당을 적대했던 시절을 떠올려보면, 블레어 전 총리가 언론계의 힘있고 중요한 인물하고 개인적 관계를 쌓고 싶어했던 걸 이해할 수 있어요." 이 말을 하는 왓슨은 의자에 등을 기대고 손을 머리 뒤에 받친 채 편안해 보였지만, 왓슨이야말로 신노동당과 머독의 동맹에 억울해할 이유가 누구보다도 많은 인물이다. 2006년 왓슨은 토니 블레어 정부에 사직서를 내고는 블레어 또한 총리직을 사임하라고 충고했다. 블레어는 격노해서 왓슨이 '신의 없고 예의도 없으며 틀렸다'고 했지만, 왓슨의 사직으로 블레어의 사직 또한 당겨져서, 이듬해 6월 노동당 당수직을 사임하게 되었다. 그러나 왓슨은 『뉴스 인터내셔널』(머독 계열 언론사)에 있는 블레어의 친구들이 복수로 자신의 커리어를 망치기로 작정했다는 걸 확신했다. 2009년 『선』은 전 국방장관 톰 왓슨이 사생활에 대해 민망한 이야기를 지어내서 보수파 인사들을 중상하려는 음모에 가담했다는, 사실과 다른 주장을 했다. 『선』은 결국 왓슨에게 명예훼손으로 배상금을 지불했다.

왓슨의 경험은 블레어와 머독 제국의 관계가 중립성을 벗어나도 한참 벗어났다는 점을 드러내준다. 블레어와 머독 그룹은 친밀해졌다. 매우 친밀해져서, 블레어가 머독 무리의 일원이 되었을 정도이다. 총리직에서 물러난 블레어는 머독의 어린 자녀의 대부가 되어달라는 청을 받아, 그 아이가 요르단 강둑에서 세례의식을 받을 때 흰 옷을 입고 참석했다. 왓슨은 "어떤 정치인이라도, 루퍼트 머독 같은 위치에 있는 사람과 그런 종류의 비밀스런 친교관계를 가지는 건 뭔가 근본적으로 잘못된 일"이라고 말한다.

머독 제국이 블레어의 신노동당을 지지한 건 한때 노동당이 가하던 위협이 이제는—자신들의 노력에 일부 힘입어—뿌리가 뽑혔으며, 어쨌든 보수당은 끝장났다고 믿었기 때문이다. 머독은 신노동당으로부터 가치있는 정치적 양보를 얻어낼 수 있다고 여겼고, 실제로 얻어냈다. 신노동당 집권 후 『뉴스 인터내셔널』은 매우 온건한 노동권 관련 법률인 고용관계법(Employment Relations Act)을 약화시키려고 정치자문회사 LLM(Lawson Lucas Mendelsohn, 영국의 로비회사)을 고용했다. "그들은 성공적으로 로비를 해서 (『뉴스 인터내셔널』 인쇄공장이 있는) 와핑(Wapping)에서 직원들이 집단 조직화하는 걸 금지할 법률을 만들어냈다"고 톰 왓슨은 말한다. "그들은 노동조합을 몰아냈고, 머독은 노조가 돌아오도록 놔두지 않을 셈이었습니다." 새로운 법률은 노동조합을 대신해 사측이 통제하는 조직인 직원조합을 허가했다. 그러나 머독 제국이 행사하는 정치적 권력은 복잡하다. 이 강력하고 위험한 야수를 계속 제편으로 두고 싶어 절박한 사람들이 있다는 건, 반대로 머독 측은 직접 압력을 가할 필요조차 없다는 뜻이다. 신노동당 정치인들은 이 언론 거물이 적대감을 가질 만한 정책을 알아서 피했다. "아주 미묘한 압력으로 어떤 의제는 다루질 않게 되거나, 우선순위에서 밀려나는 것"이라고 왓슨은 말한다.

언론귀족이 신문사를 소유하는 이유

2003년 이라크 침공 준비기간 동안 신노동당의 공보담당자들은 등골이 서늘한 사담 후세인의 대량살상무기 이야기를 언론에 뿌려대느라 정신없이 부산했다. 가장 악명높은 예시는 소위 '부실 문서'(dodgy dossier)로, 이런 보고는 고도의 첩보활동에 기반해야 하겠으나, 알고 보니 대학생의 과제물을 비롯해서 여기저기서 상당 부분을 베껴온 것으로 드러났다. 『데일리 미러』나 『인디펜던트』 같은 신문은 침공에 반대하긴 했지만, 전체적으로 봤을 때 언론은 정부의 주장을 검증하는 데 실패했다. 『옵저버』 같은 자유주의 성향 신문도 전쟁을 지지했다. 특히 머독 제국 언론들이 침공 계획에 거의 히스테리에 가까운 지지를 아끼지 않았다. 전세계 175개사의 머독 소유 신문사는 모두 다 이라크전쟁을 지지했다. 이 언론사들은 분쟁을 향한 질주에서 중추가 되었다.

한 유명한 역사학자가 2003년 시드니작가축제(Sydney Writers' Festival)의 부대행사에서 "전쟁의 결과로 이라크에서 일어난 구제하기 힘든 재앙과, 전쟁에서는 압도적인 군사적 승리를 거두었으나 급격히 평화를 잃을 수 있다는 역설을 생각했다"고 말했던 일을 기억한다. 그가 그 말을 하자마자 머독 계열 언론사의 고위직 임원이 벌떡 일어나더니 모여 있는 손님들 앞에서 그를 비난했다. 그 역사학자는 "무섭기도 하고, 동시에 우스꽝스럽기도 했다"고 회상했는데, 이 일로 그는 머독 제국 전체가 얼마나 열광적으로 이라크전에 전념하고 있는지를 알게 되었다. 머독이 전쟁에 열광하는 이유는 중국 진출에 실패하고 나서 중동을 그의 신문과 텔레비전 채널이 새롭게 개척할 수 있는 영역으로 보고 있는데, 미국이 중동을 재편해야만 그게 가능하기 때문이라는 것이 그 역사학자의 추론이었다. 전 노동당 외무부 장관이며 이라크전에 찬성표를 던졌던 크리스 브라이언트(Chris Bryant)는 "머독 신문들이 이라크전쟁에 반대했다면 이라크전쟁은 일어나지 않았을 거라고, 난 확신한다"고 말한 바 있다.

2007년 블레어의 후임으로 총리가 된 고든 브라운은 자신이 이전 행정부와 다르다는 것을 보이기 위해 이라크전 조사결과를 매우 공표하고 싶어했다. 그러나 그는 여러 방향에서 압력을 받았다. 공무원들은 영국 군인들이 아직 이라크 땅에 있는데 그런 결과를 발표하는 건 잘못된 일이라고 총리의 귀에 속삭여댔고, 블레어주의자 하원의원들은 배신행위로 힐난하겠다고 위협했다. 그리고 또다시, 언론이 핵심 역할을 했다.

대미언 맥브라이드는 브라운의 중요한 심복이었다. 그는 공무원으로 시작해서 브라운이 아직 재무장관이던 2003년 재무부 공보책임자의 자리까지 올랐다. 그로부터 2년 후, 그는 브라운의 핵심 참모진 중

한 사람이 되었다. 그러나 2009년 맥브라이드가 보수당의 주요 정치인들을 중상하려는, 특히 사적이고 성적인 헛소문을 퍼뜨리려는 음모에 연루되어 있음을 시사하는 내용의 이메일—전 노동당 공보비서관 데릭 드레이퍼에게 보낸—이 유출되었다.

나는 맥브라이드가 정치 코미디 드라마 「더 식 오브 잇」(The Thick of It)에 등장하는 공보비서관처럼 당 노선에서 이탈하는 이들 모두에게 욕설 공세를 퍼부을 만반의 준비가 된 거친 무뢰배일 줄 알았다. 그러나 사우스런던의 술집에서 만난 그는 조용조용 말하고 수줍음이 많으며 달아오른 얼굴로 자기의 전 주인에 대해 숨김없이 말하는 남자였다. 맥브라이드가 말하길 "블레어를 염려하지 않았다면, 언론이 어떻게 반응할지 지나치게 걱정하지 않았다면, 또한 군인들이 아직 이라크에 있는데 그런 조사결과를 발표했다며 자신에게 돌아올 공격을 두려워하지 않았다면" 브라운 전 총리는 이라크전 조사결과를 공식 발표했을 거라고 한다.

이라크전에 대한 조사를 지속하지 않기로 한 결정은 엄청난 정치적 결과를 몰고올 가능성이 있었다. 2007년 가을, 브라운은 곧 총선 일정을 발표할 참이었다. 보수당 간부들로부터 상속세 문제로 공격받은 뒤 갑작스럽게 마음을 바꿔서 재앙을 일으키기 전까진 말이다. 브라운 정부는 이 낭패에서 회복하지 못했다. 그러나 이라크전쟁 조사결과를 발표하지 못했던 것도 브라운 정부 붕괴의 한 요인이었다. "이라크전 때문에 유권자들이 '브라운이 총리가 됐어도 예전과 똑같다'고 생각하게 된 것"이라고 맥브라이드가 설명했다. 어떤 유권자들은 이라크전 의제 때문에 노동당을 버리고 자유민주당을 선택했으며, 더이상 노동당을 믿어선 안 되는 이유 중 하나로 이라크전을 들곤 한다. "이라크전 조사결과를 발표했다면 2007년의 선택이 달라질 수도 있었을 텐데 말입니다."

신노동당 정부에 언론귀족들은 너무 중요해서 블레어나 브라운은 무슨 국왕 배알하듯 그들을 방문하곤 했다. 맥브라이드는 오로지 '기자와 금융업자들만'이 장관이나 총리가 방문할 인물들이었다는 걸 회상했다. "『데일리 메일』의 (편집장) 폴 다크레(Paul Dacre)가 와서 좀 보자고 하면" 고든 브라운이 즉각 '차에 휙 올라탔'다는 일화는 언론의 권력을 '강하게 반영하는' 사실이었다. 다른 산업 분야의 수장들이 브라운을 만나려면 미리 약속을 잡아야 했고, 공무원들은 논의시간을 분 단위로 세심하게 계획했다. 그런 종류의 회의는 공식적인 것이었고, 세부사항을 다 논의하고 나면 회의에 참가했던 이들에게 '귀하의 입장을 설명해주셔서 매우 감사드리며, 세심히 검토하겠습니다'라고 통지한다. 그러나 언론귀족들과의 만남은 이와 달랐다. 맥브라이드의 표현을 빌리자면, '뭔가 많은 게 처리됐겠다 싶은 곳'에서 브라운은 그들과 나란히 앉아 식사를 하곤 했다. 이들은 '아무도 엿듣지 않는 곳, 대화를 듣고 있는 공무원이 없는 곳에서 독대(獨對)로' 고든 브라운을 만났다. 이런 식의 저녁식사 겸 회의에는 책임이 없었다. 그 자리에서 뭐가 합의된 건지 아무도 알 수 없었다.

이런 방식은 언론귀족들이 엄청난 정치적 영향력을 행사할 수 있게 해주었다. "브라운 총리가 머독을 만난 후에 확고한 자기의견을 완전히 뒤집는 경우는 못 봤지만 말입니다"라고 맥브라이드는 확언했다. 그러나 맥브라이드는 유권자의 지지로 선출되지 않은 언론계 거물들의 소망과 욕망이 선거로 구성된 정부의 정책 구성에 영향을 주었으며, 그런 경우가 꽤 많았다고 말한다. "브라운 전 총리께서 '이건 이러지도 저러지도 못하겠네' 하다가, 돌아와서 '이건 절대 못 하지' 아니면 '꼭 저렇게 해야만 해' 하시는 경우는 많이 있었죠. 그런 (정책 영역) 일부는 언론재벌들의 사업과 특히 관계가 있었지만 어떤 경우엔 꽤 전반적인 정책이었어요. 누군가 브라운 총리에게 이런 게 자신들에게 우선순위라고 말하면서 어떤 관점을 피력하면 그분은 갑자기 그와 관련된 특정 정책에 엄청 관심을 보이시는 거죠." 언론엘리트들의 우선순위가 정부의 우선순위가 되었던 것이다.

언론사 사주들의 정견이 그들 신문의 어조를 결정하고, 신문을 효과적인 정치로비 도구로 바꾼다. 매스컴 편집자들은 자주 자기들은 그냥 독자의 관점을 반영할 뿐이라고 주장한다. 예를 들어서 2007년 『데일리 익스프레스』 편집자 피터 힐(Peter Hill)은 의회위원회(Parliamentary Committee)에서 편집자의 역할이 뭐냐는 질문을 받자 이렇게 대답했다. "우리는 독자 분들과 국민을 위해 보이는 대로 말해야 합니다."[3] 하지만 맥브라이드에 따르면 사주와 편집자들은 독자들의 생각에는 '관심도 없다'고 정치인들에게 고백할 것이다. "이건 제 개인적 관점입니다만," 『선 온 선데이』의 기자 데이비드 우딩도 숨기지 않고 이렇게 말했다. "『선』이 누군가를 지지한다면 그게 독자들이 그렇게 생각해서일까요? 우리가 독자들의 생각을 따라가려고 할까요, 독자에게 영향을 끼치려고 할까요? 『선』이 자기 견해를 표출한다는 데는 의심의 여지가 없습니다. 『선』에는 노선이 존재하고, 그걸 고수합니다."

2010년 총선에서 투표자의 36%만이 보수당을 지지한 반면, 판매부

수 기준으로 상위 71%에 이르는 신문사가 데이비드 캐머런의 보수당을 지지했다. 2013년을 통틀어 여론조사를 보면 지속적으로 노동당의 지지율이 안정적으로 앞서는 가운데 보수당은 겨우 28~33% 정도에 머물러 있었다. 그러나 대부분의 주류 신문은 보수당 정부를 지지했으니, 이는 신문이 그저 영국 대중의 확성기일 뿐이라는 관념이 거짓임을 보여준다. 여론조사 결과 영국인 대다수는 철도와 에너지 및 공익사업의 재국유화, 주택 임대료 제한, 생활임금 도입과 부자 증세를 원하고 있으나, 이런 요구를 지지한 주류 신문은 없었다. 오히려 그 반대였다. 언론은 거의 완전히 기득권층의 정책과 관념에 헌신하며 그것을 대중에게 인기있게 만들려고 했다.

영국에서 가장 부유한 언론계 인사들인 탈세자 바클레이(Barclay) 형제(Sir David Rowat Barclay와 Sir Frederick Hugh Barclay, 『스펙테이터』와 『데일리 텔레그래프』의 소유주)는 『데일리 텔레그래프』를 통해 그 가공할 권력을 얻었다. 런던 빅토리아역 근처에 있는 이 전통파 보수 신문의 본사를 방문했을 때 난 반쯤 1950년대로 통하는 시간의 문을 지나가는 기분을 기대했다. 그러나 칸막이를 최소화하여 개방된 『텔레그래프』 사무실은 현대성의 절정을 달리고 있었으며, 유행을 따라 멋진 옷을 입은 젊은이들이 최첨단 컴퓨터에 뭔가를 맹렬하게 타이핑하는 동안 다른 무리는 24시간 뉴스를 비추는 대형 평면 스크린 주위에 몰려 라떼를 홀짝이고 있었다. 나 같은 사람, 그러니까 『텔레그래프』와 뭔가 다른 가치기준을 가졌다고 알려진 사람은 매우 관심을 끌었고 심지어 나를 보고 어리둥절해하는 사람도 있었다. 당시 편집국 부국장이었던 (2014년 중반에 잔인하게 숙청되기 전의) 베네딕트 브로건(Benedict Brogan)은 무테안경에 검은 눈썹과 백발이 날카로운 대조를 이루는 남자였는데, 외진 사무실로 나를 데려갔다. 그는 인터뷰를 시작하기 전에 내가 그를 속여 뭔가 뒤집어씌우려는 게 아니라는 걸 몹시 재확인하고 싶어했다. "신문은 공공서비스가 아니"라는 게 그의 견해였다. "신문사들은 돈을 벌고 상품을 팔고 싶어하는 사적 연합체고, 민간 사업체입니다. 장난감 기차를 가진 사람한테, 그 사람은 장난감 기차에 대해 그 어떤 말도 할 수 없다고 하면 미친 소리 아닙니까. 그런 생각은 시대를 막론한 신문의 진실에 도전하는 겁니다. 신문이 하는 일을 통해 이득을 보지 못한다면 대체 왜 신문사를 소유한단 말입니까?"

브로건이 쓴 장난감 기차 비유는 흥미롭다. 이 신문사들은 소유주의 노리개, 장난감이다. 그리고 '이득을 본다'는 건 사주들이 자기네의 이념을 신문으로 찍어서 개인적인 정치의제를 무시할 수 없는 공론으로 만드는 과정을 완곡하게 돌려 말한 것이다. "신문이 뭔가 그 사주의 견해와 일치하지 않는 넓은 범위의 관점을 반영한다면 놀라운 일"이라고 브로건은 말한다. 브로건이 인정한 사실이 문제가 되는 이유는 신문사를 소유할 만큼 부자라면 누구든 자신의 부와 권력을 지키기 위해 기득권에 편향적일 것이라는 점 때문이다. 만일 신문의 의견이 어느 정도 신문사 사주의 의견을 반영할 수밖에 없다면, 영국 언론은 부유층의 이익을 대변하는 방식으로 작동할 수밖에 없다.

노련한 기자 크리스토퍼 허드(Christopher Hird)는 『이코노미스트』와 『선데이 타임스』 같은 언론사에서 일하기 전에는 증권 중개인이었다. "신문의 전체적인 입장이 기사의 방향을 결정한다"고 그는 말한다. "부와 자산을 개인이 소유해야 한다고 믿는 사람들이 신문사를 운영하고, 그런 사람들은 규제되지 않는 시장이야말로 대중의 선택을 표명하는 가장 우월한 방법이라고도 믿죠." 기자들은 이런 가치체계를 따라야 한다. "『가디언』은 빼고요"라며 허드가 말하길, "영국의 모든 신문 소유주들은 자기 밑에서 일하는 한 그런 관점의 테두리 안에서 기사를 써야 한다고 믿고 있단 말입니다. 그 소유주 중 일부는 사회적 관점이 아주 반동적인 우익이고, 기사도 그 관점을 따르게 됩니다."

루퍼트 머독은 자신의 권력을 내보이는 데 전혀 주저함이 없다. 머독이 2007년 상원 언론위원회에 제출한 증거에 따르면, 머독은 『선』과 예전의 『뉴스 오브 더 월드』(앞서 언급된 전화감청 사건으로 2011년 폐간) 모두에 '편집 통제권'을 행사하는 '전통적인 언론 소유주'다. "머독 씨는 경제적으로나 편집에 관해서나 신문사를 진두지휘하고 있음을 숨기지 않는다"고 언론위원회 문건에 나와 있다. "머독 씨는 총선에서 어느 정당을 지지할지, 유럽 정책은 어떻게 할지 등의 주요 의제에 관해 편집 통제권을 행사한다." 머독은 『타임스』나 『선데이 타임스』의 경우 자신에게 그런 권한이 없다고 주장하지만, 정작 자기 의견과 맞지 않는 기사가 나가면 편집자들에게 '지금 뭐하는 건가?'라고 전화를 할 것이다. 전화 반대편에 머독이 있는데 편집자들이 동의하는 것 이외에 다른 뭔가를 할 것이라고 보기는 어렵다. 2012년 영국 언론을 조사한 르벤슨 조사(Leveson Inquiry, 『뉴스 인터내셔널』의 전화감청 스캔들 이후 영국 언론을 다각도로 조사하기 위해 시행된 공적 조사이며, 조사위원장인 최고법원 법관의 이름을 따서 르벤슨 조사라 함)에서 머독은 공개적으로 이렇게 진술했다. "내 생각을 심판하고 싶거든 『선』을 읽어보시지요." 이 조사에서 『뉴스 오브 더 월드』전 편집장 리베카 브룩스(Rebekah Brooks)는 자신이 유명인사에 대한 보도를 더 많이 싣고 싶어하긴 했지만, "주요한 의제에서 우리의 관점은 비슷했다"고 설명했다. 머독은 브룩스가 효율적으로 『뉴스 오브 더 월드』에 머독 자신의 견해를 확실히 반영할 인재라는 걸 알았기에 고용한 것이다.

언론의 폐쇄성

신문들이 기득권의 입장을 따르는 건 누가 언론사를 소유하는지의 문제만이 아니다. 언론사는 점점 특권적 배경을 가진 사람만 들어갈 수 있는 폐쇄적 조직이 되어간다. 부유하지 못한 이들은 여러 이유로 걸러진다. 첫째로, 언론사에 무급 인턴 고용행태가 성행하는데, 그래서 언론인 지망생들은 오랜 기간 보수 없이 일해야 하고, 인턴에서 봉급을 받는 직업으로 전환될 가망성도 낮은 경우가 많다. 일반적으로 부모의 은행 잔고로 살 수 있는 이들만이 이런 착취를 견딜 수 있고, 세계에서 생활물가가 제일 비싼 도시 중 하나인 런던의 경우 특히나 그렇다. 비싼 대학원 졸업장을 요구하는 경우가 많아지는 것도 또다른 장벽인데, 요즘에는 석박사 학위가 언론계에 발을 들여놓기 위한 전제 조건이 되는 경우가 많다. "20년 전에는 취업을 하고 나서 그 직업에 대한 여러 가지를 배웠는데요," 『뉴 스테이츠먼』(New Statesman)의 부편집장 헬렌 루이스(Helen Lewis)의 말이다. "요즘은 언론사가 그런 걸 가르치는 일을 전부 신문방송학과에 아웃소싱 해버려서 학생들이 스스로 돈을 내고 훈련을 받아야 하지요. 그 학생들은 그 다음에 나타나서 15,000파운드의 형편없는 연봉으로 취업하는데, 희한하게도 이들은 학위를 따고 교육을 받는 데 이미 9,000파운드를 투자한 사람들이란 말이죠." 한때는 지역신문사들이 야망이 있지만 독립적인 경제수단이 없는 노동계급 출신 기자 지망생들에게 보수를 지급하고 수습일을 주어 언론계로의 입구를 제공했다. 그러나 그런 지역신문사들이 급격하게 쇠락하기 시작한 지는 이미 오래다. 지역신문사 판매부수는 2013년에 3% 감소했다.[4]

이런데도 언론인이라는 직업은 요즘 오히려 인기가 더해지고 있어서 계속 줄어드는 유급 기자 자리를 놓고 경쟁이 치열하다. "언론계에 들어와 기자가 되고자 하는 학생과 졸업자가 믿기 힘들 정도로 많다"고 베네딕트 브로건은 말한다. "지난 30년간 언론직이 전도유망한 직업으로 극적으로 바뀐 겁니다." 2014년 정부보고서에 따르면 100위 안에 드는 언론사의 언론인 중 54%가 사립학교를 나왔다. 전체 학생의 7%만이 사립 교육기관에 가는 나라에서 말이다.[5] 언론계 고위직에는 유색인이 별로 없고, 여성도 심하게 적다. "이건 고전적인 문제인데, 처음 기자로 일을 시작할 때 동료의 절반 정도는 여성이지만 문제는 여성의 퇴직률이 엄청나게 높다는 것"이라고 헬렌 루이스는 말한다. 이런 현상은 기자직의 가혹한 노동시간 탓이라고 그녀는 지적한다. 남성 동료들은 여성 동료들보다 아이들을 만나기 힘들어지는 상황을 잘 받아들인다. "그러니까 승진을 하면 할수록 남는 여성 언론인은 점점 적어지는 겁니다."

『선데이 미러』(Sunday Mirror) 정치부 편집자 빈센트 모스(Vincent Moss)는 하원 의사당에 출몰하는 정치부 기자 중 이례적인 존재다. "난 앨러스테어 캠벨 씨가 '그저 그런 종합학교'라고 부를 만한 서식스의 공립학교를 나왔다"며 "종합중등학교를 나온 정치부 편집장은 찾기 힘들 것"이라고 그는 말한다. 모스는 전국으로 발행되는 신문사에 들어가기 전에 브리스톨(Bristol, 영국 서부의 항구도시)의 지역신문 기자로 일하며 훈련을 쌓았다. "그러니까 난 아주 먼 길로 돌아온 셈"이라고 그는 말한다. "너무 많은 사람들이 연줄을 동원하는데, 난 언론계에 특별한 연줄도 없이 들어온 거니까요."

언론사의 인재 모집이 사회의 특권층에 치우쳐 있기 때문에, 기자들이 뉴스거리를 보는 방식과 의제의 우선순위를 정하는 방식에서 불가피하게 그 폐해가 나타난다. "관공서 로비에 진을 치고 앉아 있는 정치부 기자들의 문제 중 하나는 자기 자신이랑 자기네 무리에 영향을 미치는 쟁점에 집착한다는 것"이라고 모스는 말한다. 그는 이들이 중요하게 여기는 의제는 주로 '런던 문제'이고 기자들이 "수많은 평범한 사람들과 그들 신문의 독자 중 많은 이들에게 영향을 미치는 상당수 문제와 동떨어진" 의제를 우선순위로 삼는다는 점이 위험하다고 강조했다. 신문사를 지배하는 일부 방자한 특권층들은 늘 사적 건강보험과 사립교육에 의지해왔으면서 자기들이 별로 경험해본 적도 없는 공공서비스를 공격한다. 모스는 지적한다. "애를 공립학교 보내는 신입 로비 기자들조차 학군 따라 이사를 하더라고요." 자녀를 좋은 학교에 보내기 위해 더 비싼 지역으로 이사하는 상황이 모스는 매우 걱정스럽다. 게다가, "기자들은 런던 바깥의 기차나 버스 서비스가 얼마나 형편없는지도 몰라요." 짧게 정리하자면, 기자 대부분은 런던 도심 지역의 편한 '라이프스타일'로 살아가는 '대도시 엘리트'의 일부이며, "그러니까 이 사람들은 인기있는 레스토랑에 예약이 안 되는 걸 더 자주 걱정하지, 중부지방 건강보험 실태가 어떤지, 북부지방 병원들이 어떤

지, 웨일스나 콘월(Cornwall, 영국 남서부의 주)의 학교가 어떤 상황인지는 별로 걱정하지 않는단 말씀이죠."

모스와 달리 사립학교에서 교육받은 허드도 정확히 같은 문제를 지적한다. 허드는 노팅엄(Nottingham, 영국 중부지방) 하원의원 하나를 상기했는데, 그녀는 노팅엄 유권자의 단 2%만이 사립교육을 받기 때문에 사립교육 문제는 쟁점화되지도 않을 거라 본다고 말했다. 그러나 런던에서는 "텔레비전 방송국이나 신문사 중역은 하나같이 자녀를 사립학교에 보냅니다. 그네들의 경험이 딱 거기까지인 거예요, 아시겠어요?"라고 허드는 말한다. "예외가 없진 않지만, 일반적으로 이 나라 공교육이 뭐가 잘못된 건가 하는 문제에 대한 이 사람들의 지식은 그네들이 읽는 것, 쓰는 것, 아이를 보내는 교육과정 등을 통해서 완전히 걸러진 지식이에요. 이 나라 수많은 사람들의 경험 전체가 이 사립학교 출신자들의 삶과는 아무런 상관도 없게 되는 겁니다."

언론인과 평범한 사람들이 보이는 의견 차이가 엘리트 정치인과 평범한 사람들의 차이보다 더 큰 경우도 많다. 『선 온 선데이』의 데이비드 우딩도 "많은 기자가 의사당에 출근해서 일하고, 좋은 집으로 퇴근하면서 이 모든 걸 부정하는 듯 말하죠. 하원의원들은 적어도 자기 선거구라도 방문하거든요"라고 인정한다. "또한 자기 지역구 주민들과 주말을 보내고 하니까 그래도 훌륭한 편이죠. 하지만, 기자가 평범한 사람을 만나는 건 4~5년에 한번, 선거기간 때뿐이죠." 그렇게 많은 기자가 공공서비스를 이용하지도 않고 평범한 유권자보다는 부유층 권력자와 사이좋게 살아가는 특권층인데, 그렇게 많은 언론이 왜 자연스럽게 현 상태를 수호하는지 의아해할 이유가 있을까? 그 기자들이 (현상 유지에서 득을 보는 특권층과) 자기네가 아주 가깝다고 느끼는데 말이다.

기자들 스스로의 특권에서 비롯된 편견으로 뉴스를 거르는 것만 문제되는 게 아니다. 기자들은 편집자의 편견도 따르게 되어 있고, 이 편집자 일부는 자신이 정말로 평범한 국민을 대변한다고 스스로를 속이고 있는 것처럼 보인다. 브라운이 노동당 재무부 장관일 때 마지막으로 발표한 예산안이 후폭풍을 일으키는 와중에 기자들은 개인 납세자의 소득세 공제방식을 계산해보려고 했다. 대미언 맥브라이드는 브라운이 기자회견을 하고 난 뒤 리베카 브룩스가 편집장으로 있는 『뉴스 오브 더 월드』 기자가 기자회견실 뒤편에서 계산기를 두드리고 있는 걸 발견했다. "'본인 세금공제액 계산하는 거예요?'라고 물었더니 그는 '저는 상관없고요, 리베카 편집장님의 공제액이 어떻게 되는지를 계산하고 있었어요.' 그러더라고요." 맥브라이드가 말하길 그 기자는 "리베카 브룩스한테 전화를 걸어서 '제가 계산해보니까 편집장님은 연 소득세를 얼마 더 내셔야 됩니다'라고 말해야 했던 거죠. 왜냐하면 브룩스는, 도대체 왜 그렇게 생각하는진 몰라도, 자기가 열정적인 개인 기업가를 대변한다고 여겼거든요! 브룩스는 그런 정보로 무장하고 싶어하겠죠, 나중에 고든 브라운과 이야기할 때 '저한테 공정한 몫을 주셨더군요'라고 말하게요."

매년, 노동당 정부의 예산안은 새 차를 사는 사람들이 불이익을 받지 않게 한다는 미명 아래 정도를 벗어나고 있었다. 영국무역부(Department of Transport)와 환경운동가들 양측 모두 연료를 양껏 잡아먹는 제일 큰 신형차에 세금을 많이 매기자고 압력을 넣는데도 말이다.

맥브라이드는 "연비 나쁜 신형차 세금을 올리면 최고급 레인지로버(랜드로버 사의 모델로, 최고급형 SUV차량이며 연비가 좋지 않다)를 갖고 있을 고위 언론인과 신문사 편집장들을 직접 공격하는 꼴이라는 걸 알고 계실 거 아닙니까. 증세정책은 그 사람들한테 1년에 600파운드를 더 내라고 하는 거예요. 그러면 다음날 뉴스에서 폭격을 맞는 거야 따 놓은 당상일 테고"라고 말한다. 정부 인사가 국민들이 보편적으로 자가용을 소유한 건 아니라는 점을 설명하려 하면, 기자들은 분명 "도대체 무슨 소리를 하시는 겁니까? 저소득층은 자가용이 없다는 말씀이신가요? 도대체 어느 별에서 오신 겁니까?"라고 반응할 것이다. 맥브라이드는 이 고의적인 어리숙함에 아무 환상도 품지 않는다. 그는 "그건 아마도 부분적으로는," 기자들이 "소득수준이 최하위인 계층이 실제로 어떻게 사는지에 대해 아무 개념도 없어서 그래요, 그 기자들이 만드는 신문을 읽는 독자 중 많은 이가 그런 사람들인데 말입니다"라고 말한다. 언론은 특권에 약간이라도 영향을 미칠 수 있는 정책이라면 당장 변경하라고 요구한다. 왜냐하면 신문사들을 운영하는 사람들이 바로 특권층이기 때문이다.

『데일리 메일』편집자 폴 다크레는 자신이 소시민과 평범한 사람을 대변한다고 확신하는, 특권과 권력을 가진 언론인의 전형이다. 다크레가 정치엘리트들과 잘 어울리지 않는 건 사실이다. "다크레는 사교적이고 쇼맨십이 있는 그런 사람은 아니라는 점에서 수줍은 편"이라고 익명을 요청한 전직 『데일리 메일』기자가 말했다. "파티에 가면 구석자리에 있을 사람이에요. 다크레는 데이비드 캐머런과 점심을 먹고 거기서 있었던 일을 자랑한다거나 하는 일엔 전혀 관심 없습니다. 다크레는 그 '잘나가는 무리'에 끼는 덴 관심이 없고, 그 점이 『데일리 메일』에서 드러나는데요, 그 신문은 유행을 따르지 않는 걸 자랑스러워하는 사람들을 위한 매체죠."

그 기자는 그렇지만 다크레의 자기인식은 참으로 어이없는 것이라고 말을 이었다. "진짜 웃기는 게, 모든 걸 좌파들이 다 운영하고 『데일리 메일』은 독자가 3백만밖에 안 되는 용기있는 약자일 뿐이며 좌파 기득권이 자기네를 괴롭힌다고 생각한다니까요." 다시 말해 다크레는 다른 언론인들과 마찬가지로 부유한 엘리트 중 하나일 뿐이다. 전에 다크레 밑에서 일했던 이 기자가 지적하듯이. "그러니까, 다크레 씨는 벨그라비아(Belgravia, 런던의 최고급 주택지구)와 영국령 버진아일랜드(British Virgin Islands, 관광지이며 조세피난처로 유명하다)를 오가며 사는데, 공영주택단지에 사는 사람을 한 번이라도 만나봤을 리가 있나요."

기득권층의 언론 길들이기

언론계의 높으신 분들은 자기 밑에서 일하는 언론인들을 권위주의 아래, 심지어는 압제 아래 둔다. 루퍼트 머독이 2011년 하원의사당으로 소환되었을 때, 그는 자기 말을 강조하려고 반지 낀 손으로 앞에 있는 책상을 계속 내리쳐댔다. 머독의 아들 제임스가 이 행동이 나쁜 인상을 준다는 걸 깨닫고는 아버지를 제지하려고 끼어들었다. 하지만 머독과 일해본 사람이라면 그런 행동에서 등골이 서늘한 기억을 떠올릴 것이다. 『뉴스 인터내셔널』 사무실에서 공포에 질려 서 있는 직원들을 향해 뭔가 강조할 때마다 책상을 쾅쾅 두들기며 말을 하는 머독을 본 사람이라면 말이다.

『데일리 메일』기자들은 서로 대립하는 일이 잦았고, 편집자들은 일상적으로 기자들의 글을 고쳐 썼다. 아까 등장했던 익명의 전직『데일리 메일』기자는 '아침 기자회견에서 일방적으로 전달될' 이야기들에 자주 '문제'가 있었지만 후에 편집자의 지시대로 수정되며, 그 기사가 '후일 사실이 아닌 것으로 드러나더라도' 그렇게 처리된다는 것을 알려주었다. 이 기자는 "다크레가 너무 무서워서 표제를 정당화할 수 있는 방식으로 기사를 쓰는 게 더 편했으니까" 그런 일들을 묵인했다. 다시 말해서 다크레가 선정적인 표제를 결정하면 그것이 사실을 정확하게 반영하지 못한대도 상관이 없었다. 결정된 표제에 맞게 사실관계도 고친다. 편집에 있어서 다크레의 철권통치는, 적어도 다양한 의견을 반영해보려고 노력이라도 하는 다른 신문들과 달리『데일리 메일』의 기고가들이 편집방향에 딱 일치하는 글을 쓰며 편집 논조에서 티나게 일탈하는 일은 거의 없다는 점에 반영되어 있다.

예전에는 노동조합이 경영상의 조치에 맞서곤 했으나, 노조가 분쇄된 지금 언론사 경영팀은 막강한 힘을 가지고 있다. 1984~5년 광부파업이 일어나는 동안『선』은 정부 편에서 전국광부노동조합에 맞서 캠페인을 벌였다.『선』은 1면에 광산노조 위원장 아서 스카길이 나치식 경례로 곡해될 수 있을 만한 모습으로 손을 들어올리는 장면을 신고 표제를 '총통'이라고 뽑았다(독일어로 '나의 총통'을 뜻하며 아돌프 히틀러를 연상시키는 문구인 'MINE FUHRER'를 신문 표제로 썼다. 독일어 mein은 영어로 광산을 뜻하는 'mine'과 발음이 같다). 그러나 인쇄노조가 그런 중상모략을 인쇄하는 걸 거부했다. 그들은 대신 1면을 사진 없이 인쇄하고 사진 부분에 "『선』인쇄노조는 아서 스카길의 사진을 인쇄하길 거부하며 이 신문 머리기

사에 찬성하지 않습니다'라는 문구를 넣었다.[6]

머독 제국은 노동조합이 이런 힘을 갖는 걸 용납할 수 없었기에, 1986년에 파업중이던 인쇄공들을 해고하고 인쇄노조를 분쇄했으며, 『뉴스 인터내셔널』은 이스트런던의 와핑으로 인쇄 공장을 옮겼다. 광부 파업의 비참한 패배 후 얼마 지나지 않아 일어난 이 사건은 노동조합 운동 전체의 재앙이 시작되는 전환점이었다. 특히, 인쇄노조 분쇄는 뉴스 작성실에 극적인 변화를 일으켜 권력의 균형은 임원과 소유주 쪽으로 현저하게 기울어졌다. "노조가 조직되어 있지도 않고 고용주들이 노동조합 전반에, 특히 전국언론노동조합에 몹시 적대적인 직장에서 노조에 가입되어 있거나 노조에 의지하는 것처럼 보이는 건 매우 두려운 일입니다." 전국언론노동조합 사무총장이자 전직 『데일리 익스프레스』 기자였던 미셸 스태니스트리트가 말했다. "그렇지만 이건 직장에서 독립적으로 목소리를 내거나 지지를 받을 수 없는 사람이 수도 없이 많다는 뜻이고, 노동권이 가장 많이 침해당하는 언론사일수록 언론노조가 힘을 못 쓰는 곳이라는 점도 놀라울 건 없죠."

이런 내부의 맹종이 노조가 무너졌기 때문만은 아니다. 언론사 인력에서 비정규직 비율이 점차 늘어났고, 기분 따라 사람을 고용하거나 자르는 게 쉬워졌다. 선을 벗어나는 이들은 즉각 내쳐질 수 있다. "그러니까 튀는 못이 돼서 윗사람 말에 반박하거나 잘못된 기사와 편집에 대해 뭐라고 하면 다음날 바로 직업적으로 자살하는 거나 마찬가지"라고 스태니스트리트는 말한다. "진짜로 직업을 잃을 수 있는 일이고, 그렇게 되면 요즘 언론계에 다시 들어가는 건 너무나 어려워요. 진짜 용기있는 사람만이 나설 수 있는 거죠."

상황이 이러니 그렇게 많은 언론이 기득권층의 강령에 충실한 건 당연하다.

로이터 통신(Reuters) 보도에 따르면 2013년 12월 말 중국 공산당이 중국 기자는 이념 시험을 통과해야 한다고 공표했는데, 이 시험에는 '출판물은 당 강령에 어긋나는 그 어떤 내용도 절대 실어서는 안 된다'와 같은 명령을 외우는 것도 포함된다. 그러나 영국 언론은 그런 시험을 볼 필요가 없다. 기득권의 정치학은 훨씬 교묘하고 창의적인 방법으로 수용되기 때문이다.

노동당 예비내각의 각료인 크리스 브라이언트는 언론귀족들의 눈 밖에 난다는 게 얼마나 끔찍할 수 있는지 알고 있다. 브라이언트는 통명스럽고 냉소적인 사람인데, 노동당 하원의원치고는 출신 배경이 특이하다. 그는 학창시절 옥스퍼드대학 보수학생연합 간부였다가 그 후 성직자가 되었는데, 후에 성직이 동성애자인 자신과 맞지 않는다고 여기게 되었다. 1997년에 강고한 노동계급 성향 선거구인 사우스웨일스의 론다(Rhondda)에서 당선되었을 때 브라이언트는 확고하게 지도부에 충성하는 사람처럼 보였다. 그러나 논란의 여지없는 그의 정책도 언론 귀족들이 그의 삶을 통째로 뒤집어버리는 것을 막진 못했다.

머독 제국은 "공포와 호의로 움직였다"고 하원의사당의 의원실에서 크리스 브라이언트가 말해주었다. 그는 정치엘리트들에 대한 언론의 지배가 거의 끝에 다다랐다고 낙관적으로 믿기에 과거 시제를 사용했다. "총선 때 자기네 신문에서 지지해주면서 정치적 호의를 베풀거나, 호화 저녁식사에 초대해 테니스 경기를 보면서 자신들을 공격하면 당신이나 당신의 정당에 속한 인사들을 공격하겠다고 협박을 하는 거지요."

　2003년 당시 『선』 편집자였던 리베카 브룩스는 하원 문화및공보특
별위원회(House of Commons Culture and Media Select Committee)에 소환되어 질
문에 응해야 했는데, 브라이언트도 그 위원회의 일원이었다. 브라이언
트는 브룩스에게 경찰을 매수한 적이 있느냐고 직접적으로 물어봤고,
브룩스는 신문사 차원에서 그런 적이 있다고 대답했다. 이런 행위는
불법이지만 당시에는 거의 보도되지 않았다. "내가 그걸 보도되게 하
려고 애썼다는 건 신께서 아실 것"이라고 브라이언트는 말한다. "결국
다른 신문사도 많이들 그런 짓을 하고 있기 때문에, 그리고 타 신문을
저격할 신문은 없기에 언론에 보도되지 않았다고 생각합니다, 도둑들
의 의리 같은 거죠, 정말로." 브라이언트는 특별위원회의 일원으로서
다른 신문들도 경찰 매수 행위를 한다고 비판했다. "5주에 걸쳐서 그
렇게 했더니만, 그해 연말 즈음엔 내가 비판했던 모든 신문사들이 내
성생활을 꽤나 세게 공격하더군요."

　그건 굴욕적인 경험이었다. "때를 기다린 것"이라고 브라이언트는
말한다. "그 신문사들은 기다리다가 날을 잡은 거고, 딱 걸린 내가 멍
청한 거죠." 여러 신문이 브라이언트의 게이 데이트 웹사이트 사용이
력과 그가 다른 남성과 성적 접촉을 원했다는 것까지 아주 외설적인
세부사항을 넣어서 보도했다. 다 벗은 채 속옷만 입고 포즈를 취한 사
진이 대서특필되었다는 게 제일 곤혹스러운 일이었다. 신문들은 실
제 사실이든 아니든 상관없이, 다른 외설적인 이야기들도 들춰냈다.
"듣자 하니 내가 1997년 총선 당일 밤에 일곱 명의 남자한테 구강성교
를 강요하며 「Things Can Only Get Better」(북아일랜드 가수 D:Ream의 히트

곡)를 불렀다고 하네요." 비틀린 미소를 지으며 브라이언트가 말했다. "그게 꽤 인상적이었죠." 브라이언트는 만신창이가 되고 말았다. "당시엔 정말로 끔찍했다"고 그는 회상한다. "세 달 동안 잠을 잘 수가 없더군요. 그자들이 내 집 문간에 나타난 뒤론 말 그대로 24시간 동안 덜덜 떨었어요. 폭행을 당하는 것 같았습니다. 스토커도 생기고, 사람들이 문간에 나타났지요. 그 신문들이 내 집 주소를 실었거든요." 브라이언트의 언론 비판에 대한 대응에는 자비라곤 없었다. 한 전직 『데일리 메일』 기자는 브라이언트의 친구를 통해 메시지를 전달했다. '크리스마스 전에 죽어버려.'

톰 왓슨도 살 떨리는 경험이 있다. "분명히, 그때 난 위협당한 겁니다," 왓슨이 머독 제국을 맹렬히 적대했기 때문에, 그가 회상하길 "『뉴스 인터내셔널』 고위직 임원이 어떤 사람을 통해 나에게 직접 메시지를 전했어요. 이 당시 저는 그들이 사설탐정과 시청각 전문가를 동원해서 날 은밀히 감시하는 걸 알고 있었다는 점이 중요합니다." 그러나 충격적으로 들리겠지만, 머독 계열 신문사들보다 더한 곳도 꽤 있다. 『데일리 메일』과 『메일 온 선데이』는 개인의 명망을 쓰레기통에 처박을 수 있는 세부사항을 캐내는 데 필요한 자원을 다른 대부분의 신문사들보다 더 많이 갖고 있으며, 종종 별 것 아닌 일을 지저분한 것으로 왜곡하여 실제로 무슨 일이 있었는지보다 어떻게 보이는지에 의지한다. "그들 신문사들은 모든 사람에게서 반드시 뭔가를 찾아낼 수 있다"고 브라이언트는 말한다. "사촌이 리투아니아에서 무기 상인을 한다는 것도 찾아낼 수 있고, 누군가를 충분히 오랫동안 지켜보면 모든 사람에게서 반드시 뭔가 나오게 마련이니 원한다면 언제나 기사를 써낼 수 있습니다. 가능한 한 추잡하게 말이죠."

1992년 당시, 영국 언론은 정치 세력을 전부 동원하여 키넉의 노동
당에 대한 적대감을 부추겼다. 20년 후 언론은 동일한 전략을 사용하
게 되며, 2010년 선거 준비기간 동안 주류 언론은 총력을 기울여 데이
비드 캐머런의 보수당을 지원한다. 언론이 보수당을 선택했으므로, 보
수당이 다음 집권당이 된다―명료한 이야기다. 그러나 선거 캠페인
동안 세 명의 당수가 텔레비전 토론에 참여하면서 이 이야기는 뒤집
힌다. 이로 인해 캐머런측의 중대한 전략적 실수가 노출되었다. 자유
민주당 당수 닉 클레그(Nick Clegg)가 반기득권을 외치는 반란자 같은 태
도를 취해 보였고, 그 결과 여론조사에서 자민당 지지율이 급등했던
것이다. '클레그마니아'(Cleggmania, 당시 닉 클레그를 열성적으로 지지하는 유권자를
이렇게 부름)가 그 결과였다. 『선데이 타임스』는 클레그의 지지율이 72%
로 윈스턴 처칠 이후로 가장 인기있는 당수라고 밝혔다. 총선이 다가
올수록 자민당 지지율이 치솟자, 보수당은 보수당과 그들을 지지한 언
론이 열망하던 과반수 의석을 달성하지 못할 것처럼 보였다.

그러나 언론은 캐머런의 보수당이 이긴다고 결정한 상태였다. 그러
한 결과를 달성하는 데 장애물이 있다면 모두 제거되어야 했다. 자민
당 당수 클레그에게 언론의 질풍노도 같은 공격이 밀려들었다. 2010
년 4월, 세 당수의 텔레비전 토론이 있기 하루 전, 4개 신문이 클레그
를 맹공격했다. 『데일리 메일』은 클레그가 8년 전에 『가디언』에 기고
한 논평을 곡해해서 '닉 클레그 영국을 나치라고 모욕하다'라고 터뜨
렸는데, 그 논평은 사실 끈질긴 반독일적 편견을 비판하는 내용이었
다. 『데일리 텔레그래프』와 『데일리 메일』은 국회의원 재정이익 등록

처에 공개된바, 직원 월급 명목으로 클레그의 은행계좌로 들어간 여러 건의 기부금을 문제삼아 그에게 덤벼들었고, 「스카이 뉴스」(Sky News, 영국의 뉴스 채널) 진행자 애덤 보울튼(Adam Boulton)은 생방송 인터뷰에서 '닉 클레그, 자민당 기부자들과 클레그의 개인구좌 지급내역'이라고 표제가 뽑힌『데일리 텔레그래프』지 1면을 그에게 들이밀었다.『메일 온 선데이』의 한 표제는 이랬다. '클레그 부인은 스페인 여자고 어머니는 독일인에, 아버지는 반은 러시아인이고 공보비서관은 독일인. 자민당 당수 닉 클레그에게 단 하나라도 영국적인 면이 있을까?' 한편 선거 캠페인을 시작하면서부터 노동당을 끈질기게 공격해온『선』은 이제 닉 클레그를 향해 포문을 열어, 그가 아프가니스탄에서의 영국의 역할을 '흔들리게' 한다고 비난했다.『선』은 '수세의 클레그'라는 표제를 터뜨려 '툴툴대는 자민당 당수 닉 클레그'가 '압박'받는 것처럼 보였다고 썼다.『타임스』는 자민당의 상징색을 언급하며 캐머런의 집권 포부를 파괴할 수 있는 '황색 위협'을 경고했다.

머독 제국은 또한 치우친 균형을 바로잡으려는 어떤 시도도 반기지 않았다. 자유민주당 성향 신문인『인디펜던트』가 '루퍼트 머독은 선거를 결정하지 않습니다. 결정하는 것은 당신입니다'라는 선거 캠페인을 싣자, 머독 쪽 사람들은 격분했다. 아들 제임스 머독과 당시『뉴스 인터내셔널』최고경영자였던 리베카 브룩스는 경비도 무시하고『인디펜던트』사무실로 뛰쳐들어가 기자들 앞에서 사이먼 켈너(Simon Kelner) 편집장에게 고함을 질러댔다. '대체 무슨 엿 같은 짓거리야?' 그러나 이들의『인디펜던트』방문은 길 가던 중 잠깐 들린 것에 불과했다는 사실이 더 흥미롭다. 이 콤비는 그때『인디펜던트』지와 같은 건물을 쓰는 『데일리 메일』 소유주 로서미어 경(Lord Rothermere)을 만나러 가는 길이었다. 로서미어와 이들 사이에 무슨 논의가 오갔는지 우리로 서는 알 수 없는 일이다.[7]

이런 굳건한 공격은 선거 전 최고 지지율을 기록하던 자민당을 끌어내렸다. 언론 공세가 보수당에 의회 다수석을 확보해주는 데는 실패했지만, 결국 총선에서 자민당은 이전보다 의석을 잃고 말았다. 이 일화는 독립된 '자유 언론'이 영국을 좌우한다는 주장을 신뢰할 수 없게 만든다. 언론은 특출하게 유력한 정치 행위자들로 구성되어 있다. 또한 국가의 정치적 삶에 자기네 과두정치 우두머리의 의견을 투사하고, 나라의 정치적 방향을 구축하는 데 힘을 보탠다.

언론의 허락을 받아야 하는 권력

권력이 누구의 것이 될지를 좌우하겠다는 언론의 결의는 언제나 그랬듯이 강력하다. 에드 밀리밴드가 노동당 당수로 선출되었을 때, 그가 제안한 정책이 실제로는 기득권에 거의 도전하지 않았음에도, 언론은 자기네가 '빨갱이 에드'라는 딱지를 붙인 사람이 영국의 총리가 된다는 건 용납할 수 없다고 믿었던 게 분명하다. 그러나 가장 극단적인 공격은 2013년 9월 『데일리 메일』이 2차세계대전 당시 영국 해군에서 복무했던 마르크스주의자이자, 고인이 된 밀리밴드 당수의 부친을 '영국을 증오했던 자'라고 공격했던 일이다. 그들이 에드 밀리밴드에게 대답할 권리를 주기로 동의한 후, 공격은 '(에드 밀리밴드 아버지가 남긴) 사악한 유산, 그리고 우리(『데일리 메일』)가 사과하지 않는 이유'라는 표제로 반복되었으며, 그 기사의 주장에 따르면 밀리밴드가 총리가 되면

"그는 우리 중 많은 이가 진심으로 사랑해 마지않는 조국의 심장에 망치와 낫을 처박을 것"이라고 단정했다(낫은 농민을, 망치는 프롤레타리아를 나타내는 공산주의의 상징이다).

이 공격은 너무 극심해서 여론조사에 따르면 심지어 『데일리 메일』 독자들마저 이 비방을 거부했다. "그들은 허공에 붉은 기를 흔들면서 이 작자들(노동당 지도부)은 미친 극좌파라고 주장했지요." 밀리밴드의 오른팔 스튜어트 우드(Stewart Wood)의 말이다. "그들은 그 정도면 예측 가능한 미래까지 노동당의 신임을 떨어뜨리는 데 충분하다고 믿었습니다… 그러나 사람들은 그런 비방을 거부했고, 부친을 지키기 위해 나선 에드 밀리밴드라는 매우 인간미 있는 이야기가 엮여졌죠." 그 공격은 너무 서툴러서 나머지 기득권층 다수도 심하다고 느꼈거나, 공격이 역효과를 낳았다는 걸 알아차렸다. 그러나 공격은 언론 전반에 걸쳐 더욱 교묘한 방식으로 메아리친다. 『타임스』의 오피니언란 편집자 팀 몽고메리에 따르면, 에드 밀리밴드의 지도력은 "심하게 반애국적이다." 몽고메리는 이 애국심 부족에 대한 증거로 "의원으로 4년을 의회에 있었으면서 노동당 정부가 이끄는 영국이 파산 직전까지 몰렸다는 자각이 없다"는 점을 제시했다.[8] 이는 부정직한 주장이다. 영국은 파산이 목전에 이를 지경인 적이 없었으며, 적자의 원인은 정부 지출―보수당도 동의한 예산안이다―이 아니고, 서구 전반을 적자에 빠뜨린 세계 금융붕괴 사태다. 그러나 그들이 노린 건 경제위기 문제에서 기득권층이 선호하는 내러티브를 따르지 않는 건 국가에 불충하는 거나 마찬가지라고 주장하려는 시도였다.

언론매체들은 단순히 기득권의 각본을 벗어나는 것처럼 보이는 정치인만 공격하는 게 아니다. 더 급진적으로 현 상황에 반대하는 이들도 주변화되고 공격을 받는다. 2013년 9월 말, 5만 명이 넘는 사람들이 맨체스터 역사상 가장 큰 시위에 참가해 보수당 회담장소 바깥에서 국영의료보험을 지지하는 행진을 했다. 언론은 이 시위를 거의 무시하다시피 했다. BBC 정치부 기자 제임스 랜데일(James Landale)이 '보수당은 쓰레기다'를 연호하는 소수의 시위자를 지나가듯 언급했을 뿐이었다. 오로지 시위에서 벌어진 난동만 자주 보도되었는데, 그렇게 되면 압도적 다수의 평화적인 시위자는 관심사에서 배제되었다. 2011년 3월, 40만 명 정도의 사람들이 노동조합회의(TUC)가 조직한, 정부 긴축재정에 반대하는 대안촉구행진(March for the Alternative)에 참가했다. 그러나 많은 언론이 작은 사유재산 피해 발생에 매달려 그 심각성을 극단적으로 과장했다. 『더 메트로』(The Metro)는 '런던의 긴축재정 반대 집회가 폭력시위로 변질되어 200명 체포'라고 선언했는데, 이 표제는 구금된 이들 중 대다수가 포트넘 앤드 메이슨 백화점(Fortnum & Mason)의 탈세에 항의하는 평화적인 연좌시위에 참여했다는 이유로 체포되었다는 사실을 무시하고 있다. 『데일리 텔레그래프』는 '노동조합회의 행진: 폭력사태 배후의 과격분자' '가족의 날이 아수라장으로 변한 까닭'이라고 그날을 보도했다.

전세계적으로 확산된 '점거하라'(Occupy) 운동의 일환으로 시위자들이 런던의 세인트 폴(St Paul's) 성당에 캠프를 차렸을 때, 언론은 참가자들을 조소했으며 참가자들이 제기하는 문제에 진지하게 관심을 보이지 않았다. 「스카이 뉴스」의 애덤 보울튼은 시위자들을 두고 "점거라는 말을 생각하면, 나치 독일의 프랑스 점거 등이 떠오른다"고 일축했다. 보울튼은 시위자들이 '나치와 상당히 비슷한 방식으로 자신의 뜻을 다른 모두에게 강요한다'고 주장하며 이런 눈살이 찌푸려지는 과장을 정당화하려 했다.

언론과 정계에 양다리를 걸친 사람들

이 모든 것이 언론이 갖고 있는 자기 이미지가 거짓임을 보여준다. 언론은 자신들이 기득권에 도전하는, 민주주의의 대들보라고 착각하길 좋아한다. 민주주의는 언론이 섬겨야 할 목적이다. "바보 같은 생각일지도 모르지만, 민주주의가 바른 길을 가도록 하는 정화 시스템으로 기자가 활동할 수 있다고 열정적으로 믿습니다." 『가디언』지 국회 통신원이었던 데이비드 헹크(David Hencke)의 말이다. 반면 『선 온 선데이』의 데이비드 우딩은 "신문들이 전체적으로 점점 반기득권 성향을 띤다"고 믿는다. 그러나 그 반대의 결론을 내리지 않을 수 없다. 언론과 정치엘리트들은 그 어느 시대보다 더 서로 엮여 있다.

이건 자주 개인적 인간관계의 문제, 아니면 직업적으로 부모와 비슷한 길을 가고자 하는 사람들의 경우와 비슷한 문제다. 언론계 내의 문제일 수도 있고, 원래 서로 분리되어 있어야 하는 두 영역의 뒤섞임 문제일 수도 있다. 이런 일들이 본래부터 나쁠 건 전혀 없다. 계속 같은 집단에서 많은 시간을 보낸다면 여러 관계가 형성되곤 하며, 어린아이가 부모의 발자취를 따르고 싶어하는 경우도 많이 있게 마련이다. 예를 들자면 『데일리 메일』 칼럼니스트 사라 바인(Sarah Vine)은 보수 내각 각료인 마이클 고브와 결혼했다. 『뉴스나이트』(Newsnight)의 정치부 편집자 알레그라 스트라턴(Allegra Stratton)은 우익 주간지 『스펙테이터』의 정치부 편집자 제임스 포사이스(James Forsyth)와 결혼했다. 한편 『선』의 정치부 편집자 톰 뉴턴-던(Tom Newton-Dunn)의 부친은 보수당 유럽의회 의원(MEP)이었다가 자유민주당으로 전향한 인물이다. 언론인과 정치인의 관계도 업무관계를 초월할 수 있다. 『데일리 텔레그래프』의 베네딕트 브로건은 정치인과 어울려 다니며 서로 휴가도 같이 보내고, 서로 자녀의 대부가 되어주기도 하는 기자의 예를 많이 알고 있다(신뢰를 잃을 수 없다며 세부 공개는 거절했지만 말이다).

하지만 이 밀착해 있는 엘리트들을 결속시켜주는 건 무엇보다도 언론계와 정계의 회전문이다. 보수당 런던시장 보리스 존슨은 정치와 언론 양쪽에 발을 걸치고 있다. 그는 『스펙테이터』 편집자였고 현재는 『데일리 텔레그래프』에 매주 칼럼을 기고하며, 텔레그래프지에서 받는 25만 파운드를 '병아리 눈물'이라고 표현한 적이 있다. 존슨이 총리가 되기라도 한다면 바클레이 형제로서는 가치있는 투자이다. 『타임스』의 스타 기고자 매슈 패리스(Matthew Parris)는 마거릿 대처 밑에서 일해본 보수당 하원의원이었다. 또 토니 블레어의 연설 원고를 작성하던 필립 콜린스도 있다. 팀 몽고메리는 우익 싱크탱크 사회정의센터(Centre for Social Justice) 설립을 돕기 전엔 전 보수당 당수 이안 덩컨 스미스의 수석보좌관이었고, 그 후엔 「컨서버티브홈」(ConservativeHome, 영국의 보수정치 웹사이트/블로그)의 편집장으로 있다가 결국 『타임스』 논평 편집자가 되었다. 『옵저버』에 따르면, 하원의원들은 대부분 몽고메리가 '지금 내각 외부에서 가장 영향력 있는 보수파 중 하나'라고 믿고 있다. 『데일리 미러』에서 기고자로 있다가 토니 블레어의 인정사정없는 공보담당관이 된 앨러스테어 캠벨은 정치엘리트 대열에 합류한 언론인 중 가장 유명한 사례일 수도 있겠다. "언론인이라면, 특히나 정치부 기자라면 어느 당이든 정당 밑에서 일한다는 게 절대 불가능한 DNA 를 가지고 있다는 관점을 취한다"고 『텔레그래프』부편집장 베네딕 트 브로건은 못마땅한 듯이 말한다. "정치부 기자로 활동한다는 건 거 의 이런저런 정치 너머에 있는 거고, 모든 당에 공감하면서도 동시에 적대적이어야 한다는 게 요점이거든요. 그러니까 어느날 갑자기 손바 닥 뒤집듯이 획 하고 열성당원이 될 수 있다는 건, 그동안 충분히 초 당파적이지 못했다는 뜻입니다." 캠벨은 언론계 경험을 살려, 특종 독 점기사에 인정사정없이 달려드는, 예전 동료 언론인들을 다룰 수 있 었다. "앨러스테어는 선호가 분명했고," 데이비드 우딩의 회상이다. "자신에게 이득이 되는 소수의 사람들에게 제일 좋은 기사를 선사해 주곤 했지요."

그러나 정계와 언론계를 오간 인물은 이외에도 많이 있다. 『선』의 정치부 부편집자 그레임 윌슨(Graeme Wilson)은 2013년 8월 캐머런 총리 의 언론담당 비서가 되었다. 한편 『타임스』의 톰 볼드윈(Tom Baldwin)은 에드 밀리밴드가 당수로 선출된 뒤 밀리밴드측의 최고 언론 전략가 (chief media strategist)가 되었다. 그리고 『데일리 미러』 정치부 편집자 밥 로버츠(Bob Roberts)는 노동당 홍보실장이었고, 『선데이 텔레그래프』 정 치부 편집장 패트릭 헤네시(Patrick Hennessy)는 2013년 9월 노동당 홍보 부실장이 된다. 언론인이 정치인의 수행원으로 끝나는 것이 더 마음 에 걸리는 현상일지도 모른다. 2008년 『가디언』 기자 닉 데이비스(Nick Davies)가 전직 『옵저버』 정치부 편집자 카말 아메드(Kamal Ahmed)가 이 라크전쟁 준비기간 동안 앨러스테어 캠벨의 말을 언론으로 전하는 전

령일 뿐이었다는 혐의를 제기해, 아메드는 성이 나서 그 혐의를 부인해야 했다. 데이비스의 주장에 따르면 아메드는 독자들이 '서서히 허위 정보에 젖어들도록' 방치해, 『옵저버』는 이라크전을 정당화할 근거를 제공했다.

『타임스』의 데이비드 아로노비치는 신노동당 집권 당시 비밀리에 집권당 정치인들을 위해 기사를 썼던 언론인을 여럿 알고 있다. 아르노비치 자신도 고든 브라운이 재무장관이던 시절 브라운으로부터 그런 제의를 받은 적이 있다. "브라운 씨가 나한테 전화를 해서, 그분과 재무부에서 마주앉게 됐어요." 아르노비치의 회상이다. "그리고 그분이 나한테 '우리 재무부가 어떤지 요약해주는 좋은 문구를 찾고 있습니다' 하시길래 내가 '그러니까 범죄와 타협하지 않는 재무부, 범죄의 원인을 일소하는 재무부 뭐 이런 걸 말씀하시는 건가요?' 했더니 그분이 '내 입장이 바로 그겁니다, 그 문구를 생각하고 있었지' 하더군요." 아르노비치는 감동하지 않았다. "난 재무부에 앉아 있고, 노동당이 18년 만에 다시 집권했으며 영국 국민을 돕기 위해 얼마나 많은 일을 해야 할지는 신만이 아실 텐데, 그런데 브라운 장관 당신은 슬로건 하나 스스로 지어냈다고 나한테 알아달라고? 이렇게 생각했죠." 그러나 아르노비치는 자기도 모르게 으쓱하지 않을 수 없었다. 많은 언론인이 힘있는 정치인이 칭찬해주고 환심을 사려 할 때 마음이 동하게 마련이다.

정치엘리트와의 거리 유지를 아예 포기해버린 언론인도 있다. 대니 핀켈스타인은 존 메이저 총리 당시 보수당연구부(Conservative Research Department)의 책임자였고 각료회의에 참석했다. 1997년 신노동당의 압승 후 윌리엄 헤이그가 보수당 당수가 되자, 핀켈스타인은 그의 정치 자문이 되었으며 2001년 총선에서는 보수당 의원 후보가 되기까지 했다. 2008년 핀켈스타인이 『타임스』 논설위원이 된 것은 명백히 언론 전반이 보수 쪽으로 움직인다는 징후였다. 핀켈스타인은 『타임스』에 전면적인 영향을 미쳤다. 핀켈스타인은 편집국장이 되었다가 2013년에는 부주필이 되었다. 그러나 정계에서 그의 회원권은 그가 언론계에 들어갔다고 해서 보류되지 않았다. 2011년 6월, 핀켈스타인은 영향력 있는 우익 싱크탱크 정책교환센터의 새 소장으로 임명되었다. 그러나 핀켈스타인을 보수당 정부의 심장부로 끌어들인 것은 다른 일이었다.

연립정부 성립 후 1년을 막 넘겼을 무렵, 정치기자 폴 워(Paul Waugh)는 리버풀의 노동당 연례 당대회를 마치고 돌아가는 기차에서 핀켈스타인이 휴대전화로 '좀 크게' 통화하는 걸 누군가 들었다고 보도했다. 핀켈스타인은 분명히 조지 오스본 장관이 당대회에서 읽을 연설문을 쓰고 있다고 어머니에게 말하고 있었다.⁹ 핀켈스타인과 오스본의 관계는 고위직 기자들 사이에선 공공연한 비밀 같은 것이었다. 우익 언론인인 피터 오본(Peter Oborne)에 따르면, 오스본은 자기가 부인보다 핀켈스타인과 더 많이 이야기를 나눈다고 농담을 한 적이 있다고 한다. 비록 오스본이 르벤슨 조사에서 핀켈스타인을 두고 '단지 좋은 친구일 뿐'이라고 했다지만 말이다.¹⁰ 핀켈스타인의 선배기자 하나가 내게 이렇게 말했다. "대니 핀켈스타인이 나한테 '조지'라고 말하면 그건 그냥 조지 오스본 장관을 말하는 겁니다. 그가 조지라는 이름의 다른 사람을 아는지는 모르겠지만요. 핀켈스타인은 나와 대화할 때마다 거의 매번, 별 생각 없이 '조지' 이야기를 하곤 해요." 신문의 기조를 정하는 간부회의에서 핀켈스타인은 정부 정책에 대해서 "오스본과 관련된 것이라면 할 수 있을 만한 비판도 하지 않았고, 비판을 할 만할 때에도 많이 억제하는 편"이었다. 2013년 8월 그는 핀켈스타인 남작으로 상원에 자리를 얻었다. 몇달 후에 『타임스』는 조지 오스본을 '올해의 영국인'으로 선정했다.

민주주의 사회에서 매스컴의 주요기능 중 하나는, 비록 그 편집방향이 정부에 동조한다고 해도, 정부를 감시하는 것이다. 언론인과 국정을 처리하는 이들 사이에는 분명한 선이 있어야 한다. 그런데도 영국 주요언론 중에서도 대들보라는 신문이, 그러니까 그 신문의 주필이, 재무장관의 연설문 작성 일과 자문 일을 겸임했다. 핀켈스타인은 결국 자기가 쓰는 걸 도와줬을지도 모르는 그 연설을 해설하고 비판해야 하는 입장에 섰던 사람이었는데도 말이다.

권력에 빌붙는 노리개

2011년은 머독 제국이 전에 없이 흔들린 한해였다. 『뉴스 오브 더 월드』기자들은 기삿거리를 사냥하며 사람들의 전화를 감청하고 경찰관들에게 불법으로 돈을 주었다. 그 일과 관련된 기사는 처음에는 그다지 영향력을 발휘하지 못했는데, 감청 표적이 된 인물들이 전부 유명 연예인인 탓도 어느 정도 있었으나 『뉴스 오브 더 월드』만 전화 해킹을 하는 게 아니라서 그렇기도 했다. 그래서 다른 신문들은 그다지 세부사항을 보도하는 데 열의를 보이지 않았던 것이다.

브라이언 캐스카트(Brian Cathcart)는 전에 언론인이었는데, 언론개혁을 지지했던 탓에 영국 언론들이 싫어하는 인물이었다. 닉 코언(Nick

Cohen)이라는 기자는 심지어 캐스카트를 '편협한 무솔리니'라고 부르기도 했다. 안경을 쓰고 조용한 목소리로 말하는 캐스카트는 영국 언론귀족이 두려워하는 개혁운동가처럼 보이지는 않는다. "『뉴스 인터내셔널』이 단 한 명의 악당 기자가 저지른 일이 아니라고 인정하자마자, 피해 주장자들을 매수하려고 했다는 게 위험한 겁니다." 지금은 킹스턴대학(Kingston University)의 언론학 교수인 캐스카트가 런던의 시끄러운 술집에서 말했다. "(영국 배우인) 시에나 밀러(Sienna Miller)가 초기 피해자 중 하나였고, 그래서 그자들은 그 문제에 돈을 열심히 쏟아붓기 시작했습니다." 캐스카트와 그의 동료 언론운동가들은 아무도 그 사건을 조사하지 않을까봐 걱정했고, 그리하여 그들은 해킹 스캔들에 대한 공적 조사를 요청하기 시작했다. 한편 정치엘리트들은 계속해서 머독 제국에 충성을 바치고 있었다. 2011년 6월에는 데이비드 캐머런, 에드 밀리밴드, 그리고 에드 볼스가 모두 같이 『뉴스 인터내셔널』 사가 여는 여름 파티에서 샴페인을 홀짝였다. 그러나 다음달, 상황은 변한다.

2011년 7월 『가디언』이 서리(Surrey, 잉글랜드 남동부에 위치한 주)에서 실종된 밀리 도울러(Milly Dowler, 2002년 실종된 후 살해당하여 몇달 후에 시체로 발견된 13세 영국 소녀) 또한 실종 직후에 전화감청 표적에 포함되었음을 떠들썩하게 밝혀냈다. 도울러는 후일 살해된 것으로 밝혀졌다. 죽은 영국군 병사의 일가친척들이라거나 2005년 7월 7일 런던 폭탄 테러의 생존자 같은 다른 감청 피해자들도 밝혀졌다. 도울러에 얽힌 이야기가 밝혀졌을 때는 그것이 여론에 얼마나 큰 영향을 미칠지 캐스카트조차 깨닫지 못했다. 캐스카트는 동료들과 함께 '감청 퇴출'(Hacked Off)이라는 단체를 설립해 광범위한 언론개혁을 촉구하였는데, 『뉴스 오브 더 월드』의 표적이 되었던 휴 그랜트를 비롯해 다양한 유명인들의 후원을 받았다. 머독 제국은 오랫동안 사냥꾼의 지위를 유지해왔으나, 이제는 사냥감이 되고 말았다.

　머독의 동맹인 영국 엘리트들은 왜 다들 그걸 가지고 그리 난리를 피우는지 모르겠다고 억지를 쓰며 머독 제국을 감시하려는 시도에 맹렬히 저항했다. "도울러 가족이 어떻게 되었는지 난 알고 싶지 않습니다, 그리고 매우 미안합니다만, 솔직히 그 일을 두고 그렇게 감정이 격해지진 않는다"고 대처의 자문이었으며 거대 PR회사 벨 포팅거(Bell Pottinger) 회장이자, 머독 제국의 긴밀한 동맹인 벨이 말했다. 벨은 오랫동안 루퍼트 머독에게 홍보 관련 자문을 해주었으며, 전화감청 스캔들이 일어나는 동안 리베카 브룩스에게 조언을 해주기도 했다. "그리고 맥캔(McCann) 가족의 생각에도 관심이 없습니다. 왜냐하면 맥캔 가족은 모든 신문의 1면에 1년 동안 자기네 일이 나오게 해달라고 내게 50만 파운드를 지불했단 말입니다. 물론 우리는 그 가족의 소원을 이루어주었습니다."(맥캔 가족이 스페인에서 휴가를 보내고 있던 중 4세 아동 매들린 맥캔이 실종되었다. 이 사건은 언론의 관심을 크게 모았다) 아니나 다를까, 『뉴스 인터내셔널』 기자들은 전화감청 스캔들을 망나니 기자 몇 명의 개인적 일탈에 불과한 것으로 만들려고 노력했다. 『뉴스 인터내셔널』 정치부 편집자였던 데이비드 우딩은 "제 생각엔 감청 스캔들은 기사를 쓰기 위해서라면 자기 할머니도 죽일 소수 비양심적인 인간들이 존재한다는 걸 보여준 것 같다"고 말하며, 자기가 근무할 때 『뉴스 인터내셔널』사 규정은 더 엄격해지고 있었다고 주장했다.

그러나 감청혐의를 둘러싸고 엄청난 논란이 일어나 결국 머독은
『뉴스 인터내셔널』을, 167년간이나 운영된 신문사를 2011년 6월 폐간
시켰다. 리베카 브룩스와 앤디 코울슨(Andy Coulson)을 비롯한『뉴스 인터
내셔널』고위직 임원들과 기자 몇명이 2011년 7월 체포되었고, 최고법
원 법관(Lord Justice) 르벤슨이 이끄는 공적 조사가 이루어질 것이라고 발
표되었다. 이 구경거리는 정치권력에 머독의 영향력이 얼마나 미쳐 있
는지를 드러냈다. "영국에서 루퍼트 머독이 그렇게나 권력을 얻어 머
독 회사의 기자들이 납치된 10대 소녀의 음성메시지를 감청해도 된다
고 생각하게 만드는 사풍이 생긴 데 대해서, 토니 블레어가 책임을 져
야 합니다." 전 노동당 장관 톰 왓슨의 말이다. 물론 이 사태는 블레어
만 문제가 아니다. 머독 제국이 위기에 빠진 노동당 정부를 공격하기
전에 리베카 브룩스와 루퍼트 머독의 부인인 웬디 뎅(Wendi Deng)은 고
든 브라운의 부인에게서 '밤샘 파티' 초대장을 받았다.

데이비드 캐머런이 다우닝가 10번지 수상 관저에 있는 동안 머독
제국의 힘이 미치는 영토가 확장된다. 『뉴스 오브 더 월드』 편집자였
다가 2007년 처음 전화감청 혐의가 제기되었을 때 사직한 앤디 코울
슨은 조지 오스본의 강력한 주장에 따라 캐머런의 홍보담당관으로 임
명되었다. 『가디언』 편집자들은 사석에서 캐머런의 핵심 측근에게 코
울슨의 과거에 대해 경고했다. 그러나 보수당에 전『뉴스 오브 더 월
드』 편집자는 매우 귀한 인물로, 계속 머독 제국과 같은 편이 될 수 있
는 중요한 수단이었다. 코울슨에게 제기된 감청혐의 때문에 압력이
계속되자, 결국 그는 2011년 1월 21일에 강제사직 처리되었다. 그리
고 2014년 6월 그는 마침내 전화감청 모의에 대해 유죄를 선고받았다.

2010년 총선 이전에 데이비드 캐머런은 '부서진 영국'(Broken Britain)을 열성적으로 떠들고 다녔는데, 이는 사회 최하층 사람들의 범법과 범죄에 초점을 맞춘 캠페인이다. 그러나 캐머런은 영국의 핵심 언론을 달랜다는 명목으로 범죄자를 자기 최측근으로 만들었다.

캐머런이 집권 후 15개월 동안 『뉴스 인터내셔널』 중역을 26회 만났다는 것이 르벤슨 조사에서 밝혀졌는데, 다른 어떤 언론사와도 이렇게 잦은 회의를 한 적이 없었다. 리베카 브룩스는 캐머런의 이웃이자 가까운 친구였으며, 소위 '치핑 노턴 무리'(Chipping Norton set, 영국 옥스퍼드셔 주 치핑 노턴 근처에 집을 소유한 정치인, 언론인, 유명인들의 무리)의 일원이었다. 캐머런과 브룩스, 제임스 머독은 2010년 브룩스의 집에서 크리스마스 저녁을 함께 들기까지 했다. 머독과 총리는 칠면조와 싹양배추 너머로 당시 큰 논란을 초래한 뉴스 코퍼레이션의 BSkyB(British Sky Broadcasting, 영국 최대의 전화통신 회사) 인수 건을 의논했다.

또 캐머런은 런던 경시청(Metropolitan Police) 소속이었다가 은퇴 후 리베카 브룩스에게 대여된 '라이사'라는 말(馬)을, 캐머런의 동기이자 리베카 브룩스의 이튼 출신 남편 찰리 브룩스(Charlie Brooks)와 함께 타기도 했다. 캐머런과 리베카 브룩스 사이에 오간 놀랄 만한 문자는 그들의 삶이 얼마나 서로 얽혀 있었는지를 보여준다. 머독 제국이 보수당 뒤에서 막 휘청이던 참에, 브룩스는 캐머런에게 "곧 시골에서 저녁 먹으면서 논의해요"라고 문자를 보냈다. "그냥 자랑스러운 친구로서가 아니라, 직업적으로 우리는 이 일에 같이 얽혀 있으니 당신을 진심으로 응원해요"라고 그녀는 덧붙였는데, 그것은 보수당의 긴축구호를 전하는 유감스럽지만 절절한 호소였다.

브룩스는 르벤슨 조사에 제출한 증거에서 자신이 사직을 강요당했으며, 블레어가 브룩스에게 위로를 보냈다고 밝혔다. 캐머런도 위로를 보냈는데, 브룩스가 기억하기로는 밀리밴드가 『뉴스 인터내셔널』과의 연관성을 들어 캐머런 정부를 끊임없이 공격한다는 걸 언급하며 "지금까지처럼 당신에게 충실하지 못해 미안합니다, 그렇지만 에드 밀리밴드를 피해 도망다니는 중이라서…" 이런 식의 내용이었다고 한다.

르벤슨 보고서가 여러 사람을 비판하길 바라던 이들은 실망에 빠졌다. "르벤슨은 대체적인 사항을 논하려 했지, 사람을 딱 집어서 비난하려 하지 않았던 게 흥미롭죠." '감청 퇴출'의 브라이언 캐스카트의 말이다. "그러니까 근본적으로는 르벤슨이 모든 사람이 처벌을 피해가도록 해준 겁니다. 이제 조사는 르벤슨 스스로 만들어냈다고 생각하는 것, 그러니까 아무도 거절할 수 없는 꾸러미라고 르벤슨이 생각한 것을 제시하기 위한 행위였죠. 거기에 접근하기 위해서 르벤슨은 모두를 풀어준 겁니다." 만일 그게 르벤슨의 목적이었다면, 그런 목적은 거의 즉각 이룰 수 없는 일임이 밝혀졌다.

르벤슨은 자율기구인 언론중재위원회를 언론귀족의 통제에서 자유롭고, 제제를 가할 권한이 있으며, 반드시 잘못에 대해 사죄하게 하고, 배상을 중시하는 새로운 기구로 대체하자고 주장했다. 거기에는 강제성이 없다고 했지만, 그 의견은 '언론을 법으로 규율'하는 행위이자 언론의 자유에 대한 전면적인 공격으로 해석되었다. 그 발의안이 공표된 후 언론사 사주들은 반대 여론을 동원했다. 『뉴스 오브 더 월드』 부편집자이자 주필이었던 닐 월리스(Neil Wallis)는 자유민주당 정치인이었다가 남성 성노동자와 놀아났다는 것이 타블로이드 신문에 공개되면서 정치 생명이 끝장난 마크 오튼(Mark Oaten)의 경우를 언급했다. "의회 어딘가에서 그런 일이 일어나고 있는데, 언론이 그걸 보도하지 못하도록 위협을 받는다는 게 제 요점입니다. 타블로이드 신문과 미드마켓 언론(mid-market press, 뉴스 전달과 흥미위주의 선정적인 가십을 적절히 섞은 언론)은 이런 문제를 끝까지 파헤치려 한단 말입니다."

그러나 언론 과두 독재자와 전직 편집자들만 르벤슨의 권고를 우려스러워 했던 건 아니다. "르벤슨은 많은 폭로 보도를 끝장내버릴 것"이라고 표현의 자유를 추구하는 국제 캠페인 단체인 인덱스온센서쉽 (Index on Censorship)의 마이클 해리스(Michael Harris)는 주장한다. 해리스는 영향력 있는 인물들에 대한 중요한 보도가 르벤슨의 후폭풍 때문에 보도되지 못한 중요한 사례를 많이 안다고 주장한다. 조사보도국 (Bureau of Investigative Journalism)의 크리스토퍼 허드 같은 사람들은 그런 주장을 맹렬하게 반박한다. 허드는 "우리가 하는 일과 경험으로 판단해 볼 때 르벤슨 조사가 그런 식으로 영향을 미쳤다고 볼 만한 증거는 전혀 없다"고 주장한다.

르벤슨의 권고는 사실 의도적으로 핵심을 완전히 놓치고 있다. 이 보고서는 소수의 과두 독재자가 언론을 독점적으로 소유하는 문제나 외국인의 언론사 소유 문제에 이의를 제기하지도 않고, 최고의 특권을 누리는 이들만이 접근할 수 있는 언론의 폐쇄성 개혁 등을 주장하지도 않았다. 사실 근본적으로 어느 면에서나 르벤슨 조사는 김빠지는 불발탄이었다. 언론은 정치적 의도가 있는 몇몇 거물의 노리개로 남았고, 언론사 직원은 부유하고 대표성 없는 이들로 점점 더 채워졌다.

BBC, 너마저

언론 중 다수가 부자들의 이익에 맞춰 조작되었다는 주장에 대해 설득력 있는 반론도 존재한다. 거물급 인물들이 소유한 언론사의 힘은 분명 강력하지만, 위대하신 BBC께서 이 언론사들을 억제해준다는 것이다. BBC는 전 세계가 시청하는 방송사다. BBC뉴스 보도는 뉴스 방송의 황금률이고 1위 심야 시사프로그램도 있다. BBC 제국은 전국으로 송출되는 5곳의 라디오 방송사, 여러 개의 지역 라디오 방송국, 그리고 영국에서 가장 인기있는 뉴스 웹사이트를 망라한다. 그리고 워낙 우파의 세력 범위가 광범위한 영국에서, BBC의 입장은 명백하게 좌편향적이라고 그들은 말한다. 그러나 BBC에서 가장 영향력 있는 인물들을 자세히 검토해보면, 실상은 이와 정반대로 드러난다. BBC는 거의 기득권층의 마이크나 마찬가지다.

BBC 방송국의 핵심 인사 중 몇명만 슬쩍 들여다봐도 BBC가 기득권과 유착해 있다는 증거를 찾을 수 있다. BBC 신탁(BBC Trust, BBC 방송국의 자율규제 및 운영기관) 회장 크리스 패튼(Chris Patten, 홍콩의 마지막 총독으로 유명한 영국 정치인, 2014년 BBC 회장직 사퇴)은 전 보수당 당대표이자 내각각료였다. BBC의 대표적인 정치 프로그램인 「오늘의 뉴스」(Daily)와 「일요 정치뉴스」(Sunday Politics), 그리고 「이주의 뉴스」(This Week)를 맡고 있는, 유명 인터뷰어이자 진행자인 앤드루 닐(Andrew Neil)은 그의 동료들 다수와 다르게 사립학교를 나오지 않았지만, 강력한 우익 관점을 가졌다고 알려져 있으며, 보수 언론인 『스펙테이터』와 『선데이 타임스』의 편집자로 일한 적이 있다. 앞서 언급된 프로그램들의 편집자 로비 깁(Robbie Gibb)은 보수 정치인 프란시스 모드(Francis Maude)의 수석 보좌관으로 일한 일이 있으며 보수학생연합(Federation of Conservative Students)의 부회장을 맡은 적도 있었는데, 그 학생연합은 보수 정치인 노먼 테빗조차 너무 극단적 우익이라면서 해산시킨 단체다. BBC 정치부문 편집자 닉 로빈슨(Nick Robinson)은 청년보수(Young Conservatives)라는 단체의 전국위원장을 맡은 일이 있다. 로빈슨의 선배 정치부 프로듀서였던 티아 로저스(Thea Rogers)는 2012년 말 조지 오스본에게 스카우트된 인물로, 기득권 회전문의 또다른 인물이다. BBC에서 일하다가 보수 정치인이 된 사람은 더 있다. 데이비드 캐머런은 홍보담당관 앤디 코울슨이 사직하자 전 BBC 뉴스 편집자 크레이그 올리버(Craig Oliver)를 후임 홍보담당관으로 고용했다. 보수당 런던시장 보리스 존슨의 홍보담당자는 전 BBC 정치부 특파원 구토 해리(Guto Harri)였다. 해리가『뉴스 인터내셔널』의 뒤를 이은 뉴스UK(News UK)의 홍보담당자가 되어 머독 제국에 합류하려고 사직하자 BBC의 의회 뉴스 편집자 윌 월든(Will Walden)이 그 자리를 이어받았다.

BBC 고위직 언론인들의 직업 이동 역시 기업을 비판하는 좌편향이라고는 보이지 않는다. BBC 경제담당 편집자 스테퍼니 플랜더스(Stephanie Flanders)는 2013년 9월 40만 파운드 연봉으로 JP 모건 투자은행으로 옮기느라 BBC를 떠났다. BBC 비즈니스 담당 편집자 로버트 페스턴(Robert Peston)이 플랜더스의 자리로 옮겼고, 페스턴의 자리는 우익신문『선데이 텔레그래프』의 비즈니스 담당 편집자 카말 아메드가 맡았는데, 이라크전쟁 관련 보도로 닉 데이비스에게 비판을 받은 그 사람이다. 아메드의 기사는 그가 확고하게 기업이익 편이라는 것을 보여주었다. 2013년 6월 아메드는 "비즈니스계를 대체로 부정적으로 보도하는 끈질긴 관행"을 비난하며 "성과가 높고, 혁신적이며, 세계적인 기업이 영국에서 사업을 하길 정치가들이 정말로 원하는지" 의문이라고 했다. 그는 영국은 "반기업 정서가 만연"하다며, 금융 파탄으로 "서구는 이윤추구와 자유경쟁시장에 감사할 줄 모르게 되었다… 이윤추구와 자유경쟁이 선량한 사람들이 필요로 하는 것과 진보적인 사람들이 얻기 위해 투쟁하는 것을 창출한다"라고 썼다.[11]

한 전직 BBC 고위급 기자가 절대 공식적인 말이 아니라고 강조하며 내게 말했듯이, BBC는 "주류의 이념을 전파하는 전송기로 설립된 회사"다. 다른 인사임용에도 비공식적인 강령이 반영되어 있다. 머독의 『타임스』 편집자였다가 지금은 BBC뉴스 수장인 제임스 하딩(James Harding), BBC 월드 서비스 책임자 피터 하록스(Peter Horrocks), 현 BBC의 전략 및 디지털 담당자이자 전 블레어 내각각료 제임스 퍼넬 등의 면면을 보라. 이름을 밝힐 수 없는 그 BBC 기자가 내게 말하길 플랜더스, 아메드, 페스턴과 함께 "이들 BBC 임원들은 자유중도주의 관점을 공유하고" 있다. 그는 BBC가 "그런 관점을 대량으로 찍어 내는 공장"이었다고 전한다. 신자유주의경제를 깊이 신봉하면서 섹슈얼리티나 젠더와 같은 의제에서는 자유주의 관점과 융합한 것이다. 그 기자에 따르면 BBC 임원진은 "누구든지 권력이 있는 사람이면 작은 무리를 만들어" 정부 요인과 친교를 나눈다고 뽐냈다. BBC 보도는 당시 집권 정부의 의제를 따라 이루어졌다. 예를 들면, 새로운 정부 정책을 발표하고 그것에 대한 반응을 연이어 보도하는 식이다.

자유시장경제가 지배하는 현 상황을 용인하면서도 중립적이고 비정치적인 입장을 취하는 것처럼 보이는 BBC야말로 기득권층에게 완벽한 도구다. 이로써 BBC는 중립적이고, BBC의 입장에서 벗어나는 이들만 편향적이고, 객관성에 해가 될 주장을 하는 이들처럼 보이게 된다. "BBC 비즈니스 보도의 99%에는 '비즈니스는 바람직하다'는 메시지가 숨겨져 있다"고 익명의 전 BBC 기자가 말했다. "BBC는 '자본주의는 좋은 것이며, 자본주의는 역동적이고, 자유시장은 바람직한 결과를 가져다주고, 자유시장이 개발도상국 사람들의 삶도 개선시켜준다'고 말합니다. 만일 '자본주의는 나쁘다, 자본주의는 바람직한 결과를 가져다주지 못한다, 자본주의가 개발도상국 사람들의 삶을 황폐화시킨다,' 이렇게 말한다면 그건 이념적으로 보이지요. 균형을 잡는다는 건 서로 대립하는 두 이념을 동등하게 다룬다는 건데, BBC는 그렇게 하지 않습니다. 엘리트들의 관점을 따르거든요."

우파가 끊임없이 BBC를 '좌편향'이라고 비난하는 건 영리한 예방책이다. 그렇게 함으로써 우파는 BBC가 내놓는 결과물을 검열할 수 있다. 『데일리 메일』은 특히나 공격적으로 BBC를 비판하며 심지어 오랫동안 방영된 텔레비전 드라마 「셜록」(Sherlock)이 BBC가 '좌편향'이라는 '증거를 더 제공'한다고까지 했다. 2014년 2월 보수당 내각각료 크리스 그레일링(Chris Grayling)이 '런던에서 좌파 교육을 받고 자란, 과잉 대표되는 BBC 좌경 무리'가 BBC를 지배한다고 주장했다. 이런 비난 때문에 BBC는 끊임없이 자신들이 좌편향이라는 증거를 내보일까봐 두려워하게 된다. 앞서 언급된 전 BBC기자에 따르면, BBC가 비판적인 언론에 발언기회를 제공할 때면, 그건 BBC 기자나 경영진이 '저자들은 사죄해야 해'라고 생각하면서 반대 효과를 내는 프로그램을 만드는 것이다. BBC는 이민과 같은 복잡한 문제를 다룰 때는 조심스러워하고, BBC 경영진은 이민을 실패한 임금정책이나 직업의 부족과 같은 경제문제로 보기를 대단히 꺼린다. BBC의 경영구조는 모두가 임원들의 방침을 확고히 따르도록 한다. 기자가 승진하려면 먹이사슬 상위에 있는, 뭔가 잘못되었을 때 기자들을 지켜줄 수 있고 일이 잘 되면 승진시켜줄 수 있는 누군가와 밀착해야 한다.

게다가 BBC는 특정 주요뉴스, 특히나 공익과 밀착된 뉴스를 매우 가볍게 다룬다. 2010년 보수당 정부가 집권했을 때, 보수당은 선거운동 기간 동안 국민들에게 전혀 제의하지 않았던 국영의료보험(NHS)의 체제적 민영화에 착수했다. 선거기간 동안 보수당은 NHS를 지킬 것이라는 공약을 강조했던 것이다. 그러나 BBC뉴스를 보고 이 민영화 계획을 눈치채기란 거의 불가능하다시피 했는데, 왜냐하면 BBC가 민영화 문제를 거의 다루지 않았기 때문이다. 2012년 관련법이 의회에서 강행 통과되었을 때도 BBC는 그 일을 아주 잠깐만 보도했다. 마침내 법이 만들어지자 BBC뉴스는 '1차진료의사 권한을 강화하는 법안이 통과되다'라고 속보를 내보냈는데[12], 이건 정부의 법안 홍보문구이며, 1차진료의사 자신들을 대변하는 단체인 영국의료인연합(British Medical Association)을 포함해서 NHS 노동자들을 대변하는 단체들이 강하게 반론을 제기한 문구다. 이와 비슷하게 예산삭감은 어감을 바꿔서 '절약'이라고 표현된다. 정부가 국민이 사랑하는 국가기관을 동의를 구하지도 않고 바꿔놓으려고 하는데 BBC는 정부의 홍보담당 부서처럼 행동했다.

BBC는 국내 문제뿐 아니라 해외 문제에도 기득권층의 의견을 투사한다. 2009년 1월 BBC는 이스라엘의 가자 침공 피해자들을 돕는 재해

긴급위원회(Disasters Emergency Committee)의 모금 방송을 내보내길 거부했다. BBC 사장 마크 톰슨(Mark Thompson)은 모금 방송이 'BBC의 공평성에 대한 대중의 신뢰를 잃을 위험'을 무릅쓴 행동이었다고 주장했다.[13] BBC의 방송 거부로 공분이 일어났고, 이로 인해 BBC 보도의 강한 친이스라엘 편향성이 부각되었다. 일부 BBC 기자가 톰슨 사장에게 재해긴급위원회의 모금운동을 지지하는 성명에 개인적으로 서명해도 되느냐고 물었더니, 톰슨은 그렇게 하면 BBC를 나가야 할 거라고 대답했다.

　BBC가 얼마나 현 상태 유지를 되풀이해서 읊고 있는지 독립기관의 조사가 잘 보여준다. 카디프대학(Cardiff University)의 학자들이 2013년 출판한 연구는 BBC 보도를 광범위한 의제에 걸쳐 조사한 것이다. 예상할 수 있듯이, 이 연구에서 집권 정부에 대한 편향이 나타났다. 그러나 2007년 고든 브라운의 뉴스 출연 횟수는 데이비드 캐머런에 비해 2:1 비율이었는데, 2012년 데이비드 캐머런이 뉴스에 나타난 회수를 에드 밀리밴드와 비교하면 거의 4:1정도에 이른다. 2007년과 2012년의 보수당과 노동당 장관 출연 비율도 이와 비슷했다. 이 연구는 유럽연합을 두고 벌어진 논쟁이 반(反)유럽연합 틀 안에서 전개되었으며, 유럽연합을 지지하는 목소리는 얼마 없었다는 것도 밝혀냈다. 각 기업 대표자들은 상업 방송사인 ITV보다 BBC에 훨씬 많이 출연한다. 2012년 BBC 6시뉴스(News at Six)에는 기업체 대표가 노동조합 대표보다 많이 나왔는데, 그 비율은 19:1을 상회하며 2007년의 5:1에 비해 매우 급격하게 증가했다. 런던 금융중심지의 목소리, 그러니까 주식 중개인이나 헤지펀드 매니저 같은 사람들의 입장이 2008년 경제위기와 그에 뒤이은 은행 긴급구제 사태에 대한 보도를 지배했다.[14] 한마디로 BBC는 충실하게 친기업적이고, 우익의 목소리에 편향되어 있으며 지속적으로 기득권층의 관점을 피력하는 장으로 기능해왔다.

신문 판매부수가 하락하고, 소셜 미디어의 인기가 높아지고 있으며, 사람들은 그 어느 때보다 다양한 온라인 출처에서 뉴스를 읽고 있으니 주류 언론의 편향 문제는 점점 덜 중요해지는 것 아니냐고 반론할 수도 있다. 그러나 언론의 쇠퇴는 부와 권력을 가진 자들이 지금보다도 덜 감시받게 될 위험이 있다는 걸 의미한다. 카디프대학 언론 전문가들의 또다른 연구를 보면 언론인들은 급격한 업무량 증가로 시달리고 있었다. 1988년에서 2006년 사이 기자 한 명이 생산해야 하는 원고의 양은 3배가 되었다. 더 많은 양의 기사를 써야 한다는 건 각 기사에 들일 수 있는 시간이 그만큼 감소한다는 것이고, 홍보자료나 와이어카피(wire copy, 언론사에 통신망이나 인터넷 등으로 기삿거리를 제공하는 뉴스 업체인 통신사, 와이어 서비스를 이용해 쓴 뉴스) 같은 소위 '보도자료'(pre-packaged news)에 더 많이 의지하게 된다는 뜻이다. 언론기사의 60% 정도, 그리고 방송의 30% 이상이 '주로, 또는 완전히' 이런 원천 중 하나에 의지한다. 5개 중 1개의 기사만이 보도자료 이외의 정보에서 나왔고, 겨우 12%만이 외부에서 제공한 자료에 의지하지 않은 기사였다.[15] 이 보고서는 2008년에 나왔는데, 그때부터 현재까지 상황은 악화일로를 걸은 게 분명하다. 기자가 실제로 자신의 비판 능력을 이용해서 생산한 기사가 점점 줄어드는 이런 현상은 이른바 '처널리즘'(churnalism, 기자가 취재를 하지 않고 보도자료나 통신사 뉴스를 오리고 붙여(cut & paste) 대량생산하는 보도방식을 말하는 신조어)이라고 불리고 있다. 그 대신, 뉴스는 홍보의 세계에서 효율적으로 집필되고 있다. 이는 언론의 독립성을 지금보다도 더 위태롭게 하며, 부유한 사람들의 사적 이익을 위해 고용된 사람들이 더 많은 뉴스를 쓰게 된다는 뜻이다.

독립적인 탐사보도 또한 고통을 받았다. 크리스토퍼 허드에 따르면, 여기에는 세 가지 주요한 이유가 있다. 첫째, 스카이 뉴스, 스카이 스포츠, 디스커버리 채널 같은 텔레비전 채널 개수 자체가 급증한 데다 온라인 뉴스 콘텐츠도 급격히 규모가 커지면서 독자와 시청자를 확보하려는 경쟁이 치열하다. 둘째, 신문을 읽는 사람이 점점 줄어들고 신문사 수입이 감소하자 탐사보도에 투자할 자원이 희소해졌다. 셋째, 전후 합의에 대한 신자유주의의 공격이 지나간 후에 '사회적 사명감'을 지닌 중역이 더욱 줄어들었다. 이 모든 것이 기득권층에게는 굉장한 희소식이다. "독립적인 탐사보도의 목적은 사람들에게 세상과 영향력 있는 기관들이 돌아가는 방식을 설명하는 거라고 봅니다." 허드의 말이다. "그리고 그런 걸 설명하는 건 이 세상을 더 인도적이고, 관용적이며 더 살 만하도록 변화시키는 사회운동을 일으키는 데 기여하기 위해서라고 봐요."

그런 언론은 불의가 드러나도록 돕고, 사람들이 행동에 나서도록 만들 잠재력을 가지고 있다. 부와 권력을 가진 자들이 감시를 피하는 데 상당한 자원을 투자하기 때문에, 언론인들은 이 장벽을 뚫고 들어가는 데 많은 시간과 노력을 쏟아부어야 한다. 그렇게 되면 그냥 두면 당연한 것으로 여겨질 기득권층의 근본적인 전제에 도전할 수 있다. 독립 탐사보도가 쇠퇴하면 현대 영국의 불의는 감춰지고, 불의를 해소하기 위해 사람들이 움직일 가능성이 제한된다.

영국 인민은 인민에게 정보를 제공하고, 인민을 교육하고, 그들이 살아가는 나라의 현실과 세계를 이해하도록 돕기 위해 존재하는 언론으로부터 합당한 봉사를 받지 못하고 있다. 대신, 많은 언론은 정치기구이고, 자기네 사주의 개인적인 목적을 위해 로비활동을 한다. 언론과 정치엘리트는 많은 경우 서로 깊이 얽히며, 사회가 어떻게 운영되고 조직되어야 하는가에 대한 전제를 공유한다. 많은 언론인들이 편집자의 변덕에 완전히 종속되어 있으며, 독자와 심하게 다른 배경 출신인 경우도 점점 많아진다.

중세 영국에서는 교회가 현상을 유지하는 방향으로 여론을 결집시켰다. 현대 영국에는 교회 대신 대중매체가 있다. 다른 관점을 가진 사람에게는 숨 막히는 환경이다. 그러나 심히 억압적이긴 하지만, 언론이 현대 국가를 지탱하는 가장 권위적인 기둥이라 단정하기는 어렵다.

4

民衆의 지팡이?

경찰, 그대의 자리는

스티브 윌리엄스(Steve Williams)에게 경찰 근무 첫날은 결코 잊지 못할 날이다. 끝없는 훈련이 마침내 마무리된 그날은 1980년대 초, 노스웨일스 릴(Rhyl)의 온화한 저녁 한때였다. 그런데 훈련이 아니라 진짜 상황이 닥쳤다. 윌리엄스가 한 가게의 창문 옆에 서서 새로 받은 제복을 비춰보고 감탄하며 자긍심에 가득 차 있는데 어떤 택시기사가 차를 세웠다. "그 기사님이 '저짝 도로에 사고가 좀 났다우, 젊은 양반' 하더군요"라고 윌리엄스는 회상했다. "그리고 물론, 제복을 입고 있으면 사람들은 그 제복 입은 사람이 배치받은 첫날인지, 10년째 근무하는 사람인지 전혀 모르죠."

그 택시기사는 윌리엄스를 참혹한 현장으로 데려갔다. 어떤 헤로인 중독자가 자동차를 훔쳐선 열일곱살짜리 소녀 세 명을 받아버린 것이다. 나중에 윌리엄스는 그 소녀들이 블랙풀(Blackpool, 잉글랜드 북서부 랭커셔

주에 위치한 바닷가 관광지)에서 왔으며, 생전 처음으로 부모에게서 집을 벗어나도 된다는 허락을 받고 왔다는 사실을 알게 되었다. "아수라장이었죠, 사방에서 사람들이 비명을 질러댔어요"라고 그는 회상한다. 그는 소녀 중 한 명에게 인공호흡을 하려고 했지만 그녀가 이미 죽었다는 걸 즉각 알아차렸다. 나머지 두 소녀는 가까운 상점으로 뛰어들어 피하려 했고, 심각한 부상을 입은 상태였다.

구급대원과 다른 경찰관들이 도착하고 나서, 윌리엄스의 상관은 그에게 "경찰서로 돌아가서 한잔 하라"고 말했다. 윌리엄스가 제복이 피로 흠뻑 젖은 채 경찰서로 돌아가고 있는데 어떤 집에서 누가 뛰어나오더니 그에게 소리쳤다. "빨리요, 내 마누라가 애를 낳으려고 하는데 구급차를 구할 수가 없어요!" 윌리엄스가 말했듯이, 그건 놀랄 일이 아니었다. 그 도로에서 일어난 사건으로 구급대가 오지 못한 것이다. 윌리엄스는 대학에서 훈련을 받으면서 아기가 태어나는 장면을 비디오로 본 적이 있었다. 그 기억이 윌리엄스가 아기를 받으면서 의지할 수 있는 전부였다. "그 산모가, '경찰관님은 애기를 몇명이나 받아보셨어요?' 하고 묻더라고요. 그래서 저는 순진하게 '이번이 처음이랍니다.' 그랬죠. 그랬더니, 아, 그 부인 엄청 무서워하더라고요." 윌리엄스의 시련은 거기서 끝나지 않았다. 마침내 경찰서로 돌아간 윌리엄스는 생존자 소녀 중 한 명에게 진술을 받고 친구가 죽었다고 알려주라는 명령을 받았다. "그때 제 나이가 스물셋이었는데요. 죽음을 보고, 소녀들에게 일어난 끔찍한 사고를 보고, 그러고선 아기가 태어나는 걸 보았어요. 그게 내가 처음으로 혼자 나선 순찰 근무였습니다."

윌리엄스는 경찰의 성과를 맹렬히 방어하는 입장이기에 내게 이 이야기를 들려주었다. 순찰중에 마주칠 수 있는, 그 지역 경찰서가 받는 압박의 강력한 증거로서 말이다. 윌리엄스의 무시무시한 첫 근무일로부터 30년이 지났고, 그의 열정은 보답을 받았다. 2013년 스티브 윌리엄스는 잉글랜드와 웨일스 경찰관들을 대변하는 기구인 경찰연합(Police Federation)의 회장이 되었다. 윌리엄스에게는 마음을 사로잡는 이야기를 들려주는 일이 매우 중요했다. 그 이야기는 경찰관들이 봉착하는 난관을 생생하게 설명해준다. 때로는 위험을 무릅쓰고 타인에게 해를 끼치는 자를 체포하고, 공중의 안전을 지켜야 하는 경찰관. 이들을 대변하는 것이 윌리엄스의 일이다. 매년 3,000명의 경찰관이 부상을 입으며, 그중 800명 정도는 중상을 입는다.[1]

경찰은 많은 역할을 한다. 그 역할 중 하나는 시민을 안전하게 지키고 타인에게 고통과 공포와 수치를 안기는 범죄자를 잡는 것이다. 그러나 경찰이 하는 다른 역할에는 의문의 여지가 있다. 오늘날의 지배 기득권층의 형성에는 경찰력이 필수적이었으며, 1980년대의 산업 격동기에 노동조합의 저항을 궤멸시키는 걸 도운 세력 역시 경찰이다. 이런 역할을 수행하는 데 맞춰진 경찰의 태도는 1989년 힐즈버러 스타디움 계단식 관중석의 참사를 불렀다. 저항은 점차 억제되거나 주변화돼야만 하는 것으로 취급되었고, 경찰은 이를 명심한 채 새로운 권력을 수여받았다. 이른바 전후 영국의 '관대함'을 거부하면서, 이 권위적 접근은 법과 질서로까지 확대되었다. 새로운 기득권층은 공언된 경제적 자유주의—'개방된' '자유' 경제—와 일종의 권위주의를 결합했고, 그 비전의 핵심부에는 경찰이 자리잡고 있다. 인종차별이 고질적 풍토로 남아 있는 사회에서 이런 권위주의는 공동체별로 매우 다르게 느껴질 수 있다.

경찰이 권위를 행사하는 방식에는 기득권층 자신들이 구현하고 있는 영국 사회의 권력 불평등이 반영된다. 경찰은 가난한 이들의 비행이라고 불리는 행위를 엄중하게 법으로 집행한다. 예를 들어, 소량의 대마초 소지라거나 정부 보조금의 부정수령 등이다. 그러나 이런 법 집행은 최상류층이 저지르는 훨씬 심각한 행위들을 무시하고, 허용하고, 용이하게 만든다. 예를 들면 탈세라거나, 아니면 순전히 탐욕 때문에 경제 전체를 재앙으로 몰아넣는 행위 같은 것 말이다. 경찰은 기득권층에 대항한 좀더 급진적인 반대를 무력화하려 한다. 그리고 이 모든 역할을 수행하면서, 경찰 자신에 대한 감시를 피하기 위해 은폐 공작과 음모에 의지하는 능력을 보여주었는데, 이는 매우 신경쓰이는 부분이다. 프랑스 같은 국가와 달리, 영국 경찰력은 중앙의 권력에서 독립되어 있다. 영국의 법과 질서는 중앙권력 대신 '합의에 기반한 치안'(policing by consent)의 원칙이 인도한다. 적어도 이론적으로는 그렇다. 그러나 새롭게 형성된 기득권 하에서 경찰은 유례없이 국가와 밀착되었다.

전 런던 경찰청(Metropolitan Police) 경감 피터 컬컴(Peter Kirkham)은 경찰에 관해서라면 최대한 방어적인 태도를 취한다. 나는 어느 비내리는 날 웨스트런던 패딩턴(Paddington)의 한 카페에서 그와 만났다. 그는 보수적으로 차려입은 딱딱한 태도의 중년 남성으로, 여가 시간을 바쳐 소셜미디어에 도는 경찰 비판을 반박하는 데 매우 열심인 인물이다. 하지만 신노동당 시대에 이르러 경찰이 정부와 얼마나 가까워졌는지 경찰관들이 심지어 시민의 자유에 대한 가혹한 침해를 지지하려고 하원의원에게 로비까지 하는 사태에 대해선, 컬컴마저 절망을 표한다. "끔찍한 일입니다, 정말 끔찍해요"라고 컬컴이 말한다. "경찰이 자신의 본분을 잊은 겁니다. 역사적으로, 경찰은 인민의 것이지 정부의 것이 아니에요. 경찰은 국가기관이 아닙니다." 엄밀히 말해 경찰이 '국가기관'(state authority)은 아닐 수 있지만, 힘있는 자들이 경찰을 자기네를 위한 빨치산(partisan force)으로 사용한 데는 꽤 긴 역사가 있다. 지금으로부터 백여 년 전, 경찰의 충성을 획득하기 위한 치열한 분투가 있었다. 그리고 후일, 경찰의 충성은 현대 영국의 기득권이 결정적 승리를 거두기 위한 핵심 요소였음이 증명되었다.

경찰연합이 세워진 이유

1918년 8월, 감히 생각도 못할 일이 일어났다. 런던 경찰이 파업에 돌입한 것이다. 여성 참정권 운동가이자 혁명적 사회주의자인 실비아 팽크허스트(Sylvia Pankhurst)는 '페트로그라드(상트페테르부르크의 옛 이름으로 1917년 혁명을 상징한다) 정신!'이라고 외쳤다. '경찰 파업 이후에는 무슨 일이든 일어날 수 있다. 군대가 아니라 경찰력이야말로 정치와 산업 분야에서 봉기를 진압하고 이미 성립된 영국 사회구조를 유지하는 힘이기에.' 정부 요인들은 다우닝가 10번지에 숨어서, 형편없는 임금과 폭압적인 운영에 분노한 12,000명의 경찰관이 화이트홀(Whitehall, 런던의 관청이 밀집된 곳)로 행진하는 광경을 두려움에 떨며 지켜보았다. "경찰들의 태도는 매우 위협적이었고… 집권자들은 금방이라도 혁명이 일어날 것처럼 느꼈다"고 연립정부의 고위직 정치인 로이드 조지(David Lloyd George, 1차대전 발발 무렵에 총리를 지냄)가 상기했다. 상황은 더 나빠졌다. 정부기관 건물을 지키라고 보낸 군인들이 파업 시위중인 경찰들과 친해진 것이다. 한 신문은 군인들이 말에서 내릴 때 "그들의 총을 파업 경찰들이 들어주었고, 그들은 서로를 진심으로 응원했다"고 썼다.

지배엘리트로서는 공포를 느낄 이유가 충분했다. 러시아 혁명이 일어난 지 채 1년도 지나지 않은 데다 산업 현장에서 불만은 쌓여가고, 유럽 대륙에선 1차세계대전이 아직 진행중이었으며, 아래로부터의 대격변이 일어날지도 모른다는 공포가 커지고 있었다. 그런 상황에서 경찰을 통제할 힘을 잃는다면 그야말로 대재앙이다. "질서의 수호자들이 일으킨 반란을 진압하지 못하면," 로이드 조지가 보수당 당수 보너로(Andrew Bonar Law, 후일 로이드 조지의 뒤를 이어 총리가 됨)에게 말했다, "법 조직 전체가 와해될 수도 있소. 이 총리는 사회질서의 권위를 세우기 위해 그대가 어떤 조치를 취하건, 아무리 심각한 조치라도 지지할 준비가 되어 있소."

하지만 그 후에 경찰 파업 문제는 더 심각하게 돌아갔다. 새로운 경찰 노동조합인 전국경찰·교도관연합(National Union of Police and Prison Officers, NUPPO)은 설립 초기의 노동당과 노동조합회의(TUC) 양쪽과 모두 연결되어 있었다. 이 새로운 경찰노조는 '공정한 심판자'를 자처하지 않았고, 경찰이 "고용자 계급의 도구로, 노동자의 정당하고 합법적인 요구를 분쇄하는 데" 이용되어왔다고 믿었다. 경찰노조는 이제 그러한 시대가 끝나간다고 선언했다. "우리는 노동계급 출신"이라고 경찰노조 지도자들이 노조원들에게 자랑스럽게 선포했다. "그리고 우리는 노동자로 남을 것이며, 노동자 대중의 해방을 위해 그들과 연대할 것입니다."

정부로서는 이 '해방된' 경찰력을 참고 넘어갈 수 없었다. 1919년, 최후의 파업 시도가 무산되고 경찰노조는 불법화되었으며, 다루기 힘든 경찰들은 파면되고 연금도 박탈당했다. 경찰노조가 폐지되고 그 자리에 대신 들어선 것이 경찰연합으로, 일반 경찰의 고충을 토로하는 통제된 수단이며, 물론 그 구성원들에게는 파업할 권리나 제대로 된 노동조합에 가입할 권리가 허락되지 않았다. 그 이후 거의 백여 년이 지난 후 경찰연합 회장이 된 스티브 윌리엄스는 "우리는 실패하라고 세워진 기관"이라고 말한다. 경찰력과 노동운동은 되돌릴 수 없을 만큼 분리되었다.

그러나 지배엘리트는 중요한 교훈을 얻었다. 첫 파업 이전에 경찰의 봉급은 너무 열악해서 많은 경찰이 비숙련 노동자보다 낮은 임금을 받았다. 심지어 경찰의 영양실조가 보고되기도 했다. 이는 중대한 실수였다. 이제 경찰 봉급은 급격히 증가했으며, 경찰은 예전에는 꿈도 꿀 수 없었던 위치에서 특권을 누렸다. 영국군 병사들이 1차세계대전의 학살 현장에서 귀환한 후에 파업은 점차 극심해져, 1926년 총파업(General Strike)에서 그 극에 달했고, 그후에야 정부에 대한 경찰의 충성심이 보장되었다.[2] 그리고 그 충성심은, 비록 때로 회복 조치가 필요했지만, 오늘날까지 유지되고 있다.

힐즈버러 참사의 진실

브라이언 패딕(Brian Paddick)은 겉모습만 봐도 경찰일 것만 같다. 큰 키와 다부진 체격에 권위있는 목소리와 분위기를 가진 패딕은 순경(constable)으로 처음 런던 도심지의 홀로웨이(Holloway)에 배치된 지 30

년이 지난 2007년 은퇴할 당시 경무관(Deputy Assistant Commissioner)이었다. 1976년에 패딕이 처음 경찰이 되었을 때, 근무환경은 20세기 초와 비교도 할 수 없을 만큼 좋았지만 봉급은 몇년째 떨어지고 있었다. "경찰 인력이 극심하게 모자랐습니다." 패딕이 회상했다. "인력을 충원하고 계속 머무르게 하기가 너무 어려우니까, 경찰 숫자가 적었죠." 1977년 노동당 정부는 에드먼드 데이비스(Edmund Davies) 판사를 책임자로 삼아 경찰 급여에 대한 조사에 착수했고, 조사결과 45%의 임금인상이 권고되었다. "노동당 정부는 상당한 급여인상을 받아들였습니다." 패딕이 회상한다. "하지만 시간차를 두고 진행하기로 했기 때문에, 데이비스 판사의 제안은 효과를 거두지 못했습니다."

그러나 1979년 마거릿 대처의 집권에 뒤이어 제조업부문에서 투쟁의 가능성이 보이자, 새 정부가 가장 처음으로 단행한 조치 중 하나는 경찰 임금의 45% 인상이었다. 다른 공공부문 노동자들은 같은 시기에 얇아진 월급봉투로 괴로워하고 있었는데도 말이다. 그 뒤에 몰아친 폭풍에서, 경찰의 충성이 보장되었다. 경찰은 새로운 신자유주의 기득권에 반대하는 자들을 물리치는 데 핵심적인 역할을 한다. "그게 경찰의 문제가 시작된 시점인 것 같습니다, 정당정치 같은 방식으로, 공공연하게 정치화되어버린 것이지요." 전 경감 피터 컬컴의 회상이다. "대처는 자기가 벌인 전쟁에 경찰을 동원해서 싸우도록 할 심산이었으니, 경찰에 투자를 하고 싶어한 거죠." 임금인상은 확실히 목적을 달성했다. "매기(마거릿 대처의 애칭)의 계획이 성공했어요," 컬컴이 결론지었다. "경찰은 매기를 영웅으로 여겼어요. 매기를 사랑하고… 매기를 위해 무엇이든 했습니다."

1984~5년 광부 파업에서 경찰은 정치적 공성병기처럼 사용되었다. 광산 마을에서는 경찰을 '매기네 깡패'(Maggie's Boot Boys)라고 불렀다.

"돌아보면, 대처가 에드먼드 데이비스의 권고를 받아들여 경찰을 샀다고 냉소할 수도 있겠습니다. 돈을 주고 경찰의 충성을 산 거죠." 패딕의 말이다. "그리고 광부 분쟁은 경찰이 받은 걸 갚아야 할 때가 돌아온 거였고요." 1984년 6월, 사우스요크셔의 골탄(骨炭) 가공공장에서 피켓 시위를 하던 광부들이 기마경찰의 경찰봉으로 구타당한, 악명높은 오그리브 전투(Battle of Orgreave)는 1년 동안 계속된 항쟁에서 가장 쓰디쓴 순간이었다. 피켓 시위를 하던 광부들을 기소하려던 시도는 실패로 돌아갔고, 사우스요크셔 경찰은 보상금과 법무 비용으로 50만 파운드가 넘는 비용을 지출해야 했다.

위증혐의를 받은 경찰은 거의 30년 동안 경찰민원처리독립위원회 (Independent Police Complaints Commission, IPCC)에 항의하면서 정의실현을 방해하고 오그리브를 모욕했다. 너무나 익숙하게도, 경찰은 증거를 조작하고 조직적으로 사건을 은폐하려 했다는 혐의로 고발당했다. 영국 최고의 법정 변호사 중 한 명인 마이클 맨스필드(Michael Mansfield) 변호사는 법정에서 오그리브 전투에 있었던 광부 중 일부를 대변했다. 런던 금융중심지 북쪽 패링던가(Farringdon Street)에 위치한 그의 사무실에서, 맨스필드는 어떻게 경찰이 동일한 용어를 써서 오그리브 투쟁을 확고하게 폭동으로 분류하려 했는지 말해주었다. "그들은 자기들이 폭동의 정의에 들어맞는 용어를 쓰는지 확실히 확인해야만 했어요. 그래서 많은, 아주 많은 경찰측 진술이 똑같이 씌어 있었습니다. 경찰이 지시한 게 확실했지요." 결국 경찰 진술서 하나의 서명이 위조되었다는 것이·확실해지고 나서, 16주 후에 재판은 무산되었다. 광부 파업 기간 동안 경찰은 법과 정의의 공정한 심판자로 행동하지 않았다. 맨스필드는 경찰이 그 어떤 대가를 치르건 간에 광부들을 패배시키려고 작정했던 그 분쟁에 깊이 연루돼 있었다고 말한다. "그건 순수하게 정치적인 투쟁이었습니다. 폭동 혐의가 제기되는 일은 잘 없는데, 명백하게 언론에 대서특필됐으니까요. 폭동 혐의를 제기한 건 정치적인 결정이었습니다. 그리고 보수당과 함께 노동당도, 이 모든 것에 찬성했습니다. 죄를 지은 건 광부들이라고요."

1980년대 광부들의 패배는 새로운 기득권층이 아직 제압하지 못한 가장 가공할 조직적 위협인 현대 노동조합 운동을 분쇄하는 전조가 되었다. 맨스필드가 말하길, 국가는 광부노조의 위원장 아서 스카길을 '내부의 적'으로 보았다. "스카길을 흠씬 두들겨패지 않으면, 거의 말 그대로 물리적으로 흠씬 두들겨패지 않으면 안 됐지요. 노동조합이야말로 집권 정부에 대한 대안국가이고, 정부가 추진하는 새로운 종류의 규제완화를 위협하는 곳이고, 말하자면 노조에 대한 공격이야말로 대규모의 자본주의 강화 작업이었던 것입니다." 자유시장을 향한 대처의 성전이 반대세력을 척결해낸 것이다. 이제는 새롭게, 제한 없이 계획을 밀고나갈 수 있었다. 자신의 생각에 조직적으로 반대하는 거대한 세력을 무화시킬 수 있는 능력을 손에 넣은 것, 이는 새로운 기득권의 강화에 있어 결정적인 순간이었다. 경찰은 새로운 기득권의 성립에 핵심적인 역할을 수행했다.

경찰은 기득권 '내부의 적'을 찾아내도록 훈련받아왔다. 그런 사고방식의 결과로 잔인성, 책임전가와 은폐의 문화가 생겼으며, 경찰은

1980년대의 투쟁에서 이런 수단을 이용해서 싸웠다. 사우스요크셔 경찰은 또다시 그런 행동을 보였고, 그 일은 재앙으로 끝난다. 1989년 4월 15일, 오그리브 전투로부터 5년 후에, 셰필드의 힐즈버러 스타디움에서 열린 리버풀 대 노팅엄 포레스트(Nottingham Forest)의 FA컵 준결승 경기 와중에 94명의 리버풀 축구팀 팬들이 압사당한 것이다. 후에 그날 입은 부상으로 2명이 더 사망했다. 축구 경기를 보러 갔다가 관에 실려 돌아온 남녀 사망자 96인의 유가족은 상상하기 힘들 정도의 슬픔에 휩싸였다. 그러나 유가족은 또다른 트라우마와 맞서야 했다. 사우스요크셔 경찰이 사망자와 생존자를 상대로 음모를 획책했던 것이다.

"전 돈도 별로 없고, 그렇게 물질만능주의적인 사람도 아니지만요. 언제나 내가 아주 부자라고 생각했어요." 리버풀의 지역 스포츠 센터에 앉아서 마거릿 아스피널(Margaret Aspinall)이 내게 들려준 이야기다. 우리가 이야기를 나누는 동안 옆에 있는 체육 강당에서 아이들의 목소리가 울렸다. "난 정말로 예쁜 자식을 다섯이나 뒀으니까, 부자가 아니면 뭐겠어요." 제임스는 그녀의 첫 아이로, 평생 동안 리버풀 팀의 팬이었다. "그애는 크리스 드 버그(Chris de Burgh)에 미쳐 있었다"고 마거릿은 회상했다. "크리스 드 버그의 음악을 엄청나게 좋아했고, 언제나 그 가수의 음악을 연주했어요. '세일링 어웨이'라는 곡을 특히나 좋아했는데, 전 제임스한테 '네가 그 노랠 들으면서 출항(sail away)이라도 했으면 좋겠구나, 엄마는 그 노래 너무 들어서 신물이 나니까'라고 말하곤 했어요." 리버풀의 해운회사에 취직한 지 얼마 되지 않아서, 열여덟 살 먹은 제임스가 신이 나서 어머니에게 문을 열어달라고 외치며 집에 왔다. 아버지에게 선물할 기타를 사가지고 온 것이다. 제임스는 마거릿에게 "아빠랑 엄마가 지난 18년간 절 잘 키워주셨으니까 우리 아빠한테 뭔가 특별한 걸 드리고 싶었어요"라고 말했다. "하지만 걱정 마세요, 엄마한테는 9월 엄마 생신 때 드릴 게 있으니까." 그러나 제임스는 그해 9월까지 살아남지 못했다.

마거릿은 1989년 4월 15에 일어난 일을 거의 전부 다 세세하게 기억한다. 그녀는 올케가 힐즈버러에서 문제가 생겼다며 소리를 지르던 것과 처음에는 그게 아들 제임스가 간 축구장이라는 걸 몰랐던 걸 기억한다. 마거릿은 아이들 주려고 만든 샌드위치를 바닥에 떨어뜨리면서 거실로 달려가서 리버풀 팬들이 의식을 잃고 벤치에 누워 있는 장면을 봤던 걸 기억한다. 그녀는 첫번째 보도에서 사망자가 17명이라고 나왔던 것, 아들을 봤다고 착각할 때마다 TV에 대고 고함을 지르던 것, 올케에게 TV를 꺼버리자고 한 것도 기억한다.

마거릿의 남편 지미도 힐즈버러 스타디움에 있었지만, 그는 제임스와 따로 갔고 무사했다. 지미는 아들을 찾아서 가겠다고 마거릿에게 약속했고, 마거릿을 안심시키려고 한 시간마다 전화를 걸었다. 그러다가 한밤중이 되자 더이상 전화가 오지 않았다. 다음날 동틀녘, 마거릿은 제임스의 개를 데리고 바깥으로 나갔다. 그때 마거릿은 여동생이 천천히 걸어오는 것과 남편이 도로 쪽으로 차를 몰고 있는 걸 보았다. 끔찍한 현실이 그녀를 덮쳤다. 마거릿은 달리기 시작했다. "여보, 멈춰!" 지미가 그녀에게 소리쳤다. "아냐 지미, 제발 따라오지 마"라고 그녀는 맞고함을 질렀다. "당신이 날 쫓아오지 못하면 우리 아들이 아직 살아 있는 거니까, 제발 따라오지 마. 날 잡으면 당신은 제임스가 죽었다고 말할 거잖아, 안 그래?" 마거릿은 차에 치어버리고 싶었다. 어떻게든 그 소식을 피하고 싶었다. 그리고 마거릿의 다른 아들이 주체할 수 없이 흐느껴 우는 동안 지미는 길바닥에 주저앉았다. "사실이 아냐, 그렇지?" 그녀는 지미에게 간청했다. "우리 예쁜 아들 안 죽었어, 그렇지?" 그리고 지미의 대답과 함께 모든 희망이 사라졌다. "마거릿, 내가 무슨 말을 할 수 있겠어?" 마거릿은 비명을 지르며 이웃집 문을 두드리고, 이웃들에게 일어나라고, 그녀의 아들이 죽었다고 소리지르며 흐느껴 울었다.

이건 많은 유족 중 단 한 가족의 공포일 뿐이다. 마거릿의 표현처럼, '지옥과 고문의' 밤이었다. 그녀의 첫 아이가, 응원하는 축구팀이 FA컵 준결승에서 뛰는 걸 본다는 흥분과 기대에 가득 차서 리버풀의 집을 나섰다가 시체 가방에 담겨서 돌아왔다. 다른 유가족과 마찬가지로, 마거릿과 가족들은 사랑했던 이의 시체를 보러 갔다. 마거릿은 본능적으로 아들의 코트를 챙겨 갔다. 병원에 도착하자 흐느껴 울고 있는 많은 사람들이 인사를 했다. 마거릿은 슬픔에 사로잡힌 나머지 무슨 일이 일어났는지를 깨닫지 못하고, 왜 제임스를 만나보지도 못한 사람들이 제임스를 위해 슬퍼하고 있을까 하고 궁금해했다. 마거릿과 가족들은 파란 커튼이 쳐진 유리벽이 있는 방으로 안내되었다. 누군가 "준비가 되셨나요, 아스피널 부인?"이라고 물었다. 마침내 커튼이 걷히자, 마거릿의 눈앞에 생명이 빠져나간 제임스의 몸이 있었다. "내 아들 돌려줘요, 가서 내 아들을 품에 안을래요." 그녀는 애원했다. 마거릿의 표현대로, "피도 눈물도 없는" 대답이 돌아왔다. "아스피널 부인, 그는 이제 부인 소관이 아닙니다. 검시관의 소관이죠."

힐즈버러 참사로부터 23년이 지난 후에야, 힐즈버러 독립조사위원단(Hillsborough Independent Panel)은 생존자와 유가족들이 처음부터 알고 있었던 결론을 내렸다. 경기장에 있던 관중들은 전혀 재앙의 원인을 제공하지 않았으며, 경찰의 책임이 크다는 것이다. 그날 경찰의 전략은 '관중의 통제를 안전보다 우선시하라'는 것으로, 술에 취했거나, 난동을 부리거나, 표가 없는 관중이 위험할 것이라고 생각하여 그들에게 특히 초점을 맞췄다. 재난이 일어나고 있을 때 경찰의 대응은 위협적인 폭도라는 축구팬의 이미지, 특히 리버풀 축구팬의 이미지에서 영향을 받았다. 위럴 사우스(Wirral South, 잉글랜드 북서쪽 머지사이드 주에 있는 선거구) 노동당 하원의원이자 힐즈버러 운동가인 앨리슨 맥거번(Alison McGovern)에 따르면, 그 당시에 우세한 태도는 "축구팬은 저소득층이고, 기본적으로 쓰레기들"이었다고 한다.

스타디움이 면해 있는 레핑 레인(Leppings Lane) 거리 쪽의 회전 십자문이 '경기 시작 시간에 맞출 수 있을 만큼 많은 팬들을 한번에 통과시킬 수 없었다'는 증거가 있다고 힐즈버러 독립조사위원단은 결론을 내렸다. '그러나 위험성이 증가하고 있는데도 무시되었다.' 당시 책임자였던 데이비드 더켄필드(David Duckenfield) 총경은 이미 혼잡한 두 개의 '우리'로 통하는 출구를 개방하라고 지시했다. 우리라는 용어는 짐승에게나 쓰는 말 아닌가. 경찰 제어실의 CCTV는 '심각한 혼잡 문제'를 드러냈으나 여기에는 어떤 조치도 취해지지 않았다. 경찰관들은 레핑 레인 쪽의 상태가 '불안'하다는 말을 '난동이 일어날 조짐이 있다는 말로 해석했고, 결과적으로 뒤늦게서야 관중들이 짓눌리고, 다치고 죽고 있다는 걸 깨달았다.' 힐즈버러 독립조사위원단의 보고서에 따르면, 사망자 96명 중 41명까지는 적절히 대응했다면 구할 수 있는 인원이었다.

리버풀 팬들은 참사의 원인을 제공한 바가 전혀 없다. 그러나 사우스요크셔 경찰은 책임을 질 생각이 전혀 없었고, 질식하고 짓밟혀 임시 영안실에 누워 있는 시체들에게까지 비난의 화살을 돌리려 했다. 경찰관들은 술 취한 관중에게 책임이 있다는 이야기에 힘을 실을 수 있기를 바라며, 슬퍼하는 유족들에게 '그들의 사랑하는 피해자의 사회적 습관과 음주 습관'을 질문했다. 그러나 일은 거슬리는 심문으로 끝나지 않았다. 보고서가 결론짓듯이 '주류(酒類)가 참사 발생의 어떤 부분이라도 기여했음'을 시사하는 '증거가 전혀 없음에도' 경찰은 유족의 동의도 구하지 않고 희생자들의 시신으로 혈중 알코올 농도를 측정했다.

혈액검사 결과 술을 전혀 마시지 않았던 희생자들에게는 다른 종류의 중상모략이 가해졌다. 범죄 이력을 조사해서 '고인들의 평판을 공격하려는' 시도가 있었던 것이다. '술주정꾼'이 비난받는 것뿐 아니라 범죄자도 희생양이 되었다. 더켄필드 총경은 리버풀 팬들이 경기장으로 무단 침입했기 때문에 치명적인 혼란이 일어났다고 '거짓말을 했'고, 이 거짓말은 전 세계로 보도되었다.

"오그리브와 힐즈버러의 연관성은 주목할 만하죠, 왜냐하면 어떤 면에선 같은 관할지역의 경찰력이 조사에 있어서 같은 종류의 힘을 행사한 것이거든요." 그리고 두 경우 모두 웨스트미들랜즈(West Midlands, 잉글랜드의 주) 경찰이 조사를 눈가림할 외부세력으로 지목되었다고 마이클 맨스필드 변호사는 말한다. 오랫동안 힐즈버러 사건의 정의를 위해 운동해온 머지사이드(Merseyside)의 노동당 하원의원 마리아

이글(Maria Eagle)은 경찰의 '흑색선전 부서'를 언급했다. 그 부서는 "기본적으로 지서장 이상 급의 고위 경관들로 구성되었으며, 경찰의 입장을 자기네 생각대로 주장하고, 자신들 이외에 모든 이를 중상모략하기 위한" 곳이다. 경찰 진술서 164개중 116개가 사우스요크셔 경찰에게 '불리한 구절을 삭제하거나 고쳐 쓰느라 수정되었다'고 힐즈버러 독립조사위원단 보고서는 말하고 있다. 그러나 후에 나온 경찰민원처리독립위원회 보고서는 조작된 보고서의 숫자가 더 많을 수도 있으며, 경찰의 진술서뿐 아니라 팬들의 진술서도 원래 진술내용과 다르게 바뀌었을 가능성이 있다고 한다. 오그리브와 힐즈버러 사건 모두에서, 경찰의 처신을 비판하는 데 이용될 수 있는 모든 진술 내용을 삭제하는 조직적 활동이 드러난다.

그러나 언론에 대고 거짓말을 한 것은 고위직 경찰관들, 사우스요크셔 경찰연합, 그리고 보수당 하원의원 어빈 패트닉(Irvine Patnick)이다. 『선』은 명예롭지 못하게도 이들의 거짓말에 '진실'이라는 표제를 달아, 무비판적으로 1면 머리기사로 내보냈다. 경찰의 음모가 가장 저질적이고 가장 타락한 곳까지 떨어지는 순간이었다. 언론은 리버풀 팬들이 죽어가는 사람들을 구하려는 경찰관을 모욕하고 그들에게 방뇨를 했다고 보도했으며, 희생자들의 시체에서 지갑을 훔치기까지 했다는 혐의를 씌웠다.[3] "『선』은 개인의 이름을 실은 적이 없었기 때문에 법적으로 고소할 수가 없었다"고 마거릿 아스피널은 말한다. 트라우마에 시달리는 축구팬들을 중상모략하는 짓도 구체적으로 이름을 밝히지 않으면 용인될 수 있었던 것이다.

1980년대 새로운 기득권층의 부상과 함께 노동조합의 봉기가 일어났고, 이에 대한 대응으로 경찰은 노동계급을 '내부의 적'으로 다루도록 훈련받았다. "경찰은 자기네가 부른 비극에 희생된 이들을 대하면서도, 그 사람들을 '내부의 적'처럼 다뤘습니다." 마리아 이글의 말이다. "경찰 생각에는 노동자 계급 리버풀 사람들은 더러운 놈들이자 광부와 마찬가지로 '내부의 적'이었던 겁니다." 사우스요크셔 경찰은 진상조사를 받아들이는 대신 자기들끼리 똘똘 뭉치고, 사건을 은폐하고, 증거를 왜곡·날조하고 『선』 같은 신문에다 유언비어를 퍼뜨리는 방식으로 자신들의 잘못에 대응했다.

광부 파업은 경찰의 새로운 사고방식을 공고히했고, 그 사고방식이 힐즈버러 비극으로 곧바로 이어진다. 사우스요크셔 경찰은 "노동계급 사람들에게 제멋대로 행동하는데도 처벌을 피해가곤 했다"고 이글은 말한다. "광부 파업이 시작이었죠, 파업에 참가한 사람들한테 누명을 뒤집어씌우고, 누명을 쓴 사람들의 피해를 돈으로 보상한 것 외에 어떤 책임도 지지 않고, 경찰은 집단적으로 자신들의 행동에 책임을 지지 않아도 된다고 느끼게 되었어요. 그것이 힐즈버러 참사까지 흘러간 거지요." 오그리브에서 저지른 일의 책임을 회피할 수 있었던 사우스요크셔 경찰은 자기들의 행동 때문에 96명의 축구팬이 사망하는 결과를 낳았을 때조차 비슷한 방식으로 대처할 만큼 대담해진 것이다.

"경찰은 제멋대로 굴었어요." 마거릿 아스피널이 말한다. "경찰이 광부들에게 한 짓 때문에 마거릿 대처가 사우스요크셔 경찰에게 큰 빚을 진 거죠. 대처가 광부의 가족들을 굶겨 죽이려고 한 걸 잊으면 안 돼요. 대처는 형과 아우를, 아버지와 아들을, 아내와 남편을 갈라놓았어요. 그리고 사우스요크셔 경찰이 대처가 원하는 걸 잘 따라준 거죠,

아주 빌어먹게 잘해준 거예요. 그래서 대처는 경찰에 빚이 있었던 거죠." 대처리즘은 경찰의 충성을 구매했다. 경찰은 대처리즘의 전투에서 싸워주었고, 그 과정에서 더욱 권위주의적으로 변해갔다.

힐즈버러의 진실이 마침내 드러난 유일한 이유는 유족들이 끊임없이 진실과 정의를 요구하며 투쟁했기 때문이다. 그들은 거의 사반세기 동안 언론이 관여하는 은폐공작, 경찰과 정치엘리트들을 참아내야 했다. "유족들만 진실을 알고 있었던 게 아니에요." 마거릿 아스피널은 말한다. "그날 그 자리에 있었던 축구팬과 목격자가 24,000명이에요. 정부와 기득권층은 그걸 잊었던 겁니다."

2012년 9월 힐즈버러 음모의 충격적인 세부사항이 마침내 드러나자, 비록 불편한 통찰을 안겨주긴 했지만, 이제는 역사가 된 일이며 오래 전에 지나간 어두운 과거라는 생각이 만연했다. 그 이후로 경찰은 변화했고 이전의 권위주의적이고 불투명한 경찰 문화를 개혁했다는 것이다. 이야기는 그렇게 흘러갔다. 힐즈버러 독립조사위원단 보고서가 출판되고 나서, 조사를 발족하는 데 중요한 역할을 한 노동당의 앤디 버넘(Andy Burnham)이 BBC에 이렇게 말했다.[4] "그 시대는 지금과 매우 다르게, 축구를 응원하는 사람들은 2등시민으로 취급되고 모든 걸 홀리건의 난동이라고 생각하던 시대였던 겁니다." 『가디언』의 노련한 기자 마이클 화이트(Michael White)는 힐즈버러 사건의 진상을 언급하면서 "지금은 아마 이런 일이 일어나지 않겠지만"이라고 썼다. 이런 생각을 의심하는 사람들도 있다. "많은 것이 바뀌었지만, 우리가 바랐던 만큼 바뀐 건 아니라고 생각합니다." 마리아 이글은 내게 이렇게 말했다. "힘과 권위를 가진 이들은 그걸 남용하고자 하는 유혹을 받지만,

거기에 저항해야 합니다. 아무튼 경찰은 예전보다 훨씬 나아졌어요."

그러나 새로운 기득권층이 촉진한 경찰의 권위주의 문화는 계속 이어지고 있다. 노동조합이 억압된 뒤로 기득권에 급진적으로 반대하는 이들은 훨씬 더 분열되고 이질화되었다. 그러나 그들은 여전히 경찰봉과 대규모 체포, 그리고 그보다 더한 것에도 맞서야 한다.

경찰에 무소불위 권력을

새로운 기득권은 개인을 자유롭게 해방시켜주겠다고 약속했으나, 다른 어느 체제보다 권위적이 되었고, 경찰에 점점 더 많은 권력을 주며, 집회의 권리를 위협하고 있다. 1986년 공공질서법(Public Order Act)이 통과되었는데, '괴롭힘, 불안, 고충'을 야기할 수 있는 말이나 행동을 범죄화하는 이 법은 결국 성소수자 인권운동부터 기독교의 거리전도에 이르기까지 다양한 집단을 억압하는 데 이용되고 있다.[5] 이 법은 또한 시위에 새로운 제한을 부여했다. 8년 후 도입된 또다른 공공질서법은 특히나 난동을 엄중히 단속하는 데 그 목적이 있지만, 특정한 형태의 집회나 직접행동을 겨냥하고 있기도 하다. 이렇듯 바람직한 목적으로 만들어진 것처럼 보이는 법조항들이 기득권의 반대자들을 처벌하기 위해 이용된다. 1997년 도입된 괴롭힘방지법(Protection from Harassment Act)이 그중 하나인데, 2007년에는 심지어 중산계급 지역인 옥스퍼드셔(Oxfordshire)에서 RWE엔파워(RWE npower)라는 회사가 호수를 파괴하는 걸 멈추기 위해 모인 주민 시위를 금지하는 데 사용되었다. 기업 이익의 추구가 시위로부터 보호받는 것이다. 2005년부터 시행된 중범죄경찰법(Serious Crime and Police Act)은 의회 광장(Parliament Square, 웨스트민스터와

인접해 있는 런던의 광장) 1킬로미터 내에서의 시위에 제한을 부과한다. '모든 의회의 어머니'(웨스트민스터 의회를 말함) 밖에서 자유롭게 시위할 역사적 권리마저 공격받고 있는 것이다.

신노동당 시대에는 테러의 위협을 이용해서 테러와 관련된 행위를 했다고 의심되나 유죄로 판명되지 않은 용의자들에 대해 '질서 통제'를 도입할 수 있었으며, 합법적으로 전화통화, 편지, 이메일을 감시·감청할 수 있는 법이 정당화되었다. 그러나 신노동당 정책 논란의 중심이 된 것은 기소 없이 구류 가능한 기간을 90일까지 연장하자는 제안인데, 이는 서구에서 가장 긴 기간이다. 2005년, 당시 총리였던 토니 블레어는 런던 경찰 지도부에 테러 용의자를 심문하는 데 기간이 얼마나 필요하느냐고 질문했다(2005년 7월 런던에서 시민을 노린 연쇄 자살폭탄 테러가 일어났다). 경찰은 블레어가 첫번째 제안을 바로 받아들일 거라고는 크게 기대하지 않았다. 그래서 경찰관들은 하원의원들을 만나 경찰측의 제안을 지지하도록 로비활동을 해달라고 부탁했다. "하원의원들과 온갖 사람들이 우리에게 와서 이 제안대로 통과가 안 되면 우리가 아는 세상은 끝장나는 거라고 말하고 다녔죠." 이건 현재 노동당 예비내각 각료이며 당시 하원의 평의원이던 정치인이 오프 더 레코드(비보도)를 조건으로 말해준 기억인데, 그 의원에 따르면 당시 경찰과 하원의원의 일대일 회의도 있었다고 한다. 런던 경찰청 고위직에 있었던 브라이언 패딕은 블레어가 경찰에게 "경찰이 원하는 만큼 권력을 다 주었다"고 말한다. "왜냐하면 노동당은 심각한 범죄사건이 발발하거나 범죄율이 급증했다고 비난받기 싫었으니까요. 그래서 노동당은 고위직 경찰들의 구매 희망목록을 결재해준 거죠. 나중에 혹시라도 무슨 일이 생기면 정부가 아니라 경찰 책임이 되도록요."

의회의 저항으로 90일 구류 제안은 무산되었지만, 다른 반테러법은 그렇지 않았다. 외무장관 잭 스트로(Jack Straw, 영국 정치인, 노동당)에게 야유를 했다고 해서 1937년에 나치 독일로부터 탈출한 80대의 노동당 대의원 발터 볼프강(Walter Wolfgang)이 노동당 당대회에서 퇴장당한 사건은 반테러법 남용을 잘 보여주는 사례 중 하나다. 볼프강은 반테러법(Terrorism Act)으로 재입장이 금지되었다. 브라이언 패딕이 신노동당 시대를 이렇게 말할 만도 하다. "거의 통제가 안 되는 지경까지 갔습니다. 경찰은 뭐든 원하는 대로 할 수 있었고, 결과에 대한 책임은 지지 않았어요."

새로운 영국 기득권층의 가치에 반발하는 이들은 이러한 권위주의 때문에 고통받는다. 2009년 봄, 공공기금으로 은행을 구제한 몇달 후, 주요 경제국 대표들이 G20 정상회담을 위해 런던에 도착했다. 사회, 경제, 환경 정의에 대한 요구가 이 힘있는 남자들, 그리고 소수의 여자들을 맞이했다. 반전(Stop the War), 티베트 독립(Free Tibet), 인간과 지구(People and Planet), 기후변화 대책본부(Climate Camp) 등의 단체가 조직한 시위를 맞닥뜨린 런던 경찰은 '글렌코 작전'(Operation Glencoe, 글렌코는 스코틀랜드 하일랜드 지방)이라는 작전명의 보안 작전을 개시했다. (글렌코라는 이름은 안타깝지만 많은 것을 말해주며, 이 작전과 잘 어울리는 이름이다. 글렌코는 1962년 2월 스코틀랜드 부족의 지도자들이 잉글랜드 왕가에 충성을 맹세하지 않았다고 해서 벌어진 악명높은 학살의 무대로 알려져 있다). "우리는 이 임무를 위해 나왔으며, 이것을 이루어낼 것입니다." 경찰 지휘관인 사이먼 오브라이언(Simon O'Brien)이 미리 선포했다. 아마도 정치시위를 처리하는 걸 '이것'이라고 말하는 것 같다. 그것은 어느 모로 보나 민주주의적 시위를 돕는다기보다는 교전을 준비하는 말이었다. "시위를 돕는다는 건 경찰 문화에 어긋나죠, 그건 경찰과 어울리지 않아요." 패딕의 설명이다. "경찰은 자연스럽게 시위를 억제하고 싶어하고, 통제하고 싶어합니다."

당시 18세의 학생이었던 소피 페찰(Sophie Petzal)은 이스트 서섹스(East Sussex) 시골에서 자랐고, 2009년 4월 1일 집회에 참가했다. 시위에 나간 건 그때가 처음이었는데, 페찰은 그 이후로 단 한 번도 시위에 참가한 일이 없다. "10대 때 난 의견이 뚜렷한 편이었다"고 그녀는 회상한다. "잠깐 생각없는 아나키스트일 때가 있었죠." 금융 붕괴의 후폭풍과 런던 금융가의 '무법자'들에 대한 경멸로, 그녀는 비록 자신이 정치적으로 정확히 뭘 원하는지는 잘 몰랐지만 '아주 강렬하게 정의를 갈구하게' 되었다. 페찰은 우스꽝스런 조끼를 입고, TV코미디 시리즈 「테드 신부님」(Father Ted)에 나오는 문구를 인용해 '이딴 걸 타도하자'(Down with this sort of thing)라고 우습게 쓴 플래카드를 들고, 친구들과 함께 의기양양하게 시위에 나갔다. 처음 몇시간 동안은 길거리 파티 같은 분위기였다고 페찰은 기억하지만, 시위자들이 영국은행(Bank of England) 근처에 운집하자 상황은 달라지기 시작했다. "우리는 결국 멍청이 몇명과 함께 밀리게 됐다"고 그녀는 말한다. 사람들은 플래카드 조각을 경찰 방향으로 던졌다. 오후 3시가 되자, 집회가 분열되면서 다시 평온이 돌아온 것처럼 느껴졌다.

그러나 집으로 돌아가기 위해 길을 뚫으려던 페찰과 친구는 경찰이 시위장소에서 바깥으로 벗어나는 길을 봉쇄하고 있다는 걸 알아차렸다. 그들은 갇힌 것이다. "분위기가 진짜 험악했다"고 페찰은 말한다. "사람들은 대부분 더이상 시위에 엮이기 싫어서 그냥 집에 가고 싶어 했어요." 경찰은 이걸 '억제'(containment)라고 부르지만, '주전자'(kettle)라고 더 많이 알려져 있다(시위 참가자들을 제한된 공간에 가두어둔다는 비유를 통해 탄생한 신조어). 남은 시위자들은 그 안에 6시 정도까지 갇혀 있었고, 긴장은 점점 고조되었다. 페찰과 친구들이 함께 이야기를 나누었던 오스트레일리아에서 온 보도사진가 한 명은 자기가 스크럼 안에 갇힌 걸 알고도 사진을 찍고 인터뷰를 하려고 했다. 경찰은 그의 카메라를 빼앗아서 부숴버렸고, 그 사진가는 피투성이가 되었다.

가까이에 있던 기후변화 대책본부의 시위자들은 비숍스게이트 (Bishopsgate, 런던 중심에 위치한 구역)를 춤, 드럼과 음악이 모두 갖춰진 항의의 축제로 만들었다. 저녁 7시 10분이 되자 별안간, 경찰이 '이건 폭동이 아니야!'라고 소리 지르면서 시위자들에게 경찰봉을 휘둘렀다. 그들은 몇시간 동안 갇혀 있었다. 경찰은 후일 폭력적인 시위 참가자들이 기후변화 대책본부를 '강탈'하는 것을 방지하기 위함이었다고 주전자 전술을 정당화하려 했으나, 후일 고등법원(High Court)은 '정당화될 수 없는 무력 사용'이 있었다고 판결했다. 그러나 상고 법원(Court of Appeal)은 판결을 번복했다.

저녁 7시부터 시위를 해산시키면서, 경찰 지도부는 산발적 충돌이 발발할 시 '합당한 무력'이 사용돼도 좋다는 명령을 하달했다. 시위와 아무 상관 없는 보행자들도 이 긴장된 상황에 휘말렸다. 47세의 『이브닝 스탠다드』(Evening Standard) 신문 가두 판매인이었던 이안 톰린슨(Ian Tomlinson)도 그렇게 휘말렸는데, 그는 퇴근하고 집으로 돌아가려던 중이었다. 몇 분 후 톰린슨은 사망했다.

경찰의 초기 보고서에 따르면, 군중 하나가 경찰관에게 기절한 사람이 있다고 알렸고, 경찰을 향해서 '수많은 미사일'이 쏟아지고 있었는데도 심폐소생술을 실시하기 위해 경찰구급대가 파견되었다. 미사일이라는 건 빈병을 가리키는 것 같다.[6] 언론은 그렇게 경찰과 결탁하여 시위 참가자들에게 비난을 돌렸다. 기자들이 경찰측의 주장을 그렇게 안일하게 믿어버린 것은 분명 그들이 시위자에 대한 반감을 경찰과 공유하고 있었기 때문이다. 이튿날 『이브닝 스탠다드』는 경찰의 브리핑에 근거해 '벽돌을 맞는 와중에도 죽어가는 사람을 도운 경찰'이라고 표제를 뽑았다. 그 기사에 따르면 톰린슨을 도우려고 했던 경찰관들에게 시위자들이 "벽돌, 빈병과 나무판자를 던졌"다. 여기에도 자신들의 행동에 따르는 비난의 화살을 시위자들에게 돌리기 위해 시위자들을 악마화하려는 경찰의 시도가, 충격적인 내력을 가진 그 전략이 드러난다.

"4월 4일에 줄리(Julie, 이안 톰린슨의 부인)는 런던 시경의 가족 연락 담당관으로부터 연락을 받았다"고 톰린슨 가족의 사무변호사인 줄스 캐리(Jules Carey)가 런던 시내 중심부에 위치한 그의 사무실 근처 시끄러운 술집에서 내게 말했다. "그 경관은 줄리에게 '경찰이 조사를 마무리했습니다. 검은 복면을 쓴 시위자 여러 명이 돌진하려 했고, 경찰이 거기에 대응하려 하자 다시 되돌아 달려갔습니다. 부군께서는 복면을 쓴 시위자들 사이에 휩쓸려서 심장마비로 돌아가신 겁니다. 부군을 죽인 건 그 시위자들입니다'라고 말했어요." 그 경관의 기록을 보면, 줄리는 그 소식을 듣고는 울음을 터뜨렸다고 한다.

그러나 기술이 발전하면서 이런 잘못된 정보를 퍼뜨려놓고 빠져나가는 일이 점점 어려워지고 있다. 런던에 업무차 출장을 왔던 뉴욕 투자펀드 자금운용담당자 크리스 라 제니(Chris La Jaunie)가 이안 톰린슨의 마지막 순간을 그의 휴대전화 카메라로 찍은 것이다. 톰린슨의 사망 며칠 후, 크리스 라 제니는 런던 히드로 공항으로 가는 길에 그가 찍은 동영상 속에 등장하는 사람이 고인(이 된 이안 톰린슨)이라는 것을 알게 되었고 『가디언』지에 자료를 넘겼다.[7]

경찰측의 이야기는 끝장나고 말았다. 그 동영상에는 주머니에 손을 넣고 경찰과 경찰견이 있는 곳과 반대 방향으로 걸어가는 이안 톰린슨이 찍혀 있었다. 톰린슨은 도발할 만한 행동을 아무것도 하지 않았는데, 경찰 한 명이―복면을 쓰고 있었고, 배지 번호는 감춰졌다―톰린슨의 다리를 경찰봉으로 내리친 다음 그를 땅으로 밀쳤다. 톰린슨의 머리가 보도에 부딪혔다. 톰린슨은 경찰에 항의하며 땅바닥에 앉아 있는데, 그를 도우러 간 경찰은 아무도 없었다. 그 대신, 경찰과 언론에 비난받는 시위 참가자 중 앨런 에드워즈(Alan Edwards)라는 사람이 톰린슨이 일어서도록 도와주었다. 에드워즈는 나중에 톰린슨이 경찰에게 한 말을 기억해냈는데, "난 집에 가려던 것뿐인데"라고 말했다고 한다.

그리고 톰린슨은 비틀거리며 60미터를 걸어가다가 기절하고 말았다. 톰린슨의 마지막 말은 "사람잡네, 저 쌍놈들이 사람잡아"였다. 루시 앱스(Lucy Apps)라는 의대 학생이 톰린슨에게 응급처치를 하려고 했지만 경찰은 그녀를 끌어냈다. 경찰이 톰린슨을 둘러싸고 있는 동안 대니얼 맥피(Daniel MacPhee)라는 사회복지사가 응급차를 불렀다. 응급요원 하나가 경찰과 이야기를 하려 했지만 경찰은 거부했다. 경찰이 처

음 발표한 이야기와는 하나도 들어맞지 않는다.[8]

"저는 톰린슨 씨가 돌아가신 지 8일 후에 경찰서에 앉아 있었다"고 줄스 캐리가 말했다. "런던 금융가 형사는 제게 톰린슨 씨의 다리에 남은 경찰견의 잇자국은 시위자가 던진 유리조각에서 난 상처자국이고, 경찰봉으로 맞은 자국은 아마 시위자 중에 각목을 든 사람들이 그랬을 거라고 주장했어요. 그 사람은 시위자들이 경찰 제복을 훔쳤다고도 했고, 경찰이 아니라 시위 참가자가 톰린슨 씨를 공격한 거라고 끝까지 주장했습니다."

런던 중심지 검시관 폴 매슈스(Paul Matthews)는 처음에 프레디 파텔(Freddy Patel) 박사가 톰린슨의 시신 검시를 맡도록 지시했다. 톰린슨이 관상동맥 질환으로 사망했다는 것이 검시 결과였다. 그러나 파텔은 직무상의 무능을 저지른 선례가 있는 사람이었다. 심지어 2004년에는 런던 경찰이 내무부에 파텔 박사의 직무를 우려하는 편지를 보낸 적도 있다. 종합의료협회(General Medical Council)는 G20 시위가 있기 4년 전부터 파텔을 조사하고 있었다. 톰린슨 사망 사건이 일어나고 몇달 후, 파텔의 병리학자 정부면허가 정지되었다. 다른 사건들이 파텔의 무능함을 또 드러내고 난 후, 그의 이름은 완전히 삭제되어 그는 의료행위를 할 수 없게 된다. 2차 검시가 지시되었고, '복부의 둔기 외상으로 인해 알코올성 간경변이 있는… 복강 내 출혈'이 톰린슨의 사망원인이었던 것으로 밝혀졌다.[9] 마지막으로 이루어진 3차 검시도 2차 검시의 결론과 의견을 같이한다.

경찰민원처리독립위원회와 경찰 모두가 톰린슨의 죽음에 대한 조사를 시작부터 방해하려 했다. 경찰은, '미사일'을 던지는 시위자들이 응급처치를 하던 경찰관을 방해했다고 주장하면서, 4시간 동안 톰린슨의 죽음을 공개하지 않았다. 톰린슨의 가족은 9시간 후에야 사망 소식을 들었다.[10] 기자회견에서 경찰은 톰린슨의 심각한 건강상태 때문에, 그의 일가친척들조차 사망소식을 듣고도 놀라지 않았다고, 그렇지만 유족들의 감정을 상하게 할 수 있으니 이런 내용을 기사화하진 말아달라고 말했다. 경찰민원처리독립위원회는 일주일이 지난 후에야 관련 조사에서 경찰을 배제했다.[11]

마침내 사인규명 심리가 열려, 배심원은 2011년 5월 톰린슨의 죽음이 과실치사에 의한 살인이라고 평결을 내렸다. 가해자인 순경 사이먼 하우드(Simon Harwood)는 알고 보니 노상 폭행 사건을 포함해 두 차례 직권남용으로 조사받은 바 있는 인물이었다. 그는 징계 청문회가 열리기 전 건강상의 이유로 사직하여 서리(Surrey) 경찰이 되었다가 다시 런던 경찰로 전출된 것이다. 톰린슨의 사망 4년 후에, 런던 경찰은 유가족의 '육체적·정신적 고난'에 대한 공개사과와 하우드의 행동에 대한 경찰의 '전적인 책임'을 인정하는 내용의 합의를 제의했다. 하우드는 살인으로 기소되었으나, 2012년 7월 19일 무죄 판결을 받았다. 1990년부터 거의 1,500명에 가까운 사람이 경찰 대면 후에 사망했으나 그 결과로 유죄 판결을 받은 경찰은 단 한 명도 없다.

사이먼 하우드 같은 경우를 볼 때면, 하우드를 기관으로서의 경찰 전체와는 별 상관없는 '악당'으로 치부해버리고 싶어진다. 그러나 그 사건은 새로운 기득권이 경제적 자유주의와 권위주의를 어떻게 결합시켰는지 보여주는 충격적인 사례 중 하나일 뿐이다. G20 시위 탄압 건으로, 왕립경찰감사관(Her Majesty's Chief Inspector of Constabulary, 잉글랜드와 웨일스의 경찰을 조사하고 감사할 권한이 있는 왕립경찰감사원의 경감, 책임자) 데니스 오코너(Denis O'Connor)가 조사에 착수했다. 조사결과는 경찰관들이 기관의 차원에서 시위자들을 어떻게 다루는지에 대한 강력한 증거를 제공한다. 보고서는 '영국 경찰의 치안유지 활동이 무자비해지고 있음'과, G20 시위에서 경찰이 썼던 전술이 '부당하고, 공격적이거나 일관성이 없'음을 경고했으며, 오코너는 반복해서 가장 긴박한 순간이라도 최소한의 강제력만 사용해야 한다고 권고하였다. 그러나 보고서의 핵심은 경찰의 활동이 '공공의 동의에 입각해야' 한다는 것이다. 경찰이 '영국적 모형'으로부터 멀리 '표류'하고 있다고 경고하며, 오코너는 영국적 모델을 다시 '상정해야' 한다고 강조하고 있다. 이 인쇄된 문서는 영국 경찰의 사고방식이 변화했다는 사실에 대한 공식 인정이다.[13]

그러나 영국의 거리가 새로운 시위로 진동할 때 오코너가 권고한 비공격적 전술이 사용되었다는 증거는 거의 찾아볼 수 없다. 2010년 5월, 보수-자민당 연립정부가 집권한 지 얼마 안 되었을 무렵, 대학 등록금이 3배나 뛰었다. 등록금을 무료로 하겠다는 자유민주당의 핵심 공약을 직접 어긴 것이다. 이로 인해 2010년 11월부터 연쇄적으로 학생시위가 일어났다. 젊은이들은 리얼리티 TV 프로그램에나 집착하며 사회에 무관심한 세대로 무시당해왔으나, 이제 그들은 거리를 행진하며 '주전자'와 경찰봉을 접하게 되었다. 런던에서 그해 12월에 열린 한 시위 현장에서는 10대 청소년이 포함된 시위자들이 영하의 온도에서 다섯 시간이나 주전자 전술로 갇혀 있었다. "분노와 피곤, 대부분 젊은 사람들 수천 명이 불가피하게 좁은 공간에, 무슨 매진된 록 음악

콘서트에 간 것처럼 갇혀 있었습니다." 그 현장에 있던 활동가 중 한 명인 댄 핸콕스(Dan Hancox, 『가디언』과 『인디펜트』를 비롯해 많은 매체에 기고하는 언론인)가 나에게 말했다. 경찰이 시위자들을 어찌나 심하게 밀어붙였던지 애버딘(Aberdeen)의 왕립 병원에서 온 마취의 하나는 "내 평생 본 것 중 제일 충격적인 광경이다. 힐즈버러가 아마 딱 그랬을 것 같다"고 말했다.[14] 평화로운 집회와 연대를 할 권리를 위한 UN 특별조사관 마이나 카이(Maina Kai)가 주전자 전술을 두고 "그 무차별적이고 불공평한 특성으로 자유롭고 평화로운 집회의 권리를 누리는 데 해를 끼친다"고 지적할 만하다.[15]

공격적인 치안유지, 주전자 전술, 대규모 체포, 허위에 근거한 시위 참가자들의 악마화, 부상과 심지어 사망까지 초래하는 조치—이것이 기득권층의 권위주의가 불러온 결과다. 많은 운동가들이 나에게 이야기하길, 운동가의 정치적 관심사에 동의하지만 주전자 전략으로 몇시간 동안 갇혀 있거나 체포되거나, 그보다 더 나쁜 상황을 맞게 될까 두려워서 시위에 참가하길 꺼리는 사람들이 있다고 한다. 그중에서도 서섹스 경찰은 공식적으로 '평화로운 시위를 돕는 것은 치안유지의 핵심적인 기능 중 하나'라고 공언하지만, 최근 시위에 대한 경찰의 대응을 보면 그 공약이 의심스러워진다. 집회의 권리를 억압하는 그런 행동이 현 상태를 수호하는 세력으로 경찰을 바꿔놓는 것이다.

경찰이 시위가 아닌 다른 형태의 이의제기에 대응하는 방식은 개인의 자유를 더 심각하게 위협할 가능성이 있다. 앨리슨(Alison)은 20대였던 1994년 런던 북부 해크니(Hackney)에서 마크 캐시디(Mark Cassidy)라는 남자를 만났다. 앨리슨은 1983년 경찰의 총격에 의해 숨진 21세 흑인 남성을 기리며 설립된 콜린 로치 센터(Colin Roach Centre)의 회원이었다. "마크는 가식없고 견실한 노동계급으로 보였어요," 앨리슨은 터키 레스토랑에서 점심을 먹으면서 이 이야기를 들려주었다. "신선한 경험이었죠, 왜냐하면 중산층 좌파들은 너무 많으니까요." 그들은 1995년 봄에 사귀기 시작했다. 마크는 아마도 단칸 셋방에 살며 침낭에서 자는 생활을 했던 것 같지만, 곧 앨리슨과 마크는 같이 살게 되었다. "난 완전히 사랑에 빠져 있었어요." 그녀가 인정했다.

마크는 정치적 여정을 시작했다. 콜린 로치 센터는 인종주의자와 파시스트 집단을 거리에서 몰아내기 위해 결성된 그룹인 반파시스트직접행동(Anti-Fascist Action)을 지원했는데, 마크는 그 좌익 분파인 레드 액션(Red Action)에 깊이 관여했다. 마크의 자리는 위험한 관심을 많이 받는 자리였다. 어느날 밤, 앨리슨은 새벽 3시에 전화를 걸어 마크와 통화해야겠다고 하는 남자 때문에 잠이 깼다. "이런 페니언(아일랜드 독립을 추구하는 비밀조직) 개자식, 죽여버리겠어." 마크는 남자가 이렇게 외치고 전화를 끊었다고 한다. 마크가 앨리슨을 안심시켰다. 정말 죽일 작정이라면 먼저 전화를 걸 리가 없다고 하면서. 마크는 제일 큰 창문에 나무막대를 괴어놓았다. "걱정 마, 아무도 당신을 해치지 못하게 할 거니까." 그는 다시 그녀를 안심시켰다.

그들이 사귀기 시작했을 무렵, 앨리슨은 농담조로 "헨든(Hendon, 런던 북부의 교외지역)에 있는 친구들한테 보고하러 가는 거야?"라고 묻곤 했다. 헨든은 런던 경찰의 연수원이 있는 곳이다. 그러면 마크도 따라 웃곤 했다. 그리고, 사귄 지 1년 정도가 되었을 때, 마크는 겉옷을 집에 놓고 잠깐 가게에 들르러 갔다. 앨리슨은 마크가 벗어놓은 재킷의 주머니를 더듬다가 M. 제너(M. Jenner)라는 이름이 적힌 냇웨스트(NatWest) 은행 신용카드를 발견했다. "M. 제너가 도대체 누구야?" 그녀는 집으로 돌아온 마크를 향해 고함을 질렀다. 마크는 손을 머리에 짚고 '세상에, 내가 이렇게 멍청한 짓을 하다니,' 하고 외쳤다. 마크는 휘발유를 사려고 '술집에서 만난 녀석'한테 현금을 주고 그 카드를 샀다고 주장하면서, 도둑처럼 보일 수 있으니 아무한테도 말하지 말아달라고 그녀에게 애원했다. '하지만 딱 마크 같은 사람이 했을 법한 일이지 뭐,'라고 앨리슨은 혼자 생각했다. 어쨌든 그 M. 제너는 그녀와 다른 세상의 사람이었으니까.

그들의 관계가 더 진행되었을 무렵, 마크는 더 내향적이 되었고, 문제가 있는 듯한 그의 가족 이야기도 앨리슨에게 해주었다. 그런데 2000년 봄 어느날, 앨리슨은 집에 와서 마크가 관계를 끝내자고 남긴 메모를 책상 위에서 발견한다. 마크는 베를린에서 "'햇살 가득한 휴가'는 바라지 않아"라고 적힌 엽서를 보냈다. 그건 섹스 피스톨즈(Sex Pistols, 영국의 록밴드)의 노래 「홀리데이즈 인 더 선」(Holidays In The Sun)을 언급하는 거였다. 엽서는 그 노래 가사처럼 '날 기다리지 말아줘'라고 끝났다. 앨리슨은 엄청난 충격에 빠졌다. 마크가 사라지고 나서 몇주 후에, 그녀는 마크의 좌익 동지였던 사람에게 전화를 받았다. 그녀는 그들의 지도자를 만나기로 승낙하고 술집으로 갔고, 거기서 그 지도자는 앨리슨에게 탐색하는 듯한 질문을 몇가지 했다. "마크가 경찰 프락치가 아닌지 확인하기 위해 이런 걸 검토해봐야 한다"고 그 지도자가 말했다.

앨리슨 말고도, 위장잠입 경찰과 사귄 여성들은 여럿 있다. 그들의 경험은 놀라우리만치 서로 비슷하다. 경찰들은 모두 승용차가 있어서 회의가 끝난 뒤 여성 활동가를 집에 태워주면서 주소를 알아낼 수 있었다. 또 위장잠입 경찰들은 집안에 문제가 있다고 이야기를 꾸며내서 사귀는 여성들에게 가족을 소개시켜주지 않을 핑계를 만들었다. 그들은 모두 쪽지로 뜻밖의 이별을 고하고 사라졌는데, 쪽지에 씌어진 말들은 충격적일 만큼 전부 비슷했다. 전 런던시경 고위직 경찰이었던 브라이언 패딕은 이런 제도가 옹호된 것은 "시위자들보다 우리 경찰이 우위를 점할 수 있게 해주는 거라면 뭐든지 하기 때문입니다. 시위자들이 어떻게 행동할지를 파악해서 그들을 억제할 수 있도록 하기 위해서죠. 그게 강한 영향을 미쳤습니다"라고 말한다.

앨리슨은 이것이 의심할 여지없이 '제도화된 성차별'이라고 본다. 위장경찰들은 사기를 쳐서 여성들과 사귀고 그들과 성관계를 가졌다. 그들은 활동가 여성들의 집에 살면서 여성들이 가진 모든 소유물에 접근할 수 있었다. 그들은 여성들과 삶을 공유했지만, 치명적인 비밀을 감췄다. "이 모든 것이 경찰이 그 부분에서 완전히 통제가 안 되고 있다는 걸 보여준다고 생각된다"고, 위장잠입 경찰과 연루되었던 여성들과 함께 정의를 되찾기 위해 운동했던 녹색당 하원의원 캐럴라인 루커스가 말했다. "사람들이 『뉴스 인터내셔널』사의 전화감청 사건 때 얼마나 크게 분노했는지 생각해보면, 그냥 전화만 엿들은 게 아니라 본질적으로 삶에 침입해서, 침대를 같이 쓰고, 그 사람이 가진 모든 걸, 어떤 경우에는 6년 동안이나 공유하고 아이를 낳기까지 한 사건에는 얼마나 더 많이 분노해야 되겠어요?"

밥 램버트(Bob Lambert)라는 위장잠입 경찰과의 사이에서 아이를 낳은 시위 참가자는 무슨 일이 있었는지를 설명하는 데 거리낌이 없다. 그녀는 '국가가 나를 강간했다'고 말한다. "난 밥 램버트와 잠자리를 가지기로 동의한 게 아니에요, 밥 램버트가 누군지도 몰랐다구요. 스파이가 나와 같이 살고, 나와 자고, 나와 가정을 이룬 거예요, 난 그런 짓을 당할 만한 일은 아무것도 안 했는데도요."[16] 노동당 법무차관이었던 변호사 비라 베어드(Vera Baird)가 이 위장잠입 수사관들의 행동이 강간의 법적 기준을 충족한다고 말할 만도 하다.[17]

위장경찰과 사귀었던 피해생존자들은 경찰에게서 입은 감성석, 물리적, 그리고 재정적 피해를 보상받고, 국가가 정치적 이의를 통제하기 위해 무슨 짓까지 하는지 드러내기 위해 뭉쳤다. 그러나 2013년 판사는 일부 사건의 경우 비공개 재판으로 진행되어야 한다고 판결하여, 캐럴라인 루커스가 표현한 것처럼 '가장 큰 상처에 모욕을 더한'다. 상상할 수 있는 가장 사적인 방법으로 국가에 의해 침해당한 이들이 자기 자신의 재판을 방청할 수도 없게 된 것이다.

추락은 계속 이어졌다. 수많은 경찰 스파이가 최소한 42명의 사망한 어린아이의 신원을 도용했다. 그리고 그 스파이들의 목표 일부가 드러난다. 1993년 10대의 흑인 스티븐 로런스(Stephen Lawrence)가 인종차별주의자 깡패에게 살해당했는데, 런던 경찰은 희망이 없을 정도로 수사를 망쳐버렸다. 1999년 맥퍼슨 보고서(Macpherson Report, 윌리엄 맥퍼슨(William Macpherson) 판사가 책임을 지고 스티븐 로런스의 사망 사건을 조사한 보고서)는 경찰이 '제도적으로 인종차별을 옹호한다'고 보았다. 그러나 이제 우리는 경찰이 법의 심판을 집행하는 경찰의 의무를 다하는 데 단순히 실패한 게 아님을 알고 있다. 2013년 6월, 전 위장잠입 경찰 피터 프랜시스(Peter Francis)가 로런스 가족을 위장 감시하여 그 가족을 중상모략할 '먼지'를 찾으라고 명령받았다는 걸 인정한 것이다. 프랜시스는 살해사건 당일날 스티븐 로런스와 함께 있었던 친구인 두웨인 브룩스(Duwayne Brooks)를 체포하는 걸 도왔고, 경찰이 브룩스에게 제기한 혐의는 판사가 기각했다.[18] 스티븐 로런스를 살해한 다섯 명의 폭력단 단원 중 두 명이 유죄 선고를 받기까지 거의 20년 가까운 세월이 걸렸다. 스티븐 로런스 살해범들을 법정으로 데려가야 할 경찰은 피해자 가족의 평판을 떨어뜨리는 데 힘을 쏟고 있었다.

권위주의적인 새 기득권은 급진적 반대자들을 탄압하기 위해 경찰에게 압도적인 힘을 부여했다. 이로 인해 경찰은 예전의 동독 같은 경찰국가에서나 있을 법한 작전들을 사용했다. 그러나 이 쇄신된 권위주의로 고통받는 것은 시위자들만이 아니다.

권위적이며 인종차별까지

마거릿 대처가 이끄는 보수당이 오랫동안 분열되어 있던 반대파를 제압하고 선거에서 압승을 거둔 1983년이었다. 브라이언 패딕은 당시 브릭스톤(Brixton)에서 경사였는데, 런던 남부의 브릭스톤은 여러 인종이 같이 살아가는 공동체이다. "치안 목표가 도입되어서," 패딕이 회상한다. "경찰은 실행 계획을 세우고, 만나야 할 표적들을 정하기 시작했어요. 이전에는 존재하지 않았던 성과주의 체제였습니다." 공공서비스 부문 전반으로, 소위 '가격 대비 성능'을 증명해야만 했고 경찰관들의 봉급은 크게 올랐으나 경찰이 공공부문에 내려온 새 지침에서 면제받은 건 아니었다. 하지만, 패딕의 말처럼, 그것은 '그릇된 결과'

를 낳았다. 체포 실적이 있는 팀만이 시간 외 근무를 인정받았다. "그 래서 경찰들은 젊은 사람들을 대마초 소지 혐의로 무더기로 잡아들였 습니다. 그건 쉬운 일이고 그렇게 하면 초과근무 시간도 많이 확보할 수 있으니까요." 패딕의 회상이다. 그리고 붙잡힌 젊은이 중에는 불균 형적으로 흑인이 많았다.

정책이 급작스럽게 권위주의 쪽으로 전환된 건 아니다. 1981년 정 부는 초당적 내무특별위원회(Home Affairs Select Committee)의 권고를 받아 들여 소위 '의심법'(suspected person[의심스러운 사람]의 앞글자를 따서 'sus' 법이라 고 부름)을 폐지했는데, 이 법은 경찰이 범죄를 저지를 것이라고 의심된 다는 이유만으로 시민을 멈춰세우거나 심지어는 체포할 수도 있는 법 이었다. 의심법의 피해자 중에는 흑인이 지나치게 많았고, 이는 1981 년 잉글랜드 여러 도시에서 폭동이 일어나는 데 이바지했다.

그러나 정부의 의중은 틀림없이 권위주의를 향하고 있었다. 치안 이야말로 1979년 보수당 선거 공약의 핵심이었다. 노동당은 보수당 의 선거공약이 '법치'(the rule of law)의 기반을 침식했다고 선언했다. 보 수정권하에서 형사정의법(Criminal Justice Acts)은 더 무거운 양형을 도입 했다. 대처의 후계자인 존 메이저는 1994년에 형사정의·공공질서법 (Criminal Justice and Public Order Act)을 도입하여 경찰이 민간인을 멈춰세우 고 불심검문할 수 있는 새로운 힘을 부여했는데, 이는 패딕의 표현처 럼 '의심의 타당한 근거가 없이'도 가능했다. 새로운 종류의 '의심법' 이 도입된 것이다. 새로운 기득권에서 정치인들은 자신들을 소위 전후 영국의 '방종 사회'의 반대항으로 규정지으려 했다. 대처의 오른팔 노 먼 테빗은 1985년의 한 강연에서 이 '방종'을 압축적으로 묘사하며 그런 사회는 '범죄자가 피해자만큼이나 동정을 받는 사회'라고 말했다. 한편 대처는 '변명의 문화'를 맹렬히 비난했다.

거의 20년 후에 토니 블레어에게서 이러한 구호의 메아리가 울려퍼지게 된다. '다른 생활양식의 사회'가 '가정교육을 받지 못한 젊은이 집단을 길러냈다'고 블레어는 주장했다. "오늘날 사람들은 1960년대 사회적 합의의 이런 측면을 더이상 못 참을 지경에 이르렀다"고 주장하며, 블레어는 "법, 질서, 그리고 올바른 행동"을 촉구했다. 1993년에서 2012년 사이에 영국의 수감 인구는 거의 두 배 가까이 늘어나, 재소자의 수는 86,000명을 넘어섰는데[19], 인구 1인당 비율로 따져보면 서유럽에서 가장 높다. 터질 듯한 교도소에는 인종 문제가 팽배하다. 흑인은 백인보다 교도소에 감금될 확률이 5배 높다.[20] 이 새로운 권위주의는, 좋은 말로 하자면, 선별적이었다. 새로운 권위주의는 사회적 위계의 꼭대기가 아니라 밑바닥에 있는 이들을 표적으로 삼는다.

21세의 요하네스 스칼릿(Yohanes Scarlett)은 범죄로 기소된 적은 물론이고 체포된 적도 없다는 점에서 나와 같다. 그러나 나는 그와 달리 경찰에게 불심검문을 받은 적이 없다. 백인인 나에게는 완전히 낯선 경험인 불심검문이 요하네스에게는 어쩔 수 없는 삶의 현실이다. 그의 집인 셰퍼즈 부시(Shepherd's Bush, 런던의 한 지역) 근처의 축구장 뒤편을 친구와 함께 돌아다니다가 처음 불심검문을 받은 것이 열두살 때였다. 그 이후로 그는 한 50번쯤 불심검문을 받았다고 한다. 그때부터 평균 두 달에 한번 꼴이다.

자메이카 이민자 부모를 둔 요하네스는 이제 대학교를 졸업할 참이다. 그는 언론인이 되고 싶어한다. 요하네스는 재능 덕에 청소년 클럽에서 『이브닝 스탠다드』 인턴으로 뽑혔다. 그는 부드러운 목소리를 가진 언변이 좋은 사람이고, 첫눈에 호감을 주는 절제된 매력을 지녔다. 요하네스는 현대의 영국 도시 젊은이들이 많이 입는 스타일로, 후드티, 청바지, 운동화에 캡 달린 모자를 착용한다. 경찰이 이런 옷 취향을 두고 한마디 했다. "자네는 딱 범죄자들이 입을 만한 옷을 그대로 입었구먼," 경찰관 한 명이 요하네스를 불심검문하면서 한 말이다.

요하네스는 다양한 경험을 했다. 어떤 경찰들은 예의바르다. "친구들한테 경찰이 전부 다 나쁜 건 아니라고 말해달라"고 그 경찰들이 요하네스에게 말했다. 어떤 나쁜 때는 불심검문을 받지도 않았다. 내가 요하네스를 인터뷰하기 며칠 전, 요하네스가 담배를 피우면서 집에 가고 있는데 경찰차가 그 옆에 서더니 그를 슬슬 따라왔다. "무슨 협박이나 괴롭힘 같았다"고 그는 말한다. 하지만 불심검문을 당할 때야말로, 요하네스는 스스로 무죄추정의 원칙에 포함되지도 못하고 더이상 권리가 있는 시민으로 취급받지 못한다는 느낌을 받는다. "그들은 아주 빠르게 옆에 차를 멈춰세우고 내려서는 '벽에 붙어!' 하고 고함을 질러요. 그리고 소리를 치기 시작하죠. 난 영문도 모르겠고, 그냥 집에 가고 있었을 뿐인데 말이에요." 요하네스의 말이다. 어떤 경찰은 "그냥 괴롭히는 거예요. 벽에다 밀치고, 돌아세우고요. 몸수색을 할 때면 아주 공격적으로 잡아당겨요. 특히나 조금이라도 저항하면, 잔뜩 열이 올라서는 더 심하게 굴어요. 조금이라도 저항하는 것 같으면, 경찰들은 거의 바닥에 찍어 누르려고 하거든요. 경찰한테 말대꾸를 하고, 내겐 권리가 있다고 그러면 그들은 지원을 부르죠."

일상적인 불심검문을 당해본 적이 없는 사람들에게는, 그게 얼마나 불쾌한 경험인지 설명하기가 힘들다. "무섭죠, 그런 일을 당하면 곧장 엄청난 두려움에 사로잡혀요"라고 요하네스는 말한다. "내가 무슨 잘 못을 했는지도 모르겠는데 모욕적인 일을 당하는 거예요. 길거리 한 복판에서 행인들이 다 지켜보는데요. 난 아무런 힘도 없고. 누가 날 붙 잡고 억누르고 있어서 움직일 수 없을 때, 그건 이 세상에서 제일 거슬 리는 느낌이에요." 그건 매우 모욕적인 공개적 구경거리다. 요하네스 는 행인들이, 경찰조사를 받고 있는 게 분명해 보이는 젊은 흑인 남자 를 지나쳐 걸어가는 사람들이 그를 힐난하고 있음이 느껴진다고 한다. "그리고 사람들이 창문으로 '저기 나쁜 애좀 봐라' 이런 식으로 내려 다보죠."

인종이라는 공포는 언제나, 피할 수 없이 요하네스를 따라붙는다. 그는 10대 중반에 받았던 불심검문을 회상한다. 요하네스는 친구들과 함께 축구를 하고 있었다. "우리 모두 수색을 당했는데, 백인 애 두 명 이랑 혼혈인 애 하나는 당하지 않았어요," 그가 상기했다. "경찰들은 인원이 모자라서 그애들을 수색할 경찰이 없다고 했지만, 우리 사이엔 틀림없이 인종의 골이 패여 있었어요. 흑인 애들은 전부 한쪽으로 몰 아서 수색하고, 백인 둘과 혼혈 하나는 그냥 축구공을 들고 우리를 기 다리고 있었죠."

이건 요하네스의 무슨 편집증적 직감 같은 게 아니다. 2010년, 정부 가 지원하는 평등인권위원회(Equality and Human Rights Commission, EHRC)는 흑인이 백인보다 불심검문을 당할 확률이 6배라고 밝혔다. 한편 아시 아인의 불심검문율은 백인보다 두 배 높았다.[21] 경찰이 범법의 의심 없 이도 불심검문을 허용하는 1994년 공공질서법 60항의 실행 문제로 가면 더 심각해진다. 평등인권위원회의 2010~11년 통계를 보면, 런던 경찰이 공공질서법 60항에 근거해 흑인을 멈춰세울 가능성은 백인의 11배에 달한다. 충격적이게도, 이 격차는 웨스트 미들랜드에서 28배에 달한다.²²

불심검문을 줄이는 일에서는 성과가 있었다. 그러나 이는 그 자체로 범죄의 감소라는 공식적 목표를 달성하는 데 불심검문이 얼마나 소용없는지를 보여준다. 평등인권위원회에 따르면, 2013년 6월 5개 지역의 경찰은 불심검문을 50% 줄였지만, 범죄율은 계속해서 감소했다.²³ 불심검문에서 실제로 수색을 받은 사람이 체포되는 비율은 9%에 불과하여, 보수당 내무장관 테리사 메이(Theresa May, 2016년 영국의 제57대 총리로 취임)마저도 이런 상황을 보면 "불심검문이 항상 적절하게 시행되는 건지 의심이 된다"고 말한다. 2013년 6월 왕립경찰감사원이 발행한 보고서는 불심검문을 시행한 경찰이 이유를 대지 못하거나, 타당하지 못한 정당화를 하는 경우가 27%라고 밝히고 있다. 이 보고서의 결론은 잉글랜드와 웨일스 경찰의 3분의 2 이상이 경찰에게 부여된 힘을 어떻게 사용해야 하는지, 또한 그 힘의 행사가 공동체에 어떤 영향을 미치는지 모른다는 것이다.

이러한 문제는 신노동당 집권기에 도입된 목표할당 체제에 의해 악화되어왔다. 하워드형벌개혁연맹(Howard League for Penal Reform, 18세기에 감옥을 개혁하기 위해 노력한 존 하워드[John Howard]의 이름을 따 제소자 인권보호와 구금시설 개혁을 추구하는 영국의 비정부기구) 책임자 프랜시스 크룩(Frances Crook)은 말한다. "정부는 경찰이 최대한 많은 미성년자를 체포하도록 압력을 넣습니다. 그래야 정부가 세운 목표를 채울 테니까요. 가정폭력과 아동 포르노나 그밖에 다른 모든 범죄는 점점 더 해결이 복잡해지고 있는데도요. 그러니까 소란을 부린다고 열두살짜리를 무더기로 체포한다면, 다른 사람들이야 그보다 엄청나게 체포할 수 있다는 겁니다." 다시 말해서, 경찰관들이 목표량을 달성하라고 압력을 받으면, 거리에 다니는 아이들부터 시작해서 '가장 손쉬운 대상'부터 체포할 거란 얘기다.

런던 북부에 위치한, 흑인 인구가 많고 불심검문이 지나치게, 특히 젊은 흑인 남성을 대상으로 많이 시행되는 토트넘(Tottenham)에서 청소년 공동체 지도자로 일하는 시먼 브라운(Symeon Brown)은 불심검문이 공동체에 준 심리적 충격이 1년 넘게 지속된다고 본다. "자신이 '타자화'되었다는 걸 알게 된다"고 그는 설명한다. "자신이 거의 국가의 적처럼 여겨진다는 걸 깨닫는 거예요. 너는 위험하고, 너는 범죄를 저지를 가능성이 더 높고, 실업자가 될 가능성이 더 높고, 그건 네 잘못일 가능성이 크다는 거지요."

마약 관련 범죄에까지 이른 새로운 권위주의는 역시 인종적 측면에서 큰 영향을 미쳤다. 1986년 경찰은 마약 관련 32,500건의 불심검문을 시행했다. 그러나 2008년이 되면 불심검문 시행 횟수는 405,000건까지 폭발적으로 늘어난다.[24] 마약 관련 자선 구호단체인 릴리즈(Release)가 2013년 시행한 연구를 보면 런던 경찰이 마약소지 여부를 알아보려고 지나가는 백인을 멈춰세우는 경우는 1,000명당 7명뿐이다. 혼혈인의 경우 이 비율은 1,000명중 14명까지 올라가고, 아시아인의 경우 1,000명중 18명이며, 흑인의 경우는 1,000명중 45명이다. 흑인은 마약 소지 혐의로 의심받아 경찰에게 불려세워질 확률이 백인보다 6배 높다. 이 비율은 마약 사용 확률로 정당화될 수 없다. 릴리즈가 지적하듯이, 흑인의 마약 사용률은 백인의 거의 절반에 불과하다.

그러나 흑인과 백인이 얼마나 다른 대접을 받는지 확인해주는 일은 검문이 끝난 후에 일어난다. 대마초를 소지한 흑인은 같은 경우의 백인보다 기소될 확률이 5배 높다. 코카인을 소지하고 적발된 백인의 44%만이 기소되는 데 반해, 흑인의 기소 확률은 78%까지 올라간다. 소량의 마약을 소지한 이들을 범죄화하면 그들의 미래에, 예를 들어 구직할 때 악영향을 미친다. 이는 그 자체로 부정의다. 그러나 흑인이 이런 처지로 고통받을 가능성이 백인보다 훨씬 높다는 사실은 영국 사법체계에 내재한 고질적인 인종차별주의를 보여준다.

2011년 잉글랜드 여러 도시의 거리에 혼돈, 파괴, 공포를 불러왔던 폭동이 지나간 후(2011년 8월 초, 흑인 청년 마크 더건[Mark Duggan]이 경찰에게 피격당해 사망한 사건을 기점으로 런던을 비롯한 잉글랜드 각지에서 폭력과 약탈이 동시다발적으로 벌어졌다) 런던정경대학(London School of Economics)과 『가디언』이 수행한 연구는 많은 폭동 가담자들이 경찰에 분개하고 불만을 가진 이들이었음을 밝혀냈다. 굴욕적인 알몸수색, 일상적인 언어폭력, 피부색 때문에 다르게 취급받는다는 널리 퍼진 이야기가 사실로 드러났다. 폭동 1년 후, 나는 토트넘의 한 카페에서 노련한 인종평등 복지사인 스태퍼드 스콧(Stafford Scott)을 만나 인터뷰했다. 스콧은 불만이 세대에서 세대로 대물림되는 것이 핵심이라고 강조하며, 부모와 조부모에게 물려받은 원한에 의해 정의롭지 못한 경찰의 처우에 대한 젊은 사람들의 감정이 악화된다고 말했다. 스콧은 젊었을 때, 거의 두 세기 전에 도입된 부랑자단속법(Vagrancy Act)의 일부인데도 1981년까지 폐지되지 않았던 소위 '의심법'으로 체포당해 벌금을 문 적이 있다. 해당 법은 경찰이 누군가가 범법행위를 저지를 것 같다고 의심된다는 이유만으로 사람을 체포할 권한을 준다. 많은 흑인 남성이 그 결과로 죄인이 되었다. 같은 시기인 1970년대와 1980년대에 많은 수의 흑인 학생이 학교에서 퇴학을 당했다. 헤링게이(Haringey, 런던 북부의 행정구역)의 불심검문감시회 (Stop and Search Monitoring Group) 회장 켄 하인즈(Ken Hinds)가 하는 말처럼, "흑인 공동체의 3세대가 불심검문 관련으로 같은 영향을 받은 겁니다, 그러니까 내가 35년 전에 겪은 일을 오늘 내 손자도 겪고 있는 거라고 요."[25]

내가 인터뷰한 흑인 남성들에게는 경찰이 '여기서 제일 센 깡패'라는 정서가 흔했다. 이 표현을 경찰 자신이 반복하고 있다는 게 불편할 따름이다. 2012년 초, 엔필드(런던 북부 지역) 경찰의 이언 키블화이트(Ian Kibblewhite) 경감은 폭력단 단원들에게 이렇게 경고했다. "너네 조직에 한 100명이 있을지 모르겠는데, 우리 조직은 32,000명이다. 런던 경찰이라는 조직이지." 브라이언 패딕은 예전 동료 몇몇을 되돌아보며 "그네들 같은 사람 중 일부는 범죄자가 되고, 일부는 경찰이 되는 거죠. 한끝 차이로 어떤 편에 서는지 갈리는 것"이라고 말했다. 그는 이유를 이렇게 짐작한다. "안심하고 싶어서? 아니면 자신이 약하다고 느끼는 사람 아닐까요? 주위에서 폭력이 일어나는 걸 보고 안전을 원하는 사람, 자신을 보호해줄 합법적인 폭력조직에 가입하고 싶었던 사람? 요즘 폭력조직은 젊은 사람들에게 안전하다는 느낌을 제공해줍니다. 마찬가지로 그 경찰관들은 경찰이라는 조직이 그들을 안전하게 지켜줄 거라고 느꼈는지도 모르죠."

런던 경찰 피터 커컴 수사경감과 이야기할 때 그가 묘사한 경찰의 역할도 정확히 같은 이미지가 가미되어 있었다. "그 깡패들 몇명이 설치면서 자기네가 이곳의 지배권을 쥐겠다고 하는 것"이라고 그는 말했다. "그러니까 경찰은 꽤 강한 메시지를 퍼뜨리고 싶겠죠. '너희들은 뒈져도 그렇게 못 한다'라고요. 그러니 그자들을 꽤 세게 털어서 우리가 여기서 제일 큰 조직이고 너희들은 지역 주민들을 겁주지 못한다는 걸 알려줘야죠."

이는 분명 영국 경찰 사이에서 널리 받아들여지고, 명백히 고취되는 관점이다. 자신들을 그냥 공정한 법의 수호자가 아니라 '깡패 조직'으로 봄으로써, 경찰은 경쟁 '조직'과 대치하는 입장이 된다. '깡패 조직'이라는 단어에는 온갖 부정적인 함의가 다 들어 있다. 영토를 지키고, 힘을 즐기고, 서열 경쟁을 통한 위신과 명망을 원하고, 적을 분쇄하고 복종을 얻어낸다는 것이다. 이런 경향은 자신을 안심시키는 방향으로 정당화되기 쉽다. 그러니까 경찰들의 이런 생각이 공격적인 사고방식을 뒷받침하긴 하지만, 그 공격성을 실제 경험하는 건 범법자들뿐일 거라는 정당화 말이다. 문제는 특정 집단, 예를 들면 젊은 흑인 남성 같은 사람들이 우선적으로 범법자로, 경찰의 경쟁조직으로 여겨지며 그에 따른 취급을 받는다는 점이다.

현 런던 경찰의 슬로건에 그러한 공격적인 자세가 응집되어 있다. 전 경찰국장 이언 블레어(Ian Blair) 때 런던 경찰의 슬로건은 좀더 동의하기 쉽게 '함께 안전한 런던을 만들자'로 바뀌었다. 그러나 2011년 9월에 국장이 된 버나드 호건-하우(Bernard Hogan-Howe)가 내세운 슬로건은 무슨 「로보캅」 같은 영화에 나올 것 같은 '절대 치안'이다. 1999년 맥퍼슨 보고서는 경찰이 '제도적으로 인종차별적'이라고 선언했다.

많은 이들은 지금도 그때만큼이나 그러하다고 결론짓는다. "경찰은 인종차별 문제에 관해서라면 정말 달라진 게 없어요." 맥퍼슨 보고서를 집필했던 네 명 중 하나인 리처드 스톤 박사(Dr. Richard Stone)가 2012년에 한 주장이다. "여러 사람들의 노력에도 불구하고, 어째선지 전혀 변한 게 없습니다."[26] 스톤 박사의 주장은 그 이듬해 런던 경찰청 흑인 경찰연합(Metropolitan Black Police Association)이 자신들은 "여전히 경찰이 제도적으로 인종차별적이라고 믿는다"고 진술하여 다시 한번 확인된다. 흑인 영국인이 경찰의 손으로 집행되는 불의로 고통당할 때, 일반적으로 그들의 경험은 무시된다. 그러나 기술 발전에 일부분 힘입어, 한때는 숨겨졌던 인종차별의 실례가 드러날 수 있게 되었다. 2011년 21세의 마우로 드미트리오(Mauro Demetrio)는 앨릭스 맥팔레인(Alex MacFarlane) 순경이 자신에게 "네가 검둥이라는 사실은 변하지 않아, 바로 그게 문제"라고 말하는 걸 녹음해 『가디언』에 제보했다. 경찰은 맥팔레인의 과오를 인정하여 그는 중과실로 내부징계를 받긴 했으나, 일반 법정의 배심원 중 두 명은 맥팔레인이 고의로 인종차별적 괴롭힘을 행사했기에 유죄라는 데 동의할 수 없었다. 이후 런던 경찰 소속 경찰관들의 인종차별 혐의에 대한 조사와 고발의 물결이 뒤따랐다.

그러나 강력하게 비판적인 결론을 내린 맥퍼슨의 보고서가 발표된 지 10년 후에도 교묘해지기는커녕 여전히 공공연한 인종차별에 대해 효율적인 조치는 취해지지 않았다. 이 부분은 경찰민원처리독립위원회(이하 독립위원회)조차 2013년 보고서에서 강조한 부분이다. 독립위원회 위원 제니퍼 아이제커(Jennifer Izekor)는 "민원이 적절한 조사나 해결도 없이 묵살되고, 제대로 다뤄지지 못하며, 거기서 교훈도 얻지 못하는 일이 너무나 잦다"고 통렬한 결론을 내렸다. "만일 인종 관련 요소가 민원처리 과정에서 적절히 다뤄지지 못한다면 부정적인 경험을 악화시킬 수 있다. 이는 또한 경관들이 자신들의 행동에 대해 책임을 지거나 거기서 교훈을 얻지 못함을 뜻할 수도 있다."[27] 여기 이중의 불의가 있다. 인종 때문에 다른 취급을 받고, 그 일을 공론화할 결심과 용기가 있는 사람들이 진지하게 취급받지 못하는 것이다.

"인종차별이 없다는 건 아닙니다, 좀 있긴 할 거예요," 피터 컬컴이 인정한다. "전 경찰의 인종차별이 아주 공공연할 거라곤 생각하지 않는 게, 그러면 처벌을 면할 수 없거든요. 경찰 훈련에서 그 문제를 마땅히 다뤄야 하는 만큼 다루지 않기 때문에, 아마 편견이 심할 겁니다." 그러나 컬컴이 보기에 잘못된 건 경찰이 아니라 사회 전체다. "무슬림 국가에 가면, 그곳은 무슬림 종교인을 위해서 건국된 거잖아요." 그의 주장이다. "여기는 기독교, 영국 성공회에 맞춰져 있는 거고… 당연히 우리는 우리의 눈을 통해서 세상을 보게 되죠. 백인인 서구유럽인, 앵글로색슨족, 잉글랜드의 역사 등을 통해서. 이 나라는 그런 사람들을 위해 세워진 거고, 그러니까 그런 배경에 들어맞지 않는 사람이 볼 때는 나라의 구성이 어느 정도는 제도적으로 인종차별적이겠죠." 이는 우려스러운 합리화로, 국가가 필연적으로 주류 민족집단의 요구를 충족시키도록 구성된다는 견해다. 이런 견해는 제도적 인종차별주의와 경찰의 가장 위험한 부분―인민의 자유를 박탈할 수 있는 독특한 전권을 지닌다는―으로부터 사람들의 주의를 빼앗는다.

비극적 결말

권위주의적 사고방식과 인종차별주의의 결합은 치명적인 결과를 불러온다. 구류중 사망 문제를 다루는 사회단체 인퀘스트(Inquest)에 따르면, "지나치게 많은 숫자의 흑인과 소수민족 공동체 사람들이 과도한 무력 사용, 신체구속 또는 의료조치 없는 심각한 방치의 결과로 사망한다. 우리는 이 사태가 형사법 체계에 내재된 제도적 인종차별주의를 드러낸다고 본다." 이 단체가 조사한 통계 결과는 충격적이다. 1990년부터 500명이 넘는 흑인 또는 소수민족 출신이 교도소에서, 경찰구류 와중에 또는 구류훈련센터(secure training centre, 만 17세 미만 미성년 제소자의 학교교육, 직업교육, 교화를 같이 하는 곳)에서 죽었다.

경찰구류중 사망 문제에 전국적 관심을 불러모은 사건 하나는 피해 망상정신분열증(paranoid schizophrenia)을 앓고 있었던 41세의 흑인 영국 음악가 숀 리그(Sean Rigg) 사건이다. "숀은 자기 인생과 자신이 한 여행에 관해 창작을 하는, 아주 아름답고 예술적인 무용수이자 음악인이었어요." 숀 리그의 동생인 마샤 리그(Marcia Rigg)가 브릭스톤의 햇살 아래 앉아 이야기해주었다. "오빠는 자라면서 활기가 넘치고 무사태평한 유형의 사람이 됐죠." 숀은 10대 때는 정신건강에 문제가 없었다. 질 나쁜 LSD(강력한 환각제) 환각을 겪은 후 경찰에 체포된 스무살 때부터 상황이 달라졌다. 그는 경찰에서 어떤 약물을 주사로 맞았는데, 마샤는 그것이 정신보건법상 항정신성 약물(anti-psychotic drug)로 규정된 것이었다고 믿고 있다. 숀은 그 이후 피해망상정신분열증으로 진단받았다. 그는 마샤가 '회복 없는 회전문 시스템'이라고 묘사한 상태에 빠졌다. 마샤는 얼마나 많은 젊은 흑인 남성이 이런 시스템 아래 있는지를 생각하면서, 또한 오빠가 약에 의존하는 걸 보면서 심란해졌다. 숀은 약을 주사받지 못하면 정신병 증상을 보였다. 그래도 그때는 어찌어찌 살면서 여행도 계속했다. 그러다가 그는 결국 정신적 고통을 겪는 사람들의 사회복귀시설 역할을 하는 브릭스톤의 한 호스텔에 머물렀는데, 그곳에서 "오빠는 원하는 대로 드나들 수 있었어요. 보안이 최소화된 구역에 자기 방도 있었다"고 마샤는 말한다.

2008년 8월 21일 아침 잠에서 깨어난 마샤는 버밍엄(Birmingham)으로 아버지 성묘를 가야겠다고 충동적으로 결심했다. 마샤가 이른 시간에 버밍엄으로 가서 온 가족과 친한 친구의 집에서 이야기를 나누고 있는데 그녀의 전화가 울렸다. 마샤의 동생인 서맨사(Samantha)였는데, 경찰이 서맨사에게 전화로 이야기할 수 없으니 급히 직접 만나야 할 일이 있다고 연락을 했다는 것이었다. 서맨사와 마샤는 그것이 오빠 숀의 일이라는 걸 바로 알아차렸다. 경찰의 연락담당자가 도착하자 서맨사는 마샤에게 우려했던 일이 일어났다고 전화를 했다. 숀이 경찰 구류중에 기절한 후 사망한 것이다. 그러니까 경찰의 말이 그랬다는 것이다. 연락담당자는 새로운 정보를 알게 되면 곧바로 조금씩이라도 공유하겠다고 약속했다. 하지만 마샤의 또다른 오빠 웨인(Wayne)은 처음부터 의심하며 분노하고 있었고, 숀의 의료적 상태를 알려달라는 경찰의 요청을 따르지 않았다. 연락담당자는 독립위원회가 이 일을 조사할 것이라며, 경찰 감시단체라는 이 단체의 역할을 설명한 A4용지 인쇄물을 나눠주고 이 일을 담당할 조사관의 이름을 알려주었다. 그는 크리스토퍼 파트리지(Christopher Partridge)라고 했다. 서맨사는 그 연락담당자에게 언제 시신을 확인할 수 있느냐고 물었다. "그들은 숀의 시신 운반 부대를 봉했다고 하면서 여권으로 숀의 신원확인을 하라고 했다"
고 마샤는 말한다. "우린 왜 그러는지 이해할 수가 없었죠." 또 그 연락
담당 경찰은 서맨사에게 여러 가지 인쇄물을 잔뜩 안겨주었는데, 그중
하나가 인퀘스트에서 발행한 책자였다. 절박해진 서맨사는 그들에게
연락을 했고, 인퀘스트는 서맨사에게 8월 22일 아침 늦게 국가 부검이
있을 거라고 알려주었다.

마샤는 그날 런던으로 돌아가 브릭스톤 호스텔로 가서 그쪽 직원들
에게 질문을 하고 있는 가족들과 만났다. 독립위원회의 조사책임자 크
리스토퍼 파트리지가 가족들에게 부검 결과와 시신에 나타난 명백한
상처에 대해 말해주었다. "고인의 뺨에 작게 긁힌 자국이 있고, 수갑
자국과 일치하는 상처가 나타나며 무릎과 팔꿈치에 좀 까진 데가 있
고, 그게 다입니다. 그리고 우리로선 검시관측을 믿지 못할 이유가 없
지요."

그러나 가족이 2008년 8월 23일 토요일 아침 마침내 숀의 시신을 보
도록 허락받았을 때, 그들은 예상 못한 광경에 맞닥뜨렸다. 숀의 얼굴
한쪽은 관자놀이까지 상처가 나 있었다. 그들은 숀의 시체 위에서 손
을 맞잡고 주기도문을 외면서 울었다. 그러다가 웨인이 돌아섰다. "저
자들이 내 형제를 죽였어!"라고 그는 소리쳤다.

당국은 숀 리그가 생명 없는 주검이 되었을 때에 이르러서야 그의
존엄을 보호하자는 이야기를 했다. 그러나 숀의 마지막 순간에 존엄이
란 없었다. "우리가 스스로 탐정이 돼서 조사를 했어요." 무슨 일이 일
어난 건지 알아내려는 가족의 끈질긴 노력을 두고 마샤가 한 말이다.
2주 후, 가족은 독립위원회의 사무실을 방문해서 숀의 임종을 녹화한

CCTV화면을 보았다. "웨인 오빠와 함께 힘들게 그 CCTV를 봤어요. 그리고 거의 3년이 지난 후에 그 녹화본을 받았을 때, 우린 그걸 보고 보고 또 보며, 숀이 그들의 발치에서 죽어가는 걸 지켜보고 그들이 뭘 하고 있었는지를 봤고, 그걸 기록했어요."

8월 21일 숀 리그의 정신건강이 갑자기 악화되어, 브릭스톤 호스텔은 경찰에 여러 번 전화를 했으나 경찰은 전화를 무시했다. 숀은 호스텔을 떠나 거리로 나갔다. 행인 중 한 명이 999(영국의 긴급 응급번호)에 전화를 했고 경찰이 받았다. 경찰은 길거리에서 숀 리그를 쫓아 수갑을 채우고, 최소한 8분 동안 그의 얼굴을 바닥에 꼼짝 못하게 누르고 있었다. 숀은 경찰 공격, 공공 난동, 만료된 여권 절도라는 죄목으로 체포되었다. 여권은 나중에 알고 보니 숀 자신의 것으로 드러났다.

죄수호송차의 발밑 공간에 실려 브릭스톤 경찰서로 갈 때, 그들은 숀이 'V'자로 꺾여 있도록 내버려두었다. 숀의 다리는 구부러져 있었고, 정신적·신체적 건강상태는 급격히 악화되고 있었다. 숀은 손을 뒤로 묶여 호송차 안에 팽개쳐진 채 경찰서 주차장에 11분간 방치되었고, 그동안 그의 상태는 더욱 악화되었다. 그러나 경찰은 숀을 무시했다. 나중에 CCTV에 찍힌 한 경찰은 그가 그냥 '아픈 척'하고 있다고 했다. 이제 심각한 상태인 숀을 경찰은 구치소 바로 밖의 철창 쳐진 구역으로 데려갔는데, 여전히 수갑을 채워 구내 땅바닥에 내버려두었고, 그로부터 한 10분이 더 지나서야 마침내 의사가 호출되었다. 숀은 경찰서에 20분째 있는 중이었다. 경찰 하나가 의사에게 숀이 '기절한 척한다'고 말했다. 10분쯤 뒤, 의사는 숀의 심장이 정지했고 호흡이 없다는 걸 발견했다. 숀은 서서크(Southwark)의 킹스칼리지 병원(King's College

Hospital)에 도착하자마자 사망선고를 받았다.

그러나 숀 리그의 죽음을 조사한 독립위원회가 2010년 2월 발표한 보고서는 경찰측의 방치나 잘못의 증거를 찾을 수 없을 뿐 아니라, 경찰이 '책임있고 적절하게' 행동했다고 주장했다. 독립위원회를 비판하는 이들에게 있어서는 예상했던 바이지만 어이없는 평결이었다. 2008년, 백 명이 넘는 변호사가 '독립위원회의 모든 층위에서 계속되는 조악한 의사결정'에 '실망과 환멸이 쌓인다'는 뜻을 표하며 독립위원회의 자문위원직을 사직했다.

2013년 2월 하원 내무위원회는 독립위원회를 두고 "한심할 정도로 열악한 장비와 능력은 원래 목적을 달성하는 데 턱없이 부족하다. 독립위원회는 경찰의 청렴이 의심받을 때 요구되는 힘도 자원도 없다"[29]고 맹비난했다. 많은 부분, 그것은 힘이나 능력의 문제가 아니다. 그것은 누가 독립위원회를 구성하는지의 문제이며, 이 문제는 다시 기관으로서 위원회가 얼마나 독립적인지의 문제이기도 하다. "위원회가 전직 경찰로 가득 차 있으니 힘이 있어도 쓰려고 하질 않는 게 문제"라고 마이클 맨스필드 변호사는 말한다. "경찰을 보호하려는 전직 경찰들은 무의식적으로 경찰 편을 들고, 따라서 생명의 문제에 세심하게 접근하지 않죠." 경찰은 새로운 기득권으로부터 권한을 부여받았다. 그러나 견제와 균형은 여전히 취약하고 절충적인 형태로 남아 있다.

독립위원회의 보고서와 대조적으로, 2012년 8월 1일 서서크 검시법원의 조사배심 검시평결은 숀 리그의 죽음에 '아주 작지 않게' 경찰의 행동이 원인을 제공했고, 경찰관들이 부적절하고 불필요한 강제력을 동원했으며, 리그의 기본적 인권을 침해했다고 결론내렸다. 리그가 자신을 체포하려던 경찰과 신체적 실랑이를 벌이긴 했지만, 배심원들은 그가 폭력적이지 않았다고 보았다. 경찰이 숀 리그의 죽음과 관련된 조사에 제출한 증거는 조작된 거짓으로 보이며, 유족들의 주장이 오히려 설득력이 있었다. 숀의 구류에 관여한 경찰 둘과 경찰연합의 경찰 하나가 위증과 정의실현방해(perverting the course of justice)로 수감된 것은 숀 리그가 죽고 5년이 흐른 뒤이며, 영국 검찰(Crown Prosecution Service)이 그중 두 명에게 법적 조치를 고려하기까지 1년이 더 걸렸다. 체포된 네 명의 경관과 한 명의 경시는 숀 리그를 제포, 통제, 구금한 상황에 대해 독립위원회의 재조사를 받고 있다.

2013년 5월 독립위원회의 조사에 대한 독립보고서가 발간되었는데, 그 보고서는 원래 경찰에게 책임을 묻기 위해 존재하는 이 감시단체의 폐단을 고발했다. 독립위원회는 경찰들의 '설득력이 없고 개연성이 떨어지는' 설명을 받아들였다. 위원회는 사건과 관련해 경관 한 명이 했던 주장과 대치되는 CCTV 녹화본을 검토하지 않았다. 그리고 경찰연합의 참견은 '부적절한 행위'의 수준까지 달했다. 이 일에 연루된 경찰들은 서로 상의할 수 있었다.[30] 독립위원회 조사는 장난 같았고, 부끄러워해야 할 일이었으며, 진실을 드러내기 위한 꼼꼼한 진짜 수사를 흉내만 낸 것 같았다.

"숀은 짐승이 아니에요." 마샤가 말한다. "숀 오빠는 사람이고, 흑인이든, 백인이든, 인도인이든, 중국인이든 누구든간에 인간으로 대우받았어야 해요."

정치엘리트들이 부여해준 새로운 권력 덕분에 경찰은 대담해졌다. 그러나 이 권력은 평등하게 적용되지 않는다. 어떤 공동체는 다른 공동체보다 경시되고, 그 결과는 비극적이다. 경찰의 권위주의로 고통받는 사람들은 사회의 가장 아래에 있는 이들이다. 반면에, 힘과 영향력을 가진 이들은 겁낼 이유가 거의 없다.

은폐의 끝판왕

스티븐 로런스의 죽음에 대한 맥퍼슨 보고서가 발표된 후인 1999년, "경찰은 자기네 명성에 편집증적으로 집착하게 되었다"고 브라이언 패딕은 말한다. "일이 잘못되면 시간 남는 고위직들만 얼굴을 붉히는 게 아니라서, 대중의 협조를 얻어내기 위한 경찰의 명성을 보존하려면 은폐가 꼭 필요했던 것이죠." 언론전담반을 크게 만들고 유례없이 신문 편집자들과 가까워진 것도 대응 중 하나였다. 이는 패딕이 '부적절한 조치'라고 묘사하는 데까지 나아간다. 예를 들면, "신문사 편집자들과 수다를 떨거나 와인과 식사를 함께하며 경찰의 나쁜 소식을 언론에 보도되지 않게 하려고 하는 것"이다. 경찰과 언론은 그 어느 때보다 서로 가까워졌다.

그렇다면 왜 런던 경찰이 2005년 시작된 전화감청 수사를 엉망진창으로 했는지 알 것 같다. 경찰 수사는 전화감청을 매우 기술적인 정의로 고수하여, 감청 피해자가 아직 듣지 않은 메시지를 듣는 것만이 불법이라 주장했으며, 그래서 피해자가 '손꼽을 정도'밖에 없었다는, 사태를 완전히 호도하는 주장을 했다. 경찰은 강력한 증거를 무시했다.

경찰은 2006년 많은 횟수의 전화감청을 수행한 사설탐정 글렌 멀케어(Glenn Mulcaire)의 집을 불시 수색해 전화감청 피해자일 가능성이 있는 사람들의 세부정보 수천 건을 찾아냈다. 문서 중 하나는 '네빌

(Neville) 기록 건'이라는 제목이 붙은 기록본이었는데,『뉴스 오브 더 월드』기자 네빌 스룰벡(Neville Thurlbeck)을 말하는 것이었다. 그러나 스룰벡이나, 다른 어떤『뉴스 오브 더 월드』기자 및 중역도 경찰 심문을 받지 않았다. 런던 경찰청은 검찰에 증거를 제출하지 못했고, "다른 기자의 연루를 시사하는 쪽지를 포함해 특정 증거를 상급 검사와 논하는데" 실패했다.[31] 다수의 영국 언론이 새로이 떠오르는 스캔들을 언급하지 않는 가운데, 외국 신문이 대신 조사를 밀고 나갔다. 2007년 멀케어와 전『뉴스 오브 더 월드』왕실특파원 클라이브 굿맨(Clive Goodman)이 영국 왕족의 휴대전화 메시지를 불법으로 도청한 혐의로 수감되자, 런던 경찰은 이 행위는 그 두 사람의 단독행동이며 더는 조사할 것이 없다고 말했다.

"경찰은 언제나 자원이 부족하다고 주장할 겁니다." 패딕이 주장한다. 그러나 자원 부족은 경찰의 행동을 설명해주지 못한다. 어쨌든 고위 정치인들에게 그들이 전화감청의 피해자임을 설명하기로 결정이 났지만, 결국 심각한 안보 문제가 있었던 탓에 이 결정은 실행되지 않았다. 그렇지만 같은 시기에 경찰은『메일 온 선데이』기자들에게『뉴스 인터내셔널』이 그들의 전화를 감청하고 있었다고 알렸다. "그러니까 안보 문제 때문에 전화감청 피해사실을 들었어야 마땅한 고위 정치인들은 그 소식을 못 들었는데, 다른 기자들에게 전화를 감청당한 기자들은 그 사실을 알았던 겁니다," 패딕이 말한다. "이것이 경찰과 언론의 관계에 대해 많은 것을 말해주죠. 또는 경찰이 언론을 얼마나 중요하게 생각하고 있었는지를요." 경찰의 특수범죄부서에는 동원할 수 있는 자원이 충분했으나, 이 사건은 알 수 없는 이유로 그 부서에 넘겨지지 않았다.

다른 요소도 있다. 런던 경찰 공보부에서 일하는 45명의 언론전담 경관 가운데 10명은 『뉴스 인터내셔널』에서 일한 적이 있다. 머독 제국 인물들은 런던 경찰의 고위 직급자들을 끊임없이 후하게 접대했다. 2006에서 2011년 사이에 런던 경찰국장 폴 스티븐슨(Paul Stephenson)은 『뉴스 코퍼레이션』(News Corporation) 지도급 인사들과 최소한 18회 이상 만찬을 같이 했다. 런던 경찰은 2005년부터 특수작전(Special Operations) 책임자 앤디 헤이맨(Andy Hayman)에게 기자에 의한 영국 왕가의 휴대전화 해킹을 책임지고 수사하도록 맡겼다. 그러나 부하직원들이 조사를 위해 증거를 모으고 있던 2006년 4월에도 헤이맨은 용의자 쪽인 『뉴스 오브 더 월드』 인물들과 저녁 만찬과 샴페인을 즐겼다. 그 이듬해 경찰을 사직할 때, 헤이맨은 머독 계열 언론인 『타임스』에 칼럼을 기고하고 있었다. 경찰청과 머독 제국의 관계를 돈독하게 한 인물은 전 런던 경찰국장 존 스티븐스(John Stevens)이다. 『뉴스 오브 더 월드』의 부편집장 겸 주필인 닐 월리스는 2012년 4월 르벤슨 조사에서 자신이 스티븐스가 자리를 지키게 도왔다고 자랑했다. 자기 덕에 스티븐스는 경찰들이 가능한 한 기자들과 정보를 공유하도록 권장했다는 것이다. 2005년 은퇴한 스티븐스 역시 머독 계열 언론사인 『뉴스 오브 더 월드』에 칼럼을 연재하게 된다.

닐 월리스는 키가 작으며, 턱수염을 기른 얼굴에 걸걸한 링컨셔 (Lincolnshire, 잉글랜드 동부의 주) 억양을 구사하는 남자다. 전화감청 혐의로 체포된 것은 그에게 트라우마를 남겨준 경험이었다. 그는 그 일을 "국가가 정치적 의도를 가지고 박해한 것이고, 완전히 도를 넘은 일이었

다"고 표현한다. 윌리스는 2011년 6월 14일 오전 6시가 되기도 전 경
찰이 그의 집 문을 넘어 돌진해온 일을 생생하게 기억한다. "내가 집에
무슨 마약 소굴이라도 차렸거나 불법 총기라도 팔거나 조직폭력배라
도 된 것처럼 경찰이 급습했다"고 그는 말한다. "그들은 집을 헤집어
놨죠. 빌어먹을 만큼 참혹했다고요." 그는 스무 달 동안 보석중이었는
데, 그 시간이 "우리 애들에겐 지옥 같았죠. 나는 직업도 잃고, 최소 6
자리 연봉의 직업을 2년 동안 잃은 거예요. 결혼도 끝장나고, 그런 일
이 있으면 사람이 아주 돌아버려요"라고 말한다. 2013년 2월 불기소
처분이 발표되긴 했으나, 윌리스는 8개월 후에 다시 꼼꼼하게 조사를
받아야 했다. 윌리스는 그 모든 무용담이 노동당이 고분고분하지 못한
머독 제국에 복수하고 싶어서, 그리고 하원의원들이 전반적으로 언론
때문에 손해를 본 일이 있어서 일어났다고 주장한다.

윌리스는 경찰과의 연줄을 부끄러워하지 않는다. "대체로 내가 경
찰과 접촉했던 건 공생을 위해서였죠. 나와 경찰 양쪽이 뭔가를 얻었
으니, 울슬리(the Wolseley, 런던 피카딜리 거리에 있는 레스토랑)에서 멋진 식사
를 하는 것도 나쁠 거 없지요." 그는 웃음을 터뜨리며 말한다. "그 사람
들은 원하는 걸 얻는 겁니다. 언론에 실리고, 지원을 받고, 조언도 얻
죠." 경찰 부국장 존 예이츠(John Yates)는 르벤슨 조사 당시 그가 윌리
스의 '친한 친구'이며 축구 경기를 같이 관람했다고 말했다. 윌리스는
차미 미디어(Chamy Media)라는 홍보회사를 차렸는데, 이 회사는 런던 경
찰청의 조사에 기반한 범죄사건 스토리를 『뉴스 인터내셔널』에 제공
하며 넉넉한 액수의 돈을 지급받았다. "난 몇년이나 런던 경찰 경찰국
장과 고위 경찰들의 비공식적인 홍보담당자 역할을 했습니다. 그분들

이 날 믿었으니까요." 그가 말했다. "이전에 내가 공짜로 해주던 조언을 이제는 돈을 받고 해주는 겁니다. 솔직히 얼마 받지도 않아요."『뉴스 인터내셔널』과 가까운 관계를 유지해왔으며,『뉴스 오브 더 월드』 범죄부문 편집자에게 기사를 쓰도록 경찰서 컴퓨터를 내주기도 한 런던 경찰 대언론 책임자 딕 페데리코(Dick Fedorcio)는 월리스의 홍보회사를 런던 경찰의 홍보자문으로 고용해 2009년 10월부터 2010년 9월 사이에 24,000파운드를 지불한 후 결국 강제 사직조치를 당했다. 페데리코만이 아니다. 도울러 건이 드러나고 난 후 몰아친 폭풍 속에 스티븐스와 예이츠도 옷을 벗게 되었다. 윗선에 이런 명확한 처벌이 가해지고 난 후에도, 다른 경관 몇명이 정직당하거나 체포당했다.

런던 경찰과 머독측 엘리트들이 이렇게 서로 편한 관계를 맺는 동안, 경찰관들은 불법적인 돈도 받고 있었다. 이런 관행은 2003년 당시 크리스 브라이언트의 심문 당시 밝혀졌으며, 언론은 이를 고의적으로 무시했다. 2011년 7월,『가디언』은『뉴스 오브 더 월드』가 5명 정도의 경찰에게 10만 파운드를 건넸음을 시사하는 서류를 넘겨받았다. 머독 스캔들의 조사 책임자였던 런던 경찰 경무관 수 애커스(Sue Akers)는 르벤슨 조사에서 "『선』에 불법 뇌물 문화가 있었"고, "『선』의 기자 중 한 명은 정보와 교환할 수 있는 자금이 15만 파운드 정도 있다"고 말했다. 그녀는 언론인들이 "자신들이 하는 일이 법에 어긋난다는 점을" 충분히 이해하고 있는 것처럼 보였다고 강조했다.

경찰은 정치와 미디어부문의 엘리트들과 그 어느 때보다 가까워졌다. 그러나 최근의 사건은 새로운 기득권에서 경찰의 위치가 보기보다 불안할지도 모른다는 점을 시사하고 있다. 경찰은 새로운 기득권의 가치에 대항하는 반대세력을 말소시키는 일을 도왔다. 그러나 그 가치가 경찰 자신의 위계에 적용되면, 쓰디쓴 복수전이 일어난다.

신자유주의의 부메랑

정치적 저항운동으로 잔뼈가 굵은 사람이라면 아이러니한 미소를 짓게 될 만한 광경이었다. 2012년 5월, 수천 명의 비번 경찰이 긴축정책, 민영화와 구조조정에 항의하며 런던 시내를 행진했다. 소셜 미디어에는 경찰을 주전자 전술로 가두자는 제안이 넘쳐흘렀다.

　사실, 집회에 참가한 경찰들의 분노는 당장이라도 폭발할 듯했다. 시위가 있은 지 며칠 후, 본머스(Bournemouth)에서 열린 경찰연합 연례회의에서 연설하던 보수당 내무장관 테리사 메이는 야유에 휩싸여 연단을 내려가야 했다. "어떤 사람들은 우리를 변화를 거부하는 러다이트(luddite, 19세기 기계파괴자에서 기원해 새로운 것을 반대하는 무리를 뜻함)들처럼 보는 모양인데, 그건 사실이 아니라고 생각합니다," 정치인과 관계를 맺을 필요성을 강조하는 경찰연합 회장 스티브 윌리엄스의 말이다. "우리는 내무장관님 연설을 방해하고 야유를 퍼부어서 정치적으로나 공적으로나 우리 행동을 지지해줄 친구들을 많이 잃은 겁니다. 그리고 그런 짓을 한 건 청중의 아주 일부였지만, 언론이 그 일을 그렇게 보도한 마당에야 사람들은 연례회의에서 오로지 그것만 기억할 거란 말이죠." 거의 1년 후에, 경찰연합이 실시한 무기명 투표에서 81%의 경찰이 파업할 권리와 같은 직업적 권리를 얻기 위해 정부에 로비활동을 하는 데 찬성했다. 그러나 단지 투표에 참석한 경찰이 아니라 경찰 전체의 과반수가 찬성해야 한다는 규칙 때문에 이 발의는 폐기되었다.

전환점에 달한 듯했다. 1980년대 중반 경찰은 새로운 기득권층과 이들이 선동자들의 착상에 바치는 헌신—시장개방과 국가개입의 철수 등—에 맞서 파업하는 광부들을 패퇴시키는 걸 도왔다. 이러한 이념은 석탄 매장지역과 거기에 의존하는 공동체에 파괴적인 영향을 미쳤다. 신기득권은 자신의 적을 물리치는 경찰의 충성을 유지시켜야 했으므로, 경찰은 신자유주의 정책을 적용받지 않을 수 있었다. 정치 해설자나 정부 각료들은 관용적으로 경찰을 '개혁되지 않은 마지막 공공부문 서비스'라고 묘사하곤 했다. 그러나 기득권층은 이제 자기들의 자리를 든든히 확보했고, 반대자들이 패퇴되었다고 믿게 되면서 더 이상 경찰을 챙길 이유가 사라졌다. 2013년 11월, 연립정부가 이미 1만 명 이상의 경찰을 실업자로 만들었을 무렵, 런던 경찰은 5억 파운드 가치의 서비스를 민영화시킨다는 계획을 발표했다. 삭감과 민영화는 다른 노동자들의 운명이었으되, 이제 (뒤늦게) 경찰의 차례가 왔다. 그리고 경찰은 그 운명을 받아들일 수 없었다. 그러나 현 기득권의 설립에 그렇게나 중요한 역할을 했으니, 경찰 자신의 차례가 돌아오는 것도 피할 수 없었다.

정부의 또다른 대표적 개혁은 잉글랜드와 웨일스 지역에 경찰·범죄 감독관(Police and Crime Commissioners) 선출 제도를 도입하는 것인데, 이를 통해 전국의 지역 경찰력이 더 많은 책무를 부여받게 된다. 그러나 2012년 11월 선거가 실시되었을 때 투표율은 형편없었다. 15% 이하라는 투표율은 비(非)전시에 치러진 모든 국가 선거 중에 가장 낮은 것이다. 이는 명백히, 지역경찰 모든 부서에 책무를 더 부여하는 효과가 전혀 없다. 대신, 선거는 경찰의 정치화를 가속시켰는데, 경찰의 정치

화 문제는 이전부터 널리 우려되던 부분이며 분명히 이에 대한 우려
가 낮은 투표율의 원인이 되었다.

정부에 대한 경찰의 분노는 더해갔다. 그리고 2012년 가을, 경찰은
시위자나 소수인종 집단에게 쓰던 방법을 조직서열의 최상층에 있는
사람에게 맞서는 데 사용하게 된다.

경찰의 단물을 다 빼먹은 후엔

앤드루 미첼(Andrew Mitchell)은 권력과 권위의 기운을 발산하는 사람이
다. 미첼의 커다란 하원의회 사무실에서 이야기를 나누는 동안, 그
는 어리둥절할 정도로 나를 뚫어져라 바라보며 자기 옆에 있는 연구
원들에게 명령이 숨쉬는 것처럼 자연스러운 사람의 말투로 즉흥적으
로 뭔가를 지시하곤 했다. 번창한 런던 북부의 햄스테드에서 전 보수
당 각료이자 작위를 수여받은 아버지 슬하에 태어난 그는 호화 사립
기숙학교인 럭비(Rugby) 학교를 나왔다. 그곳에서의 별명이 '탈곡기'
(Thrasher)였던 데서 그의 10대 때 품행을 짐작해볼 수 있다. 아마도 피
할 수 없는 수순으로 학생회장을 지내며 케임브리지대학을 졸업한 미
첼은 국제 투자은행 라자드(Lazard)에서 일하다가 보수당 하원의원으로
의회에 입성했다. 데이비드 캐머런의 낙승으로 끝난 보수당 당수 선
거에서 진 쪽의 후보였던 데이비드 데이비스(David Davis)의 선거사무장
(campaign manager)이었음에도 불구하고 미첼은 내각에 들어갈 수 있었
으며 결국은 캐머런 쪽의 의회 핵심세력, 제1원내총무가 되었다. 미첼
이 경찰 및 경찰연합과 충돌하고 극적인 정치적 파장을 떠안게 된 것
은 것은 이 직책을 맡고 있을 무렵이다.

미첼은 자신이 "경찰을 열렬하게 지지했다"고 말한다. 사실 그는 내각의 치안장관(police minister)으로서 스티브 윌리엄스의 전임자 잰 베리(Jan Berry)와 가깝게 일한 바 있다. "경찰 덕에 내 선거구가 영국에서 두 번째로 안전한 지역이 됐다"고 미첼은 자랑한다. "난 경찰과 함께 늦은 밤에 나가서 사건을 다루는 걸 지켜보던 사람이외다. 그러니까 나는 경찰을 아주 잘 알고, 경찰 전반을 아주 높게 평가하고 있습니다."

제1원내총무로서, 미첼은 다우닝가에서 일한 세 명의 수석각료 중 하나였다. 그가 회상하길, 한번은 경호 경찰이 "총리 각하와 내각각료들과 급히 회의를 해야 하는데 날 들여보내 주질 않았다"고 한다. 그러나 오해는 빠르게 해소되었다. "내가 보안책임자에게 얘길 했더니 빠르게 해결이 되어서, 난 아무 문제없이 뒷문으로 드나들곤 했지요." 종종 그가 곤경에 빠질 때도 있었다. 뒷문을 지키는 경관이 문을 여는 걸 거부하는 것이다. "내가 '문을 열어주시지요, 난 여기서 일한다오'라고 말하면 그들은 날 지나가게 해주었소."

그러나 2012년 9월 19일, 다우닝가 10번지를 경호하던 경찰이 그를 막아섰다. "그 문을 나와 자전거를 보행자 도로로 굴려 옆문으로 돌아가서 다시 끝에 있는 문으로 드나드는 불편을 겪을 생각은 없었단 말이오." 그래서 미첼은 그 경관에게 말했다. "나는 여기서 일하는 제1원내총무라오, 지나가게 해주시게." 그러나 그 경관, 토비 롤런드(Toby Rowland) 순경은 단호하게, 세 번을 "안 됩니다"라고 대답했다. 성질이 폭발한 미첼은 욕설을 내뱉었다. "난 '이런 우라질, 자네들 경찰은 우릴 도와주려고 있는 거잖나'라고 말했는데 그 말 자체는 맞는 말이지 않소이까. 그리고 '내일 이 문제를 다시 의논해봅시다'라고 말한 게 거의 확실한 것 같습니다."

그러나, 경찰일지 공식기록을 보면 이 사건은 이와 전혀 다르다. 롤런드 경관에 따르면 미첼은 이렇게 고함을 질렀다. "너 같은 쌍놈들은 자기 주제를 알아야지. 너는 국정을 운영하는 사람이 아니고… 너는 쌍것 평민(pleb)일 뿐이야." 미첼은 자신이 그런 단어를 쓰지 않았다고 격렬하게 주장하여, 롤런드 순경은 미첼을 명예훼손으로 고소했고 경찰연합은 롤런드를 재정적으로 지원했다. (롤런드는 결국 승소했던 것이다.) 그 이튿날, 이 시고에 다른 증거가 제시되었다. 원내부총무 존 랜들(John Randall)은 사건이 일어난 시간에 다우닝가 길가에 서 있었던 행인이라는 사람에게서 이메일을 받았다. 그 이메일에 따르면 사실은 제보자 자신도 미첼이 부인했던 그 욕설을 들었으며, '충격을 받은 것처럼 보인' 다른 행인들도 여럿 있었다고 했다.

이 기록이 『선』에 새어나가자, 전국적으로 엄청난 논란이 일어났다. 사립교육을 받은 백만장자들이 정부를 지배하는 데 대한 적의가 이미 널리 퍼져 있는 상황이었기에, '평민게이트'(Plebgate)라고 알려진 이 사건이 국민감정을 건드렸던 것이다. 이건 분명 오만한 상류계급이 하류층을 멸시하는 일이 언제나 일어나고 있다는, 널리 퍼진 관점을 지지하는 명백한 사례였다. '평민'이라고 적힌 티셔츠, 커프스 단추, 배지 등은 평범한 사람들에 대한 무시로 가득 찬 보수주의자들에 대한 저항의 표현이 되었다. 미첼이 평민이라는 단어의 중요성을 깨달았다고 보긴 어렵겠다. "그건 그냥 1920년대 귀족 집안의 난봉꾼 자제, 상류층 얼간이를 놀리는 말"이라고 그는 말한다.

『선』으로 말할 것 같으면, 전화감청 건으로 촉발된 르베슨 조사 이

후 언론개혁이 제안된 마당에 이거야말로 정부에 압박을 가할 수 있는 놓칠 수 없는 기회로 여겼다. "『선』이 나를 공격하는 운동을 벌였지요." 미첼의 말이다. 『선』은 미첼이 경찰 기록일지를 부인했다고 피상적으로 보도했을 뿐이었다. 사건이 일어나고 얼마 안 되어서 『선』의 정치부 편집자 톰 뉴턴-던은 평민이라고 쓴 옷을 자랑스럽게 입고 보수당 당대회에 갔다. 미첼은 자기 말마따나 "야생동물이라도 된 듯이 사냥당했다." "우리 집 뒤편 평지 끝자락에 덤불이 좀 있는데, 내가 그 사람들이 바짝 쫓아오는 한밤중에 거기 몰려 떨고 있는 동물이라는 생각이 들었소."

언론의 소용돌이에 휘말렸던 일은 '탈곡기'에게도 깊은 트라우마를 남긴 경험이었다. "앨러스테어 캠벨(전 토니 블레어의 공보부장)에게 확인을 해봤는데 한 정권이나 개인이 언론의 소용돌이 한가운데 있을 수 있는 기간은 8일이 최장이라고 했소." 미첼이 말한다. "데이비드 켈리 (David Kelly, 영국의 무기 전문가. 영국 정부가 이라크 대량살상무기에 관한 정보를 윤색했다는 논란과 관련해 언론에 정보를 제공했다고 추궁받던 중 자살함. 8장 참조)는 6일 만에 손목을 그었지. 우리는 28일이나 이걸 견뎌야 했소." 그는 몸무게가 14파운드나 줄었고, 자신이 '걸어다니는 시체' 같았으며 부인과 자신이 먹을 수도 잘 수도 없었다고 말했다. 거리에서 사람들이 그에게 험한 말로 고함을 질러댔다. 미첼의 자녀들도 고통을 받았다.

미첼은 '해로운 언론보도' 때문에 정치를 계속할 수 없다는 이유로, 28일 후 사직했다. 그러나 미첼 사건은 곧 완전히 무너지게 된다. 2012년 10월 19일, 웨스트 미들랜드 경찰연합이 이 스캔들에 대해 논의할 세 명의 경관을 미첼에게 보냈다. "그건 날 다시 함정에 빠뜨리려는 거였지." 미첼이 주장했다. 미첼과의 만남 후 경찰들은 그가 그날 저녁에 실제로 뭐라고 했는지 말해주지 않았다고 주장한다. 경찰들은 보수당 공보요원이 그날의 만남을 모두 녹취하고 있었음을 알지 못했다. 이 녹취에서 사실 세 명의 경관이 거짓말을 하고 있었음이 드러난다.

그리고 사건 발생 석 달 후, 그 사건을 녹화한 CCTV자료가 등장했다. CCTV로 볼 때 미첼과 경찰은 잠깐 마주치는 정도였고, 열띤 말을 주고받기는커녕 대화를 나눈다고 볼 만한 장면도 없다시피 했다. 결정적으로, 제기된 혐의와 달리 관광객이나 행인 등의 사람은 보이지 않았다. 그리고 가장 부인할 수 없는 증거가 드러난다. 원내총무에게 이메일을 보냈던 '지나가던 행인'은 그냥 행인이 아니었다. 그는 런던 경시청 외교관 경호대(diplomatic protection officer)인 키스 월리스(Keith Wallis)라는 사람이었다. 월리스는 후일 자신이 그 자리에 없었다고 시인했다. 그 이메일은 완전히 거짓말이었다.

그 대신, 성질을 못 이겨 벌어진 사건이 훨씬 더 극적인 일로 발전했다. 그 당시 미첼은 그 사건에 연루된 경찰들에게 사과했고, 그들은 사과를 받아들였다. 그러나 이 간단한 대화가 '평민게이트'로 알려진 사건으로 발전한 이유는 따로 있다.

경찰연합은 정부 정책에 강하게 대응하지 못한다는 평을 받았고, 거기에 대한 하위직 경찰의 불만이 누적되고 있었던 것이 그 이유이다. "이 사건이 갑자기 경찰연합이 정부에 대항할 때 유리한 입장이 되게 해준 거지." 미첼의 주장이다. "'고위 각료들이 우리를 이렇게 부른다, 평민이라고, 그들은 우리를 이렇게 대한다.' 이런 거요." 스캔들이 한창일 때 전 노동당 각료 크리스 멀린(Chris Mullin)이 말했듯이, 미첼이 경관들에게 사과한 후 경찰연합이 개입했다. "우리가 모르는 사이에 경찰연합이 그 경찰들과 접촉해 그 부분을 기록한 그들의 근무일지를 확인하고, 그걸 『선』에, 나중에는 『텔레그래프』에까지 흘려서 대서특필되게 했소… 경찰연합이 악당인 겁니다. 경찰연합은 장관, 기자, 그리고 자기네를 방해하는 자들은 모두 위협해댄 오랜 전적이 있소."[32] 경찰연합은 미첼에게 사임을 요구했다. 그리고 경찰의 웨스트 미들랜드 지부가 전 원내총무 미첼에게 더한 누명을 씌우려 했다.

이건 음모였을까? "전 그렇게 믿지 않습니다." '평민게이트' 이후 경찰협회 협회장이 된 스티브 윌리엄스의 말이다. 경찰로부터의 독립성을 빈번하게 의심받곤 하는 독립위원회는 '조직적 음모공작'이 없었다고 했다. 그보다는 그저 그 경관들이 서로 결탁했다는 것이다. 미첼이 말하길, 그건 이거나 저거나 '비슷한 소리'다. 윌리엄스는 "미첼 씨가 부당하게 피해를 입었"을 뿐 아니라, 이 일이 "경찰 전반을 수치스럽게 했다"고 말한다. 런던 경찰의 조사는 결정적인 '증거'를 제공한 월리스와 다른 두 명의 경관들 사이에 접촉이 있었음을 시사한다. 미첼은 확실히 원내총무에게 이메일을 보낸 경관이 혼자 행동했다고는 생각하지 않는다. "혼자서 음모를 꾸밀 수는 없소, 그건 불가능하지요. 현실적으로 봅시다." 조사가 실시되었으나, 미첼은 그 조사를 "자기네 대장을, 런던 경시총감을 지키려는 뒷공작"으로 본다. "자기 부하들 말이 100% 맞다고 전국 라디오 방송에서 악의적으로 이야기한 사람 말이오." 어쨌든 허가없이 언론에 사건을 폭로한 혐의 등으로 여러 경관이 체포되었다. 2014년에는 키스 월리스와 다른 경관 제임스 그랜빌(James Glanville)이 런던 경찰에서 해고당했다. 월리스는 직무유기로 12개월 형을 받았다.

"에티오피아에서 이런 일이 일어났다면 영국 언론은 에티오피아 인권 상황을 공격했겠지." 미첼의 표현이다. "국가 권력의 성채를 지키는 무장경찰이 정부요인에게, 여당 제1원내총무에게 누명을, 아주 고전적으로 누명을 씌운 거란 말이오. 그 다음에 책임지는 사람이 없소. 우리는 이 나라 경찰에게 엄청난 권력을 줬습니다. 경찰은 사람의 자유를 뺏을 수 있는 권한을 갖고 있소."

미첼은 자신이 권력있는 사람인데도 보통은 무력한 사람만이 겪는 이런 일을 겪었기 때문에 자신의 사건이 주목받을 만하다고 생각한다. "내각의 각료한테 이런 일이 일어날 수 있다면, 당신한테도, 당신의 자식이나 손자한테도 일어날 수 있다는 거외다. 내 일은 제쳐둡시다. 난 이 일에 맞서 싸우고 전모를 밝혀낼 수 있었잖소. 핸즈워스나 브릭스톤에 사는 불쌍한 젊은이들을 생각해봐요. 그들이 나와 비슷한 상황에 있었다면 승산이 있었을 것 같소?" 지역보건의인 그의 아내는 전모가 밝혀졌을 때 직장에 복귀하길 두려워했으나, 그녀가 복귀했을 때 사람들의 반응은 인상적이었다. "캐러비안계 흑인 간호사가 와서 내 아내를 안아줬소. 아내는 사람들이 자길 배척할까봐 두려워했는데요. 그 간호사는 '이제 나와 내 아이들이 어떤 일을 겪으며 사는지 아시겠군요'라고 말했답니다." 트라우마 덕분에 미첼은 정신적 고통을 겪는 흑인 죄수들을 위한 단체인 흑인정신건강(Black Mental Health)을 지지하게 됐다. 미첼이 말하길, 자신의 결백을 확신하고 죄를 인정하길 거부하는 사람들은 그 과정에서 정신건강에 심각한 영향을 입는 경우가 많다고 한다.

그러나 2014년 11월, 미첼은 롤런드 순경이 제기한 명예훼손 소송에서 극적으로 졌다. 판사는 해당 사건에 대한 롤런드의 진술이 정확했다고 판결했고, 미첼은 큰 액수를 보상금으로 지출하고 정치인생을 마무리했다. 그러나 사건 당시 그 출입문에 같이 있었으며, 미첼과 반대편에서 증언을 했던 롤런드 순경의 동료 이언 리처드슨(Ian Richardson) 순경은 재판이 끝난 후에 "사소한 허튼소리 사고가 있었"으며 이 모든 결과는 "전부 전혀 쓸데없는" 것이었다고 말했다. 미첼이 '아주 많이' 안됐다고 인정하며 리처드슨은 선언했다. "경미한 사고가 신문에 새 나간 거고 이제 넘어가자고 할 수도 있었다. 그렇지만, 물론 우리는 넘어가지 않았고 지난주와 이번 주 내내 고등법원에 있었다. 이건 정말 수치스러운 일이고 많은 사람이 대가를 치렀다." 경찰연합의 역할에 대한 리처드슨의 평가가 특히 흥미로운데, 그는 경찰연합이 '대대적 개혁'을 필요로 한다고 말했다. "경찰연합이 경찰을 좀더 잘 대변해야 합니다. 이번 사건에서 경찰연합은 경찰의 고충을 잘 다루지 못했습니다."[33]

　앤드루 미첼 사건이 그렇게 많은 관심을 끈 이유는 바로 그가 백인이고 상류층이며 힘과 영향력을 가진 보수당원이었기 때문이다. 관심이 몰렸던 사건이기 때문에 감시카메라 영상도 제출될 수 있었고, 언론은 대중의 감시가 쏠린 주장을 검토했다. 우리가 보았듯이, 경찰이 연루되어 논쟁이 일어나는 다른 사건들은 대중의 감시를 훨씬 덜 받는다. 그 사건들은 자주 아무도 귀기울이지 않고, 심각하게 여겨지지도 않으며, 연관된 사람들은 그 일에서 물러나란 이야기를 듣는다. 미첼의 아내와 일하던 간호사들이 그녀를 안아줬을 법도 하다.

앤드루 미첼의 이상한 사건은 기득권에서 경찰의 위치가 불안정함을 알려준다. 경찰은 기득권의 적을 물리치고, 권위주의적 사고방식의 도구가 되어 현 기득권이 안정되는 데 핵심적인 역할을 했다. 그러나 기득권이 더이상 그 존재의 위협으로 인지될 만한 조직적 운동에 맞닥뜨리지 않게 되자, 경찰을 소외시키는 것이 이전처럼 위험하지 않게 되었다.

그러나 이 일화는 경찰 사이에서 발전된 사고방식을 분명히 드러내준다. 결국 미첼은 위계질서의 가장 아래에 있는 이들에게 마치 운명인 양 일상적으로, 너무나 자주 닥치는 일로 고통받은 것뿐이다. 경찰의 권위주의는 권력의 배치를 반영한다. 경찰은 빈자의 비행을 엄중 단속하지만 전체적으로는 힘있는 자들을 수호하는 형태로 법을 집행한다. 경찰의 권위주의는 국가 간섭을 최소화한다는 기득권층의 주장이 그릇됨을 드러낸다. 기득권의 지배하에 국가는 왕성하게 활동하며, 기득권층의 이익을 위해 행동한다.

5

국가에 빨대 꽂기

퍼주고 봐주고─국가는 기업엘리트를 좋아해

애연가인 마크 리틀우드의 얼굴과 치아에는 담배를 향한 사랑이 아로 새겨져 있다. 쉰 듯한 목소리에서도 그가 하루에 20개비씩 담배를 피우는 사람임이 드러난다. 품위있고 호감가는 사람인 리틀우드는 정치적 열정을 논할 때면 빠르고 힘차게 이야기하며, 타협할 수 없는 정치적 적대자와 논쟁을 즐기는 기색이 역력하다. 경제문제연구소(IEA) 소장인 그의 철학은 간단하다. 그것은 국가로부터의 자유에 대한 갈망, 국가가 개입하는 영역을 줄이기, 그리고 국가가 억압하는 인간 자유의 해방이다. 리틀우드와 나는 평면적인 조지 왕조풍의 전면부가 인상적인 경제문제연구소 본부의 회의실에 앉아 이야기를 나누었다. 우리가 하원의회 건물에서 채 400미터도 안 되는 거리에 있긴 했으나, 전 노동당 총리 해럴드 윌슨을 비롯해 역사적으로 유명한 거주자가 많았던 이 거리는 주택이 연이어 늘어선 조용한 곳이다.

리틀우드는 자신의 반국가주의가 공공장소에서의 금연에 반대하는 그의 주장을 뒷받침해준다고 설명했다. 리틀우드에 따르면, 공공장소 금연 조치는 그가 용납할 수 없는, 개인이 행사해야 할 선택의 권리를 국가가 침해하는 사례다. 리틀우드는 전에 자유민주당의 언론책임자였으며, 자신이 보수주의자가 아니라는 점을 강조한다. 리틀우드는 '모든 약물'의 합법화를 지지하며, '아마도 군주제 폐지론자'이고, '민족국가 체제에 매우 회의적이며' '이민에 극단적으로 자유주의적이고, 어쩌면 국경 개방 추구파'이기도 하다. 근본적으로, 리틀우드는 자유주의자(libertarian)다. 그러나 리틀우드 철학의 한복판에는 철저한 국가예산 삭감이라는 욕망이 도사리고 있다. "경제문제연구소는 '더 과감한 삭감, 더 낮은 세금'이란 대규모 연구를 진행했습니다." 리틀우드가 회상한다. "그 연구를 통해 우리는 정부의 노력이란 효과가 아주 미미할 뿐이니 공공지출을 광범위하게 절반으로 줄여야 한다고 주장했죠." 리틀우드조차도 그 연구는 '현실성이 없는' 접근이었다는 걸 인정했다.

리틀우드는 자유시장 급진주의에 흔들리지 않고 열의를 바친다. 그는 결국, 정치적으로 가능한 것의 경계를 밀어붙여 확장하는 선동자다. 영국의 기업 중역을 대변하는 관리자협회(Institute of Directors, IoD)의 수장 사이먼 워커(Simon Walker)도 리틀우드의 급진주의를 공유한다. 워커는 공격적인 우익 출신은 아니지만, 다른 수많은 이들처럼 1980년대에 우파로 전향했다. 워커는 18세에 남아프리카의 아파르트헤이트 체제로부터 망명해 영국으로 와서 옥스퍼드대학에 입학했고, 학내 노동당 동아리의 운영직을 맡았다. 1984년 뉴질랜드 총선 준비기간 동안 워커는 민영화와 감세 계획에 착수한 뉴질랜드 노동당의 홍보부 책임자로 일했다. 1989년 영국으로 돌아온 그는 여러 로비회사에서 일하다가, 다시 울타리를 넘기 전까지는 존 메이저 보수당 정부 정책부서에서 일하게 되었다. 그는 영국항공(British Airways)의 대외협력 이사(Corporate Affairs Director)이자 엘리자베스 2세의 공보비서관, 그리고 로이터(Reuters)에서 대외협력 및 선전부 이사로 일했다. 워커는 2011년 10월 관리자협회로 가기 전까지 사모펀드와 벤처자본을 대표하는 BVCA(British Private Equity and Venture Capital Association)의 중역이었다. 워커만큼 기득권에 단단히 밀착된 경력을 가진 사람도 찾기 어려울 것이다.

워커는 전향자의 열정을 가지고 있다. "전 작은 규모의 정부, 사업이 존재하고 작동하는 데 있어서 더 큰 자유, 그것이야말로 옳은 방향이라고 생각합니다." 워커가 런던 펠멜(Pall Mall)가에 있는 웅장한 관리자협회 본부 건물에서 설명한다. "그리고 규모를 축소하고 남은 정부가 법과 질서를 유지하고, 계약이 지켜지도록 강제할 필요가 있다는 점은 의심치 않습니다. 정부가 해야 하는 일은 바로 그런 거죠." 가장 제한적인 기능만을 지니는 국가인 '야경국가'(night-watchman state)에 대한 향수인데, 야경국가라는 말은 19세기 독일의 사회주의자 페르디난트 라살레(Ferdinand Lassalle)가 그와 동시대의 자유방임주의자들의 비전을 표현하기 위해 고안해낸 용어였다. 그 비전이란, 가장 제한적인 기능만을 보유한 국가다.

온건파에서 급진파까지 여러 면면이 있지만, 그럼에도 영국 기득권층의 통치이념은 일관적이다. 국가는 나쁘고, 기업인이 재능을 발휘하는 데 걸림돌이 된다는 생각이 그것이다. 자유시장이 성장과 진보를 책임진다. 진정 부를 창조해내는 이는 바로 기업인들이다. 모든 엘리트 정치인들도 이런 정서를 공유한다. 2007년에 닉 클레그는 자유민주당 당수가 되고 나서 "신임을 잃은 큰 정부 정치학에 맞설 자유주의적 대안을 세우겠다"고 서약했는데, 이것은 영국 금융위기가 터지기 한 달 전이었다. 클레그는 다른 자리에서 "융통성 없고 중앙 집권화된 독점 공급처가 운영하는 국영 교육, 국영 보건, 그리고 국영화된 복지"를 비판했다. 한편 보수당 당수 데이비드 캐머런은 자유시장이야말로 "인간의 복지와 행복을 증진시키는 데 있어 상상할 수 있는 최고의 힘"이라고 옹호하며, "개방된 시장과 자유로운 기업체는 실제로 도덕성을 고취시킬 수 있다"고 주장했고, "공공서비스에서의 국가 독점을 종식시킬" 개혁을 촉구했다. 2010년 노동당 당수 후보로 뛰고 있던 데이비드 밀리밴드는 "우리의 사명은 개인, 공동체, 그리고 기업의 자율성을 증진시키는 것인데도, 지금 우리는 국가에 권력을 부과하는 것처럼 보인다"고 노동당을 질책했다.

이런 관점은 기득권층에게 아주 널리 받아들여지는 것이라, 조금이라도 여기에 의문을 제기하면 정치적 상궤를 벗어난 기인(奇人)처럼 여겨진다. 그러나 자유시장자본주의의 이념 전체는 속임수에 입각하고 있다. 영국 자본주의가 국가의 부조(扶助)에 완전히 의지하고 있는 까닭이다. 게다가 기득권의 자유시장 이데올로기는 많은 경우 사회의 희생을 대가로 공공의 자산을 개인의 손에 넘겨주기 위한 위장에 지나지 않는다.

국가통제주의(statism)는 재산권에 대한 국가의 보호와 함께 시작되어, 강력해진 경찰력과 법제도를 통해 강요되었다. 국가는 기업의 재산을 무단 침입자나 제품을 슬쩍하는 도둑으로부터만 보호하는 게 아니다. 특허법은 경쟁자가 생산품을 훔쳐내지 못하도록 보호하며, 2013년에 수정된 법에 의해 600파운드만 있으면 유럽연합 전체에 걸쳐 특허를 등록할 수 있다.[1] 이와 비슷하게, 국가는 저작권 및 상표권 관련 법으로 기업의 지식재산권을 보호한다.

유한책임법(limited-liability law) 덕분에 주주들은 개인적으로 회사 빚에 대한 책임이 면제된다. 다시 말해서 주주는 주식을 사며 지불한 돈에 대해서만 책임이 있으며, 반드시 회사에 대한 채권자가 손해를 안게 된다. 자본주의 이념의 대부인 애덤 스미스가 반대한 것이 바로 이 유한책임제인데, 왜냐하면 유한책임제가 아니라면 주주는 자신이 투자한 회사가 내린 결정에 완전히 책임져야 할 것이고, 그러므로 그냥 배당금이 굴러 들어오기만 기다리는 대신 회사의 결정과정에 적극적으로 참여하도록 장려될 것이기 때문이다. "각 파트너는 회사의 계약에 의하여 발생한 채무를 자신의 전 재산을 들여 변제할 책임이 있다." 현대의 일부 극단적 자유주의, 자유시장주의자들도 유한책임제에 반대하는데, 유한책임제는 경제적 삶에 대한 국가의 개입인 만큼 용납될 수 없기 때문에, 국가가 아니라 주주가 위험부담을 지는 게 맞다고 보기 때문이다. "이런 제도는 초기 자본주의에는 존재하지 않았습니다." 우리 사회에서 통용되는 경제적 합의를 공격하는 베스트셀러를 집필한, 케임브리지대학의 쾌활한 반체제 경제학자 장하준의 설명이다. "그리고 유한책임제는 투자자의 가능손실액에 한도를 정해서, 그 법이 없을 때 벌 수 있는 것보다 많은 돈을 벌게 해주죠." 18세기에 사업가가 빚을 지면 가진 재산을 내다 팔아서 상환해야 했다. 만일 그게 불가능하면 감방에 가야 한다. 그러나 오늘날에는 파산법이 사업가의 기업과 빚을 구조조정할 시간을 벌어주기 때문에, 사업가는 감옥에 갇힐 위험 없이 완전히 새출발을 할 수 있다.

기업의 연구 및 개발 비용 또한 국가의 원조로 이득을 보는 부분이다. 비록 사기업도 기여를 하긴 하나, 국가는 현재 1년에 90억에서 100억 파운드 정도의 국가 예산을 연구 및 개발 분야에 사용하고 있다. 기업엘리트들은 늘 연구와 개발에 공공자원을 더 투자해달라고 국가에 머리를 조아린다. 2012년 기업의 목소리를 대변하는 영국산업연맹이 '과학 기반건설' 지출 증가에 대해 "연구와 혁신의 기반건설에 추가 지출을 환영한다"며 "영국을 기업이 연구개발과 혁신을 하기에 매력적인 곳으로 유지하는" 데 도움이 되는 조치라고 갈채를 보냈다.

경제학 교수 마리아나 마주카토(Mariana Mazzucato)는 사기업이 국가 부조에서 직접적으로 이익을 얻는다는 사실을 밝혀냈다. 예를 들면, 영국의료연구협의회(UK Medical Research Council)는 1970년대부터 단일클론항체 개발을 연구해왔다. 협의회의 자랑처럼, 이 기술은 "생물의학 연구 분야의 혁명이며 수십억 파운드 가치의 국제 생명공학 산업을 촉발했고, 암에서 천식에 이르기까지 여러 질병의 치료약 개발에 도움이 되었다."[2] 한편, 인터넷은 미국 정부의 연구가 시초라고 하나 월드와이드 웹(World Wide Web)은 공공기금으로 운영되는 단체인 유럽입자연구소(European Organization for Nuclear Research, CERN)의 영국 컴퓨터 과학자 팀 버너스-리(Tim Berners-Lee)에 의해 창시되었다. 구글 검색엔진은 그 핵심이 되는 알고리즘 없이는 불가능했을 텐데, 그 알고리즘은 미국국립과학재단(US national science foundation)이 관대하게 제공한 것이다.

애플의 아이폰은 터치스크린 디스플레이에서부터 초소형 전자공학과 범지구위치확인시스템(GPS)에 이르기까지 국가 지원으로 개발된 다양한 기술혁신을 결합시킨 제품이다. 이런 식으로 국가의 지원이 기업에 이익을 준 예는 셀 수 없이 많다.[3]

또한 도로, 항공, 철도와 같이 국가가 닦아놓은 기반시설 없이 사업이 돌아갈 리가 만무하다. 자기네가 바라는 분야에 지출이 늘어난다는 전제하에 정부 재정긴축을 확고히 옹호하는 영국산업연맹을 예로 들어 보자. 연맹은 "국제시장의 신뢰를 지키기 위해," 그리고 차입할 때 "정부와 기업 모두에게 기록적으로 낮은 이자율"을 지키기 위해 "정부의 적자감축 계획을 전적으로 지지한다"고 공개적으로 선언했다. 정부의 2012년 지출 검토 후, 영국산업연맹은 영국에서 가장 가난한 사람 일부를 특히 힘들게 할 근로복지기금과 실업수당의 실질적 삭감을 환영했으며, 법인세를 18%까지 낮출 것을 요구했다(2010년에 28%이던 법인세를 기업에 충성을 다 바치는 정부가 알아서 20%까지 삭감해주었는데 말이다). 그러나 영국산업연맹은 도로망 정비 및 개선과 같이 기업의 이익에 도움이 된다고 믿는 활동에는 늘 정부지출을 요구한다. "사회기반시설은 사업에 중요합니다." 영국산업연맹 존 크리들랜드(John Cridland) 총재의 표현이다. "그리고 연결망을 개선해달라는 우리의 요구는 경제가 다시 돌아가도록 하기 위한 영국산업연맹의 최우선 순위 중 하나인 것입니다." 크리들랜드는 심지어 "진짜 변화를 만들어낼 수 있는 큰 계획이 동반된 산업 올림픽"을 요청하기까지 한다.[4]

한술 더 떠서, 영국산업연맹은 사업에 이득이 될 정책에 자금을 대기 위해 사회의 극빈층 중 일부에게 돌아갈 복지기금 삭감을 기꺼이 지지하기까지 한다. 2012년 조지 오스본 장관이 추계보고서를 발표한 후, 영국산업연맹은 부처별 지출과 근로연령수당(working-age benefits)을 삭감하여 절약된 예산 15억 파운드로 "영국의 전략적 도로망을 개선 및 확충하여 지역 도로의 혼잡을 감소시키자"고 주장했다. 그해 6월 정부는 280억을 들여 도로망을 확충하고 정비하겠다고 약속했는데, 이는 '1970년대 이후 도로에 들어간 가장 큰 지출'이라고 묘사되었다. 그러나 영국산업연맹은 개인 운전자에게 그러한 경비의 지출 부담을 더 전가하고 싶어서 고속도로에서 통행료를 받아 도로정비 비용을 제공하도록 하자고 제안했다. 이는 기업에 부과하는 직접세가 개인에게 부과하는 간접세로 옮겨가는 전체적인 흐름과 일치한다.

이와 유사하게, 영국산업연맹은 정부가 돈을 들여 새 공항을 짓길 바란다. 2013년 3월 출판된 한 보고서는 "영국은 다른 주요 유럽 경쟁국에 비해 브라질, 러시아, 중국으로 가는 직항로를 성공적으로 유치하지 못하여, 장기적으로 수출 가능성에 타격을 받고 경쟁력이 손상되며 투자 유치에 지장이 있을 수 있다"고 경고한다. '부실한 도로와 철도망'에서 공항에 이르는 '긴급 투자'에 더해, 영국산업연맹은 정부가 교통허브 구축 사업에도 손을 쓸 것을 제의한다. 이는 중기(中期)적으로 히드로(Heathrow) 공항이나 개트윅(Gatwick) 공항과 같은 남부 쪽 공항에 활주로를 증설하는 것을 뜻한다. 영국산업연맹 이외에도 도로와 공항에 돈을 쓰는 것이 합리적 투자라고 믿는 이들은 있을 것이다. 그러나 여기서 문제는 이런 요구를 통해 대기업이 얼마나 국가에 의존하고 있는지를 알 수 있다는 점이다. 그런데도 대기업은 자기네가 선호하는 사업 이외의 모든 부문에서 긴축을 주장한다.

납세자의 원조를 받아 건설된 민영화된 철도망이야말로 민간부문이 얼마나 국가 의존적인지를 나타내는 통렬한 사례다. 노동조합회의(TUC)가 사회문화변화연구센터(Centre for Research on Socio-Cultural Change)에 의뢰하여 2013년 실시한 조사를 보면 철도에 대한 국가지출은 실질적으로 1990년대 철도 민영화 당시보다 6배나 높아 눈살을 찌푸리게 한다. 보고서는 "2001년부터 민영화된 공공기반시설 공급체의 실패를 보충하기 위해, 국가가 울며 겨자먹기로 지출을 폭발적으로 증가시킨 결과"로 철도 사업체들이 이익을 얻었다고 결론짓고 있다. 철도시설을 운영하는 민간기업들이 제대로 철도시설에 투자를 하지 않아, 국가가 대신 나서야 했던 것이다.

민영화가 기차와 철도에 약속했던 만큼의 민간자본을 투여하는 데 실패하자, 차량은 자주 교체되지 못했고, 늘어나는 승객에 비해 객차 공간이 모자라 기차가 더 붐비게 되었다. 위의 보고서가 표현한 것처럼, 민영화란 "위험부담과 투자를 꺼리는 민간기업들이 높은 국가보조금에 힘입어 자신이 가치의 창출자인 양 하는 것"이다. 다시 한번, 납세자가 위험부담을 짊어지는 동안 이윤은 사적인 것이 되었다. 또는, 보고서의 표현처럼 "앞면이 나오면 그들이 이기고 뒷면이 나오면 우리가 진다." 2007년에서 2011년 사이에만 영국 최대 철도기업 5개가 30억 파운드 가까이 되는 국가보조금을 받았다. 이런 국가 의존은 실로 수익성이 좋은 것으로 드러났다. 다섯 기업은 4년 동안 5억 파운드 이상의 영업이익을 누렸고 이는 거의 모두 주주 배당금으로 지불되었다.

철도회사들은 늘 승객의 증가가 공중이 철도에 만족한다는 증거라며 비판에 응답하곤 한다. 그러나 승객의 증가는 경제적 변화와 직업의 성격 변화, 대학 진학률 증가 등의 완전히 다른 요인 때문이다. 기술혁신과 개선은 민간부문이 양성한 게 아니라 납세자들이 재정을 지원했거나 비용을 부담한 덕분이다. 그리고 민영화된 철도에 이 모든 보조금이 들어가고 있는데도, 승객들은 여전히 바가지를 쓰고 있다. 영국 기차표는 유럽에서 제일 비싸고, 실질임금이 떨어지고 있는데도 인플레이션 이상으로 가격이 오르고 있다. 철도가 거의 완전히 공공소유인 프랑스와 상황을 비교해보자. 프랑스 정부가 철도에 지출하는 액수는 영국과 거의 비슷한데 철도요금은 훨씬 낮고, 정부가 철도에 지출하는 돈이 사기업으로 흘러들어가지도 않는다.[5]

정부보조를 받는 민영철도의 실패는 2009년 공공의 손으로 넘겨진 한 업체의 사례로 요약될 수 있다. 2013년 철도규제국(Office of Rail Regulation)에 따르면, 공공소유인 이스트 코스트(East Coast) 본선 철도가 가장 효율적인 철도기업이며, 다른 모든 영국 15대 민영 여객철도 회사보다 세금지원을 훨씬 덜 받고 있다. 이스트 코스트의 수입 중 정부보조금이 차지하는 비율은 단 1%밖에 안 되는 데 비해, 사유(私有) 철도회사는 36%까지 정부보조금을 받는다.[6] 이스트 코스트는 국유화 이후 승객 불만이 큰 폭으로 감소하는 등, 순조롭게 운영중이다.[7] 그러나 기득권층의 자유시장 근본주의는 '무엇이 효율적인가'를 근거로 실용적으로 운영되지 않으며, 2015년 1월에 이스트 코스트는 조세회피 망명자 리처드 브랜슨(Richard Branson)의 회사 버진(Virgin)과 반(反)동성애 운동으로 유명한 브라이언 수터(Brian Souter)가 회장을 맡고 있는 스테이지코치(Stagecoach)의 합작 투자사업이 되었다. 국유 산업의 성공은 민망한 것이므로 종식되어야 했던 것이다. 노동당의 톰 왓슨은 전 운송부 장관이 한 이야기를 들려주었다. "이 민영 철도회사들은 도둑과 건달이나 마찬가지인데 단속할 수 있는 규제 방법은 턱없이 불충분하다고 그러더군요."

국가가 민간 철도기업만 지원한 게 아니다. 이전에 국영이었다가 민영화된 다른 기업들도 국가에서 도움을 얻는다. 2013년 9월, 하원 공공회계위원회(House of Commons Public Accounts Committee)는 지방에 광대역 통신망을 구축하기 위해 브리티시 텔레콤(British Telecom)에 참으로 효율적이게도 12억 파운드의 지원금을 넘긴 일로 행정부를 질책했다. 위원회에 따르면, 브리티시 텔레콤은 거액의 공공기금을 지원받는 와중에 "유사 독점적 지위를 이용해 도소매 시장 양쪽에 소비자 접근을 제한하여 소비자에게 손실을 입히는 행위에 나섰다."

국가지원금을 받는 회사 중에는 지구를 위태롭게 하는 곳도 있다. 데이비드 캐머런이 보수당을 정화할 젊은 당수라고 여겨지던 2005년, 그는 환경부문에서 맹렬한 운동을 시작해 '파랑에 투표하고 녹색을 얻자'고 유권자에게 촉구하며(영국 보수당의 상징색이 파랑이다) 기후변화 의제를 강조하려고 썰매개가 나온 북극 사진을 앞세워놓고, 보수당 로고도 나무 모양으로 바꿨다. 5년 후, 다우닝가 10번지에 보수당이 자리를 잡고 나자 이들의 태도는 극적으로 변화해, 새로운 재무부 장관 조지 오스본은 "우리는 영국의 기업을 도산시켜서 지구를 구하진 않을 것"이라고 선언했다. 연립정부는 재생 가능 에너지에 들어가는 보조금을 공격했고, 오스본은 자기 지역에 풍력발전 터빈이 돌아가는 걸 거부하며 '내 뒷마당엔 안 돼'(Not In My Backyard) 식의 태도를 보이는 보수 하원의원들에게 굽신거린 끝에 2012년 7월 내륙 풍력발전 보조금을 10% 삭감했다.

반면 화석연료산업계는 계속 관대한 액수의 국가보조금 혜택을 누리고 있다. 화석연료산업 회사들은 석유, 가스, 그리고 석탄의 소비에 붙는 부가가치세가 20%에서 5%로 삭감되어 이득을 누리고 있는데, 이 기업들은 이 조치로 수십억 파운드를 절약할 수 있다. 무엇보다도, 화석연료 회사들은 석유와 가스 생산에 대한 세액공제를 포함한 감세 혜택을 누려왔는데, 이로 인해 매년 2억 8천만 파운드까지 비용을 절약할 수 있었다.[8] 오스본은 2012년 예산에서 북해의 소규모 유전 및 천연가스 매장지에 대한 공제액을 늘렸고, 셰틀랜드 제도(Shetland Islands) 근처의 시추작업에 30억 파운드의 세액공제를 지원했다.[9]

화석연료 또한 지구 환경에 심각한 손상을 가하기 때문에, 국제통화기금(International Monetary Fund, IMF)은 환경적 영향이 화석연료의 가격에 반영되지 않는다면 화석연료의 판매 및 사용 또한 국가의 지원이라고 본다.[10] 이 모든 걸 고려하면 국가의 지원은 엄청난 금액이 된다. OECD에 따르면, 천연가스 하나만 놓고 봐도 36억 파운드 가치의 국가지원이 들어간다.[11]

영국 원자력산업은 또다른 국가보조금 수령처다. 국가는 '지원금'이라는 명목은 거부하지만, 2013년 4월, 하원 환경감사위원회는 원자력산업이 1년에 23억 파운드의 국가보조를 받고 있다고 추정했다. 원자력산업 사업자는 유한책임으로 보호받는다. 원전사고가 일어나면, 원자력산업 사업자는 그 사고로 인한 지출 중 1억 4천만 파운드만 감당하면 된다. 국가는 이 비용을 10억 파운드까지 올리는 방안을 제시했지만, 아직 실행되지 않았다. 원전사고의 나머지 비용은 공공의 지갑에서 나갈 것이며, 이로 인해 원자력산업 사업자의 보험 비용이 엄청나게 절감된다. 게다가 국가는 미래의 원자로 폐로 작업과 핵폐기물 처리 비용의 재정적 부담까지 대부분 떠맡았는데, 이 비용은 2005년 560억 파운드에서 오늘날에는 1,000억 파운드까지 급증했다. 자유민주당이 야당일 때나 여당일 때나 원자력 팽창을 반대하는 입장이었던 것도 이해가 간다. 자유민주당의 에너지·기후변화부 장관(Energy and Climate Change Secretary) 에드 데이비(Ed Davey)는 '안전과 환경위협' 문제 외에도 원자력이란 "오로지 광대한 세금지원 또는 조작이 가해진 시장에서만 가능하다"고 했지만, 2012년에는 "새로운 원자로는 반드시 공공의 지원금 없이 건설될 것입니다… 이 지점은 타협하지 않겠습니다"라고 바꿔 서약했다.

　그러나 오늘날 원자력산업은 현대 자본주의의 근본적인 진실을 드러내주는 또다른 실례다. 비용을 지불해야 하는 것은 납세자다. 2013년, 연정은 데이비의 서약을 어기고 프랑스와 중국 정부 소유의 원자력 회사들과 잉글랜드의 서머싯(Somerset)에 힝클리포인트 C(Hinkley C) 원자력 발전소를 건설하기로 계약을 맺었다. 이 계약은 보증가격으로 35년간 정부지원을 약조하여, 현 에너지 가격의 두 배 가치를 지불했다. CF 파트너스(CF Partners, 에너지 시장 분석, 중개 및 거래와 위기관리 등을 전문으로 하는 기업) 분석가들에 따르면, 인플레이션을 고려하면 1년에 7억 2천만 파운드 정도가 원자로 유지 보조금으로 들어갈 예정이다.[12] 여기에서 정부는 영국이 주도하지만 않는다면, 즉 다른 국가가 하는 국영사업에는 반대하지 않는다는 걸 알 수 있다.

어쩌면 영국 군수산업만큼 국가지원 자본주의를 요약해서 보여주는 사례도 없을지 모른다. 무기거래반대운동의 의뢰로 스톡홀름국제평화연구소(Stockholm International Peace Research Institute)가 2011년에 발행한 보고서는 매년 6억 9,890만 파운드가 영국의 무기수출 지원금으로 들어간다고 밝혔는데, 보고서에 따르면 이 수치는 최소한으로 잡은 것이다. 이 액수에는 무기거래를 감독하는 영국 무역투자부의 국방·안보청(UK Trade & Investment's Defence & Security Organization)에 들어가는 1년치 지원금 1,580만 파운드도 포함되어 있다. 약 55,000명의 영국인이 무기수출 산업 분야에 직접 고용되어 있다는 점도 고려하면, 이 직업에 종사하는 인구 1인당 약 12,707파운드 상당의 공적자금이 들어간 셈이다.[13]

비록 군수산업 분야에 종사하는 인구는 1980년대 초의 50만에서 오늘날 20만을 약간 넘기는 정도까지 급격히 감소했으나, 군수산업은 여전히 이렇듯 매우 관대한 정부지원을 누리고 있다.[14] "군수산업은 가장 큰 제조업인 데다, 숙련공을 많이 고용하는 부문이지요." 무기거래반대운동의 앤 펠섬(Ann Feltham)이 런던 핀즈버리 파크(Finsbury Park) 근처의 우중충한 본부 사무실에서 해준 말이다. "그렇지만 그 이유는 군수산업이 정부보조금을 받고 지원을 받은 부문이기 때문이고, 다른 부문은 그냥 폐업이 될 때까지 내버려졌죠. 그러니 이건 많은 면에서 순환구조인 겁니다." 기득권은 다른 산업부문에 대해선 자유방임주의로 접근하여, 그 산업에 의존했던 공동체가 오래도록 파괴적인 결과를 겪어내며 산업이 사라지도록 내버려둔다. 그러나 인명을 살상하는 무기를 제조하는 일이라면 이야기는 좀 달라진다. 이 엄청난 액수의 보조금이 국가안보에 사용된 거라고 주장할 수도 없다. 국가지원금을 받아 제조된 무기 중 많은 양이 영국 기득권층과 거래하는 외국 고객들의 손으로 들어갔으며, 이들 중 일부는 지구 최악의 인권유린 집단이다. 2011년 사우디아라비아에만 18억 5천 파운드 가치의 무기가 군사표준 라이센스로 승인되어 수출되었다.[15]

그러나 대기업은 이런 식의 특정부문에 대한 직접 지원에서만 이익을 얻는 게 아니다. 대기업은 다른 방면에서도 막대한 정부지출로 이득을 본다. 사회에서 가장 부유한 사람들 다수는 국가 교육에 참여하지 않는다. 이 부유층은 자녀를 사적으로 교육시키면서 사립학교 기부를 이용해 연간 8천 8백만 파운드 가치의 세금우대를 받는다. 이는 국가가 계급 특권과 사회계층간 격리를 지원하는 꼴이다. 사립교육을 받는 학생의 사회경제적 배경을 고려하면, 사립학교는 학문적으로 국립학교보다 나을 것이 없다.[16] 그러나 역사학자 데이비드 키너스턴(David Kynaston)이 썼듯이, 이 사립학교들이 '가공할 시험 기계로서 그리고 정교한 사회적 관계망으로서, 선량하지만 아둔하거나, 혹은 심지어 선량하지만 나태한 학생들의 사회적 지위가 하락하는 것을 방지하는 데' 성공을 거뒀다는 점은 주목받지 못해왔다.[17]

그러나 자기 자식들은 어디서 교육시키든 간에, 기업엘리트들은 자신들이 고용할 노동자를 훈련시키기 위해 국가 교육에 의지한다. 결국, 고용주는 기초적인 산술 능력과 독해력부터 문제해결이나 다른 능력에 이르기까지 모든 것을 갖춘 노동자를 필요로 하는 것이다. 영국 전체를 교육하기는 값비싼 일이라, 학교에만 해도 매년 530억 파운드가 지출된다. 이와 동시에 실질적으로 고등교육 예산이 280억 삭감되어, 이전의 3배에 달한 대학 등록금은 학생들에게 전례없는 큰 부담을 지워 대학생의 개인부채가 1인당 53,000파운드 이상이 되었다. 기업은 대학교육을 받은 노동자가 없으면 운영될 수 없는데도 학생들은 단순히 교육서비스의 소비자로 취급된다.

기업은 자신들의 요구에 잘 맞게 재단된 교육을 시행하도록 국가에 끊임없이 영향력을 행사한다. 학교에 관한 자세한 보고서에서 영국산업연맹은 '교육 개선'이야말로 '영국의 장기 경제성장 계획에서 가장 중요한 부분'이라고 하며, '교육을 제대로 실시했을 때 얻을 수 있는 잠재적인 경제이익이 엄청나다'고 주장했다. 그러나 이들이 제안하는 교육 해법 중 하나는 교육제도에서 사익을 추구하는 민영기업들이 넓은 영역을 차지하는 것이다. 고위 보수당 의원들은 그 결과로 공공기금이 어린이의 교육이 아니라 주주들의 주머니로 들어간대도 이러한 정책을 지지한다고 알려져 있다.

기업은 또한 국가가 상당한 자원을 동원해 충당하는 견습제도에도 의존하고 있다. 2011년 영국산업연맹의 기업 조사에 따르면, 고용주의 거의 3분의 2가 국가는 견습제도에 우선적으로 지출을 해야 한다고 믿으며, 중앙정부는 견습제도의 운영에 14억 파운드의 거금을 들이고 있는 실정이다. 교육과 견습제도는 수백만 개인의 미래에 중대한 영향을 미칠 뿐 아니라 사회 전체에 큰 이익이 된다. 잘 훈련된 의사, 기술자, 교사, 자동차 정비사, 기계공, 과학자, 변호사 등은 사회에 기여한다. 그러나 교육과 견습제도는 기업엘리트들에게도 없어서는 안될 국가 제공 서비스이기도 하다. 국가가 댄 비용으로 훈련받은 인력이 없다면, 기업의 경쟁력이 손상될 뿐 아니라 심지어 제대로 운영되기도 힘들 것이다.

　기업이 고용 인력의 노동에 의지한다 해도, 노동자들의 임금은 점점 덜 지불하고 있다. 사실은, 빅토리아 시대 이후로 오랫동안 줄지 않았던 임금의 평균액이 지금 쪼그라드는 중이다. 생활수준 연구에 집중하는 중도좌파 싱크탱크 레졸루션 파운데이션(Resolution Foundation)의 보고서를 보면, 2009년 340만명 정도의 (런던 바깥에 사는) 영국 노동자가 법으로 정한 '생활임금'인 시간당 7.20파운드에 못 미치는 액수를 받고 있었다. 그러나 2012년 생활임금 이하의 봉급을 받는 노동자의 수는 전체 여성 노동자의 4분의 1을 포함하여 480만명으로 뛰었는데, 단 3년 전인 2009년에 생활임금 이하의 봉급을 받는 여성 노동자는 전체 여성의 18%였다. 급여를 제대로 받지 못하는 노동자들이 적절한 생활수준을 유지할 수 있도록 이들의 실소득에는 세액공제가 들어갔다. 이는 물론 납세자들이 낸 돈으로 들어간 보조금이다. 2009~10년을 예로 들면, 정부는 이런 세금공제로 273억을 지출했고, 그 대부분은 근로가구에 들어갔다. 2003/4년과 2010/11년 사이에는 1,766억 4천만 파운드라는 거액이 이렇게 지출되었다. 이제 세금공제는 수백만 근로인구의 생명줄이 되어, 세금공제를 받지 못한다면 극심한 빈곤으로 고생하게 될 것이다. 그러나 저소득층에 대한 세금공제가 노동자에게 턱없이 낮은 임금만을 지불하는 사장에게 주는 국가보조금이라는 사실에는 변함이 없다. 고용주는 노동자가 살아가기에 모자란 임금을 지불하고 노동자를 고용하면서, 제대로 임금을 받지 못하는 노동자를 국가가 부양하도록 떠넘긴다.

주택보조금으로 지출된 240억 파운드에도 같은 원칙이 적용된다. 2002년 당시, 비싼 주택임대료로 인해 런던에서 10만 명의 개인주택 임차인이 주택보조금을 신청할 수밖에 없었다. 신노동당 집권 말기에 는 임대료가 더 올라 주택보조금 신청자는 25만 명에 달했다. 한편으 로 이는 역대 정부들이 공영주택을 충분히 공급하는 데 실패했기에 나타난 증상이다. 주택 임차인들이 공영주택 대신 더 비싼 개인 임대 주택으로 밀려나면서, 주택보조금은 개인 임대주들이 더 높은 임대료 를 받을 수 있도록 해주는 지원금이 되고 말았다. 그러나 주택보조금 은 기업이 지불하는 모자란 임금에 대한 또다른 지원이기도 하다. 건 축·공공주택재단(Building and Social Housing Foundation)이 2012년 시행한 연 구에 따르면, 연립정부 집권 후 2년 동안 주택보조금 신청 10건 중 9건 이 넘게 실직가구가 아니라 근로가구였다.[18] 이 신청자의 다수는 너무 낮은 임금을 받는 통에 개인 임대주들이 요구하는 천문학적 금액을 감당할 수가 없었던 것이다. 개인 임대주와 마찬가지로, 민영주택임대 회사도 주택보조금으로 지원을 받고 있으며, 어떤 경우, 그러니까 그 레인저 레지덴셜 매니지먼트(Grainger Residential Management)나 카리든 프 로퍼티 서비스(Caridon Property Services) 같은 회사의 경우에는 1년에 백만 파운드가 넘는 세금을 받아가고 있다.[19]

그리고 2008년, 은행에 지원된 정부의 구제금융이야말로 지원금 중 의 지원금이다. 사인(私人)이 소유한 기업들이 자업자득으로 파산했을 뿐 아니라 세계를 경제적 파탄으로 몰아넣었다. 그리고 이제 바로 그 기업들이 자신들이 지불해야 할 청구서를 납세자가 전부 다 떠맡아주 길 바라고 있었다. 은행을 구제하기 위해 정부가 1조 파운드가 넘는 공공기금을 쓴 이런 사례는 세계 어디에서도 찾아보기 힘들다. 영국은 국가가 제공한 생명유지장치에 매달린 금융제도를 떠맡았고, 사기업은 국가에 완전히 의존했다.

기득권층이 떠받드는 '자유시장'은 환상에 근거하고 있다. 그렇다면, 현대 영국에는 사회주의가 융성하고 있으되, 그것은 부자와 기업을 위한 사회주의라고 말할 수 있을 것이다. 국가가 부자와 기업을 지원하고, 필요하면 언제나 그들을 구제해준다. 반면 나머지 대부분의 인구는 점점 죽든지 살든지 알아서 해야 하는 처지로 내버려진다. 이 나머지 인구가 인정사정없이 치열한 자본주의를 경험하는 것이다.

이처럼 영국 기득권을 통해 작동하는 '부자를 위한 사회주의'를 비판하는 것은 스스로 좌파라고 공언하는 이들만이 아니다. 우익 자유주의자들 중에도 이 사실을 인지한 이들이 있다. 독자파 보수당 하원의원 더글라스 카스웰은 자칭 '자유주의자'다. 그는 포트컬리스 하우스의 유리천장 아치 아래 앉아서 자신은 17세기 잉글랜드의 급진적 평등파(Levellers)들에게서 영감을 얻는다고 말해주었다(평등파, 또는 수평파는 찰스 1세 시대의 정치 당파로서, 소부르주아지의 이익을 대변하며 의회주권, 성문헌법, 종교의 자유 등을 주장하였다). "요즘 돌아가는 걸 보면 17세기 논쟁이 생각나지요. 자기 힘은 비축해두고 사람들에게 거머리처럼 들러붙어 기생하는 오만하고 무능한 엘리트와 여전히 대립하고 있으니까요"라고 그는 말하는데, 카스웰의 말은 단호하고, 날카롭게 끊어져 귀에 꽂힌다. "난 1980년대가 많은 문제가 시작된 시점이 아닌가 싶어요. 열렬한 대처주의자로서, 이렇게 말하기는 싫지만 말입니다. 80년대에 일어났던 많은 일이 자유시장을 발전시켰다는 점에선 아주 좋았지만, 우리가 자유시장을 장려하려고 만들었던 여러 가지 중에서 너무 많은 것들이 사실은 전혀 자유시장에 어울리지 않았던 걸로 밝혀졌단 말입니다." 카스웰이 생각하기에 영국은 '기업 족벌주의'(corporate cronyism)가 만연한 '과두정'(oligarchy)의 지배하에 들어섰다. 대기업들이 "완전히 부적절한 국방조달 시스템을 통해서 국방 예산의 일부를 빨아먹을" 수 있다는 것이 그 전형적인 사례이다. 카스웰 같은 우익 이상주의자들에게 이런 현상은 자본주의가 아니라 '조합주의'(corporatism)다. "대기업과 큰 정부가 뭉쳐서 경제의 큰 파이를 자기네가 이로운 대로 잘라가는 거죠."

카스웰이 이 사태에 제안하는 해결책은 국가의 개입을 극단적으로 후퇴시켜 영국인을 제한받지 않는 시장의 힘에 완전히 노출시키는 것이다. 나로선 그의 제안에 동의하기 힘들지만, 현 상황에 대한 카스웰의 분석에는 동의하지 않을 수 없다. 카스웰과 뜻을 같이하는 이들은 현대 기득권층의 현실 일부를 건드리고 있다. 위험과 부채는 국유화되어 국민이 부담하는데, 수익성이 있는 요소들은 사유화된다. 국가를 격렬하게 혐오하는 것이 기득권층의 이념이라 하나, 기업엘리트는 완전히 국가 부조에 의지한다. 국가가 현대 자본주의의 중추이며, 국가에 의해 자본주의가 지탱된다. 국가가 대기업을 보호하고, 기업에서 일할 노동자를 훈련시키며, 노동자의 임금을 보조해주고, 금융중심지를 구제하며, 은행 수익을 직접적으로 보태준다.

그러나 '빈대'(scroungers, 복지수당에 의존해 살아가는 사람이나 복지수당 부정수령 혐의를 받는 사람을 비난할 때 자주 쓰이는 단어) 같은 용어는, 나중에 설명하겠지만 세금 납부까지 거부하는 사기업이 아니라 가장 가난한 사람들을 비난할 때만 사용된다. 결국 '빈대'는 사회복지에 의지하여 살아가는 사람들을 겨냥해 비하하는 모욕적 언사다. 아이러니하게도, 그 쓸모없고 일도 하기 싫어한다는 실업자들을 노동시장으로 보내라고 국가에 고용된 민간기업들이야말로 '빈대'라는 이름이 제일 잘 어울리는 자들이다.

누가 '레알' 빈대일까―기득권층의 민영화 교조주의

57세의 브라이언 매카들(Brian McArdle)은 래너크셔(Lanarkshire, 스코틀랜드 남서부 지방을 이르는 옛 이름)에서 경비로 일하다가, 뇌졸중으로 반신이 마비되고 한쪽 눈이 보이지 않게 되었다. 그는 말을 하기도, 스스로 식사를 하거나 옷을 입기도 힘들어졌다. 이는 사회복지제도의 필요성을 보여주는, 비극적이지만 고전적인 사례라고 당신은 생각할지 모른다. 그러나 매카들은 아토스(Atos)라는 회사의 '근로역량평가'(work capability assessment)에 응하라는 지시를 받았는데, 아토스는 장애수당 수령자의 수를 줄여 복지기금 지출을 감축하기 위해 영국 정부가 고용한 프랑스 기업이다. 예약된 평가일 며칠 전에 매카들은 또 한번 뇌졸중을 일으켰지만, 약속대로 평가 장소에 나갔다. 평가 결과 매카들은 근로에 적합하다고 판정받았으며, 2012년 9월 26일에 장애수당이 지급 중지될 것이라는 통보를 받았다. 그 이튿날, 매카들은 길에서 심장마비로 쓰러져 사망했다.

브라이언 매카들의 열세살짜리 아들 키런(Kieran)은 "아토스가 우리 아빠에게 스트레스를 줘서 겪지 않아도 될 고통에 시달렸기 때문에 이런 일이 일어난 건데, 아토스는 우릴 도와주지도 않았다"고 주장했다. 노동연금부 장관 이안 덩컨 스미스가 이 일에 대해서 키런에게 보낸 편지 내용이 『데일리 레코드』(Daily Record) 신문에 보도되었는데, 공감은 거의 찾아볼 수 없는 내용이었다. 매카들의 가족에게 '아버님의 장애보조금 신청 결과에 대해 얘길 해보고 싶거든' 지역 직업센터인 잡센터플러스(Jobcentre Plus)에서 약속을 잡으라며, "제가 무슨 말을 하건 키런 군이 아버지를 잃은 고통을 덜어줄 수는 없다는 걸 알지만, 정부가 질병수당 체계를 개혁하는 문제가 왜 그렇게 중요한지, 그리고 우리가 관련 과정을 최대한 공정하게 하려고 얼마나 애쓰고 있는지를 설명하고 싶습니다"라고 덩컨 스미스 장관(사실 그의 자문 중 한 명일 가능성이 높지만)은 썼다. "난 아버지가 그런 취급을 받은 일을 사과받고 싶고, 이런 역겨운 방식의 표적이 된 다른 수천 명의 장애인도 사과를 받았으면 좋겠어요." 아버지의 죽음을 애도중인 키런의 말이다.[20]

2012년 11월, 나는 BBC 1의 「퀘스천 타임」(Question Time)에 이안 덩컨 스미스와 함께 출연해서 아토스의 실패 사례를 꺼내며, 그에게 브라이언 매카들의 이름을 기억이나 하느냐고 물었다. 덩컨 스미스 장관은 화를 벌컥 내며 내 쪽으로 삿대질을 하면서 '그쯤 해두시오'라고 으르렁거렸다.

아토스의 시스템은 기득권 교조주의의 필연적 결과다. 민영화가 진행될수록, 국가는 사기업의 자금줄에 불과해진다. 이런 사기업은 인간의 필요에 부응하고자 하지 않는다. 사기업은 이윤을 창출하는 곳이다. 아토스는 노동당 정부 시절인 2005년 근로역량평가 시행업체로 선정되었다. 2010년 11월, 아토스는 연정과 계약을 갱신했는데 연정이 소위 '복지개혁'이라는 전면적 계획안을 시행하면서 책임이 훨씬 커졌다. 아토스는 영국 정부와 맺은 5년 계약으로 매년 1억씩 5억 파운드의 공적자금을 받게 되었다. 그러나 2012년 국가회계감사국(National Audit Office)은 아토스가 정부와 맺은 계약과 그 가격에 합당한 가치를 하지 못하고 있다고 규탄했다. 감사원 보고서에 따르면, 아토스는 '계약서에 명시된 모든 서비스 표준을' 상습적으로 충족시키지 못했다. 아토스의 목표달성 기록은 '형편없었다.' 정부는 '아토스의 비능률성을 적절하게 재정적으로 시정하는' 데 실패했으며, '아토스와의 계약 관리는 충분한 엄정성이 결여되었다.'[21] 그러나 거센 반발로 아토스와의 계약이 강제 파기된 것은 그로부터 1년 하고도 6개월이나 지난 후이다. 이렇게 공공기금을 형편없는 서비스와 맞바꿔주는 사기업에 국가 기능 일부를 분리 매각하는 것이 현대 기득권의 두드러진 특징이다. 아토스에는 우리 사회에서 가장 취약한 사람들에 대한 국가 지원을 사정(査正)하는 기능을 떼어주었다.

아토스와 관련된 비극은 매카들만의 일이 아니다. 세 아이의 어머니인 39세의 엘레노어 태튼(Elenore Tatton) 또한 아토스 관련 사례 중 하나다. 그녀는 지속적으로 뇌종양을 앓고 있었음에도, 2013년 아토스에 의해 보조금 수혜 자격을 박탈당했다.[22] 태튼은 이의를 제기하던 와중에 상태가 나빠져 호스피스 시설로 들어갔고 그곳에서 사망했다. 한편, 캐런 셜록(Karen Sherlock)의 트위터 계정은 여전히 살아 있다. 짧은 자기소개란에는 '신장투석 준비중. 하루하루가 너무 힘들다'고 적혀 있다. 셜록의 신장이 약해지고 있었는데도, 아토스는 그녀가 일할 능력이 일부 남아 있는 사람이라고 판단하고 직업관련 활동집단으로 분류해 한시적 수당만을 주었다. 캐런 셜록은 2012년 6월 고인이 되었다. 셜록의 친구이자 장애인 인권활동가인 수 마시(Sue Marsh)의 표현처럼, 셜록은 "체제가 그녀를 버린 탓에, 또한 잔인한 인간들이 들으려 하질 않고 힘있는 사람들이 행동하지 않았기에 공포 속에 죽었다."[23]

정보공개법에 따른 요청에 대한 2012년 4월 응답을 보면, '직업관련 활동집단'으로 분류된 환자와 장애인 중 1,100명이 2011년 1월에서 8월 사이 사망했는데, '직업관련 활동집단'이란 이들이 일을 하는 것이 어느 정도 가능할 거라는 의미다. 그리고 이 사망률을 따져보면 직업관련 활동집단으로 분류된 사람들이 매주 32명씩 죽은 셈이다.[24]

루이스 휘틀(Louise Whittle)은 아토스를 직접 경험해본 적이 있다. 전화 너머로, 그녀는 아토스 직원에게 자신의 상황을 조심스럽게, 찬찬히 설명했다. 심각한 정신적 고통을 겪은 후에야 그녀는 2011년 여름에 고용지원급여(Employment and Support Allowance, 질병이나 장애를 가진 사람이 노동 의사가 있는 경우 받을 수 있는 정부지원금)를 수령하게 되었으나, 근로역량평가를 받아야 한다는 통지를 받았다. 그러나 아토스측은 후에 루이스에게 평가를 시행할 '의료인이 부족해서' 평가 일정이 연기되었다고 전화를 했다. 마침내 평가를 받으러 갔을 때 일어난 일을 루이스는 이렇게 회상한다. "정말로 비현실적인 경험이었어요… 공기도 안 통하고 햇빛도 하나도 안 드는 아주 답답한 방이었던 게 기억나요. 어떤 남자 간호사가 자기소개를 하더니, 자기는 그냥 일반 간호사라서 정신건강 분야에 대해선 아는 바가 없다는 거예요. 그 사람은 정신과 전문 간호사가 아니라 그냥 보통 간호원이었어요." 평가자와 시선 교환도 거의 없었다. 간호사는 그냥 컴퓨터 전원을 켜더니, 모니터상에서 감정을 상하게 하는 질문을 읽었다. "그냥 인간 취급을 못 받는 기분이 들더라고요"라고 루이스는 말한다.

컴퓨터가 심판을 내렸다. 다른 모든 청구인들처럼, 루이스는 얼마나 병들고 거동이 불편한지에 따라 점수를 받는다. 루이스는 18점 중 0점을 받았다. 루이스는 그 일을 전해듣자마자 항의했다. 이번에는 완전히 달랐다. 루이스는 복지사(welfare advisor)인 파트너 토니(Tony)와 동행했다. 저번과 달리 아토스 직원이 아닌 의사가 루이스를 검사했는데, 그 의사는 좀더 자세하게 질문을 했고 루이스의 상황을 전체적으로 알아보는 데 관심이 있는 것 같았다. 그 의사는 아토스의 평과 결과를 번복하여, 루이스에게 18점을 주어 루이스가 수당을 청구할 권리를 회복시켜주었다. 물론 수당을 부당하게, 조직적으로 박탈당하는 사람이 있을 수도 있지만 결국에는 잘못된 결정이 번복된 것인데 뭐가 문제냐고 묻는 이도 있을지 모른다. 그러나 아토스에서 받은 수치감으로 고통받은 청구인들이 남은 기력을 긁어모아 항의 절차를 거쳐야 하는데, 그러려면 그런 안 좋은 경험을 몇달 간이나 다시 해야 한다. 항의 절차가 진행되는 동안 청구인들은 수당을 받지 못하며, 이는 영국에서 가장 취약한 위치에 있는 이들 중 일부에게 엄청난 스트레스를 가하는 일이다.

아토스가 얼마나 처참하게 실패했는지를 강력하게 고발하는 내부 고발자도 있다. 그레그 우드 박사(Dr. Greg Wood)는 2010년 9월 아토스에 들어가기 전에 해군에서 병사들의 근무 적합성을 판정하는 일을 오랫동안 한 바 있다. "의료적 적격 기준에 대해서라면 전 아주 명확한 견해를 갖고 있었습니다." 그가 설명한다. "간호병들은 너무 쉽게 적합 사인을 했다는 게 제 견해였습니다. 병사들이 일부러 거짓말을 한다는 건 아니지만, 기준에 적합할 만큼 상태가 심각하지 않은 병사들이 적격 판정을 받았다는 얘깁니다." 그러나 우드 박사가 아토스에서 근로역량평가를 시행하기 시작했을 때 그의 이런 추정은 산산조각이 났다. 아토스의 판정 체계는 여러 가지로 그를 충격에 빠뜨렸다. 청구인이 수당 수령에 적격하다는 판정을 받으려면 '합리적 의혹의 여지를 넘어서야' 했다. 평가자들은 틀린 정보로 훈련을 받았다. 예를 들어서 수작업 능력 평가의 경우, 수습 평가자들은 청구인이 버튼을 누를 수 있으면 수당 청구 점수를 주지 말라고 가르침을 받았다. 그러나 우드는 수작업 능력을 평가할 때는 수당 청구인이 펜이나 컴퓨터를 사용할 수 있는지가 기준이 되어야 하며, 당연히 '버튼 누르는 것보다 아주 많이 복잡해야' 한다고 말한다.

그러나 청구인이 수당을 받을 수 있는 가능성은 심지어 더 희박하다. 문서로 제출된 증거가 평가에 반영되지 않는 경우가 허다했다. 각 신청건은 청구인의 의료적 상황에 대한 지역 1차진료의(GP)의 견해서가 첨부되어야 했으나, 실제로 이렇게 되는 일은 드물었다. 일반적으로 청구인 자신이 자기 서류를 준비해야 했는데, "사람들 대부분은 자신이 제기한 수당 청구를 심사받을 때 어떤 정보가 도움이 되는지를 몰랐다"고 그는 말한다. 게다가, "보고서를 노동연금부 규정에 맞게 해야" 하는 다른 아토스 의사들이 보고서를 고쳤다. 아토스는 누가 일을 할 수 있는 능력이 되는지 엄격하게 평가하기 위해서가 아니라, 가능한 한 많은 사람이 수당을 받지 못하게 하기 위해 운영되었다. 우드의 표현처럼, 아토스는 "명백히 무리한 일을 하려 했습니다. 그리고 일부러 그랬든 부주의 때문에 그랬든, 그 결과는 수당을 받을 자격이 있는 사람들이 자격을 박탈당하는 거였습니다." 우드는 수당 청구에 대한 심사의 전체 과정이 청구인에게, 특히 정신적 문제로 수당을 청구한 청구인에게 "모멸과 스트레스를 주었다"고 표현했다.

상황이 이러니 아토스의 판정이 이의제기로 번복되는 경우가 왜 그리 잦은지 알 만하다. 2012년에는 단 세 달 동안 42%의 근로역량평가 판정이 뒤집혔다.[25] 사회복지사와 함께 이의제기 과정을 진행한 이들의 경우 판정이 번복되는 비율은 더 높다. 물론, 수당 청구 적격 판정을 다시 받아내려면 비참하고 힘든 시간을 몇달이나 보내야 한다. 그리고 이 과정은 납세자의 부담을 가중시킨다. 수당 청구 부적격 판정의 재심 과정에 소모되는 비용은 2009/10년의 2,100만 파운드에서 2012/13년 6,600만 파운드로 세 배가 넘게 뛰었다. 아토스의 판정에 대한 정부 평가마저도 '용납할 수 없을 만큼 형편없음'으로 요약된다. 이의제기 현수막이나 벽에 휘갈긴 메시지에서 보이듯 '아토스는 살인자' 같은 구호가 친숙한 말이 되고 있다. 2013년 10월 노동당 평의원 데니스 스키너(Dennis Skinner)는 '피도 눈물도 없는 잔인한 괴물'이라며 아토스를 격렬하게 비난했다.[26] 사람들의 분노가 축적되면서, 2014년 3월 아토스는 정부와의 계약을 파기하겠다고 밝혔다. 그러나 이미 아토스는 거액의 공공기금을 손아귀에 넣은 뒤였다. 2014년 10월, 아토스 대신 미국 회사 맥시머스(Maximus)가 수당 청구 적격여부 평가 계약을 맡을 것이라고 발표되었는데, 이 회사는 사기, 장애인 차별에서 비용 허위청구에 이르기까지 다양한 소송이 걸려 있는 곳이다.[27] 맥시머스의 고위 인사 중에는 마이클 오도넬(Michael O'Donnell) 교수가 있는데, 이 사람은 전에 아토스의 의료임원이었으며, 그래서 노동당은 맥시머스는 그저 아토스에 연이은 실패를 예고할 뿐이라고 주장했다.[28]

여기도 역설이 있다. 일상적으로 영국 언론이 빈대라며 악마화하는 건 수당 청구인들이다. 이들은 어찌나 악마화되었는지, 2012년 장애단체연합이 말한 바에 따르면 장애인이 체제에 기생한다고 의심을 받아 길에서 조롱을 당하는 경우가 급증하고 있다고 한다. 즉 상황을 정리하자면 이렇다. 끔찍하고 비인간적인 서비스를 제공하면서 공공기금 수억 파운드를 챙겨 납세자의 자산에 빈대붙고 있는 기업이 수당을 받아 마땅한 청구인의 보조금을 빼앗아가고 있는 것이다.

정부가 다양하게 시행하는 소위 근로연계복지도 비슷한 이야기다. 근로연계복지는 기득권층이 사람들을 돕는 것이 아니라 이윤을 창출하려는 사기업에 돈을 대는 또다른 사례다. 2011년 6월, 50억 파운드짜리 근로프로그램(Work Programme)이 입안된 뒤 110만 명이 넘는 사람들이 여기에 회부되었는데, 이 프로그램의 실행은 세금으로 운영되는 여러 사기업들이 맡았다. 결국 이 프로그램은 실패했다. 노동연금부측이 발표한 통계에 따르면, 사실 근로프로그램 대상자가 아닌 실업자들의 취업 가능성이 더 높았다. 정부의 근로프로그램에 지원하는 것보다 아무것도 안 하는 것이 더 나았다는 뜻이다. 2012년 6월 통계를 보면, 근로프로그램 대상자가 된 질병수당 청구인의 스무 명중 한 명만이 직업을 구할 수 있었다. 근로프로그램이 설정한 목표는 여섯 명중 한 명이었다.[29]

A4e는 근로프로그램의 주요 계약기업 중 하나였는데, 이 회사의 회장을 맡았던 엠마 해리슨(Emma Harrison)은 자칭 기업가(entrepreneur)로, 아홉살 때 학교에서 몰래 과자가게를 차려서 사업가로서의 삶을 시작했다고 자랑한다. "우리는 스스로의 길을 개척해야 합니다, 그것이야

말로 기업가 정신의 핵심이니까요." 해리슨이 2010년 관리자협회 연례회의 격려 연설에서 한 말이다. 그러나 해리슨이 A4e에 개입한 모양새를 보면 그 자신이 말하는 '스스로의 길을 개척'하는 기업가의 재간은 그다지 찾을 수가 없다. A4e의 전신이 되는 기업을 창립하고 운영하던 해리슨의 부친은 해리슨이 20대 초반일 때 그녀를 책임자 자리에 앉히고 독일로 이민을 갔다. 해리슨이 운영한 A4e는 국고에 의존하는 회사였다.

1997년 신노동당이 선거에서 승리한 후, 해리슨의 회사는 정부가 민간위탁하는 일이면 닥치는 대로 입찰에 응했다. 2004년이 되면 A4e는 2억 파운드 상당의 공공부문 사업을 관리하게 된다. "A4e가 계약을 따내자 경쟁자들은 어리둥절해했는데," 이건 A4e의 도급업자였던 앤 고든(Ann Godden)이 전화통화로 알려준 내용이다. "왜냐하면 경쟁업체들은 A4e의 응찰이 어떤 면에서 다른 업체들보다 나은 건지 알 수가 없었거든요." 신노동당 정부에서 A4e는 뉴 딜(New Deal)의 가장 큰 공급업체가 되었는데, 뉴 딜이란 정부가 진행한 청년실업자 대책의 이름이다. 그리고 다음에 집권한 연립정부가 2010년 10월 뉴 딜 계획을 중단하기로 했을 때, A4e는 '계약해지 수수료'로 6,300만 파운드를 받아갔다. 그러나 2010년 5월 총리가 된 데이비드 캐머런은 해리슨이 '영감을 주는 분'이라고 하며 12만 가구의 소위 문제가정 구성원들이 직장을 찾도록 도와주는 임무를 맡겼다. 2012년 A4e의 최고경영자 앤드루 더턴(Andrew Dutton)은 연 1억 8천만 파운드에 달하는 A4e의 국내 총매출액이 전부 다 국고에서 지출된 것임을 인정했다. 그 전해에 해리슨은 36만 5천 파운드의 연봉에 860만 파운드의 주식배당금까지 얹어 받아갔고, 자신이 '호화로운 곳'이라고 부른 침실 20개짜리 대저택, 손브리지 홀(Thornbridge Hall)을 비롯해서 부동산을 빌리는 비용까지 회사 돈에서 챙겼는데, 이 비용은 거의 대부분 국고에서 나갔다. 몇몇 A4e 직원들이 왜 회사 이름을 '엠마를 위하여'(All for Emma)라고 부르며 농담했는지 알 만하다.

그토록 끔찍한 서비스를 제공한 A4e에 너무나 많은 돈이 들어갔다. 물론 A4e가 한 일을 '서비스'라고 부를 수나 있기나 하다면 말이다. 기득권의 민영화 교조주의의 결과, 기업은 사람들을 끔찍한 방식으로 대하면서 국가에서 후한 돈을 받아간다. 다음에 나오는 사례 역시 그것을 보여준다. 레스터(Leicester, 잉글랜드 이스트 미들랜드의 도시)에 거주하는 스물여섯살의 캣 버웨더(Cat Verwaerde)가 2012년 A4e에 처음 연결받았을 때는 18개월 동안 실직 상태였다. "지원할 수 있는 데는 전부 지원했는데 매번 벽에 부딪히는 거예요." 그녀의 말이다. "불합격 통보만 엄청 많이 받고, 근데 그게 다른 사람들보다는 나은 거였어요. 아예 '불합격하셨습니다'라는 연락도 못 받은 사람들도 있더라고요. 그리고 직업센터에서는 제가 연락이라도 받은 게 긍정적인 거라고 했어요. 그래서 오랫동안 저는 지원, 지원, 지원만 했고 직업센터에서는 괜찮아요, 할 수 있는 최대한 노력하고 계시니까 괜찮아요, 이런 식이었죠." 그러다가 버웨더는 A4e 쪽으로 위탁되었다. 처음에 그녀는 양식을 작성하고, 어떤 종류의 직업을 찾고 있는지 설명하고, 어떤 자격요건과 경험을 갖췄는지도 말했다.

버웨더가 A4e와 처음 약속을 잡았을 때, "그쪽 조언자는 제가 겪어본 중 제일 끔찍한 시선으로 절 위아래로 훑어봤다"고 그녀는 말했다.

"방에 들어서자마자, 그 조언자가 실직 상태인 저를 인간쓰레기로 단정해버렸다는 걸 딱 알겠더라고요." A4e 쪽 조언자는 직업 탐색의 범위를 줄이고 특정한 종류의 일을 찾아보라고 조언했는데, 할 수 있는 일이면 다 지원해보라던 국영 직업센터와는 완전히 상반되는 말이었다. 버웨더가 3개월 전에 국방의용군(Territorial Army, 모병제 국가인 영국에서 자원에 의해 기초 군사훈련을 이수할 수 있는 제도로, 훈련을 받은 후 민간인 신분을 유지하다가 전시에 현역으로 편입된다)에 지원했다고 말했더니 그 조언자는 국방의용군이 뭔지 알아들은 것 같지가 않았고, 버웨더가 공직자 비밀엄수법(Official Secrets Act) 때문에 의용군에서 하는 일이 뭔지 말할 수 없다고 하자 화를 버럭 냈다. 조언자는 버웨더가 이제까지 지원해본 일자리 숫자를 거짓말로 속였다며 소위 '인터뷰 기술 코스'라는 곳으로 버웨더를 보냈다. 그 코스란 사무실 하나에 여섯 명의 다른 구직자와 함께 컴퓨터 단말기를 받은 후 그냥 일자리를 찾아보라는 지시를 들은 다음 감독하는 사람도 없이 내버려지는 것이었다. 그 '코스'에 있는 다른 구직자들은 구직 조언자가 이력서에서 학사학위를 강제로 지워버리게 시켰다고 캣에게 말해주었다. 대학 학위가 있으면 필요 이상의 자격 때문에 고용이 잘 안 될 거라는 것이다. A4e는 구직자들의 이력서를 임의로 고쳐 쓰고 기본적인 문법이나 맞춤법이 틀린 채로 내버려두었다.

버웨더가 다음번에 조언자를 만나러 갔더니, 그 조언자는 버웨더가 노력을 하고 있다며 칭찬해주었다. 그리고 버웨더는 기업 행사티켓을 파는 걸로 보이는 영업회사와 면접을 보게 되었는데, 이 회사는 웬일인지 A4e와 같은 건물에, 그러니까 같은 층에 있는 회사였다. "게다가 면접을 본 회사 사람들은 A4e사람들하고 서로 아는 사이 같았고요." 버웨더의 회상이다. 그러나 버웨더가 의심을 하게 된 건, 기업청(Companies House) 웹사이트 목록을 제외하면 인터넷에서 그 영업회사가 존재한다는 증거를 전혀 찾을 수 없어서였다. 인터뷰를 하러 갔을 땐 상황이 더 심각했다. 후드티에 청바지를 입은 청년이 어이가 없는 면접을 진행했는데, 그는 버웨더를 거의 쳐다보지도 않았고, 면접이 진행되는 동안 자기 친구의 전화를 받고 있었다. 면접이 끝날 무렵, 버웨더는 법정최저임금 이하인 일을 제의받아 망연자실하고 말았다. A4e 측은 나중에 버웨더에게 전화를 걸어서, 그 가짜 직업으로 취업하지 않았다고 버웨더를 나무랐다. 그러나 버웨더는 일자리 제의를 거절한 게 아니고, 연봉과 근무시간을 서면으로 확인해달라고 했을 뿐이었다. 그러고 나서 버웨더는 A4e의 조언자 3명과 강제로 회의를 해야 했는데, 그 조언자들은 그를 둘러싸고는, "그 영업직으로 취직을 하라고 차례로 윽박질렀"다. 조언자들은 버웨더에게 일주일만 일을 하고 직업센터에 말하지 말라고 했는데, 그건 완연한 실업수당 부정수령이었다. A4e 조언자들에게 한 40분을 그렇게 위협당하고 나서, 버웨더는 정식으로 불만을 제기할 거라고 말했다. "그 사람들은 내 면전에 대고 비웃었다"고 그녀는 회상한다. "그리고 '어디 맘대로 민원을 넣어보시지. 아무도 안 듣는다'라고 했어요." 버웨더는 사익을 인간의 요구보다 우선시하는 기득권 교조주의의 또다른 희생자였다.

실업자들만 A4e의 엉망진창을 겪어본 게 아니다. 댄 제이미슨(가명)은 2013년 1월까지 글래스고(Glasgow, 스코틀랜드 남서부의 큰 도시)의 A4e 하청업자로 석 달간 일했는데, 이미 전에 여러 근로연계복지 일을 해본 적이 있었다. "A4e는 직원들한테 일선에서 고객들을 만나 그들의 상황을 직시하면 그들의 인생을 바꿔줄 거라고, 온갖 약속을 다 해댔어요." 제이미슨의 말이다. "그리고 거기서 문제가 생겨요." 그는 '육성 활동'(farming exercise)이란 A4e가 쉽게 될 거라고 판단한 건만 싹 뽑아가고 나머지는 '필드'에 버려지는 과정이라고 설명해주었다. "전제일 어려운 경우의 사람들을 맡게 되었어요." 제이미슨이 설명했다, "알코올 중독, 마약 남용, 정신건강상의 문제, 삶이 엉망진창이고 정말로 도움이 필요한 사람들인데, 그 도움이란 게 그 사람들을 존재하지도 않는 직업에 강제로 몰아넣으려는 직업 프로그램이었지 뭐예요."

사기업이 공공부문보다 더 낫고 더 효과적인 서비스를 제공한다는 게 기득권층의 구호였다. 그러나 사기업은 이윤을 남겨야 하기 때문에, 제공하는 서비스가 축소된다. 실업자가 조언자와 의미있는 만남을 경험할 수 있고, 구직자의 요구에 개별화된 맞춤 서비스를 제공한다는 게 직업 프로그램의 약속 중 하나였다. 그러나 조언자 한 명이 300건을 맡아야 하는 상황이 흔했고, 이는 그들이 처음에 약속받았던 조언자 한 명당 80에서 100명을 훨씬 상회하는 양이었다. 제이미슨 같은 직원은, 여러 심각한 문제에 둘러싸여 고생하는 사람들을 돕는 데 필요한 훈련을 받지 못했다. 이윤을 추구하는 기업은 꼭 필요한 직원훈련이라도 투자하길 꺼리기 때문이다. 제이미슨이 설명했듯이, "아무리 열심히 한대도, 사회복지는 제 전문이 아니잖아요." 이윤을 좇는 회사는 구직 조언자들에게 필요한 훈련과정을 밟게 해주지 못할 뿐 아니라, 인건비 절감을 위해 직원 1인당 담당 건수를 과중하게 배당했다. "우리는 민영기업에 돈을 던져주고 있는 거라고요." 제이미슨은 말한다. "그리고 그 기업들은 정말 하는 일이 아무것도 없어요." 이것

이 '민간부문이 좋고 공공부문은 나쁘다'는 기득권 교조주의가 다다
른 종착역이다.

　A4e가 실업자 취업 업무를 어찌나 참담하게 했던지 결국 그쪽으로
위탁되는 사람 수가 줄었는데, 이는 A4e가 국고에서 한몫 단단히 챙긴
다음에야 일어난 일이었다. 직업 프로그램이 시행된 첫해인 2011/12
년에 A4e가 받아간 돈만 4,590만 파운드다. 그해에 A4e는 94,000명에
게 단기 계약직을 찾아주었다. 그러나 취업해서 A4e를 떠난 사람들 중
에서 6개월 뒤에도 여전히 직업을 유지한 사람의 비율은 4%가 채 안
되었다. 이는 각 직업에 13,498파운드의 공공기금을 들인다는 뜻이
다.[30] 부정 혐의도 끊이지 않아, 2013년 9월에는 A4e 직원 9명이 60건
의 범법행위로 기소되었다. 그들은 정부에서 보수를 타내기 위해 실업
자를 일터로 보내는 데 성공한 것처럼 서류를 조작한 혐의를 받았다.
혐의에 따르면, 그 서류에 있는 사람들은 A4e에 위탁된 적도 없고 취
직을 한 사실도 전혀 없었다. 2015년 1월에는 전 A4e 직원 4인이 횡령
혐의가 인정되어 유죄 판결을 받았다.

　A4e는 국고를 얼마나 자기네 주주 배당금으로 퍼붓든, 얼마나 일을
형편없이 하든, 얼마나 심각한 혐의를 받든 상관없이 정부 계약업체
지위를 유지했다. "이런 곳은 민영기업이고, 돈을 벌기 위해 존재하는
것이고, 돈을 벌고 주식 가치를 높이는 게 존재의 이유인 곳입니다."
A4e 하청업자였던 제인 워커(Jane Walker)의 말이다. "그렇지만 그 돈은
전부 국고에서 나오는 것이고, 사기업들은 그 돈을 어떻게 버는 걸까
요? 그 기업들이 일을 얼마나 못하든, 목표 달성에 얼마나 미달하든
간에, 그들은 다음번에도 계속 계약업체가 됩니다."

민간기업에 대한 국가의 지원은 돈이라는 형태로만 이루어지지 않는다. 국가는 기업들에 공짜 노동력까지 지원한다. 이른바 '근로복지'(workfare)는 주당 56.80파운드라는 형편없는 정부보조금을 받기 위해 청구인은 직업을 가져야 하는 반면, 고용주는 이 수당 청구인들에게 아무것도 지불할 필요가 없는 제도다. 이 제도는 신노동당 정부하에서 처음 출현해 연정이 들어서고 나서는 더더욱 심해졌다. 실직 상태인 지질학 전공 대졸자 케이트 라일리(Cait Reilly) 덕분에 이 제도는 전국적 관심을 받았다. 라일리는 구직 활농을 하면서 지역 박물관에서 봉사활동을 했는데, 잡센터 플러스(Jobcentre Plus, 영국 노동연금부가 운영한 취업지원 서비스)는 그녀를 소매박람회에 보냈다. 그녀의 동료 구직자 다수는 만일 소매박람회에 참석하지 않으면 구직수당을 받지 못하게 될 거라고 통지받았지만, 라일리를 포함해서 어떤 사람들은 박람회는 그저 아무런 조건 없이 주어지는 기회일 뿐이라고 들었다. 거기서 제공된 '연수'라는 건 전혀 기회라고 볼 수도 없었다. 게다가 거기 간 구직자들은 파운드랜드나 파운드스트레처(Poundland/Poundstretcher, 둘 다 식품, 문구, 생활용품 등 다양한 물건을 저렴한 가격으로 판매하는 소매상점 브랜드다) 같은 체인에서 몇주간 '연수'를 해야 했다. 소매점에서 일하고 싶은 사람에게만 장려되는 일이었고, 라일리는 무급으로 일할 생각이 없었다. 그러나 그녀가 담당 조언자에게 그런 의사를 밝혔더니 조언자는 그 연수가 강제적인 거라고 했다. 라일리가 거절하면 구직수당 지급이 중지된다는 것이다.[31]

정부는 직업을 구하려고 애쓰는 구직자들에게 연수 기회를 제공하는 수단이라고 근로복지를 정당화한다. 근로복지 프로그램의 비효율성이 정부가 시행한 조사에서 드러났는데도 말이다. 2008년 노동연금부에서 낸 보고서를 보면, 미국, 오스트레일리아, 그리고 캐나다에서 시행한 비슷한 프로그램을 검토해봐도 "근로복지가 취업 가능성을 높여준다는 증거를 거의 찾을 수 없다. 근로복지 계획은 구직에 쓸 수 있는 시간을 제한하고, 취업에 유리한 기술과 경험을 제공하는 데 실패하여 고용 가능성을 낮추기까지 한다."[32] 연정의 소위 의무근로활동(Mandatory Work Activity) 계획은 수천 명의 실직자에게 주당 30일까지 무급 노동을 부과했는데, 노동연금부에서 시행한 평가를 보면 의무근로활동을 한 구직자가 장기간 구직수당을 수령할 가능성은 활동에 참가하지 않은 구직자와 똑같았으며, 고용 가능성을 전혀 증대시키지 못했다. 의무근로활동은 "참여하지 않는 구직자와 비교해서 고용 가능성을 전혀 높이지 못했다"고 보고서는 결론지었다.[33] 다른 정부계획에 대한 조사도 이에 못지않게 비판적이었다. 장기실업자가 수당을 받으려면 6개월간 일을 하도록 강제하는 공동체행동 프로그램(Community Action Programme)에 대해, 싱크탱크 경제사회포용센터(Centre for Economic and Social Inclusion)는 그 프로그램이 모든 지역에서 실시되었다면 '값비싼 실패'가 되었을 것이라고 『가디언』에 밝혔다. 한편 보수당 런던 시장 보리스 존슨은 청년층을 위한 13주 기간의 무급근로복지 계획을 시행했다. 2014년 말에 발간된 정부보고서에서 존슨 시장의 무급근로복지 프로그램에 참여한 청년 구직자는 프로그램에 참여하지 않았거나 프로그램을 중도 포기한 구직자에 비해 취직 가능성이 절반에 불과한 것으로 드러났다.[34] 결국 근로복지 계획은 실패한 것이다.

근로복지거부(Boycott Workfare)와 같은 단체의 운동가들은 많은 회사들에 망신을 주어 근로복지 계획을 포기하게 한 대규모의 풀뿌리운동을 주도했다. 그러나 근로복지는 고질적이 되었다. 통계청(Office for National Statistics)이 발표한 수치를 보면, 2012년 새 일자리라고 창출된 것 중 5분의 1은 대체로 무급 근로복지였다.[35] 게다가 근로복지에 참여하는 사람들 대부분은 공식 실업률 통계에 포함되지 않는데도 아직 수당을 청구하고 있었다. 그리고 이 근로복지 계획이 급여를 지불하는 실제 직업을 대체한다는 증거가 쌓이고 있다. 2013년 4월, 블로거 톰 프라이드(Tom Pride)는 노스런던 해링게이(Haringey)의 홈베이스 (Homebase, 공구를 파는 영국의 소매점 체인) 관리인 사무실에 붙어 있던 포스터를 손에 넣었다. '직업 체험' 실습을 하는 사람들 열 명의 사진이 나온 그 포스터에는 '직업 체험 프로그램이 당신의 가게에 이익을 드리는 방법. 인건비를 전혀 들이지 않고 750시간의 노동 제공이 가능하다면 당신의 가게에 도움이 될까요?'라는 문구가 씌어 있었다.[36]

국가의 자산이 사익을 지원하는 데 사용되는 일은 신노동당 정권 하에서 이미 광범위하게 일어났으며, 이는 '공공부문 개혁'이라는 완곡한 명칭으로 표현되었다. 그러나 이런 정책은 신노동당 다음에 집권한 정부가 공공서비스에 훨씬 야심적인 공격을 가할 수 있는 기반을 만들어주었다. 2011년 2월 데이비드 캐머런은 공공부문의 '국가 독점'이라고 불리는 그 무언가가 끝났다고 공언했다. 이젠 누구나 모든 것을 차지할 수 있게 되었다. 사법 체계에서부터 국방에 이르기까지, 이 모든 서비스의 운영은 이제 G4S, 서코, 소덱소(모두 민간 경비업체로 교도소 등을 운영한다)처럼 폭리를 취하는 민간기업에 개방되었다. 납세자들의 혈세로 쌓인 돈더미가 그 기업들을 기다리고 있었다. 영국에서 G4S 영업이익의 절반 가까이는 정부 계약에서 나온 것이다. 2012년에는 40억 파운드의 혈세가 서코, G4S, 아토스, 그리고 캐피타(Capita) 등 가장 큰 민간 정부하청업체들의 계좌로 흘러들어갔다. 감사원(National Audit Office)은 그 결과를 비판적으로 평가했는데, 이는 공공회계위원회(Public Accounts Committee) 의장 마거릿 호지(Margaret Hodge)의 말로 요약될 수 있다. 그녀의 결론에 따르면 이 아웃소싱은 공공부문을 '유사 독점'상태로 이끌어 '내부고발을 저해하고' 납세자를 장기간 계약에 메이게 만들었으며, '많은 정부 계약업체가 적절한 경쟁 없이 계약을 쟁취했다.'

이런 비판들이 기득권의 근본 전제를 약화시킬 것 같지만, 끊임없는 사건 속에서도 기득권 이데올로기는 견고했다. 2013년 말, 중대부정단속국(Serious Fraud Office)은 납세자에게 수천만 파운드를 과잉 청구한 혐의로 서코와 G4S에 대한 조사를 시작했다. 이 회사들은 석방된 범죄자를 추적하는 전자감시시스템 운영업무를 맡고 있었다. 더 많은 전과자가 감시당할수록 이 회사들은 더 많은 공공기금을 청구할 수 있는 것이다. 이 회사들은 영국을 떠난 전과자나 실제로는 이미 죽은 전과자 등을 감시 대상에 올려 국가에 5천만 파운드 정도의 비용을 과잉 청구했다. 이 사례는 이들을 움직이는 동력이 제대로 된 서비스가 아니라 이윤이라는 사실을 잘 보여준다.

민간부문은 비용을 더 효율적으로 사용하고 더 나은 효율성을 제공한다고들 말한다. 2012년 런던 올림픽이 개최되자, 사기업이 확실한 수익을 올릴 기회가 늘어났다. G4S는 런던 올림픽의 공식 '보안 책임기관'이 되어 올림픽을 문제없이 진행하도록 1만 명의 보안요원을 제공하기로 1억 파운드짜리 계약을 맺었다. 올림픽을 둘러싼 떠들썩한 보도가 절정에 이르기 한참 전에, G4S로 혈세가 흘러들어갈 것이 확실해진 것이다. 2011년 말 G4S가 받은 관리경영 수수료는 730만 파운드에서 무려 6천만 파운드로 어마어마하게 치솟았고, 그 대부분은 G4S의 '기획관리실'(programme management office)로 들어갔다.[37]

올림픽 직전에 이르러, G4S는 자신들이 약속했던 만큼의 보안요원을 제공할 수 없다고 공표했다. 국가가 어쩔 수 없이 개입하는 것이 정해진 수순이었다. 올림픽 보안을 위해 3,500명의 군인이 동원되었다. 기득권 이념의 가장 격렬한 옹호자들조차도 수세에 몰리고 말았다. "저는 정부가 일을 제대로 하려면 민간부문이 일을 어떻게 하는지를 참고해서 배워야 한다는 편견을 가지고 국방부에서 중책을 맡게 되었습니다만," 국방부 장관 필립 해먼드(Philip Hammond)가 말했다. "G4S의 일과 영국군이 나서서 구원자가 된 사건은 시사하는 바가 크군요." 그리고 해먼드는 민간의 서비스 제공과 공공서비스를 간단명료하게 비교했다. "G4S의 모델이 일단 비용부터 부르고" 그 후에 "믿을 수 없을 정도로 수준 이하인" 결과를 제시하는 거라면, 군대는 "정확히 그 반대입니다. 어떤 임무를 수행해야 합니까? 알겠습니다, 실시하겠습니다."[38]

이런 대실패가 있었다고 해서 사기업들이 국고를 탕진하며 자기 잇속을 챙기는 잔치가 중단된 건 아니었다. 감사원에 따르면, 국민에게 서비스와 상품을 제공하는 공공부문 지출 1,870억 파운드 중 절반이 이제는 민간위탁 비용으로 들어가는데, 이는 국가 기능의 민영화가 얼마나 심하게 진행되었는지를 집중 조명한다.[39]

자유시장을 추구하는 자유주의자들에게 국가란 거의 치안과 국방만을 제공해야 하는 존재다. 그러나 교조주의에 빠진 신자유주의는 이러한 '야경국가'를 훨씬 넘어섰다. 이젠 영국 경찰마저 팔려나가는 형편이다. 2012년에 링컨셔(Lincolnshire) 경찰은 G4S와 2억 파운드짜리 계약을 맺어, 절반은 G4S의 통제를 받게 되었다. 2013년 연말이 다가올 무렵, 에이본(Avon)과 서머싯(Somerset) 경찰은 구치소와 죄수이송 서비스를 입찰에 내놓아 G4S를 비롯해서 5개 기업이 경쟁적으로 응찰했다. 올림픽 대실패 때문에 좌절됐지만, G4S는 웨스트 미들랜드와 서리 경찰에 15억 파운드를 제시했었는데 만일 경찰이 이를 받아들였다면, 민간기업들이 거리를 순찰하고 범죄를 수사하고 있었을 것이다. 그러나 2012년 6월 G4S의 수장 데이비드 테일러-스미스(David Taylor-Smith)가 공언한바, 5년 안에 민영기업들이 경찰의 상당 부분을 통제하게 되리라는 말이 옳았다고 볼 근거는 상당하다. 영국 경찰력의 존재 근거는 처음부터 '합의에 의한 치안'이었다. 이제 영국은 경찰력이 공동체의 합의가 아니라 주주들의 합의에 의해 치안활동을 하게 될 수도 있다는 전망에 직면해 있다.

기득권층이 외치는 구호는 필연적으로 공공서비스의 질적 저하와 노동자의 권리 하락으로 질주한다. 결국 기업들이 공공부문을 조각내는 이유는 단 하나, 이윤창출을 위해서다. 그리고 노동자들의 임금을 삭감하고 노동자의 노동조건을 악화시키는 것보다 더 이윤을 증가시키는 방법은 없다. 다른 계약직 노동자들처럼, 테리 윌리엄스(Terry Williams)는 해고의 위험 때문에 실명으로 직장 이야기를 할 수가 없다. 윌리엄스는 군 제대 후 당시 시큐리코(Securicor) 소유였던 사우스웨일스의 감옥 교도관이 되었는데, 후에 서코에서 수감자 감시 일을 맡았다. "서코에 만족하는 사람은 없을 거라 생각한다"고 그는 말했다. 사실 윌리엄스는 최근에 서코 직원이 경영부의 괴롭힘 문제 때문에 고용심판소(employment tribunal)로 가게 된 사례를 알고 있다. 정부와의 계약 갱신 날짜가 다가오자, 서코는 경쟁사들보다 우위를 점하기 위해 인력을 감축하기 시작했다. "계약을 따는 데 장비의 질이나 제공하는 서비스 수준이 문제가 되는 게 아닙니다." 윌리엄스의 설명이다. "그리고 인력을 감축하는 동시에 모든 직원 봉급이 삭감됐어요." 윌리엄스의 지역에서는 여섯 명이 잘려서, 열네 명의 직원이 스무 명 몫을 해야 했고 "반드시 입찰 견적을 가능한 한 싸게 하려고, 즉 G4S나 캐피타(Capita)보다 선수를 치려고 차로 웨일스 계곡을 미친 듯이 돌았죠." 윌리엄스가 "어린 친구들을 아주 잘 다룬다"고 묘사했던 직장 동료가 있다. "어린 죄수들과 대화를 했는데, 그 친구들한테 필요한 게 그거거든요. 하지만 그 여자 동료는 견책을 받았고, 쓸데없는 말은 말고 '감방에 들어갔다 나오면, 다음 감방으로 가라'는 지시를 받았어요." 이 지시는 죄수를 대하면서 가진 자원을 최대한 쥐어짜려 하는 민영기업의 태도를 요약한다.

소덱소 디펜스(Sodexo Defence)가 운영하는 군인 숙소에서 수위로 일하는 데이비드 모펏(David Moffatt)이 들려준 이야기도 많은 부분 비슷하다. "제가 지난 3년간 지내면서 보니까, 회사가 제공하는 서비스를 계속 감축했더라고요"라고 모펏은 말한다. 직원 근무시간은 자꾸 줄어들었고, 음식을 제공하고 시설을 청소하는 급사들은 점점 더 적은 시간만 일하게 되었다. "거의 공포스러워하는 분위기가 있다니까요"라고 그는 설명한다. "근무시간이 점점 줄어드니까, 직원들은 잘릴까봐 두려워하는 거예요." 국방부가 시설을 관리하던 20년 전에는 직원 급여가 거의 두 배 가량 높았으며 공휴일에도 급여를 주었지만, 이제 데이비드는 병가도 무급으로 내야 한다. "회사가 주당 18시간 일하는 청소원을 자르고 그 자리를 주당 16시간으로 해서 사람을 다시 뽑고, 그런 식으로 하면 우리가 모자란 일손을 채워야 하고 서비스가 악화되는 거니까 거기서 일하는 직원 모두 영향을 받게 되죠." 모펏은 계속 설명한다. "우린 여기서 일하는 직원으로 군대에 제대로 된 서비스를 제공하고 싶어요. 왜냐하면 군인들도 열심이 일하고 있잖아요. 군인들이 제공받던 걸 빼앗기는 모습을 보면 우리도 사기가 떨어지죠."

공공자산을 헐값에 팔아넘기는 건 서비스를 개선하거나, 가격에 합당한 반대급부를 받거나, 효율성을 추구하기 위해서가 아니다. 공공자산의 민간 매각은 기득권층 사이에서 일종의 교조주의가 되어서, 그 자체가 목적인 것처럼, 필연적으로 일어나는 일이다. 선출된 정부가 아니라 사기업이 공공서비스를 운영하면서 민주적 책임은 사라지고, 그러면서 예외없이 노동조건과 노동환경이 대폭 열악해졌다. 전 유럽을 조사한 한 연구에서 밝히듯, '공공서비스의 자유화와 민영화는 고용과 노동조건에 심각하게 부정적 영향을 미친다.'[40] 이익에 집착하는 정부 계약업체들은 가능한 한 모든 지출을 줄인다. 그러나 수십억 파운드의 국고를 누구나 가질 수 있는 돈으로 변신시키는 공공자산 매각이 두둑하게 남는 장사라는 건 과장이 아니다. 이는 국가가 개인 주주들의 은행잔고를 채워주는, 일종의 국가통제주의다. 그리하여 현대 자본주의의 본질이 드러난다. 횡령을 공공자산으로 지원하는 사회, 진짜 '빈대'들이 밑바닥이 아니라 꼭대기에 있는 사회다. 국가 자산의 할인가 급처분은 심지어 보수당 재무장관 나이절 로슨이 '영국인에게 종교에 가장 가까운 것'이라고 표현했던 국영의료보험까지도 포함한다.

NHS 조각내 먹어치우기

"정부는 국영의료보험(NHS)을 민영화하고 있다는 사실을 계속 부인한다"고 전 노동당 보건부 장관 프랭크 돕슨(Frank Dobson)은 썼다. "그러나 사기업이 민영병원에 일을 맡기고, 정부가 위탁계약을 준다는 사실이 드러난 이상 그건 민영화일 뿐이다." 돕슨은 이 글을 보수당 정부가 들어섰을 때 쓴 것이 아니다. 이 글은 2006년, 토니 블레어의 신노동당 집권 당시에 집필된 것이다. 공공기금을 환자의 치료에 쓰는 대신 개인의 은행구좌에 밀어넣는 행위는 캐머런의 보수당 정부에서 시작된 게 아니다.

공공의 자산을 사익으로 변환하는 기득권층의 교조주의도 NHS를 강적으로 생각할지 모른다. 2013년 여론조사 결과를 보면, 영국인은 다른 어떤 기관보다도, 군대나 군주제보다도 NHS를 자랑스러워한다.[41] 미국의 개인의료보험 체계는 보건이 공공부문에서 빠져나갔을 때 일어날 수 있는 통렬한 사례다. 오바마 대통령의 의료개혁에도 불구하고, 수백만 미국인은 건강보험이 없는 상태다. 미국이 GDP 대비 건강보험에 지출하는 비용은 영국의 두 배이지만, 2013년 미국의 『공공보건저널』(Journal of Public Health)이 수행한 연구를 보면 미국 의료체계는 서구에서 가장 비효율적인 체계 중 하나다. 영국의 경우, 2013 유고브 여론조사에서 84%의 영국인이 NHS가 계속 공공부문으로 남아 있길 희망하며, 7%만이 민간부문의 NHS 통제를 지지하는 것으로 나타났다.

심지어 보수당을 지지하는 유권자조차 77%가 NHS의 국유를 지지한 다.[42] 2015년 초 실시된 유고브 여론조사에 따르면, 영국인의 거의 절반 정도가 'NHS가 데이비드 캐머런 정부에서 앞으로 5년간 현재와 같은 모습으로 살아남을 수 없다'는 항목에 '대체로 그렇다'고 체크했다.[43] 그러나 개인건강보험의 실패와 NHS 민영화에 대한 반대 여론에도 불 구하고, NHS는 기득권층의 구호로부터 보호받지 못하는 실정이다.

NHS가 완전히 국유로 운영된 적이 없었다는 건 사실이다. 1947년 NHS의 탄생 당시, 병원에서부터 지역공동체 돌봄서비스에 이르기까 지 영국 보건서비스의 대부분은 국유화되었다(당시 총리 클레먼트 애 틀리는 병원을 국영화한다는 계획을 보고 크게 놀랐다). 하지만 노동 당의 당시 보건부 장관 아뉴린 베번(Aneurin Bevan)이 NHS 입법안을 의 회에서 통과시키려 할 때, 일반의들이 반란을 일으켰다. 그래서 베번 은 이 일반의들을 국가의 피고용자로 만들기보다, 국영건강보험 서비 스와 계약을 맺은 소규모 사업자들로 대우하기로 효과적으로 합의했 다. "나는 돈으로 그들의 입을 막았다"고 베번은 후일 고백한다. "그러 니 시장의 씨앗은 NHS가 설립된 바로 그날 뿌려졌던 것이다." 지역보 건의이자 영국의료협회 부회장인 카일라시 찬드 박사(Dr Kailash Chand) 가 내게 말했다. "그리고 그 때문에 우리는 지난 몇년간 온갖 고충을 다 겪어야 했죠."

마거릿 대처마저도 감히 NHS를 민영화할 생각을 못했으나, 1991년 대처의 후계자 존 메이저 정부에서 처음으로 병원 신탁의 민영화가 시도되었다. 이 병원들은 더이상 지역보건 시스템에 통합되지 않고, 분리된 독립체로서 환자 유치를 위해 서로 경쟁하게 되었다. 의료 서비스의 구매자와 판매자가 분열되며, 국내 시장이 구축되었다. 정부는 개인건강보험에 세금우대를 해주었다. 병원을 건설하고 유지하기 위한 NHS 예산은 자금난에 허덕여 NHS 병원들은 황폐한 채로 남아 있어야 했다. NHS는 점차 파편화되었다.

보수당 정권 시절 건강보험 민영화의 물결은 1989년 지역공동체 돌봄서비스에서부터 시작되었는데, 이 서비스는 정신적·신체적 장애가 있는 사람들이 병원 대신 집에서 요양할 수 있도록 국가가 돕는 것이 목표였다. 그러나 보수당 정부는 '국가 독점'을 비방하며 민간 사업자들에게 그 부문을 개방해 독점을 깨려고 했다. 오랫동안 NHS 민영화 반대 운동을 해온 공공보건연구 분야의 앨리슨 폴록(Allyson Pollock) 교수는 이 문제를 집중 조명해온 몇 안 되는 사람 중 하나다. 그녀는 한때는 맹렬하게 반대했던 노동당 주요 지도자들이 지금은 그 연구를 옹호한다고 비꼬듯이 말한다. 나는 폴록이 일하는 1차 의료기관 및 공공보건센터(Centre of Primary Care and Public Health)의 카페에서 그녀와 이야기를 나누었는데, 그 건물은 이스트런던의 화이트채플(Whitechapel)에 있다. 지역공동체 돌봄서비스는 "대체로 주목받지 않았고 알아차린 사람도 없는 초기 민영화였는데, 그것이 노인, 치매 환자, 학습 장애를 겪는 이들 같은 가장 취약하고 자기 목소리를 낼 수 없는 사람들에게 영향을 미쳤기 때문"이라고 그녀는 말한다. "지역공동체 돌봄서비스가 지역사회에 다시 돌봄서비스를 공급하긴 했으나, 그를 통해 이윤을 추구하는 민간부문이 막대하게 성장했다는 이야기는 숨겨져 있죠."

요양보호시설은 큰 사업이었다. 1996년에서 2011년 사이 영국 전역에 걸쳐 750개소의 요양보호시설을 개설한 서던크로스 헬스케어

(Southern Cross Healthcare)는 최대 공급자가 되었다. 그러고는 끝내 돈을 벌기 위해 기업을 사고파는 사모펀드와 자산 수탈자들의 장난감이 되었다. 사모펀드 투자기업 블랙스톤(Blackstone)은 서던크로스 헬스케어를 2004년에 사서 3년 후에 되팔아 엄청난 수익을 얻었다. 비용이 계속 삭감되었고, 그리하여 직원들이 빈곤선 임금에 시달리는 가운데 서비스의 질은 퇴보했다. 서던크로스 헬스케어는 요양원을 사서 부동산 소유자들에게 파는 공격적인 전략을 썼는데, 이런 사업 전략으로는 회사가 제대로 기능을 할 수 없었고, 결국 임대료도 낼 수 없게 되어 2011년 31,000명의 취약계층 인구를 갈 곳 없는 상태로 둔 채 파산하고 말았다.[44] 2014년 중간에 이루어진 조사는 서던크로스 헬스케어의 재정적 문제를 드러냈으며 서던크로스가 '돌봄서비스에 충분히 집중하지 못했기' 때문에 '취약한 이들'이 위험에 내몰려 6명의 고령 입주자가 사망했다고 밝혔다.[45] 노인 돌봄마저도 돈을 쉽게 벌 수 있는 자산 수탈의 기회로 취급된 것이다.

신노동당 행정부 초기에, 토니 블레어는 그 정권의 첫번째 보건부 장관이며 민영화 의제의 장애물로 여겨지던 프랭크 돕슨을 런던 시장 선거라는 운명의 전투에 내보내고 앨런 밀번을 대신 보건부 장관 자리에 앉혔다. 밀번은 NHS에서 사기업의 역할을 증대시키자고 열정적으로 주장했는데, 그 역할 증대에는 공공의 비용으로 환자를 민영 치료시설에 옮기는 것도 포함되어 있었다. "민영 진단 및 치료 센터는 NHS 병원과 비교할 때 평균 11% 더 많은 수술비를 청구한다"고 돕슨은 썼다. "민영 기관의 비용이 더 저렴하다면 외부 위탁이 정당화될 수 있을지도 모른다. 그러나 비용을 더 올리는 외부 위탁이란 전혀 말이

되지 않는다." 자유시장 경제로의 이행 과정에서 관료주의가 타파되기는커녕 더 심해지고, 따라서 그 결과 NHS 운영비용은 두 배가 되고 만다.[46]

민간투자사업(Private Finance Initiative)은 민영화 중에서도 가장 파괴적인 형태로서, 존 메이저의 보수당 정부하에 개발된 회계 부정이다. 민간 계약자는 병원이나 학교를 건설하고 관리하기 위해 연례비용을 받는데, 이 병원이나 학교와 같은 시설은 다시 국가가 임차한다. 편리하게도, 이런 비용은 국가의 공공부채 목록에 포함되지 않았다. 은행, 건설 및 건축계의 협력체가 '특수목적법인'(special-purpose vehicles)이라는 한시적으로 제한된 회사를 만들어냈다. "설비관리 운영위탁 부문의 미증유의 성장 뒤에는 특수목적법인이 있었지요." 앨리슨 폴록 교수의 설명이다. "그리고 변호사, 회계사, 경영 컨설턴트 등에겐 완전히 새로운 시장이 열린 거죠, 왜냐하면 국가를 해체시키는 과정에는 기술기구가 필요했으니까요." 사기업은 파산 가능성이 거의 없다고 간주되는 국가보다 더 높은 이자로 대출을 받을 수밖에 없기에, 처음부터 민자사업은 결국 필연적으로 비용을 더 소모하게 되어 있다. 이 위험부담을 납세자가 짊어지는 것은 현대 영국에서 익숙한 이야기다. 2011년 재무특별위원회(Treasury Select Committee)는 민자사업이 납세자를 위험에서 보호한다는 주장은 '환상에 불과하다'고 결론지었으며, 2012년 정부가 15억 파운드를 들여 민자사업 병원들을 구제할 것이라고 발표하는 와중에도 이윤은 사기업의 주머니로 들어가고 있었다.

지난 20여년 동안 민자사업이 도대체 얼마나 엄청난 수탈을 해냈는지, 아무리 강조해도 지나치지 않다. 총 547억 파운드 가치의 사업이 민간위탁되었으나, 이들이 차관을 상환할 날은 수십 년이 더 지나야 올 것이며, 3,010억 파운드라는 믿기도 힘든 금액은 결국 납세자가 내놓아야 할 것으로 예상된다. 국가는 스스로 30년 계약에 말려들어 이 회사들에 순이익이 될 돈을 매년 지불해야 한다. 민자사업에 묶인 병원들은 거의 우스울 정도로 어이없는 유지 및 고용계약을 준수해야 한다. 이 비용은 터무니없다. 한 병원의 경우 백열전구를 갈아 끼우는 데만 333파운드를 청구받았다. 환자의 치료에 쓰여야 할 돈이 개인의 주머니로 들어간다. 그리하여 병원은 파산이라는 심연에 직면하게 되었다. 2012년, 사우스런던 NHS 신탁은 법정관리에 들어갔고, 다른 병원들도 금방이라도 넘어갈 듯 비틀거렸다. "그건," 카일라시 찬드 박사의 말이다. "다음 세대의 보건을 저당잡히는 겁니다."

스코틀랜드와 웨일스의 보건서비스는 각 정부에 위임되었으나, 잉글랜드 NHS에 대한 사익 집단들의 공격은 점차 거세지고 있다. 그러나 잉글랜드 NHS 전체가 완전히 해체된 것은 연정이 집권한 이후다. 보수당은 2010년 선거공약으로 NHS에 대한 더이상의 '상의하달식 구조개편'은 없을 것이라고 서약했다. 그리고 나서 보수당은 1947년 NHS의 설립 이래로 가장 전면적인 상의하달식 구조개편을 개시했다. 보수당의 보건복지법(Health and Social Care Act)은 NHS 설립을 위해 제정된 원래 법보다 세 배가 넘게 길다. 국가보건서비스를 구성했던 옛 보건전략국(strategic health authorities)과 1차진료신탁(primary health-care trusts)은 폐기되었고, NHS 지출의 600억 파운드는 새로운 임상위탁협의회(Clinical Commissioning Groups, CCGs)로 건네졌다. 이 협의회는 1차진료의가 운영한다고 했는데, 그런 주장은 허튼소리다. 관료적·행정적 관리를 수행하기 위해 의사가 되는 사람은 거의 없다. 2013년 3월 조사에서 일반의들은 더이상 CCGs가 처음 설립될 때처럼 활발히 참여하고 있다고 느끼지 못한다는 사실을 밝혔다.[47] 그 대신 CCGs는 민영기업에 의지했다.

그러나 결정타는 새로운 법안의 75조였는데, 이는 경쟁이란 미명 아래 CCGs가 하나의 '단일 제공자'가 서비스를 제공할 수 있다고 인정하지 않는 한 NHS의 모든 서비스를 경쟁 입찰에 개방해놓았다. 이는 실질적으로 거의 불가능한 기준이다. 왕립일반의과대학협회(Council of the Royal College of General Practitioners)의 전 회장은 『영국의료저널』(British Medical Journal)에 투고한 글에서 CCGs가 '값비싼 입찰을 시행하는 것 외에 무슨 수로 단 한 곳의 적합한 제공자가 있다고 확신할 수 있는가?'라고 썼다.

보건복지법이 의회를 통과하기도 전에 민간부문은 NHS를 조각내서 집어삼키고 있었다. 20011년에 10억 파운드 계약으로 서클 파트너십(Circle Partnership)에 넘어간 힌칭브룩(Hinchingbrooke) 병원이 처음으로 민영화된 병원이었다. 힌칭브룩은 그 이전 단계의 민영화인 민자사업 때문에 이미 빚을 떠안고 있던 병원이었다. 『데일리 메일』 같은 언론이나 보수당 정치인들은 이 민영화를 칭송했다.[48] 그러나 2015년 1월에 나온 의료서비스 품질감독위원회(Care Quality Commission, 보건부 산하 비정부 공공기관)의 보고서마저 힌칭브룩 병원이 '불충분'하다고 비판했으며 병원을 특별조치하에 넣었고, 서클측은 계약을 해지할 것이라고 선언했다. 정부 지출의 축소에 이어 증가하는 사고와 긴급구조대에 대한 압력까지 더해져 자신들은 병원을 버릴 수밖에 없었다는 게 서클측의 선언이다. 민영화의 실패가 친시장 교조주의의 폐단을 고발하는 것, 이것이 민영화의 거듭되는 모델이다. 서클, 케어UK, 그리고 서코와 같은 기업이 만반의 준비를 하고 기다리는 가운데, 워릭셔(Warwickshire)의 조지 엘리엇(George Eliot) 병원도 민영화를 맞게 되어, 노동당은 NHS가 '매대에 올라 있다'고 경고했다. 그러나 노동당 지도부의 NHS 민영화 반대 노선은 비틀거리고 있었다. 노동당이 집권기에 보여준 행적은 결국 노동당 자신이 민영화를 촉진하는 기득권의 교조주의를 신봉했음을 보여준다.

서리(Surrey)의 지역공동체 돌봄서비스는 2012년 버진 케어(Virgin Care)의 손에 넘겨졌는데, 5억 파운드짜리 계약이었다. 이런 계약들은 믿을 수 없을 정도로 복잡하다. 서리의 경우 계약서가 1,320쪽에 달해서[49] 꼼꼼히 검토하기가 실질적으로 불가능하다. 그러나 1년 후 케임브리지와 피터버러(Peterborough)의 CCGs가 NHS 서비스를 민영 보건기업 손에 11억 파운드를 주고 넘길 계획을 발표하자 서리의 민영화조차 빛이 바랠 지경이었다. 노동당 예비내각 앤디 버넘(Andy Burnham)에 따르면 이는 '지금까지 가장 대담한 매각'이었다.[50] 콘월(Cornwall)에서는 서코가 근무시간외 서비스 관리를 맡았는데, '열악한' 서비스와 252회의 성과 조작으로 하원 공공회계위원회의 비난을 받았다. 또다른 계약자인 보건의료계 대기업인 미국병원법인(Hospital Corporation of America International)이 NHS의 뇌종양 환자들을 맡아 치료하게 되었는데, 이 기업은 보수당 후원 기업이다. 미들랜드(Midlands)에서는 7억 7천만 파운드의 병리 서비스가 입찰에 붙여졌고, 브리스톨(Bristol)에서는 2억 1천만 파운드의 성인 정신건강 서비스 계약이 민간부문으로 넘어갔다. 잉

글랜드의 NHS는, 폴록 교수의 표현처럼 '그냥 로고랄까, 자금줄'이 돼
버렸다.

　민영화가 산사태처럼 밀어닥쳤다. 정부의 입법이 통과된 첫 여섯 달
이 지났을 뿐인데, 24개의 진료소 중 단 4개를 NHS 소속 서비스 공급
처가 가져갈 수 있었다.[51] 머리 위를 빙빙 도는 독수리들에게는 신선한
살점이 많이 보였다. 정부는 NHS 병원이 개인 환자에게서 50% 이상
의 수익을 내는 것을 금지하고 있는데,『영국의료저널』이 시행한 조사
에서 NHS 병원 여섯 곳 중 한 곳은 민간사업을 확장하고 있었다.

　2012년 법인금융자문 캐털리스트(Catalyst)가 발행한 보고서를 보면,
잉글랜드 NHS 예산 965억 파운드 중 200억 파운드가 시장입찰에 나
가 있다. '민간부문 앞에 200억 파운드짜리 기회가 펼쳐진 것'이라는
문구가 이 보고서의 짐짓 자랑스러운 머리글이다. '많은 난관에도 불
구하고, 세금으로 지불되건 서비스 이용 현장에서 소비자가 직접 지불
하건 간에 민간부문이 제공하는 건강보험 서비스가 늘고 있다.' 이 보
고서는 민영회사의 1차와 2차 의료서비스 분담률이 2020년까지 40%
로 뛸 것이라고 낙관적으로 보고 있다.[52] 그러나 이 민영화는 대체로
대중의 눈에 띄지 않고 진행되었다. 버진 케어는 이제 100곳이 넘는
NHS 서비스를 운영한다. 그러나 병원을 찾은 환자를 반기는 것은 버
진의 상표가 아니다. NHS의 얼마나 큰 조각이 민간기업에 인수되었건
간에, NHS라는 세 글자는 남아 사람들을 안심시킨다. 이런 매각에는
의료서비스 자원의 수탈이 뒤따른다. 보수-자민당 연정의 첫 3년간,
8,000개의 병상이 감축되었고,[53] 왕립간호학교(Royal College of Nursing)는
NHS에 필요한 간호사보다 2만 명이 모자라다고 추정했으며,[54] NHS

서비스는 2015년까지 200억 파운드의 소위 '효율 절감'이 이루어질 전망이다.[55]

이 모든 것은 우연이 아니다. 이는 계획에 따라 진행되는 일들이다. 2005년 보건부 장관 제러미 헌트(Jeremy Hunt)는 '직접 민주주의'(Direct Democracy: An Agenda for a New Model Party)라는 소논문을 공동 집필했는데, 이는 NHS를 민영화하고 국가보험 모델로 대체하자는 내용이었다. 헌트는 2012년 올림픽 개막식에서 NHS에 헌상되는 공연을 빼자고 은밀히 요청했는데, 그의 지위를 고려하면 매우 놀라운 일이다.[56] 그러나 이는 단지 공공보건에 기여한 실적이 없는 각료가 NHS를 책임졌다는 문제가 아니다. 2012년에 데이비드 베넷(David Bennett)이 NHS를 감독하는 모니터(Monitor, 보건부 산하 비정부 공공기구)의 최고 책임자로 임명되었다. 베넷은 민영화와 아웃소싱 부문에서 상당한 국제적 전문성을 갖춘 경영자문기업 맥킨지(McKinsey)의 사장이었던 사람이다. 사실, 정부의 NHS 민영화 법안 자체가 이 회사가 작성한 가안에 일부 기초한 것이다. 2013년 10월, 사이먼 스티븐스(Simon Stevens)가 NHS의 책임자로 임명되었다. 스티븐스는 토니 블레어의 친시장 성향 자문이었으며 민간 보건의료기업 유나이티드헬스(UnitedHealth)에서 10년간 중요 임원으로 있었다. 결국 NHS는 자유시장 이데올로그들의 손아귀로 들어간 것이다.

NHS의 이런 엄청난 분할은 환자들의 건강, 심지어는 생명을 위협한다. 왕립의과대학(Academy of Medical Royal Colleges)의 테렌스 스티븐슨(Terence Stephenson) 교수에 따르면, "불필요한 경쟁은 복합적이고 상호 연결된 지역 보건경제, 특히 병원을 불안정하게 (만들 것이고), 환자 서비스에 부정적인 영향을 미친다."[57] 보건의료의 중심에 이윤창출이라는 동기를 둔 결과는 심각했다. "시장은 문자 그대로 돈을 벌길 원하고, 이익을 남기길 원하는데, 그게 그들의 철학입니다. 아주 간단한 거죠." 카일라시 찬드 박사가 말한다. "이익이 남지 않는 분야는 나 몰라라 하는 거죠. 예를 들어, 선택적 수술(elective surgery. 목숨을 위협하는 질병은 아니지만 상태를 개선하기 위해 필요한 수술)이 선별될 겁니다. 결국엔 이중의 보건의료 체계가 생겨날 거고, 선택적 수술 등은 민간부문이 맡게 될 겁니다." 이미 NHS 진료에 따로 비용을 지불하는 사람들이 새치기를 하고 있는 실정이다. 재정적으로 쪼들리는 병원들은 이런 환자를 잡으려고 필사적인 가운데, 나머지 환자들은 계속 불어나기만 하는 대기목록에 이름을 올릴 수밖에 없다. 실로, 2012년에 52,000명 이상의 환자가 통상적인 수술 신청을 거절당했다.[58]

민영화 의제는 부분적으로 환자에게 '선택권'을 주는 문제로 제시되었다. 그러나 그 본질은 '선택권'과는 전혀 상관이 없다. NHS를 팔아넘기는 건 환자가 아니다. 유권자가 투표한 적이 없는, 아마 유권자가 이름조차 모를 것이 거의 확실한 자들이 유권자의 보건서비스를 토막내서 사기업들에게 넘기고 있다. 그리고 유권자에게는 체념하는 것 외에는 다른 방도가 없다. 예를 들면, 콘월 지역 NHS 환자들이 근무시간 외에 1차진료를 받을 수 있는 '선택권'은 오직 서코뿐이다.

민영화에는 비용이 든다. 현재의 소위 '개편'이라는 것에는 30억 파운드가 들어갔으나, NHS 내부에 시장 원칙을 확대시킨다는 것은 경쟁에 관련된 법률문제를 처리해야 한다는 뜻이고 그 비용은 싸지 않다. "우린 경쟁법의 수렁에 빠졌습니다." 데이비드 니컬슨 경(Sir David Nicholson)이 NHS 수장 자리에서 은퇴하면서 하원의원들에게 한 말이다. "NHS에 무엇을 해야 하는지 지시하는 경쟁법 전문 변호사들이 가득한데, 이 때문에 엄청난 어려움에 처해 있습니다." 민영화에 비싼 비용이 드는 이유는 이것 말고도 또 있다. "보건서비스라는 게 있었던 적이 없어요." 카일라시 찬드 박사는 이렇게 덧붙인다. "질병 서비스가 있는 거죠." 예방에 초점을 맞춰 고치는 데 큰 비용이 드는 질병의 발생을 처음부터 방지하는 대신에, NHS는 건강상태가 악화될 때 나타나는 증상을 다루기 위해 건립된 것이다. 물론, 병을 치료하는 데는 비싼 과정과 약이 필요하기에, 이는 거대 제약회사들에 수지맞는 모델이다. 건강한 생활방식을 장려한다면 이 이윤의 흐름이 훼손될 것이다. 그렇다 해도 영국 인구는 계속 고령화되고 있기에, 질병과 악화된 건강상태를 치료하는 데 돈을 점점 더 쏟아부어야 할 것이다. NHS를 해체해서 팔아넘겨 이윤을 내려고 기다리는 사기업들엔 좋은 소식이다.

그러나 이건 영국 기득권층의 전형을 보여주는 이야기다. 국가를 혐오하고, 국가의 포위로부터 개인을 해방시킨다고 주장하는 것이 기득권층에서 우세한 이념이다. 가장 가난한 이들이 보조금의 수혜자로서 국가에 의존하는 것처럼 여겨질 때면, 그들은 쉽게 '빈대'나 '밥벌레'로 악마화된다. 그럼에도, 동그란 막대사탕의 단면에 씌어진 글자가 사탕의 심에 쭉 들어 있는 것처럼, 국가는 현대 자본주의의 중심을 관통해 흐르고 있다. 국가는 사기업에 치안, 공공기반시설, 훈련된 인력만 제공하는 게 아니다. 국가 자체가 점점 자금줄이 되고 있다. 그리하여 국가는 민영화되고, 그저 납세자의 돈을 유통시키기만 하는 존재로 추락하고, 전례없이 책임지지 않는 존재가 되었다. 더이상 공공서비스도 제공하지 않고, 무엇보다, 공익을 위하지도 않게 되었다. 국가는 인민의 요구가 아니라 이윤의 요구에 부응하게 되었다. 기득권층 정치인, 언론인, 싱크탱크에게는 민영화를 향한 십자군 전쟁이 당연한 통념일지 모른다. 그러나 그것이 전국민의 마음과 정신을 얻은 적은 결코 없었다.

대기업은 국가의 광대한 부와 자원을 기꺼이 가져가지만, 뭔가를 내놓기는 싫어한다. 국가가 적법하지 않고, '부를 창출하는' 기업가의 재능을 꽃피우는 데 걸림돌이 된다는 기득권의 이념은 국가가 기능하는 데 필요한 세수를 제공하지 않을 구실이 된다. 긴축재정이 공공서비스와 사람들의 생계를 갈기갈기 찢고 있을 때마저, 부유층 엘리트 대부분은 효과적으로 납세를 피했다. 이는 국가가 과연 누구를 섬기고 있는지 엿볼 수 있는 한 단면이다.

6

갑부와 세금포탈범들

'있는 것'들의 법인세 울렁증

스티브 발리(Steve Varley)는 현대 영국 자본주의의 홍보대사로 적격한 후보다. 상대적으로 젊은 나이에 회장직을 맡은 발리는 연 240억 달러의 매출을 자랑하는, '4대 회계법인' 중 한 곳인 언스트앤영(Ernst & Young)을 이끌고 있다. 그는 기숙형 사립학교 출신의 고루한 인물이라는 CEO의 전형에서 뚜렷하게 벗어난다. 요크셔(Yorkshire)의 해러게이트(Harrogate) 출신인 발리의 말투에는 북부 억양이 남아 있다. "해러게이트라니, 꽤 호화로운 동네 아닙니까?"라고 그는 농담을 한다. 그는 베리(Bury, 잉글랜드 그레이트맨체스터 주의 도시)의 연립주택가에서 어린 시절을 보냈는데, 그의 집은 베리 FC(Bury FC)의 홈구장인 기그 레인(Gigg Lane)에서 200미터 떨어져 있는 곳이었다. 잘 웃고 세상 물정에 밝은 발리는 "술 한잔 같이 해보고 싶은 녀석"으로 보인다. "고향에 돌아가면 친구들이, '1차는 저놈이 쏜다,' 이런다니까요." 그가 웃음을 터뜨린다. "고향 친구들과 나가서 축구도 하고, 그렇게 한 20분만 지나면 우리들은 다시 친해져 있죠."

선의에 찬 보통사람인 발리를 만난다면 호감을 갖고, 결국 기득권층도 그렇게 나쁘진 않다고 결론을 내리기 쉽다. 발리는 어린 시절 축구를 사랑했고, 인생에서 뭘 하고 싶은지 모르는 채로 대학을 졸업했다. "론리플래닛(여행 안내서를 출판하는 출판사) 여행서에 나오는 그런 식으로 1년을 여기저기 떠돌았어요." 그는 그 후에 빚을 진 채로 영국으로 돌아왔다. "그 시절 진로는 은행 아니면 전문직 둘 중 하나였죠. 별로 은행가가 되고 싶진 않았어요." 투자자문회사에 취직한 발리는 2005년 언스트앤영에 스카웃된다. 사측이 그를 주목한 게 분명하다. 6년 후 새 회장을 뽑는 과정에서, 다른 후보들과 함께 발리의 이름이 나왔다. "그리고 이 불가사의한 과정이 시작된 거죠." 발리가 활짝 웃으며 설명했다. "회장을 새로 뽑는 게 뭐 교황 선출 같은 건 아니지만, 교황 선출과 크게 다르지도 않죠." 그가 지명된 것은 놀랍고도 영광스러운 일이었다. 발리는 그의 동료 다수보다 젊고, 회계감사관 출신도 아니며, 언스트앤영에서 근무한 지도 몇년 되지 않았다.

발리는 어리둥절했다. "꿈인가 생시인가 스스로 꼬집어볼 만큼, 믿을 수 없는 행운이라고 생각했다"는 그의 표현처럼 말이다. 특권층 엘리트의 영역 밖에서 기득권층으로 진입한 상대적 소수가 흔히 보이는 반응이다. "그냥, 난 얼마나 행운아야? 이 모든 걸 얻다니? 그런 느낌이었죠. 총리 각하와 함께 무역대표단이 되고요. 브라질의 대통령 집무실에도 두 번이나 가봤죠. 이 모든 게 신기했습니다."

발리는 몹시도 윤리적이고 인간을 돌보는 자본주의의 얼굴을 내보이고 싶어한다. 영국 수도의 전경이 내려다보이는, 까마득히 높이 솟은 언스트앤영의 런던 본사로 걸어들어가는 발리는, 레즈비언, 게이, 바이섹슈얼 운동 단체인 스톤월(Stonewall, 런던과 웨일스에 본부를 둔 영국의 성소수자 운동단체)이 주최한 저녁 파티에 다녀온 뒤 완전히 지쳐버렸다고 불평했다. 2012년에 스톤월은 성소수자에게 가장 우호적인 회사로 언스트앤영을 뽑았고, 1년 후 언스트앤영은 영국 최대의 성소수자(LGBT) 축제인 런던 자긍심행진(Pride in London, 성소수자들이 차별에 저항하고 자긍심을 고취하기 위해 여는 행사와 행진)의 주요 후원자가 되었다. 발리는 사회적 기업가를 지원하는 사회기업신탁(Social Business Trust)의 일원이다. 발리가 특히 관심을 기울이는 사업 중 하나는 전과자가 자전거 정비공이 될 수 있도록 돕는 바이크워크스(BikeWorks)이다. 발리는 출산한 여성들이 직장으로 돌아갈 수 있도록, 그리고 시간제 전문직 직장을 구할 수 있도록 돕는 단체와도 함께 일하고 있다. "그 단체는 정말 여성에게 영감을 불어넣어 주죠, 그래서 저도 거기서 많이 배웁니다."

감명받지 않기가 힘든 것 같다. 여기 영국에서 '인간의 얼굴을 한 자본주의'가 융성한다는 설득력 있는 증거임에 분명하다. 그럼에도, 언스트앤영 같은 회사는 기득권의 가장 악질적인 사고방식과 행동을 압축적으로 드러내는 곳이다. 소수에게 부를 집중시키려는 전례없이 끊임없는 노력, 사익과 국가 사이의 장벽을 침식시키는 것, 그리고 국가의 기본적 서비스와 기능을 유지하는 데 기여하지 않을 구실을 만들어주는, 국가에 대한 이념적 거부가 그것이다.

언스트앤영은 현대 자본주의의 가장 심각한 추문 중 하나에 연루된 적이 있다. 그 추문이란 공공지출이 야만적으로 삭감되던 시기에 부유한 개인과 기업이 자행한 조직적 탈세다. 공인회계사 리처드 머피(Richard Murphy)가 노동조합회의(TUC)를 위해 수행한 조사를 보면, 영국 엘리트가 납세를 회피하는 세금은 연간 250억 파운드에 이른다. 2014년 국가회계감사원(National Audit Office)은 영국 대기업 5곳 중 1곳은 그 전해에 전혀 법인세를 내지 않았으며, 절반 이상이 1천만 파운드 이하만을 냈다고 밝혔다.[1] 많은 대기업이 국가에 의존하면서도 국가를 거부하며, 국가에 돈을 내는 것을 억울해한다. 대기업들은 스스로 이미 국가에 너무 후하게 기여하고 있다고 믿으며, 사람을 고용하는 것만으로 국가가 감사해야 마땅하다고 여긴다.

조세회피는 부와 권력이 심히 불평등하게 분배되어 있는 영국의 증상이다. 법은 빈자의 비행을 엄격히 단속하지만, 부자의 훨씬 파괴적인 행동은 용인하고 심지어 조장하기까지 한다. 타블로이드 신문의 표제 기사가 격분해서 보도하는바, 정부보조금 부정수령으로 낭비된 12억 파운드의 세금과 조세회피로 빠져나가는 수십억 파운드를 비교해 보라. 2013년 10월, 32세의 비엔나 미셸 이즈리얼(Vienna Michelle Israel)은 23,600파운드가 넘는 세금공제, 소득 보조금과 자녀양육비를 허위 청구한 죄로 1년형을 받았다. 이즈리얼은 자녀가 더이상 함께 살지 않는다는 사실을 신고하지 않았던 것이다.[2] 이즈리얼과 같은 행동을 용납하는 사람은 거의 없겠지만, 대기업 조세회피로 재무부가 잃는 돈에 비하면 이즈리얼에게 들어간 돈은 하찮은 액수에 불과하다.

이런 주장을 하면 입심 좋은 사람들은 이렇게 답한다. "음, 그렇지만 조세회피와 보조금 부정수령의 차이점은 전자는 합법적이지만 후자는 불법이라는 거야." 그러나, 대답하는 사람은 의도치 않았겠지만 이런 대답 자체는 부자들의 행동이 사회적으로 훨씬 큰 해를 끼치는 경우마저 법률이 그들에게 유리하도록 만들어져 있음을 강조할 뿐이다. 부자는 의회가 입법으로 정한 세금을 내지 않기 위해 회계사와 변호사 군단을 고용할 수 있다. 회계법인이 세금 관련 법률의 작성을 돕고, 자기 고객들에게 어떻게 납세를 회피할 수 있는지 조언한다. 이렇게 공공서비스를 제공하고 정책을 시행할 수 있는 돈을 재무부로부터 조직적으로 탈취하고, 법의 정당성을 약화시키며, 국가조직 자체와 일부 병합함으로써, 조세를 회피하는 부자 엘리트들은 민주주의에 실질적인 위협을 가한다. 그리고 이 음모의 중심에는 소위 '4대' 회계법인이 있다. 바로 언스트앤영, PwC(PricewaterhouseCoopers), 딜로이트(Deloitte), 그리고 KPMG가 이들 4대 회계법인이다.

4대 회계법인의 활동은 오랫동안 그림자에 가려져 있었다. 그들이 2013년 1월, 허튼 소리를 용납하지 않는 노동당 하원의원 마거릿 호지가 이끄는 의회의 공공회계위원회 앞에 끌려나왔을 때에야 대중은 그들이 저지른 행위에 주의를 기울였다. "납세를 회피하는 것이 새로운 이윤창출 방법이 되었다"고 호지는 그들에게 직설적으로 말했다. "내가 보기에 당신들 회계법인이 하는 일의 주된 목적은 부유한 개인이나 기업이 내는 세금을 최소화하는 것이군요." 공개적으로 이렇게 핵심을 찌르는 질문을 받는 데 익숙하지 않은 회계법인들은 수세에 몰렸다. 호지는 '저지(Jersey) 섬(노르망디 해안에 있는 영국 왕실령)과 룩셈부르크(Luxembourg)처럼 세율이 낮은 사법권'에 주소지를 두고 '엄청나게 복잡한 기업구조'를 제공하는 PwC를 예로 들었다. 이런 복잡한 구조를 유지하는 이유는 단 하나라고 호지는 논했다. "귀하들의 말로 하자면 세금의 최소화이고, 제가 보기에는 조세회피입니다." 세금이 낮은 국가에서 이런 '복잡한 구조'를 구축한 이유가 '세금을 최소화할 의도'인지 호지가 묻자 당황한 PwC 세금담당자 케빈 니컬슨(Kevin Nicholson)은 결국 인정했다. "세금도 고려가 되는 사항이긴 합니다."[3]

4대 회계법인은 하원의원들이 하는 이런 공판을 몹시 싫어했다. "감정에 호소하는 방향으로 논의가 흘러가던데요." 머리가 희끗해지는, 고급 정장을 차려입은 딜로이트의 공공정책담당자 데이비드 반스(David Barnes)가 플리트가(Fleet Street, 런던 중심부 언론사가 모여 있는 거리) 근처 콘크리트 건물의 딜로이트 사무실에서 말했다. "마거릿 호지와 공공회계위원회, 이들은 사람들의 눈길을 끌려고 쇼를 하는 겁니다." 반스가 그럴 만도 하다. 수년 동안 산업적 규모로 일어난 부유층 엘리트의 조세회피는 정책이나 세금 문제에 편집증적으로 집착하는 괴짜들이나 고민하는 의제였다. 신노동당하에서, 적어도 2008년 이전까지 영국은 끝없는 경제성장을 누릴 것처럼 보였다. 그리고 고든 브라운 당시 재무부 장관 역시 '호황과 불황의 순환'(boom and bust)은 이제 역사 속으로 사라졌다는, 즉 영국은 언제나 호황이라는 놀라운 주장을 펼쳤다. 세수가 재무부로 쏟아져 들어오고, 공공정책 부문의 지출은 꾸준히 늘고 있었다. "그때는 정부가 돈에 쪼들리지 않았죠." 조세회피에 대항하는 운동가로 다시 태어나기 전에는 노동당 각료였던 마거릿 호지의 지적이다. 그러나 호지는 동시에 노동당이 대기업과의 관계가 소원해질까봐 '겁을 냈다'고 생각한다. 2008년 초가을 리먼브라더스가 붕괴하고, 그와 함께 오래된 경제적 감수성도 풍비박산이 났다. 갑자기 세수가 급락했고, 2010년 5월 보수-자민당 연립정부가 광범위한 삭감 계획을 앞세워 집권했다. 공공서비스가 축소되고 1870년 이래로 가장 긴 기간 동안 삶의 질이 하락하는 가운데, 정당하게 내야 할 세금을 내지 않는 기업에 주의를 돌려야 할 시기가 무르익었다.

공인회계사 리처드 머피는 조세회피 문제가 중요한 정치적 의제가 되기 한참 전부터 이를 심각하게 받아들인 인물 중 하나다. 대학생 시절에는 스스로를 좌파 성향이 있는 사회민주주의자라고 생각했지만, 머피는 언제나 비즈니스 쪽에 끌렸다. 1980년대 중반 회계법인 KPMG의 전신에서 일하게 된 머피는 남의 관심을 끌지 않고 계속 자중하면 한 십년 후엔 공동경영자가 될 수도 있겠다는 말을 들었다. 그러나 야심만만하고 투지가 넘치는 머피는 그 자리를 사직해버렸다. 머피는 영국과 해외에서 여러 회사의 설립을 도왔고, 26세에 전통적 보드게임인 트리비얼 퍼수트(Trivial Pursuit, 여러 상식을 요하는 퀴즈에 대답하며 말을 움직이는 보드게임)의 영국 수입을 도왔다. "조세회피지가 유해하다는 생각은 아무도 못했죠." 8월의 어느 화창한 날, 이스트런던의 카페 야외석에 앉아서 그가 회상했다. "조세회피지 문제를 잘 아는 사람도 없었고, 학문적 연구도 없었고요. 그렇지만 저는 조세회피 활동을 목격하고 나서 바로 그게 제 도덕관에 어긋난다고 생각했죠." 다른 두 명과 함께, 머피는 회계사업을 시작했다. 머피가 차린 회사는 다른 회계법인과 달랐다. 그 회사는 자산을 국외로 도피시키는 방식으로 세무 업무를 보지 않았고, 세금을 덜 내기 위해 신탁을 설립하지도 않았으며, 다른 형태의 조세회피 행위도 하지 않았다. "그 회사는 상업적으로 굉장히 성공적인 모델이었습니다." 머피가 자랑스럽게 말한다.

회사를 팔고 노퍽(Norfolk)으로 가서 좀더 조용하게 살기로 결심한 머피는 사색과 글쓰기에 집중했다. "세상을 더 나은 곳으로 만드는 데 제 지식을 쓰고 싶었습니다." 머피는 조세정의네트워크(Tax Justice Network)를 공동 설립하여 납세회피와 조세회피지 문제를 다루며, 법이 어떻게 엘리트들의 착취를 용인했는지를 자세하게 밝히는 데 착수했다. 전문가와 운동가의 강력한 동맹이 이렇게 시작되었다.

런던의 에인절(Angel) 지하철역 근처 뒷골목, 조용하고 예술가풍인 카페에서 선구적 운동가인 머리 워시(Murray Worthy)와 케이트 블라고예비치(Kate Blagojevic)를 만났다. 홍안의 20대 청년들인 그들은 대학생처럼 보인다. 그러나 만난 지 채 몇분 지나지 않아서, 나는 이들의 강인함과 투지에 깊은 인상을 받았다. 워시와 블라고예비치는 둘 다 기후변화대책본부 같은 환경단체에서 일한 적이 있는데, 2010년 영국 긴축재정이 시작되면서 그 둘과 친구 몇명은 이제 행동이 필요한 때라고 결심했다. 2010년 「포괄적 지출검토서」(Comprehensive Spending Review, 정부 부서별 지출 한계와 지출 계획, 목표 등을 개괄하는 일종의 계획으로 재무부가 발행)에서 조지 오스본 재무장관은 60억 파운드가 넘는 예산삭감 계획을 밝혔다. 그때가 마침 『프라이빗 아이』(Private Eye, 시사문제를 다루는 격주 발행의 영국 잡지)에서 국세관세청(Her Majesty's Revenue and Customs, 이하 국세청)이 휴대전화 대기업 보다폰(Vodafone)의 세금 60억 파운드, 그러니까 예산에서 삭감된 것과 같은 액수를 감면해주었다는 걸 막 밝힌 참이었다. "그때 사람들이 그 두 가지 일을 모아서 함께 보게 된 거죠. 그리고 수요일 아침엔 60명이 넘는 사람들이 보다폰 앞에서 연좌시위를 했어요." 케이트의 말이다. "연좌시위가 확산돼 리즈(Leeds, 잉글랜드 중부의 도시)에서도 일어나고, 그러다가 갑자기 영국 전역에서 사람들이 토요일에도 시위를 시도했죠." 그렇게 새로운 운동이 태어났다. 문제가 있는 기업을 평화적으로 점거해서 조세회피를 의제로 만들고자 하는 전국 직접 행동 단체 UK언컷(UK Uncut)이 출범한 것이다.

　귀족적인 느낌을 주는 매슈 커크(Matthew Kirk)는 보다폰의 대외협력부 책임자다. 커크는 실질적으로 보다폰의 외교관처럼 행동하며, 기득권층의 전통에 물들어 있다. 패딩턴에 있는 보다폰 사무실에 앉아서 회사 간부들을 옆에 끼고, 커크는 자랑스럽게 자신의 아버지, 유럽연합 가맹을 지지하는 보수당 각료였던 고(故) 피터 마이클 커크 경(Sir Peter Michael Kirk)이 마거릿 대처 옆에 서 있는 사진을 가리켜 보였다. "이건 내가 아는 한 '보수당은 유럽연합을 지지한다'고 말하는 유일한 사진으로, 귀중한 거죠." 그는 웃음을 터뜨리며 자신의 부친이 영국의 유럽경제공동체(European Economic Community) 가맹 여부를 놓고 실시된 1975년 국민투표에서 대처가 찬성 쪽을 지지하도록 설득했다고 자랑했다. 매슈 커크 자신은 국제연합(UN)에서 경력을 시작한 외교관 출신이다. 커크는 UN에서 소비에트 연방의 붕괴에 뒤이은 군비축소 협정과 같은 국제협상 분야에서 일했다. 커크가 핀란드 주재 영국 대사였을 때 보다폰이 그를 스카웃했다. "당시 보다폰 최고 경영자였던 아룬 사린(Arun Sarin) 씨가 제의를 했고, 말을 들어보자니 보다폰 내부적으로 회사가 처한 환경에서 길을 찾기 어렵다는 느낌이었죠." 전세계의 수많은 규제기관을 상대하는 건 복잡한 일이었다. 그리고, 보다폰은 통신 분야에서 정책 입안자들의 결정이 "더 정치적이 되고 있음"을 느낀 거라고 커크는 덧붙였다.

　커크의 뛰어난 외교 수완은 조세회피 혐의를 반박하는 데 빛을 발한다. 그는 차분하고 사무적인 어조로 "현재 진행중인 논란이 있다"고 말한다. "저희 회사와 국세청 양측이, 이 일을 오래 끌어왔으니 앉아서 해결해보자, 하고 생각하는 단계까지 도달했던 겁니다." 커크의 주장으로는, 보다폰측이 12억 5천 파운드를 지불하는 걸로 모든 부채가 상환되었다고 보다폰과 국세청이 합의를 끝냈다는 것이다. "그 직후에 『프라이빗 아이』 기사가 났는데, 12억 5천이 아니고 60억이라는 숫자를 내보냈지요." 커크는 보다폰이 60억 조세를 회피했다는 소문은 '도시 전설'이라고 국세청이 직접 일축했다는 점을 지적하며, 보다폰은 우연히 동시에 등장한 자극적인 숫자들 때문에 희생된 것이라고 말한다. "60억이라는 숫자가 우연히도 정부가 삭감한 고등교육 예산 60억 파운드와 일치했고, 이 때문에 대학 등록금이 오르지 않았습니까. 그래서 UK언컷이 결성되었죠. '보다폰이 세금을 제대로 내기만 했다면 대학 등록금을 올릴 필요가 없었다' 이건 굉장히 유혹적인 문구죠." 사실은 은퇴 판사인 앤드루 파크 경(Sir Andrew Park)에게 문의한 결과 그 세금문제로 법정까지 갔다면 보다폰측이 승소해 전혀 돈을 낼 필요가 없었을 거라는 게 커크의 주장이다.

그렇지만 커크 자신도 유혹적인 문구를 다소 사용했다. 실제로 일어난 일은 커크의 설명과 다르다. 2001년, 보다폰은 조세회피지인 룩셈부르크의 역외회사를 이용해 1,800억 유로를 주고 만네스만(Mannesmann)이라는 독일 엔지니어링 회사를 사들였다. 이 거래에 대한 세금을 영국에 납부하지 않기 위해 특별히 자금조달 계획을 세웠다. 『프라이빗 아이』가 밝혔듯, 보다폰은 "만네스만 인수에 대한 모든 정보를 얻으려는 세무공무원을 방해했으며, 법정에서 유럽연합의 법이 (가장 의심스러운 조세회피처도 포함해) 유럽연합 국가 어디에서나 세금 없이 기업을 설립할 자유를 보장한다고 역설했다. 보다폰은 따라서 인수 건에 대해 발생한 세금 혜택을 취소하려는 영국 법이 무효라고 주장했다." 재판이 수년간 이어지면서, 국세청 청장 데이브 하트넷(Dave Hartnett)은 이 건을 좀더 고분고분한 부서로 이관시켰다. 결국 세금은 8억 파운드, 그중 4억 5천만 파운드는 5년에 걸쳐 낼 수 있도록 타결되었다. 국세청의 기소인이나 조세법률 전문가들과 전혀 협의한 바 없이 내려진 결정이었다.

『프라이빗 아이』에 이 일을 제보한 인물은 법인세와 국제조세를 전문으로 담당하는 국세청 세무조사원 리처드 브룩스(Ricahrd Brooks)인데, 그는 15년간 공직자로 봉사한 후 2005년 은퇴했다. 브룩스는 보다폰과의 분쟁에서 국세청이 이기고 있었고 보다폰측은 포기하기 시작했다고 회상한다. 보다폰은 "자기네가 지고 있었기 때문에, 이 건을 합의하기로" 결정한 상태였다. 그러나 국세청은, 합의금 총액을 결정할 때 국세청이 승소할 가능성에 대해 전문가 조언을 전혀 받지 않았다. 국세청은 변호사를 고용했지만, "자기네 변호사들과 상의하지 않았다"고 브룩스는 말한다. "그 분야의 전문가이고 그때까지 국세청을 위해 법정에서 싸워온 변호사들이 있었단 말입니다. 엄청난 액수의 법률 분쟁이 일어날 것 같으면 '우리가 그 60억 파운드를 받아낼 확률은 얼마나 되나?'를 알고 싶을 거 아니겠습니까." 60억 파운드라는 숫자는 보다폰이 만네스만을 인수한 2001년에 지불했어야 할 세금에 이자가 더해진 것이었다. 그러나 브룩스는 이 숫자는 보다폰이 미국 통신회사 버라이즌(Verizon)에 가진 막대한 지분을 포함하지 않았기 때문에, 오히려 너무 적게 추산된 것이며, 보다폰은 버라이즌 지분을 통해 25억 달러 가치의 이윤을 룩셈부르크에 챙겨놓았다고 지적한다. 버라이즌이 후에 보다폰 지분을 인수하여 보다폰측이 840억 파운드라는 횡재 수익을 얻었는데, 이 횡재는 영국의 조세관할 대상이 아니라는 게 밝혀진 뒤에 또 한바탕 소동이 일어났다.

"국세청은 그때까지 보다폰과 붙었던 모든 건에서 승소했습니다." 리처드 머피의 말이다. "그러니까 2010년 7월 갑자기 이렇게 합의를 한 게 심하게 놀라울 밖에요." 합의 일주일 후, 무역대표단으로 인도에 나가 있던 조지 오스본은 보다폰이 인도 정부가 부과한 세금을 회피한 일 때문에 진행중인 다른 27억짜리 법적 분쟁에서 보다폰 지지를 서약했다. 보다폰은 국세청과의 법적 분쟁 중에 납부세액 합의에 대비해서 20억 파운드를 따로 빼놓았다. "회계의 측면에서, 보다폰은 이 합의로 이익을 본 겁니다." 머피가 말한다. "제가 보기엔 경영 간부들이 거한 잔치를 벌여도 될 것 같은데요."

보다폰 논란은 조세회피 반대운동의 기폭제가 되어, 2010년부터 UK언컷은 문제가 있는 회사를 평화적으로 점거하는 운동을 연이어 벌였다. 이에 질세라 조세회피를 옹호하는 이들도 행동을 본격 개시했다. 조세회피 옹호자들의 논리는 그들이 하는 회계만큼이나 신기했다. "어려운 게 뭐냐면 말입니다." 보다폰의 매슈 커크가 절제된 태도로 이렇게 말한다. "법인세 문제에 엄청난 관심이 집중되는데, 법인세는 당사가 영국의, 그리고 우리가 활동하는 모든 국가들의 국고에 하는 기여 전체에서 작은 부분에 지나지 않는다는 겁니다. 보다폰이 영국 국고에 기여하는 전체 금액은 1년에 7억 파운드 정도인데, 적은 돈은 아니지요."

커크가 하는 주장은 4대 회계법인이 널리 유포시키는 이야기다. 채
링크로스(Charing Cross)에 있는 PwC 본사 건물은 미래적인 느낌으로,
사우스뱅크(South Bank)와 템스 강을 굽어보고 있다. PwC 부회장인 리
처드 섹스턴(Richard Sexton)은 이곳에서 자신감 있고 기민한 목소리로
이런 근거를 유창하게 제시한다. "우리는 점점 '세금 총액'(total tax)을
보라고 사람들을 설득하고 있습니다. 그러니까 '기업이 낸 세금의 전
체 액수를 보세요'라는 거죠. 그리고 우린 이런 작업을 스스로 하고 있
습니다. 우리 직원들이 세금을 냅니다. 우리가 세금을 내는 사원들을
고용하는 거죠. 그리고 우린 부가가치세(VAT)나, 아니면 다른 세금을
통해서 법인세와 다른 흐름으로 조세 당국에 세수를 창출하는 겁니다.
세금문제를 보시려면 이 모든 걸 고려하셔야죠."

그러나 커크와 섹스턴은 골을 넣는 대신 골대를 옮기는 시도를 세
련되게 하고 있을 뿐이다. 기업들은 법인세 납부를 피하기 위해 갖은
애를 쓰고 면밀한 수단을 동원한다. 이런 사실을 들이밀면, 기업은 다
양한 세금을 납부하기 때문에, 특정한 세금을 납부한다는 게 전혀 중
요하지 않다고 주장한다. '세금 기여 총액을 보라'는 식의 교의는 세
금부문에서 PwC와 한번 협업한 적이 있는 존 위팅(John Whiting)이 2005
년 만들어낸 것이다.[4] 위팅은 세무직에 봉사한 일로 대영제국 훈장을
받았다. 현재 그는 국세청의 비상임이사다.

세금기여 총액은 리처드 머피의 표현처럼 '그냥 회계 장난질'이다.
'세금기여 총액'이란 회사가 정부에 납부한 돈이면 회사의 텔레비전
수신료든, 자동차 검사증이든, 유류세든, 공항세든 보험료든 뭐든 상

관없이 전부 합쳐서 계산한 금액이다. 그러나 이런 세금은 전부 종합
과세라기보다는 사실상 서비스 이용료다. 도로를 이용하면 주행세를
내고, 공항을 이용하려면 공항세를 내는 식이다. 이런 서비스 이용료
에, 회사에 고용된 노동자들의 원천과세(Pay-As-You-Earn, PATE)를 더하
고 직원의 국민보험료까지 합산한다. 그러나 이 모든 세금은 문제의
회사가 납부하는 게 아니라 그 회사에 고용된 직원들이, 자신들이 번
돈으로 납부하는 것이다. 결국 남는 것은 고용주가 지불하는 국민보험
료인데, 이것도 사업에 직접 부과된 세금이기나 한지 의심스럽다. 우
선 고용주는 단순히 자신이 고용한 직원 각각의 보험 비용을 내는 것
이다. "만일 고용주가 내는 국민보험료를 없애고 그걸 피고용인의 국
민보험료로 계산하면, 그냥 총 임금이 올라가는 겁니다." 머피가 지적
한다. "고용주가 이 사람을 고용하는 데 15,000파운드를 생각한다고
해봅시다. 그러면 그중 1,400파운드는 국민보험 비용으로 들어가니까,
피고용인은 13,600파운드만 받는 거죠. 기업에 정말로 부과되는 유일
한 세금이면서 기업이 제대로 납부하지 않는 세금은 법인세뿐이고, 법
인세란 자본에 대한 세금입니다."

그러나 기업엘리트들은 법인세를 부당한 요구로 여기는 게 분명하
다. "우리는 총리 각하께 가을까지 성장하지 못하거나, 성장의 전망이
보이지 않으면 법인세를 아주 급격히 인하해야 할지도 모른다고 말씀
드렸죠." 2013년 여름 웨스트민스터의 상공회의소에서 만났을 때 그
곳의 소장인 존 롱워스(John Longworth)가 나에게 해준 설명이다. 다른 말
로 하면, 이 기업 로비스트들은 경제위기를 세금을 절약하는 데 이용
하려는 것이다. 그러나 이보다 더한 자들도 있다.

"우린 법인세를 좋아하지 않습니다." 사이먼 워커 관리자협회 회장의 말이다. "법인세는 이중과세인 경우가 많기 때문에, 나쁜 세금이라는 것이 관리자협회의 생각입니다." 실로 워커는 법인세의 완전한 폐지를 옹호한다. "제 생각에 법인세라는 건 비효율적이고 비생산적인 세금입니다." "대기업은 세금을 내기 싫어하고 최대한 이윤을 챙기려고 한다"고 인정하는 것보다야 창의적인 답변임이 확실하다. 그러나 워커와 같은 무리들이 동조를 이끌어내려면 좀더 창의적인 답변에 의지해야 한다. 워커의 관점은 이윤에 대한 세금마저 받아들이기를 거부하는 자유시장주의가 중역들 사이에 얼마나 만연한지 보여주는 현상일 뿐이다.

국세청에도 이런 사고방식이 침투해 있다. 리처드 브룩스에 따르면, '진짜로 1990년대부터' 국세청의 태도가 변하기 시작했다. "규제 기관과 조사관들이 품어 마땅한, 기업에 대한 비판적인 태도는 사라지고 절대적인 신뢰가 싹트더군요. 그들(국세청)은 조세회피 사건 감독관들 대신에 기업의 '고객소통 관리자'(customer relationship managers)들을 신뢰하고, 그들과 동반자 관계를 쌓는 걸 기본으로 대기업을 대하죠." 브룩스는 이런 새로운 태도를 "국세청은 듣는 대로 전부 믿는 집단 중 하나가 되어버렸다"고 간결하게 요약한다.

이런 국세청의 견해는 자유방임주의라는 기득권층의 지배적 이념과 완전히 일치한다. "규제가 최소한만 이루어지도록 유지하는 데 아주 열심이죠. 최소한의 규제라는 원칙을 우스꽝스러울 정도로 극단적으로 실천한다니까요." 브룩스의 말이다. 국세청 내부에서 최소한의 규제라는 새로운 접근법에 반대하던 이들은, 기득권에 대항한 다른 반대자들이 그랬듯이 완전히 박살나고 말았다. 브룩스의 회상이 이어진다. "그런 사고방식에 도전하면 무슨 살아 있는 화석처럼, 근대화에 반대하는 인간이 되는 겁니다. 이 새로운 교리에 따르는 사람이라는 걸 내보이는 소통의 방식이 있었어요. 경영자 같은 말투라든가, 뭐, 그리고 그런 틀에 맞지 않는 사람은 열외가 되는 겁니다. 그거 꽤 기분 나쁜 거예요, 정말로."

세금을 적게 내는 기업들은 무엇보다도 4대 회계법인에 감사해야 한다. 물론 회계법인들은 아무런 잘못이 없다고 주장한다. "우리는 전혀 조세회피를 용납하거나 조장하지 않습니다." 언스트앤영의 스티브 발리가 맹세한다. "근본적으로, 의회는 의회가 원하는 방식으로 법률을 제정해야 합니다. 그러니 집권 정부는 특정한 전략을 고안해야 하는 동시에 경제부문에서 무슨 일이 일어나는지도 고려하고, 그런 다음에 입법을 해야죠. 저희 같은 사람들은 그렇게 제정된 법을 따르면서 고객에게 자문을 하는 겁니다."

설득력 있는 말이다. 그러나 그럼에도, 발리가 하는 말은 결국 만일 우리 국민이 조세회피로 인해 해를 입었다면, 그러한 행위를 단속할 수 있도록 법을 개정하는 건 정부에 달려 있다는 뜻이다. 발리의 주장에 따르면 언스트앤영과 같은 회계법인 무리는 그저 정해진 법을 준수할 뿐이다. 회계법인은 고객에게 공평한 자문을 해주며, 고객이 법적 의무를 준수하면서 내야 하는 금액 이상의 세금을 내는 일이 없도록 보장해주는 것뿐이다.

발리는 언스트앤영 같은 기업들이 애초에 법의 설계에 개입하며, 그후에 고객에게 가서 어떻게 그 법률을 우회할 수 있는지 조언한다는 점을 애써 언급하지 않는다. 2013년 4월 하원 공공회계위원회는 다음과 같이 선언했다. "우리는 밀렵꾼이 사냥터지기가 되었다가 다시 밀렵꾼이 되는, 그런 경우를 여럿 목격했습니다. 그 덕분에 정부에 자문을 제공하는 개인들이 자신이 일하던 기업으로 다시 돌아가, 그 기업의 고객들에게 어떻게 법을 이용해서 납세액을 줄일 수 있는지 조언하는 것입니다." 이는 경악할 만한 발견이다. 위원회의 하원의원들은 회계사들이 단순히 정부에 전문성을 제공하는 게 아니라고 밝힌 것이다. 이들은 정부에 세법(稅法)에 관해 자문을 해준 다음, 자신이 작성을 도운 법률을 회피할 수 있는 방법을 고객들에게 알려주고 있었다. 영국에서 벌어들이는 돈만 20억 파운드인 4대 회계법인을 보면 이는 수익성이 좋은 장사다. 공공회계위원회가 지적한 것처럼, 회계법인들이 소유한 자원과 경쟁해볼 엄두도 못 내는 국세청은 회계법인들의 전문성에 의지하는 수밖에 없다. 이런 회계법인들은 국세청 직원 수의 4배나 되는 직원을 '이전가격조정'(transfer pricing) 부문에 배치하고 있다. 여기서 이전가격조정이란 과세 대상인 이익금을 세금이 낮은 곳으로 옮기는 행위를 돌려 말하는 회계 용어다.

세금 자문 전문인단을 채용하는 것 이외에도, 4대 회계법인은 재무부에 자신들의 편을 두고 있다. 공공기관인 재무부는 "각자 다른 기관에서 온 직원들이 서로 배우고 같이 좋은 경험을 쌓을 수 있게 해주며," 또한 "공공기관이 아닌 기관들은 중앙정부의 작동에 관해 유용한 견식을 얻는다"는 이유로 당당하게 파견근무를 옹호하고 있다.[5] 그러나 파견근무는 민간부문과 공공부문의 경계를 흐리는 기득권층의 사고방식과 전적으로 연관되어 있으며, 사기업이 국가기구에 그 어느 때보다 광대한 영향력을 미칠 수 있게 한다. 근본적으로 파견근무를 옹호하는 근거란, 공공부문이 항상 비효율적이고 나태하니 민간부문의 시장주도적 사고방식을 배워야 한다는 것이다. 1980년대에 마거릿 대처는 파견근무를 장려했다. 대처가 총리를 지낸 기간 공공기관으로 파견을 오거나 공공기관에서 파견을 나간 경우가 1천여 건에 달한다. 한편 대처 정부는 소매업계의 거두 데릭 라이너(Derek Rayner) 같은 기업 경영자들을 공공기관에 영입했다.[6] 오늘날 이러한 접근은 그 어느 때보다 널리 퍼져 있다. 현재 공식적인 '공공서비스 개혁 계획'(Civil Service Reform Plan)은 '지위고하를 막론한 모든 공무원의 공공기관과 민간부문 간 이동을 수월하게 하여 다양성과 유연성의 진작'을 꾀한다고 되어 있다.[7] 그러나 대형 회계법인들은 단순히 공공기관에 객관적이고 기술적인 전문성을 제공하는 것이 아니라, 자신들의 고객에게 세법을 헤쳐나갈 방법을 찾아주는 데 '중앙정부의 작동에 관한 유용한 식견'을 이용한다. 여기에서 이해관계의 상충이 나타난다.

공공회계위원회가 지적하듯이, 세금분야에 전문성을 가진 하원의원을 찾아보기 힘든 만큼 국세청은 외부의 회계 전문가에게 의지할 수밖에 없다. 4대 회계법인은 자신들이 실제로 법의 초안을 집필하는 게 아니고, 그저 재무부 관료들에게 '기술적 조언'을 제공하는 것뿐이라고 변명한다. 그러나 언스트앤영은 하원의원들에게 "자신들도 이 일을 통해 정부의 사고방식에 대한 통찰을 얻을 수 있다"고 입장을 밝혔다. 이런 식의 일처리는 대기업 회계사들이 권력의 중심부로 들어가 국가 세법의 본질에 관해 큰 통찰을 얻게 해주며, 이 회계사들이 자신의 고객에게 어떻게 세법을 피할지 알려줄 때 큰 우위를 점하게 해준다. KPMG도 의원들에게 질문을 받자 "대기업이 대형 회계법인을 통해 세금정책의 설계와 시행에 특별히 접근할 수 있는, 중소기업에는 불가능한 경로를 확보한다는 인식이 있을 수 있음을 인정"했다. 그것은 실제로 일어나는 일이다.

2010년 연립정부 집권 후, KPMG는 '피지배외국기업'(Controlled Foreign Company, 해외에 있으나 내국인이 주식의 과반수를 소유하는 기업) 제도와 '특허 박스'(Patent Box, 기업이 보유한 특허에서 발생하는 소득에 대해 법인세를 감면해주는 제도) 제도에 집중해 재무부에 자사 직원을 파견했다. 재무부에 자문을 제공한 KPMG는 이 제도들을 설명하는 안내책자를 만들었는데, 정부에 전문적 조언을 제공하는 자사의 역할을 자랑하는 내용도 있었다.[8] 공공회계위원회 보고서가 강조한 사례 중 하나가 이런 책자인데, 『특허 박스 제도: 이 안에 들어있는 귀사를 위한 선물』[9]이라는 이 책자는 2012년에 출판된 것으로, "이 법률이 영국에서 내야 할 세금을 감면받을 사업기회를 뜻하며 KPMG가 고객들이 '절감할 수 있는 비용 배분 준비'를 돕는다고 주장"한다. 공공회계위원회 보고서는 "거대 회계법인들은 세금분야에서 유력한 자리를 차지하고 있다"고 설명하며, 이 회계회사들이 "국세청이 어떻게 세법을 적용하는지 아주 잘 이해하고 있어서, 이 지식을 국세청과 대립할 가능성이 높은 자신들의 고객에게 자문을 할 때 사용한다. 이들은 법률 개정에 대해 정부에 조언하는 일을 수행하면서 세법에 관해 상세한 지식을 얻게 되며, 그 식견을 이용해 새로 개정된 법률의 허점을 재빨리 찾아낸다"고 지적한다. 공공회계위원회 보고서는 "4개 법인이 입법 과정의 내부자로서 얻은 지식을 이용해서 고객에게 절세의 요령을 판매하는데 이는 매우 우려스럽다"

고 강조하며 끝맺고 있다.[10]

한편 4대 회계법인은 정치엘리트와의 친밀한 관계도 숨기려들지 않는다. "정치적 소속 문제에 있어서라면, 우린 소속이 없다고 봐야죠." PwC의 리처드 섹스턴의 말이다. "각 정당이 정책이나 정책 개발을 고려할 때 가능한 한 정보를 많이 얻을 수 있도록 하는 것이 우리의 역할입니다." 이러한 진술을 액면 그대로 받아들이면 4대 회계법인은 정치인들이 제정한 법률의 허점을 뚫는 데서 이윤을 찾는 기업이라기보다, 그저 중립적인 자문으로서, 순수한 박애주의적 이타심으로 정부에 기술적 전문성을 제공하는 곳이라고 결론을 내리기 쉽다. 그러나 2014년 11월, 예비내각 재무장관 에드 볼스, 예비내각 기업부 장관 추카 우무나(Chuka Umunna), 예비내각 교육부 장관 트리스트럼 헌트(Tristram Hunt)를 비롯한 노동당 간부 각료들이 PwC로부터 60만 파운드어치 자문을 받았다는 사실이 드러났다.[11] 노동당이 다시 집권한다면, 이러한 조언은 의심할 여지없이 PwC에 매우 유용할 것이다.

섹스턴이 덧붙인다. "우리의 인맥 덕분에 PwC는 정부와 정치인들을 다른 고객들과 연결시켜드릴 능력이 있습니다, 그렇게 표현하신다면 말이죠." 섹스턴이 든 예시는 이렇다. "우리는 모든 주요 정당의 지도부를 초대해 사업회를 주최했습니다. 오늘날 존재하는 특정 법률에 대한 관점을 논하기 위해 여러 정당에서 각료들을 초청했죠." 그는 사업회는 이 정책을 작성하는 게 아니라, "각료들을 위해서, 그들의 정책안을 스트레스 테스트(시스템의 안정성과 한계를 알아보기 위해 실시하는 테스트)할 기회를 제공한 것"이라고 주장한다. 이는 4대 회계법인이 얼마나 광대한 영향을 미치는지를 보여주는 징후다. 이런 사업회는 회계법인의 대기업 고객들과 고위 정치인을 연결하는 도관으로 기능해, 정치인과 기업인이 모여서 정책을 논의할 수 있게 해준다.

대기업이 정부에 직접 영향력을 행사할 수 있게 해주는 다른 구조도 있다. 데이비드 캐머런은 2010년 집권하자 '기업자문단'(Business Advisory Group)을 설립했는데, 공식 홈페이지에 따르면 기업자문단은 '전략적으로 중요한 부문의 기업 리더들이 모인 집단'으로서 분기별로 '국가가 직면한 기업 및 경제의 핵심의제에 관해 총리에게 정기적으로 수준 높은 자문'을 한다. 기업자문단 구성원 16인 중에는 구글 회장 에릭 슈미트(Eric Schmidt), 보다폰 최고경영자 비토리오 콜라오(Vittorio Colao) 등 악명높은 조세회피 기업의 수장들이 끼어 있다. 제임스 다이슨 경(Sir James Dyson)도 기업자문단 구성원인데, 그는 2002년 자기 기업의 생산시설을 영국에서 극동 지역으로 옮겨 800개의 영국 일자리를 없앤 사람이다. 물론, 노동조합이나 소비자 단체의 대표는 기업자문단에 없다. 그 결과 기업자문단은 기업 거물들이 총리와 그 핵심 측근들에게 정치적 영향력을 행사하는 통로가 된다.

재무부에도 세금문제를 전문으로 다루는 팀이 있으며, 다우닝가 10번지를 보수당이 차지하기 전까지는 노동조합 대표들도 재무부에 있었다. 리처드 머피도 그렇게 재무부에 있었던 인재 중 한 명이었다. 그러나 이런 인물들은 재무부가 구성한 새로운 전문가 집단에서 배제되었다. 이제 재무부는 4대 회계법인 구성원들, 기업 변호사, 그리고 대기업 대표단 등으로 구성되어 있다. "세계 금융엘리트들이 이제는 조세 납부를 감시하고 보고하는 부서를 틀어쥔 거죠." 리처드 머피의 말이다. "그렇지만 금융엘리트들은 사실상 법률의 작성 과정도 점유하고 있습니다." 정부가 받는 세법 개정 자문은 부자와 권력자에게 배타적으로 맞춰져 있다. 이건 단지 입법 과정에 참여하는 데 돈이나, 연구를 수행하고 자세한 논증을 제시할 수 있는 전문지식 같은 자원이 상당히 많이 필요한 까닭만은 아니다. 정부, 공공기관, 그리고 4대 회계법인은 그 이상으로 더 깊이 연루되어 있다.

반(反)조세회피 운동가들은 국세청의 수장이었던 데이브 하트넷이 조세회피 기업의 앞잡이로 행동하면서 소위 '담합'으로 수많은 거래를 했다고 비판했다. 2001년 하트넷은 국세청에서 매우 중요한 문서를 썼는데,「대기업과의 연계 검토」라는 이 문서는「하트넷 보고서」로 널리 알려지게 되었다. "그 보고서에 따르면 대기업 대부분은 납세를 회피하지 않는다고 하죠. 이건 거짓이고, 이 보고서를 쓴 사람들도 그게 거짓이라는 걸 알고 있다"고 리처드 브룩스는 말한다. "전 국세청 내부에서 이 보고서에 반대했죠. 국세청 데이터에서 뽑은 반대 증거를 보여줬죠. 보고서에 언급된 대기업의 절반 이상이 조세회피 계획을 가지고 있어서 국세청이 그걸 조사중이었고, 다른 조사결과도 일치했어요." 국세청 고위관료들이 자신의 염려를 '고지식하다'며 무시해버렸다고 브룩스는 회상한다.

2012년 정장을 한 사람들이 1인당 854파운드의 회비를 내고 참가하는 세금 컨퍼런스가 옥스퍼드대학에서 열렸다. 하트넷이 대기업의 '호구'라는 걸 강조하기 위해, 반조세회피 운동가들은 이 컨퍼런스에 난입했다. 운동가들은 하트넷이 보다폰과 골드만삭스 같은 기업들이 하트넷 연합에서 쫓겨나기 전까지 잘 봉사해주었다며 조롱조로 상을 수여했다. 때마침 변호사 로버트 베너블스(Robert Venables)가 "당신들은 무단침입자 쓰레기"라며 "이건 법에 어긋나는 무단침입 행위요, 개들 풀기 전에 썩 나가요"라고 외치는 장면도 녹화되었다.[12]

그러나 운동가들의 '무단침입'은 하트넷의 이후 행보로 정당성이 입증된다. 하트넷은 국세청 은퇴 후 4대 회계법인 중 하나인 딜로이트에 일자리를 얻어 여러 외국 정부에 조세제도 분야를 자문해주는 일을 맡았다. 하트넷이 공기관과 대기업의 회전문을 보여주는 눈에 띄는 사례일 수는 있겠지만, 이런 사례는 비단 하트넷만이 아니다. 『파이낸셜 타임스』 연구에 따르면, 지난 10여 년간 18명의 전직 장관과 전직 공무원들이 4대 회계법인에 취직했고, 여기에는 2명의 전 노동당 내무장관, 전직 국세청 청장, 전직 다우닝 10번가 정책연구소 소장, 통합금융감독기구(Financial Services Authority)에서 일했던 직원, 부총리의 전직 자문도 각 1명씩 포함되어 있다. 『파이낸셜 타임스』의 표현처럼, 이것은 '최근 조세회피의 대열의 중심에 합류한 회사들과 정부의 공생관계를 나타내는 표지'다.[13]

회계법인과 조세 당국의 공생관계는 파견근무와 회전문 이상이다. 국세청은 4대 회계법인과 매일 긴밀하게 일한다. 정보공개법에 따라 밝혀진 정보에 따르면, 하트넷은 2007년에서 2011년 사이 딜로이트 영국법인의 고위인사인 데이비드 크뤽생크(David Cruickshank)를 48회 만났다. "크뤽생크와 하트넷은 언제나 거래하는 단짝이었죠." 리처드 브룩스의 말이다. "국세청과 유리한 거래를 하려면 크뤽생크에게 가야 한다는 걸 대기업 여럿은 알고 있었죠. 크뤽생크에게 가면, 그가 하트넷하고 마주앉아 거래를 처리해주는 겁니다."

UK언컷은 크뤽생크와 하트넷의 관계를 폭로하려고 했다. 이미 조세회피 문제를 무시할 수 없게 만든 그들의 저항운동 이상을 하려고 했던 것이다. 그리하여 2011년 UK언컷은 전략회의에서 '매우 아름다운 세계에 속한 장'으로 문제를 가져가자고 결정했다. 국세청을 고등법원에 세우는 것이다. 그들은 보다폰의 세금문제를 겨냥하려 했으나, 사법심사는 사건이 공론화된 후 세 달 안에만 가능했다. "수십억 파운드가 걸려 있으니, 너무 안타까운 일"이었다고 UK언컷의 머리 워시는 말한다. 문제는 거기서 끝나지 않았다. 그들은 UK언컷소송본부(UK Uncut Legal Action)라는 다른 독립체를 설립해야 했는데, 왜냐하면, UK언컷의 케이트가 말하듯이 "가게에 앉아서 소란을 피우는 운동가 무리로 여겨지면, 판사들의 호감을 그다지 얻을 수 없기" 때문이었다.

이번에는 투자은행 골드만삭스의 담합행위가 주목받게 되었다. 1990년대 골드만삭스는 영국령 버진아일랜드에 역외 신탁법인을 설립하고 그 신탁법인의 회계와 급여지불 총액에 관한 세부사항을 비밀에 부치는, 매우 익숙한 조세회피책을 썼다. 2005년, 몇년간의 법적 분규 끝에 법정은 그러한 신탁은 위법적인 조세회피의 한 형태라고 주장하는 국세청의 손을 들어주었으나, 골드만삭스는 여전히 그 당시 돈으로 3,081만 파운드 금액의 세금 납부를 거부했다. 5년 후, 이자가 누적되면서 골드만삭스는 조세 당국에 최소한 4천만 파운드를 빚지게 되었다.

골드만삭스는 고집스러웠지만, 패배할 것처럼 보였다. 2010년 봄 법정은 영국령 버진아일랜드에 진짜 직원이 있었다는 골드만삭스측의 주장을 기각했다. 맬컴 갬미(Malcolm Gammie) 국세청 변호사는 그해 6월 정부가 골드만삭스의 채무를 전부 환수할 수 있을 것이라고 '대체로 긍정적인' 조언을 내놓았다. 그러나 투자은행을 담당하는 국세청 위원회는 2010년 11월 30일 충격적인 소식을 내놓는다. 하트넷은 골드만삭스의 세금담당자를 만나, "데이브 하트넷이 골드만삭스와 '합의'하는 방식으로 거래를 했다." 골드만삭스가 국세청에 진 빚에서 대략 100만 파운드 정도가 탕감되었다. 공공회계위원회에 보고된바, 탕감된 액수는 200만 파운드에 달할 수도 있다고 한다. 국세청 고위 공직자들은 이 소식을 듣고 공포에 질려, 어떤 비공개 약식 보고에서는 이 합의를 '실수'라고 표현했다.[14]

UK언컷은 이 사건을 통해 조세 당국이 조세회피 기업을 어떻게 다루는지가 폭로되었다고 확신하여 런던의 법률회사 레이데이앤컴퍼니(Leigh Day & Co)와 일하기로 했다. 그리고 국세청의 내부고발자들이 노출시킨 서신이 『가디언』지를 통해 공개되어 사건이 완전히 공론화되었기 때문에, UK언컷에는 이 계획을 추진할 시간이 별로 남지 않았다. UK언컷은 사건이 보도된 지 이틀 만에 UK언컷소송본부를 설립하여 기업등록소(Companies House)와 국세청에 등록시켰다. 2011년 12월 UK언컷은 법정 소송을 제기했다.

UK언컷 활동가들이 다윗과 골리앗의 싸움에서 이길 가능성은 매우 적었는데, 이는 국세청이 세금 징수를 법적으로 독점하고 있기 때문만은 아니었다. 판사들은 당연히 정부 당국에 편향된 판결을 한다. 그렇지만 이 사건은 그와 상관없이 불리했다. 니콜 판사는 판결문에서 이 사건이 '국세청 역사에서 영광스러운 일화는 아니'라고 했는데, 국세청 관료들이 '변호인들의 자문'을 듣지 않았을 뿐 아니라 '변호인의 동의를 받아야 할 필요를 간과'했기 때문이었다. 그러나 당국과 대기업의 유해한 관계를 구체화시키는 데 도움이 된 것은 재판 와중에 공개된 여러 통의 이메일이었다. 데이브 하트넷이 보낸 이메일 한 통은 왜 국세청이 법률적 조언뿐 아니라 자신들의 업무 지침과 내부 검토 위원회까지 무시했는지를 설명한다. 사무변호사이자 국세청 법무 자문위원인 앤서니 잉글리스(Anthony Inglese)는 국세청이 골드만삭스에 연체이자의 지불을 요청할 수 있다고 하트넷에게 조언했다.

판결이 보여주듯이, 하트넷은 합의를 강압적으로 추진했고 국세청의 고위험기업 관리부는 하트넷의 의견을 기각하려고 했다. 하트넷에 따르면, 골드만삭스측은 이미 고위험기업 관리부의 결정을 듣고 '감정이 격해져 있었'다고 하며, 정부의 새로운 세금 관련 수칙을 따르지 않겠다고 위협했다고 한다. 이 세금 수칙은 자발적인 것이며 강제력 없는 지침으로, 단 한 푼이라도 회사가 세금을 더 내게 하지는 않는 것이었으나, 하트넷은 이 위협을 골드만삭스가 진 부채를 회수하려는 국세청의 노력을 무효화하는 데 이용했다. "GS(골드만삭스)가 수칙을 따르지 않으면 재무장관님(재무부 장관 조지 오스본), 국세청, 대기업 서비스(국세청의 대기업 서비스), 우리 모두의 망신살이 뻗칠 위험이 있었다"고 하트넷은 썼다. 게다가 하트넷은 협정을 번복하면 국세청과 골드만삭스의 관계가 '심각하게 손상될까' 두려워했다. 니콜 재판장의 표현처럼, 하트넷은 "만일 골드만삭스가 수칙을 따르지 않을 경우 재무부 장관이 겪을 수 있는 난처함을 고려했다. 국세청측은 이것이 사건과 무관한 사항이었으며 의사결정 과정에 개입해서는 안 된다"고 인정했다.[15]

이 일화는 조세 당국이 공격적인 재계 거물들 앞에서 얼마나 비겁

했는지를 폭로한다. "골드만삭스가 정부와 국세청을 괴롭히고, 국세청에 매달리며 소리를 지르면 국세청은 아주 쉽게 나가떨어져선 '알았어, 해줄 테니까, 소리 그만 질러,' 이러고 있었던 거예요." UK언컷의 케이트 블라고예비치가 말한다. "그리고 거기서 권력의 동학은 일종의 편안함이 아니라 비즈니스였고, 골드만삭스가 권력을 잡고 위협을, 진짜 위협을 가했죠." 골드만삭스가 하트넷에게 아부를 하는 게 아니었다. 골드만삭스가 하트넷을 깔아뭉갰다고 보는 게 맞을 것이다.

상황이 이러하니 2011년 12월 하원 공공회계위원회가 국세청이 세금 논란을 다루는 방식을 비판하면서, '조세 당국이 제대로 답하기를 거부하고 거대기업과의 특정 합의 세부사항을 기밀로 하며, 조세 당국과 거대기업 간의 관계가 지나치게 친밀하지 않은지 의심이 들게 한다'고 비판할 만하다.[16]

조세 당국의 핵심 관료 다수는 이념적으로 조세회피 기업에 동조한다. 2013년 9월, 데이비드 히턴(David Heaton)이 '개인 납세계획 입문'이라는 학회에 연사로 참석한 것을 BBC가 몰래 찍었는데, 히턴은 그 직후 국세청의 공격적 세금회피 부문 자문이 된다. 그 연설에서 히턴은 '재무부 장관의 더러운 손아귀에' 돈을 내놓지 않을 방법을 알려주었다. 그가 제시한 아이디어 중에는 고용주가 줘야 할 산휴 수당이 올랐으니 보너스 지급 시기를 잘 조절해서 산휴 수당을 환급받으면 41.8%에서 8.4%까지 납세액을 절약할 수 있다는 내용도 있었다. 그 발언이 공론화된 후 히턴은 어쩔 수 없이 사직했으나, 이 일은 세수를 증대시켜야 할 고위 관료들이 세금문제에 어떻게 접근하는지를 파악할 수 있게 해준다.

부유층 엘리트의 이익에 봉사하는 기업들과 조세 당국 간의 관계는 대기업의 정치력을 보여주는 충격적인 사례다. 이 관계는 사기업이 국가기관의 심장부에 관여하는 일이 늘면서 권력과 부의 균형이 최상류층 쪽으로 더 심하게 기울어졌음을 보여준다. 거대기업과 부유층은 효율적으로 영국의 중심부에 로비스트를 보유하고, 자신들에게 유리한 법이 제정되도록 도운 다음, 그 법에 자신들이 만들어둔 허점을 이용하는 방법을 조언한다. 고위 공직자와 조세 당국 직원은 4대 회계법인에 취직하고, 국가권력을 다뤄보았던 경험으로 이 회사들이 법을 조작하는 일을 돕는다. 거물 기업인들은 세금을 덜 낼 수 있을 때까지 공무원들을 들들 볶고 장광설을 늘어놓는다. 이건 역설적으로 국세청 자신이 세금에서 나오는 자기네 예산을 박탈하는 일에 연루된 셈이다. 예를 들면, 2013년 재무부 장관은 재무부 예산을 곧 5% 삭감할 것이라고 밝혔다. 이것은 순전히 명목만의 절약이다. 법률회사 핀셋 메이슨스(Pinset Masons)가 시행한 한 연구에서 국세청은 "작년의 경우 광범위한 사업감사 활동을 통해 새 직원에게 들인 1파운드 당 97파운드의 잃어버린 수익을 찾아냈다."[17] 자신들은 그저 중립적으로 법을 관찰하기만 한다는 4대 회계법인 등속의 변명은 허튼소리일 뿐이다.

그럼에도 언스트앤영의 스티브 발리는 조세회피가 실질적으로 불가피하다는 주장을 한다. 발리에 따르면, 사실 기업은 법을 준수할 수밖에 없다. 그리고 회사 중역들은 자기 기업의 '재무 상태'를 개선시킬 전략을 고안해낼 '법적 책무'가 있다고 발리는 말한다. "그리고 요즘은 혼란스러워지기 시작하죠, 안 그런가요? 사회에서 뭐가 도덕적인지, 뭐가 공정한지, 뭐가 공평한 것인지가 말입니다. 이건 정말 대응하기 어려운 문제라고 생각합니다. 무엇이 도덕적이고 공정한 세금인지 어떻게 알아냅니까? 회사법을 보면, 기업 중역으로서 우리는 해당 기업의 입장에서 옳은 일을 해야 할 책무가 있는 것이지, 사회에 옳은 일을 하라는 조항은 없거든요."

그러나 발리는 해당 법을 정확히 묘사하지 않고 있다. 회사법 2006(Companies Act 2006)에는 이윤 최대화에 관한 언급이 없다. 회사법은 회사의 임원들이 '회사 구성원 전체의 이익을 위해 회사의 성공을 촉진하고' '회사가 고용한 직원들의 이익'과, 특히 '공동체와 환경에 회사의 활동이 미치는 영향'에 대해 책임을 져야 한다고 명시하고 있다. 공공서비스를 유지하는 데 반드시 필요한 재무부의 자금을 탈취할 모의를 꾸미면 명백히 공동체에 (그리고 회사가 고용한 직원들에게도) 영향을 미친다. 법 뒤로 숨는 건 그저 조세회피에 대한 변명일 뿐이다.

이 회계사들이 하는 일은 비상할 만큼 교묘하게, 법의 복잡성을 이용하는 일이다. 이들은 온갖 수상쩍은 방법으로 지출이 있었던 척해서 본래는 조세감면을 받아서는 안 될 일에 감면을 받아낸다. 회계사들은 수입을 세금이 낮은 자본소득으로 바꾸고, 실제로는 융자인 것을 배당금으로 바꾸는 등의 일을 한다.

"그런 회계사들은 우리 같으면 법의 경계를 넘나들고 있다고 볼 만한 회색지대에서 일하는 사람들이죠." PwC의 리처드 섹스턴이 인정한다. "우린 그런 일을 하지 않는다"는 섹스턴의 주장을 철저히 검토해보면 사실이 아님이 드러난다. 에식스대학(University of Essex)의 회계학과 교수 프렘 시카(Prem Sikka)는 4대 회계법인이 법의 '회색지대'를 이용하려고 꾸민 책략 여럿을 폭로했다. 예를 들면 PwC의 경우, 부유한 사업가가 1,070만 파운드의 자본소득에 대한 세금 납부를 피할 수 있게 해주는 책략을 세웠다. 한 조세심판원이 이 사건을 심판하게 되었고, 이 조세회피 책략이 '자산 순환적인 거래 처리와 취소를 반복해 자산을 만들고 폐기하는 행위를 통해 국고에 1,100만 파운드의 손실을 야기했다'는 판결을 했다. 그러나 판사는 이 건을 기각했고 '자산도 자산의 폐기도 없었으며 실제 손실이 없었다'고 판결했다. 그러나 200명의 기업가가 PwC에 이 책략을 이용하겠다고 신청했다. 만일 이 책략을 쓰는 것이 허용되었다면 재무부는 10억 파운드에 이르는 손실을 입었을 것이다.

그리고 실내오락장 운영회사에 부과되는 부가가치세를 납부하지 않을 교묘한 방법을 고안해낸 회계법인 KPMG도 있다. KPMG는 국세청이 자기네들의 수법을 '용납할 수 없는 조세회피'로 여길 거라는 점을 알고 있었는데도 유럽사법재판소(European Court of Justice)가 중단시키기 전까지는 그 일을 계속 진행했다. 그리고 300명의 은행가가 9,100만 파운드의 보너스에 부과될 소득세와 건강보험료를 내지 않고도 처벌받지 않게 해준 딜로이트의 조세회피책도 있는데, 판사는 '이 수법은 전체적으로, 그리고 모든 면이 순수하게 조세회피라는 목적을 위해 고안되고 조직된 것이다'라고 판결하여 그 수법을 중단시켰다.[18]

UK언컷과 같은 쪽에서 조세회피를 의제화해버리자, 조세회피가 영국 부유층 엘리트 사이에서 하나의 유행이라는 점을 부인할 수 없게 되었다. 우익 쪽 유권자도 가세한 국민 여론을 무릅쓰고, 2012년 3월, 조지 오스본 재무장관은 최상위 소득자에게 부과되는 소득세율을 50%에서 45%로 낮추었다. 평범한 영국 시민들이 1870년대 이후 가장 긴 기간 동안 가장 많이 생활수준이 하락하면서 고통받던 차에 단행된 이러한 조치는 당시 엄청난 반발을 불러일으켰다. 분노의 방향을 바꾸기 위해, 오스본은 "우리나라에서 매우 부유한 사람 일부가 국세업무를 조작해서… 사실상 소득세를 거의 안 내는 경우가 정기적으로 있었다는 사실을 알고 충격을 받았다"고 말했다. 오스본은 한 기밀연구에 관심을 가졌는데, 그 연구에 따르면 소득 최상위계층이 소득세를 낮추기 위해 공격적인 조세회피 전략을 쓴 결과 원래 내야 하는 세율보다 35%나 적은 10%의 세금만을 납부하고 있다고 한다.[19]

보수당은 부유층 엘리트들에게서 세금을 걷는 데 실패한 일에 격분한 사람들을 어떻게든 달래야만 한다는 사실을 깨달았다. 코미디언 지미 카(Jimmy Carr)가 저지 섬(Jersey Island)에서 조세회피책을 쓴 1,000명의 부자 중 한 사람이라는 사실이 밝혀졌을 때, 보수당 총리 데이비드 캐머런은 지미 카가 '도덕적으로 그르다'라고 맹비난했다. 그런데 톱숍(Topshop)이나 도로시 퍼킨스(Dorothy Perkins, 둘 다 아케이디아 그룹의 의류 소매 체인) 같은 대표적인 번화가 상점을 운영하는 아케이디아(Arcadia) 소유주 필립 그린 경(Sir Philip Green)에게는 그런 비난이 없었다. 결국 카는 코미디언일 뿐이고, 반면 그린은 기득권의 중추에 있는 인물이니 서로 다른 법칙이 적용된 것이다. 그린은 분명히 영국 시민인데, 그린의 회사는 조세회피지인 모나코에 거주하는 그의 부인 이름으로 등록되어 있고 그린의 부인은 회사에서 맡은 일이 아무것도 없다. 여기에서 그린의 조세회피 (또는 '효율적 납세') 수법이 어떤 식인지 알 수 있다. 그린은 2005년 자신에게 12억 파운드의 배당금을 지급했는데, 이는 영국 기업 역사상 가장 큰 액수였다. 이 돈은 해외구좌와 저지 지역의 조세회피지를 복잡한 경로로 거쳐 결국 그린의 부인 명의로 된 모나코 계좌에 안착했다. 이 교묘한 계책으로 그린은 2억 8,500만 파운드를 절약할 수 있었고, 그 부담은 고스란히 납세자들이 지게 되었다. UK언 컷의 지적처럼, 2억 8,500만 파운드는 간호사 20,000명을 고용하기에 충분한 돈이다.

반조세회피 활동가들은 그린의 행동에 분노했다. 2010년 겨울, UK 언컷은 그린의 주력사업인 런던 옥스퍼드가(Oxford Street)의 톱숍 매장 을 평화적으로 점거하는 시위를 실시했다. 그린이 당황했다는 것은 아 니다. 당시 그린은 하룻밤 묵으려면 16,000파운드를 내야 하는 바베이 도스(카리브 해의 영연방 독립국)의 빌라에서 햇볕을 쬐고 있었다고 한다. 그 러나 정부는 그린을 규탄하지 않았고, 오히려 공공지출을 삭감할 방법 에 대해 조언하도록 그린을 자문으로 고용했다.

반조세회피 운동가들은 재계의 다른 거물들도 공개적 조사를 받을 수밖에 없도록 끌어냈다. 미국의 상징적 커피 체인이며 400억 달러 가 치의 기업인 스타벅스가 중요한 표적 중 하나였다. 1999년에서 2012 년 사이에 거대 기업 스타벅스가 낸 세금은 31억 파운드의 영국 매출 중 860만 파운드에 지나지 않았다. 스타벅스측은 영국 내에 753개소 의 직영매장을 운영하고 있음에도, 매년 적자를 보고 있기에 법인세 납부 대상이 아니라고 변명했다. 어쨌든 스타벅스는 2009년에서 2013 년 사이에 법인세를 납부하지 않았다. 스타벅스는 투자자와 분석가들 에게는 영국에서 수익을 올렸다고 은밀하게 알렸으며, 영국에서 했던 방식을 미국에서도 써야겠다고까지 설명했다.

사실 스타벅스는 해외 라이선스 계약과 이전가격조정 등을 활용하여 이윤을 네덜란드와 스위스로 옮기고 있었다. 스위스 스타벅스 매장 30개소의 이윤폭은 20%로 보고되었다. 스타벅스는 영국지부에 스타벅스 브랜드 같은 '지적 재산' 사용료 명목으로 총판매액의 6%를 로열티 수수료로 받았다. 스타벅스는 네덜란드 정부와 조세문제에 대해 비밀스럽고 수익성 좋은 합의를 해두었고, 스위스에서는 12%만을 세금으로 납부했다. 이는 정말 교묘한 방법이다. 스타벅스는 내야 할 세금을 스스로 정하고, 세금 체계가 유리한 나라로 수익금을 전송한다.[20]

그리고 영국 아마존(Amazon.co.uk)도 있다. 이름에서 알 수 있듯이, 이 기업은 영국 회사다. 이스트 미들랜드의 루겔레이(Rugeley)에 소유한 아마존 창고에서 일하는 직원들은 긴 노동시간과 부족한 휴식시간에 시달리고 있으며, 화장실 가는 시간도 측정당하고 정해진 근무시간도 없는 경우가 허다하다. 영국 아마존은 영국에 본사를 두고 있고 42억 파운드의 판매고를 올리고 있음에도 법인세로 240만 파운드밖에 내지 않았다. 영국 아마존은 그저 상품을 룩셈부르크를 거쳐 판매하는 것만으로 세금을 많이 내지 않도록 조정할 수 있었다.

구글도 비슷한 책략을 쓴다. 에릭 슈미트 구글 회장에 따르면 구글은 "언제나 옳은 일을 하고 싶어하는 열망을 가지고 있다." 절묘한 표현 방식이다. '열망'이란 결국 뭔가 이루기 힘들고 멀리 떨어진 목표를 좇고 있다는 느낌을 준다. 실로 구글은 '옳은 일'을 하는 것과는 거리가 멀다. 2006년에서 2011년 사이 구글의 수익은 거의 120억 파운드에 달했으나 세금은 겨우 1천만 파운드만 냈다.[21] 구글은 영국지부를 아일랜드 본부를 보좌하기 위해 존재하는, 단순한 마케팅부로 지정해두었다. 그렇게 함으로써 구글의 영국 매출은 아일랜드로 전송될 뿐이다.[22] 다시 말하지만, 이는 교묘하고도 합법적인 사기다. 마거릿 호지는 구글 좌우명인 '악을 행하지 말라'를 반박하며 이미 구글이 '악을 행했다'고 주장했다.

공공서비스의 매각에서 이익을 얻는, 따라서 세수에서 직접 보조를 받아 이익을 내는 기업들마저 조세회피를 저지른다는 사실은 또 하나의 반전이다. 아토스와 G4S는 2012년 국고 20억 파운드를 손에 넣었으나 둘 다 법인세를 내지 않았고, 서코와 캐피타는 소액만을 지불했다. NHS의 민영화로 이득을 보는 파트너십스인케어(Partnerships in Care) 같은 회사도 조세회피 기업의 명단에 합류했다고 한다. 이 기업들은 세수를 집어삼키는 데는 관심이 많지만 세수에 돈을 보태지는 않는다.

조세회피를 위한 도구, 법과 정부

물론 조세회피는 그저 조세 당국의 실패만으로 볼 수 없다. 세금을 납부하지 않으려는 시도는 세금을 거의 무슨 불법적인 부담처럼 여기는 사고방식에 힘입어 그 어느 때보다 정교해지고 있다. 전세계에 흩어져 있는 조세회피지는 가장 부유한 개인과 기업이 체계적으로 세금 징수원의 눈을 피해 현금을 숨겨둘 장소를 제공한다. 2013년 봄, 대부분 역외 조세회피지인 영국령 버진아일랜드로부터 나온 비공개 기록 200만 건이 유출되면서 전세계에서 가장 부유한 사람들이 숨겨둔 21조 파운드에 달하는 재산이 드러났고, 이 중에는 영국인도 있었다.[23]

리처드 머피가 말하듯, 이를테면 영국 법체계와 케이맨 제도(Cayman Islands, 카리브해의 영국령 국가, 조세회피지로 유명하다)의 법체계가 상호작용하면서 양측이 의도하지 않은 결과를 만들어냈다. "기업들이 양국의 법체계를 가지고 노는 것"이라고 그는 말한다. "뭔가가 합법적이라고 말할 때, 이 회사들은 그것이 어느 지역에서 합법적인 건지, 또는 서로 다른 여러 법체계가 어떻게 상호작용하는지를 굳이 규정하지 않으려고 매우 조심하는 겁니다." 저지 섬이 조세회피 지역일 수도 있지만, 저지 세법 134A를 보면 거주민이 그 점을 악용하지 못하도록 엄격한 조치를 해두어서 저지 거주민들은 모든 사유재산에 대해 세금을 내야 한다. 외국의 부자 엘리트들이 그 지역을 거래기록 장소로 쓰게 해서 자기 본국의 세법을 훼손할 수 있게 해준다는 게 저지 같은 조세회피지의 영리한 점이다. 이 모든 걸 비밀리에 할 수 있다는 게 핵심적이기도 하다. 다국적 제국을 건설한 기업들은 이윤을 여러 조세회피지에 있는 자회사로 옮겨버리기만 하면 되는 것이다. 이런 송금 비용은 세율이 높은 국가들이 부담하는 꼴이 되는데, 이 경비는 세액에서 공제된다. 반면 이윤은 저지 섬 같은 조세회피지로 간다.

이런 이유 때문에 반조세회피 운동가들이 '국가별 보고'(country-by-country reporting)라는 국제적 조세 투명성 계획을 요구하는 것이다. 이 계획은 각 기업이 자신들이 운영하는 사업체가 있는 모든 국가, 각 국가에 있는 사업체의 이름, 그리고 각 사업체의 재정상태를 매출액부터 세전 수익에 이르기까지 모두 명시하도록 강제한다. "투명성을 추구하는 투쟁은, 자신들의 일을 기밀로 하는 전세계 엘리트들과의 투쟁"이라고 리처드 머피는 강조한다.

조세회피자들이 제기하는 반론 중 하나는, 부자들은 단속을 받으면 그저 문제의 나라에서 빠져나가버릴 거라는 예측이다. "휴가를 어디서 보낼지 생각할 때," 스티브 발리는 제시한다, "저녁식사 값을 치르면서 세금을 내지 않아도 되는 곳과 항상 40%의 세금이 붙는 나라가 있다면, 그런 점 때문에 마음이 바뀔 수 있지 않겠습니까." 딜로이트의 데이비드 반스 역시 발리의 논점에 찬성한다. "기업을 탄압한 나머지 그 기업들이 아 그래 좋아, 난 공 챙겨서 다른 데 가서 놀아야겠다, 이러길 바라시진 않을 것 아닙니까." 그렇다고 해도, 학술 연구를 검토하면 이 조세망명 스토리는 심히 의심스럽다. 예산·정책우선순위센터 (Center on Budget and Policy Priorities)라는 미국 싱크탱크의 보고서에 의하면, 부유한 개인들이 증세정책을 편 국가에서 피신한다는 증거는 거의 찾을 수 없다. "낮은 세율은 문화시설, 위락시설, 질 좋은 공공서비스처럼 잠재적 이민자들이 가치를 부여할 만한 공공서비스를 국가가 유지하지 못하게 한다."[24] 러시아의 최고소득세율은 13%에 불과하다. 세르비아의 최고소득세율은 15%이다. 하지만 최고소득세율이 45%인 영국의 억만장자들이 모스크바나 세르비아로 우르르 몰려가는 일은 거의 일어나지 않는다. 부자들도 고려해야 할 여러 요소가 있다. 부자들도 가족과 친지가 어디 있는지, 사회생활과 문화생활에서 어느 국가가 익숙하고 편안한지, 안전은 어느 정도 보장받을 수 있는지 등 여러 가지를 생각해야 하는 것이다.

오랫동안 대기업들은 사업을 접고 일자리를 다른 지역으로 가져가겠다며 선출된 정부를 겁박해왔다. 그러나 이는 엄포에 지나지 않는다. 리처드 머피가 수행한 조사에 따르면, 2008년 세법에 변화가 있은 뒤 회사를 옮기겠다고 협박한 회사 중 실제로 회사를 옮긴 회사는 손에 꼽을 정도고, 해외로 옮긴 회사들조차 애초에 세금을 거의 내지 않고 있던 형편이었으므로 재무부가 입은 손실은 무시해도 좋을 정도밖에 안 된다. 설령 정말로 조세회피에 대한 엄중한 단속이 있었대도, 기업들이 세계에서 가장 크고 수익성 좋은 시장 중 하나인 영국을 버리고 떠날 가능성은 거의 없다. 세계적인 교육, 기반시설, 수준 높은 법제도, 게다가 모국어인 영어가 국제적인 범용 비즈니스 언어이기도 하니, 결국 영국은 이점이 많은 나라인 것이다.

조세회피는 또한 지역 중소기업에 타격을 준다. 이를테면 고만고만한 카페를 운영하는 사람이 회계사 군단을 고용해 법의 허점을 이용하거나, 납세액을 차감하기 위해 해외지부의 비용을 모회사의 비용으로 처리하거나, 이윤을 조세회피지로 보낼 수는 없는 노릇이다. 중소기업가들은 부과된 세금을 그냥 내야 한다. 그리고 그 때문에 법을 이용해 조세회피를 자행하는 다국적 기업보다 경쟁에서 열등한 위치에 놓인다.

조세회피를 단속하자는 주장에 대한 또다른 반론은 이렇다. 생각해보라, 의도적으로 조세를 회피하는 부유한 개인과 기업이 있긴 하지만, 그 개인과 기업은 여전히 세수의 대부분을 지탱하는 최상위층이지 않은가. 최상위 1%가 소득세 총액의 3분의 1을 낸다는 것이 우리가 흔히 보는 통계이다. 그러나 이는 편리하게도 소득세가 정부 재원의 4분의 1만을 차지하며, 인구 전체가 내는 국민보험료와 간접세가 그 나머지를 차지한다는 사실을 무시하고 있다.

그러나 이 주장에 대한 핵심적인 재반론은 다음과 같다. 첫째, 세금이 부과되는 거대한 부는 기업가의 재능이나 회사의 임원들 덕분에 생긴 것이 아니다. 이 부의 아주 큰 부분이 직원들의 노동으로 인해 생겨난 것이며, 그 직원 중 많은 수가 편안한 삶을 영위하기 모자란 정도의 임금을 받고 있다. 게다가 각 세대의 성장을 도운 교사, 사업이 의존하는 새로운 기술을 발명한 사람 등 다른 이들의 노동도 더해야 한다. 둘째, 만일 기업 임원들이 국가에 내는 자신들의 세액이 너무 높다고 생각한다면, 그들은 회사의 이윤을 덜 지불받는 대신 그 돈을 회사에서 일하는 노동자의 임금에 보태야 한다. 그러면 기업 대신에, 더 높은 임금을 받는 노동자가 세금을 더 낼 것이다.

그러나 조세회피를 변명하는 가장 뻔뻔스러운 주장에서 대기업측의 심리를 엿볼 수 있다. "어떤 사람의 전체 행동에서 특정 부분만 주목하는 건 좀 위험하지 않을까 합니다. 왜냐하면 필립 그린 경께서도 영국에서 수많은 소매 체인을 아주 효율적으로 운영하시면서 이 나라에 막대한 부를 가져다주셨기 때문입니다. 글쎄요, 당신도 거기서 쇼핑할 수 있죠. 저도 그분 회사의 소매점에서 쇼핑할 수 있고요. 그분께서 관리하시는 사업체가 어떤 브랜드들이었는지 잘 모르겠군요. 그렇지만 그 사업은 직업을, 그리고 부를 창출합니다." PwC 리처드 섹스턴의 주장이다.

기업 소유주들이 부와 직업을 창출하는, 뭔가 고결한 자선가라는 이 주장은 대기업이 무슨 자선단체라고 주장하는 듯하다. 대기업은 이미 사회에 크게 공헌하고 있는데, 세금이 뭐 그리 큰일인가? 그러나 공공기반시설과 은행에 대한 긴급구제에서부터 저소득 노동자에 대한 세제혜택, 인력을 훈련시키는 교육체계에 이르기까지, 기업은 국가의 부조에 전적으로 의지하고 있다.

스티브 발리는 '혜택받지 못하는 여성'에게 직업을 찾아주는 일과 같이 언스트앤영이 좋아하는 사업이 자랑스럽다며 뽐을 낸다. 그러나

영국 복지가 무너지면서, 여성 쉼터들은 이제 매일 가정폭력에서 도
망쳐나온 여성 230명의 입소를 거부해야만 한다. 이는 발리의 회사가
조장한 조세회피의 결과 중 그저 작은 한 부분으로 넘길 수 없다. 작은
규모의 (그리고 의심의 여지없이 진심인) 관용을 베푸는 일이 발리의
양심을 편하게 해줄지는 몰라도, 조세회피가 가져온 결과는 이런 선행
을 흔적도 없이 집어삼켜 무효화한다. 복지국가 시대는 개탄스러울 만
큼 불충분한 각양각색의 온정주의적 빈민구제 사업, 빈자가 최상위 계
층의 관용에 완전히 의지해야 하는 현실을 완전히 바꿔놓았다. 전후
노동당 총리 클레먼트 애틀리의 전기를 집필한 프랜시스 베킷(Francis
Beckett)이 썼듯이, "자선이란 을씨년스럽고 애정 없는 행위다. 부유한
자가 빈자를 돕길 원한다면, 그는 자기 변덕에 따라 돈을 찔끔찔끔 뿌
릴 것이 아니라 기꺼이 세금을 납부해야 한다."

가장 부유한 이들의 조직적 납세회피는 강력한 거대기업과 억만장
자들이 높은 지위를 통해서든 노골적인 괴롭힘을 동원하든 간에, 선출
된 정부에 대해 엄청난 통제력을 행사하고 있음을 보여준다. 또한 보
통 시민들은 자신의 법을 직접 만들고 악용하는 데 관여하는 최상류
층과 다른 법칙에 따라 살아야 한다는 점을 드러내며 공공서비스 공
급을 유지하는 데 반드시 필요한 자금을 약탈하는 기업들이 어떻게
정부를 침식하고 있는지도 보여준다.

그러나 무엇보다 조세회피는 기득권층에 만연한 사고방식을 드러
내준다. 기득권층은 자신들이 국가의 부조에 얼마나 의존하고 있는지
를 명백히 아는 대신, 기업가가 재능을 발휘하는 걸 방해하는 성가신
장애물로 국가를 바라보며, 국가에 세금을 납부하는 것이 불합리하다

고 생각한다. 기득권층은 집권 정부가 자기네들 쪽으로 부와 권력을 그러모아주는 데 너무 익숙해진 나머지, 자기네 지위가 아주 약간만 바뀔 것 같아도 거의 경기를 일으킨다.

저항 세력이 사라진 후

영국 기득권층의 부상과 함께 대기업에 유리한 쪽으로 급격하고 광범위한 변화가 일어났고, 조세회피는 그 변화가 부른 증상 중 하나일 뿐이다. 공공자산의 민간부문 이전, 법인세 인하, 권력 중심부에 진입한 기업 로비스트, 그 어떤 규제도 받지 않는 세계화, 그리고 노동조합이라는 전통적 적대자의 패배. 이 모든 것이 부와 권력을 가질 자격이 있다는 기득권층의 생각과 그들의 승리감을 부채질했고, 더욱 불평등한 부의 분배 또한 조장했다.

2013년 9월, 당시 노동당 당수 에드 밀리밴드는 만일 당선되면 에너지가격을 일시적으로 동결하겠다는 온건한 공약을 내걸었는데, 이는 고전적 마르크스-레닌주의 근처에도 못 가는 정말 온건한 조치였다. 여론조사는 대다수의 국민도 에너지 부문의 전면적 재국유화를 원한다는 사실을 보여주는데, 에너지가격 동결 공약에 대한 우파의 반응은 이와 달리 꽤나 격렬했다.

"노동당의 에너지가격 동결 제안이 민감한 부분을 건드렸는가, 라고 묻는다면 한마디로 그렇다 대답할 수 있다는 거죠." 에너지UK(Energy UK, 영국의 여러 에너지 공급업체를 대변하는 동업자 조합) 수장 앤젤라 나이트(Angela Knight)가 인정한다. 나이트는 보수당 하원의원이었던 경력이 있으며, 재무부 금융담당차관(Economic Secretary to the Treasury)을 지냈다. 1997년 노동당이 선거에서 대승하면서 나이트가 의원직을 상실하자 여러 곳에서 비상임이사 자리 제의가 들어왔고, 그녀는 은행가연합(Bankers' Association)의 수장으로서 은행가의 대변자가 되었다가 에너지UK 수장이 되었다. 마치 영국 자본주의의 가장 고약한 악당들을 대변하려고 작정하고 있었던 것 같다. 또한 나이트는 노동당의 공약이 에너지회사들에 어떤 영향을 미치는지 가장 잘 볼 수 있는 위치에 있었다. 에너지회사들은 "격한 반응을 보였고, 아직도 그 반응의 반향이 남아 있다"고 그녀는 말한다.

6대 에너지기업이 보인 반응이란 엄포와 겁박이 뒤섞인 열변을 토하는 것이었다. 스코티시파워(ScottishPower, 스코틀랜드에 본사를 둔 에너지기업) 임원 키스 앤더슨(Keith Anderson)은 4,500개의 일자리를 만들어낼 150억 파운드 가치의 투자를 중단해버리겠다고 위협했다. 에너지기업들을 대변하는 에너지UK는 '만일 에너지가격을 동결하면 60만 명의 직업도 동결할 것'이라고 했고, 또한 '에너지 부족 사태의 전망을 현실로 만들어주겠다'고 경고했다. 가장 규모가 큰 기업인 센트리카(Centrica)의 대응은 더 솔직했다. 만일 에너지가격 통제가 '원가 상승이라는 배경에도 불구하고 실현된다면 센트리카는, 아니 다른 어떤 에너지 공급자도 경제적인 측면에서 운영을 지속하는 게 불가능하다'는 것이 센트리카측의 선언이었다.[25] 런던 금융중심지의 증권 중개인이자 에너지 분석가인 피터 애서튼(Peter Atherton)은 6대 에너지기업의 협박을 쉬운 말로 정리해주었다. 이들은 등화관제와 정전을 암시하고 있다는 것이다.[26]

만일 노동조합이 이런 식의 겁박을 했다면 우익 언론은 노도처럼 분노를 터뜨렸을 것이다. 그러나 '에너지 귀족들이 국가를 인질로 몸값을 요구한다'라거나 '내부의 적' 같은 타블로이드 신문 헤드라인은 찾아볼 수 없었다. 대신 언론은 6대 에너지기업의 반응이 본질적으로는 온건한 공약들이 시행 불가능하다는 증거라고 선전했다. 그러나 유권자들의 생각은 다르다. 영국인 10명 중 6명 정도가 에너지 업체들이 그저 허세를 부린다는 것이 유고브 여론조사 결과였다.[27] 에너지가격 급등으로 유럽연합 국가의 거의 절반이 에너지가격 동결 정책을 이미 실행했고, 그 결과로 정전이 일어나는 일은 없었다. 프랑스 정부가 효율적으로 운영하는 프랑스 전력공사(EDF)의 경우 프랑스 정부의 가격 규제를 준수했다.

그러나 이 일화는 조세회피만큼이나 비즈니스 엘리트들의 사고방식에 대해 많은 것을 말해준다. 새로운 기득권층의 지배하에, 공익을 지향해야 할 공공사업은 헐값에 민간부문으로 팔려나갔다. 민영화된 공익사업은 더이상 사람들의 필요에 부응하기 위해 존재하지 않고 이윤만을 추구한다. 오늘날 영국에서 5백만 가구가 연료빈곤 상태로 분류되는데, 이는 서구유럽의 그 어느 국가보다 많은 숫자이며 연료빈곤층지원전략자문단(Fuel Poverty Advisory Group, 현재 연료빈곤위원회Committee on Fuel Poverty로 명칭이 변경됨)은 2016년이면 연료빈곤 가구의 숫자가 9백만에 달할 수 있다고 경고했다. 2013년 초반기 조사를 보면, 가구의 거의 4분의 1이 연료빈곤층으로, 집에 난방을 돌리는 것과 아이들에게 밥을 먹이는 것 중 하나만 선택할 수밖에 없는 비참한 처지로 내몰렸다. 매년 겨울이면 추운 집 때문에 2만 명 혹은 그 이상의 노령 인구가 으스스한 '겨울철 사망'으로 죽는 형편이다. 운동단체 에이지UK(Age UK)

에 따르면, 가장 추운 가구에서 사는 이들은 따뜻한 집에 사는 이들보다 예방 가능한 요인으로 사망에 이를 확률이 세 배나 높으며, NHS는 난방이 제대로 되지 않은 주택 때문에 상태가 나빠진 사람들을 치료하느라 연간 13억 6천 파운드를 들이고 있다.[28]

그러나 빈곤, 고통 그리고 죽음—그렇다, 죽음이다—의 스토리는 에너지 카르텔의 번창과 맞물려 있다. 2012년 6대 에너지기업은 그해에만 37억 파운드 순이익이라는 놀라운 성과를 올렸는데, 이는 3년 전 대비 73% 상승한 액수이다. 이 수익의 절반이 족히 넘는 금액은 주주 배당금으로 들어간 반면 대규모 청정에너지 사업에 대한 투자는 72억 파운드에서 30억 파운드 선까지 무너졌다.[29] 수백만 명이 껑충 뛰어오른 고지서 때문에 고군분투하고 있다 해도, 에너지회사들은 여전히 호경기인 것이다. 다른 많은 대기업처럼, 에너지회사도 때로는 노골적으로 조세를 회피했다. 예를 들어 엔파워(nPower)는 2009~2011년 사이에 7억 6,600만 파운드의 이익을 올렸음에도 법인세를 전혀 내지 않았다. 에너지 시장이 경쟁시장이라는 것을 증명할 만한 의미있는 증거는 어디에도 없다. 보수당의 자유주의자 하원의원인 더글러스 카스웰은 에너지기업을 일컬어 "마땅히 지불해야 할 세금을 지불하기 싫어하는 납세자, 시장을 자기네 마음대로 조작하고 경쟁을 차단하기 위해 국가를 이용하는, 국가의 부속물이 되어버린 조합주의적 기업들"이라고 말했다.

에너지 카르텔에게는 밀리밴드에 대항하여 같이 맞설 힘있는 동지들이 있다. 보수당 에너지부 장관 마이클 팰런(Michael Fallon)이 2013년 가을에 한 말처럼, 에너지UK는 '가장 강력하고 논증이 탄탄한 정치적 로비를 하는 곳 중 하나'다.[30] 에너지회사들은 권력의 중심부에 로비스트를 접근시킬 수 있다. 2013년 5월 센트리카 홍보책임자 타라 싱(Tara Singh)은 데이비드 캐머런의 에너지 및 기후변화 부문 개인 자문이 된다. 센트리카 회장인 로저 카(Sir Roger Carr) 경은 캐머런의 사업부문 자문단의 일원이다. 카 이전에는 센트리카 최고경영자 샘 레이드로(Sam Laidlaw)가 그 자문단에 몇년간 있었다. 에너지·기후변화부(Department of Energy and Climate Change)의 시설관리전략부(Grid Management Strategy) 책임자는 2014년까지 센트리카에서 에너지·기후변화부로 파견근무중인 피오나 내이브시(Fiona Navesey)다. 프랑스 전력공사 쪽 인사도 에너지·기후변화부 과학·증거팀(Science and Evidence Group) 정책 자문을 맡은 적이 있다.[31] 캐머런 정부 집권 후 10개월 동안 장관과 6대 에너지기업의 로비스트들은 195번의 회의를 했다. 반면 같은 기간 환경단체와 장관들의 회의는 단 7회였다.

정부 핵심부로 위장 잠입한 에너지기업 쪽 사람들은 에드 밀리밴드의 공약과 전면전을 벌일 강력한 지지대가 된다. 『옵서버』의 한 정보원은 '정부 중심부에 이미 파견근무를 나가 있는 직원들과 홍보 전문가를 이용해 자신들이 영국에 필요 불가결한 존재라는 인상을, 세심하게 조작해 강화하는 것.' 바로 이것이 6대 에너지기업이 하는 일이라고 말했다. 정확히 어떤 식으로 일이 돌아갈지를 분명히 보여주기 위해 6대 에너지기업의 홍보자문 한 명의 말이 『옵서버』기사에 인용되었다. "(밀리밴드의 공약에) 대항해서 항의 운동을 크게 벌이는 건 큰 실수가 될 겁니다. 그렇게 하면 에너지기업은 지금보다 더 익살극에 등장하는 악당처럼 보일걸요. 그들 에너지기업들은 머독 계열 언론사와 다른 이들의 도움을 받아서, 노동당이 뜻한 바를 이루지 못하도록 조용히 최선을 다할 겁니다."[32] 다시 말해서, 정부에 깊숙이 침투해 있으며 언론의 지원을 받는 거대기업의 이익이 다른 부문의 기득권과 연합해서 민주적으로 선출된 정치인과 대결하는 데 온힘을 다하고 있다는 것이다.

여기 1980년대 대처주의자들이 벌였던 대규모 민영화 운동의 유산이 있다. 대처 집권기에는 공공자산을 팔아치우는 것이 '대중을 위하는 자본주의'인 것처럼 홍보되었다. 그러나 공공자산 매각의 결과는 정반대였다. 6대 에너지기업 중 4개 기업이 외국 회사 소유다. 국가가 운영하는 에너지 공급업체는 프랑스 전력공사 단 하나뿐인데, 이마저도 영국이 아니라 프랑스 정부가 소유한 기업이다. 영국 '대중 자본주의'의 실상은 장기간의 급속한 경기후퇴였다. 1963년 런던 증권거래소에서 거래되는 주식의 족히 50%가 개인 소유였으나, 오늘날에는 단 10%를 약간 넘는 주식만이 개인의 소유다. 2013년 기준으로 53.2%의 영국 주식이 외국인 투자자의 소유다.

물론 국위선양주의와 애국주의적 자부심이 대처주의의 수사법이었다. 민영화된 영국항공이 로고에서 영국의 상징을 빼버리자 이것을 역겨워한 대처가 한번은 손수건으로 로고를 가린 적도 있다. 그러나 그럼에도, 기득권 대처주의의 유산은 영국 기업엘리트를 점차 '영국인'이라고 부르기 힘들어지는 이런 사태의 도래에 기여했다. 국가통계청 (Office for National Statistics)에 따르면, 1973년 영국 상위기업 중 외국인 소유 기업이 7%에 불과했다. 1998년에 이 비율은 31%로 뛰어오른다. 2012년에는 41%의 영국 상위기업이 외국인의 소유다. 미국의 경우 특허의 12% 이하만이 외국인 소유인데, 영국 특허의 10개 중 4개는 외국 소유다.

영국 기업의 외국 인수는 급격한 속도로 이루어지고 있다. 2011년 한해에만 330억 파운드 가치의 기업들이 해외 구매자에게 인수되었다. 영국 공항 대부분은 페로비알(Ferrovial)이라는 스페인 건설회사 소유이며, 한때 영국의 대표적 화학기업이었던 ICI는 독일인 소유의 악조노벨(AkzoNobel)이 운영한다. 번화가에서 운영하는 약국 체인으로 유명한 부츠는 2007년에 미국 사모펀드 회사 콜버그크래비스로버츠(Kohlberg Kravis Roberts)와 이탈리아 사업가 스테파노 페시나(Stefano Pessina)에게 팔렸다. 한편 미국의 크래프트푸드(Kraft Food)는 2009년 초콜릿 제조업체 캐드버리(Cadbury)를 인수했다. 외국의 독재정부마저 이런 대열에 동참했다. 카타르는 세인즈버리(Sainsburys, 영국의 대형 할인마트 체인)의 주요 투자자이며 해러즈(Harrods, 런던의 대형 고급 백화점)와 런던의 샤드 빌딩(Shard building)을 소유하고 있고, 히스로 공항 지분의 20%를 보유하고 있으며 카나리워프(Canary Wharf, 초고층 건물이 들어선 런던의 금융·사업지구)의 일부와 런던 주식시장의 큰 부분도 소유하고 있다.

영국, 특히나 런던은 점차 외국 갑부들의 놀이터가 되고 있다. 『선데이 타임스』는 매년 영국 1,000대 부자의 재산을 검토한다. 2013년의 1,000명 중 영국에서 태어난 인물로서 제일가는 부자는 8위를 차지한 웨스터민스터 공작(Duke of Westminster)이었다. 1위는 러시아 신흥재벌 알리셰르 우스마노프(Alisher Usmanov)가 차지했고, 우크라이나의 레오나드 블라바트닉(Leonard Blavatnik)이 그 뒤를 이었다. 어떤 면에서, 미국 경제학자 타일러 카우언(Tyler Cowen)의 말처럼, 지구 역사상 가장 부유한 사람 반열에 드는 이 억만장자들은 '거주하기 좋은 조세회피지'라는 영국의 지위에 이끌린 것이다. 외국인 억만장자들은 영국의 기업과 자산만 사들인 것이 아니다. 2011년 첫 6개월 동안 런던 중심부에 건축된 주택 중 60%는 해외 투자자들에게 매각되었다. 외국 투자자들은 2011년 런던 주택에 52억 파운드를 쏟아부어 잉글랜드 전체에서 이루어진 주택가격 적정선 유지계획(Affordable Housing Programme)에 대한 정부 투자를 위축시켜버렸다.[33] 삼류 기업가, 주주, 그리고 부동산 소유자가 지배하는 영국의 현대 경제체제는 절대로 '대중자본주의'라고 할 수 없다.

교조적인 자유시장주의의 실패도 극단적인 대처리즘을 완결짓고자 열망한 데이비드 캐머런 정부를 막지 못했다. 국영우체국의 매각은 마거릿 대처조차 '여왕의 머리를 민영화할 준비는 되지 않았다'며 주저하던 일이었으나, 모든 공공자산을 매각하고, 위험부담은 국가에 귀속시키며, 이윤은 사유화한다는 영국 기득권층의 이념에 따라, 2013년 말 결국 민영화에 성큼 다가섰다. 연금기금, 즉 국영우체국의 빚은 공공의 것으로 남게 되었으나, 수익성 좋은 사업은 매각되었다. 그러나 국영우체국은 심각하게 저평가되어 실제 가치보다 수억 파운드나 낮은 금액에 민영화되었고, 따라서 납세자 소유인 세수가 강탈당했다.

대중자본주의에는 가식이 없다. 투자자가 국영우체국 주식을 매수하려면 최소 750파운드가 있어야 한다. "국제기금과 투기자들에게 너무나 많은 지분이 돌아가고, 개인 지원자들의 몫이 박탈당하는 걸 알면 매우 실망하게 되죠." 노동자의 주식보유 계획을 지지하는 이솝센터(Esop Centre) 회장 맬컴 헐스턴(Malcolm Hurlston)의 불만이다.[34] 국영우체국의 3분의 2는 런던 금융중심지 기관들이 매수했다. 주식을 다량 보유한 이들 중에는 쿠웨이트 같은 독재정권을 포함한 외국 국부펀드도 있다. 세계 최대 헤지펀드 중 하나인 랜즈다운파트너즈(Lansdowne Partners)도 투자자 중 하나인데, 국영우체국이 런던 주식거래소에 상장된 첫날에 1,800만 파운드어치를 사들였다. 랜즈다운의 고위 직원인 피터 데이비스(Peter Davies)는 알고 보니 재무장관의 신랑 들러리였다.[35] 497년의 역사를 가진 기관이 런던 금융중심지의 투기자와 독재자들에게 헐값에 팔려나가, 이제 고객의 필요를 충족시키기 위해서가 아니라 이윤을 내기 위해서 운영되고, 납세자는 갈취당한 상태로 여전히 그 기관의 빚을 짊어지고 있다. 이는 현대 기득권층의 특징인 '부자를 위한 사회주의'의 또다른 강령이다.

공공자산 벗겨먹기는 그토록 막대한 부가 엘리트의 손아귀에 집중된 원인 중 단 하나에 불과하다. 현대 기득권층의 출현 이후, 부는 매우 극적으로 재분배되었다. 1979년 마거릿 대처가 처음 권력을 잡았을 때는 상위 1%가 국가 전체 수입의 6%만을 가져갔다. 오늘날 이 수치는 두 배 넘게 뛰어 14%가 되었다. 하이페이센터(High Pay Centre, 소득의 사회적 재분배와 기업의 소유 및 경영구조 등을 연구하고 감시하는 영국의 싱크탱크)의 2013년 발표에 따르면, 새천년 초입에 FTSE 100기업(런던 증권거래소에 상장된 주식 중 시가총액 상위 100대 기업)의 최고경영자들은 평범한 노동자보다 40배 많은 봉급을 받았으나, 2011년이 되면—심지어 이 시기에 주가는 더 낮았는데도—그 비율이 185배로 급증한다. 하이페이센터의 보고서에 따르면 영국의 경우 단 하나의 사업체, 그러니까 바클레이 은행에서만 400명이 연봉 백만 파운드 이상을 받고 있는데, 일본의 경우

그 정도의 연봉을 받는 사람이 전 일본을 통틀어도 300명 이하라고 한다. 어떤 경우는 최상위 계층의 임금 급등이 매우 두드러졌다. 브리티시페트롤륨 이사의 2011년 봉급인상률은, 1979년 봉급과 비교하면 입이 딱 벌어질 정도인 3,006%이다. 한편 같은 기간 바클레이 최고경영자의 봉급인상률은 4,899 %이다.

영국은 경제위기에 빠졌을지 몰라도, 영국 기업들은 수천만 파운드 현금을 산처럼 쌓아놓고 있어서, 거의 투자 파업(investment strike)처럼 보일 지경이었다. "그 돈들이 어딘가 투자되는 걸 보고 싶네요, 그리고 그렇게 될 거라 생각합니다." 관리자협회의 사이먼 워커가 낙관적으로 말한다. 그러나 이는 정부가 영국 법인세를 서구에서 가장 낮은 수준으로 절삭해버린 것이 헛된 조치인 이유다. 기업에는 자금이 두둑한데, 세금을 더 감면하는 조치는 이 기업들이 경제에 투자하기를 거부하고 현금의 산을 더 높게 쌓아올리는 결과밖에는 가져오지 않을 것이다.

이와 대조적으로, 금융위기 이전에도 노동자의 봉급은 오르지 않거나 심지어 감소하고 있었다. 2003년부터, 런던을 제외한 모든 잉글랜드 지역에서 실질 가계가처분소득이 감소했다. 2004년부터 하위 50% 사회계층의 봉급이 인상되지 않았고, 최하위 30% 계층의 경우 봉급이 감소했다.[36] 그러나, 이와 동시에 기업들은 기록적인 수익을 발표하기 시작했다. 2010년 보수-자민당 연정 집권 후 3년간 영국 노동자의 봉급은 5.5% 폭으로 하락했다. 이는 유럽연합 27개국 중 4위인 감소폭으로, 노동자가 이로 인해 고통을 받았다.[37] 이런 동향은 파괴적인 결과를 부른다. 부자들이 남는 돈을 은행계좌나 조세회피지에 더 쌓는 동안, 가장 낮은 곳에 사는 이들은 수중의 돈을 모두 털어 써야 했다.[38] 노동자의 생활수준 악화는 소비자 주도 경제에서 수요위축을 의미했다.

그러나 노동자의 임금이 하락하고 있을 때마저 부는 끊임없이 최상위 계층에 집중되었다. 2014년 『선데이 타임스』의 부호 명단(Rich List)에 따르면, 평범한 사람들의 생활수준이 추락하던 기간에 영국에서 가장 부유한 1,000명의 재산은 단 5년 새 두 배가 되었다. 또한 2010년 정부의 예산삭감이 시작되면서 가장 부유한 1,000명의 자산은 30% 증가했고, 그 다음해에는 거의 20%가 증가했다. 2013년에는 4,500억 파운드 규모인 이들의 총 자산에 350억 파운드가 새로 더해졌다. 최상위 1,000명의 부는 이제 부호 명단이 처음 출판된 1989년에 비하면 8배로 증식했다.

임기 거의 마지막 무렵인 2009년 노동당 고든 브라운 총리가 1년에 15만 파운드를 초과하는 수입에 대해, 그러니까 호황을 누리는 최상위 1%에 대해 새로운 50%의 한계세율 등급을 도입했을 때 찬성 여론이 널리 퍼졌다. 여론조사 결과를 보면 영국인의 10명 중 7명이 넘는 비율로 이 정책에 찬성했다. 반면 대기업은 격분했고, 그 정책을 없애기 위해 격렬한 캠페인이 개시되었는데, 대기업에 좀더 호의적인 보수-자민당 연립정부가 집권하자 캠페인은 더 극렬해졌다. 기업인 537인이 서명한 편지가 2012년 2월 『데일리 텔레그래프』에 도착했는데, 이 편지는 '경제 상태를 고려하면' 과세 최저한을 내려야 한다는 내용이었다. 이 기업인들은 새로운 한계세율 등급이 '정부 수입을 낮추고, 경제와 공공서비스, 그리고 자선 기부에 타격을 준다'고 주장했다. 편지는 다음과 같은 간청으로 끝났다. "기업인으로서, 우리들은 산업과 경제와 제3부문이 번창하는 것을 보고 싶다. 50% 세금의 폐지가 영국 기업가주의를 기리고 산업에 활기를 불어넣으며 정부의 성장 의제에 기여하려는 총리 각하의 소망을 보여줄 것이다."

이건 부자들이 세금을 지금보다도 더 적게 내는 게 인민들에게도 이익이 된다고 우기는 거짓된 주장이다. 그러나 50% 한계세율을 45%로 낮춘 예산안의 여파가 남았을 무렵 벤처 투자가 아일린 버비지(Eileen Burbidge)는 그녀와 함께 일했던 젊은 사업가들은 최고소득세율에는 아무 관심이 없다고 내게 말했다. "젊은 사업가들은 고소득계층이 아니에요, 부자에 대한 추가 과세가 그들에게 영향을 미치진 않습니다. 젊은 사업가들은 자신이 하고 싶은 사업을 지원해줄 사람들이 있는지에 더 관심을 두죠." 버비지의 설명이다. 그녀는 세금 압박을 받는 수준까지 도달한다는 건 "젊은 사업가 대부분에겐 행복한 고민이 될 것"이라고 덧붙였는데, 왜냐하면 그건 그 젊은이들이 손에 넣을 수 있을 거라고 기대도 안 했던 만큼의 부를 획득했다는 뜻이기 때문이다.[39]

소위 닷컴기업 붐이 절정에 달했을 무렵 라스트미닛닷컴(Lastminute. com, 여행이나 레저 상품을 온라인 판매하는 기업)을 공동 창립한, 영국에서 제일 유명한 기업가 중 한 명인 마사 레인 폭스(Martha Lane Fox)도 이런 관점을 지지한다. 레인 폭스는 그녀가 농담으로 '새로운 기득권층이 사는 곳'이라고 부르는, 런던의 엄청나게 화려한 메릴리본 지구(Marylebone district)에서 잘 살고 있다. 내가 레인 폭스를 인터뷰하고 얼마 안 있어서 그녀는 상원의원이 되었다. 우리가 실내장식이 매우 우아한 방에서 이야기를 나누고 있을 때 하녀가 커피와 비스킷을 내왔다. 매력적인 41세의 레인 폭스는 상대방을 무장해제시키는 방식으로 자신을 비하하곤 한다. 2004년 모로코에서 휴가를 보내던 중 일어난 끔찍한 자동차 사고 때문에 그녀는 지팡이를 짚고 집 안을 비틀거리며 걸어다닌다. "난 자기 돈을 버는 데만 집중하는 기업가는 잘 모른다"고 그녀는 말한다. "종이 한장, 사업계획 하나를 들고 지하실에 틀어박히거나, 은행융자를 받거나, 사업자금을 변통해야만 하는 현실과 너무 동떨어진 얘기예요." 그러니 결단력 있는 사업가와 억만장자의 관심사는 결국 서로 같지 않다.

정부가 최상위소득계층의 세금을 인하하면서 내놓는 핵심적인 정당화는 부유층에게 세금을 걷는 정책이 역효과를 불러일으킨다는 것으로, 그런 정책은 부유층이 돈을 토해내지 않을 수상쩍은 방법을 찾아내게 할 뿐이라는 식으로 이야기가 와전된다. 그러나 만일 영국이 가장 부유한 자들의 뜻과 이익에 따라 정치적 논의가 좌지우지되는 나라가 아니었다면, 이런 식의 끈질긴 조세회피를 단속하라는 요구가 틀림없이 일어났을 것이다. 최상위소득계층에 대한 조세인하를 정당화하는 정부의 주장은 그 어떤 경우라도 사태를 호도하는 것에 불과한데, 해당 조세인상 조치로 영향을 받는 최상위계층의 경우 새로운 과세를 부과받지 않기 위해 '전년 이월'(forestalling)이라는 단 한 번만 가능한 조세회피 책략을 썼기 때문이다. 실제적으로 이것은 새로운 세금정책이 시행되기 한해 이전으로 수익을 이월시킨다는 뜻이다. 국세청에 따르면 새로운 조세정책이 시행된 해에 180억 파운드의 소득이 이월되었다고 한다. 새로운 세율 적용을 피하려고 사용된 이 책략을 다음해에 다시 쓸 수는 없는 일이기 때문에, 새 세율이 적용된 첫해에 결론을 내릴 수 없는 일이었다.

고든 브라운이 과세정책을 바꿨을 때 언론은, 그러니까 그 정책으로 영향을 받는 종류의 사람들이 운영하는 언론은 이 정책을 무슨 중산층에 대한 공격처럼 묘사했다. 『데일리 텔레그래프』는 '잉글랜드 중산층을 겨냥한 야만적이고 무의미한 공격'이라고 표제를 뽑았는데, 영국인 연봉의 중간값은 21,000파운드로, 최고소득세율 50%를 적용받으려면 이보다 일곱 배를 더 받아야 한다는 점을 고려할 때 엉뚱한 주장이다. 『데일리 메일』은 부자에 대한 '질투의 정치'로 돌아가고 있다고 정부를 맹비난했고, 『선』은 새로운 과세율이 '부를 창출하는 이들에 대한 공격'이라며 비난했다.

이런 주장은 또한 부유층 엘리트의 자리에 올라선 이들이 능력과 결의만 가지고 성공했다는 가정에 기초해 있기도 하다. 왜 재능있고 열심히 일했다는 것이 처벌받을 이유가 되느냐는 것이다. 일부 기업가들은 자신이 다른 이들과 운의 도움에 얼마나 의지하고 있는지 솔직하게 밝히기도 한다. "회사 설립자와 기업가 무리의 집단 광신은 좀 위험한 구석이 있다는 생각이 드네요." 마사 레인 폭스가 숨김없이 말한다. "그 어떤 사람도 혼자서 엄청나게 성공적인 기업을 일으키진 못해요. 난 개인적으로 사업이 한 사람에게 의지한다면 그건 그다지 성공적인 사업이 아니라고 생각하고 있습니다만, 어쨌든." 폭스는 자신의 사업은 집단적인 노력의 산물이라고 강조했다. "정말로 협업이었죠, 그리고 참여한 사람들은 협업하는 방법을 알았고요. 우리는 영리하게 처신할 때도 있었지만, 끔찍한 실수도 했지요." 그리고 레인 폭스는 자신이 누리고 의지한 특권도 지적했다. "교육을 받았으니, 난 행운아예요"라고 그녀는 말한다. "착상을 실행할 수 있는 자신감을 타고난 것도 행운이고. 아파트가 있어서 세를 놓았기 때문에 수입이 절실하지 않았던 것 역시 행운이지요. 이 모든 건 완전히, 전적으로 기량과 반대되는 의미의 운에 기인한 겁니다. 그러니 난 많은 부분에서 정말로 특권이 토대가 된다는 걸 절대 잊지 않아요, 잊지 않고 싶네요."

그러나 최상층에게 부가 집중되는 데 중심적인 역할을 하는 또 하나의 요소가 있다. 아래로부터의 의미있고 지속적인 대항 압력의 부재다. 노동조합은 운동의 패배가 남긴 이 유산으로 고통받고 있다. 현 노동조합회의(TUC) 사무국장은 여성으로서는 처음 이 자리를 맡게 된 프랜시스 오그레이디(Frances O'Grady)인데, 40년 전 오그레이디의 자리에 있었던 사람이라면 기득권층의 일원이라고 할 수 있었을 것이다. 1968년 당시, 노동조합회의는 100주년을 기념하는 책자를 상당히 많이 배포했다. 그 책자를 보면 "어떻게 소규모 토론 집회로 시작한 노동조합회의가 영국 노동조합주의를 대표하는 전국적 단체로 성장하고, 정부 정책결정에 참여하며, 주요 사회복지의 집행에 참가하고 우리나라 고용주들의 대변인과 대등하게 만나게 되었는지"를 자랑하고 있다.

그러나 오늘날 노동조합에는 뽐낼 만한 힘이 거의 남아 있지 않다. 노동조합 조합원 수는 최고조에 달했던 1979년의 절반 가까이까지 무너졌다. 2013년에는 59,000명까지 증가하기도 했으나, 조합원이 증가한 것은 무려 10년 만에 처음이었다. 민간부문의 상황은 더 절망적이다. 전체 노동자의 단 14% 정도만이 노동조합원이며, 이 14% 중 많은 이들이 민영화되었거나 도급으로 돌려진, 즉 예전에는 공공부문 노동자였던 사람들이다. 대처리즘이 득세하기 직전에는 10명 중 8명 이상의 노동자가 집단협약으로 임금과 노동조건을 결정했다. 그러나 이 비율은 10명 중 3명 이하까지 무너졌다. "그 시대에 우리의 힘이 약화되고 있었다는 사실을 직면하지 못한 건 실수였습니다." 프랜시스 오그레이디의 말이다. "경제가 성장하고 있었기에, 우리가 대변하는 사람들인 노동자의 몫이 전체 이윤과 비교하면 그 어느 때보다 적은 비율이라는 사실이 가려졌다는 게, 그러니까 파이 전체가 커졌으니 나눠받는 비율이 줄어도 그렇게 괴롭지 않았다는 게 이유 중 하나였죠."

노동조합은 여러 가지 이유로 제 기능을 못하게 되었다. 토니 블레어 자신이 '서구 세계에서 노동조합을 가장 제약하는 법'이라고 뽐내듯이 말한 바 있는 반노조법의 도입 때문에 노동조합은 그들이 대표하는 노동자의 이익을 위해 강경한 태도를 취하는 것이 자주 불가능해졌다. 그리고 완전고용 시대의 종말이 또 하나의 핵심적 이유다. 일자리 불안의 시대에, 계속 일할 수만 있다면 임금과 노동조건에 대한 공격도 기꺼이 참아넘기는 노동자가 너무나 많기 때문에 조직화된 노동의 힘은 약화된다. 1980년대에, 한때는 대적할 이가 없을 것만 같았던 광부노조를 비롯한 여러 주요 노동조합의 패배로 노동쟁의는 소용없는 짓처럼 보이기 시작했다. 그러나 기업엘리트들의 변화된 본성 또한 노동조합이 노동자를 대표하는 것을 방해했다.

외국인의 주식 소유가 급등하여 기업의 소유주가 바뀔 정도가 되면서, "자본의 성격이 상당히 바뀌었다는 것"이 오그레이디의 주장이다. "노동조합의 관점에서 보면, 자본이 매우 분열되어 있고, 생산 및 공급 과정이 계속 길어지고, 인적자원 관리는 가장 빨리 회사의 외부로 위탁되는 영역 중 하나가 되었습니다. 그러니까 실제로 권력의 고삐를 쥐고 있는 사람들과 마주앉아 협상을 하기가 극도로 어려운 거예요. 그러니까 전 그들이 점차 집중되는 자본을 보호하기 위해 일련의 인간 방패를 만들었다고 봐요. 정당한 몫을 받으려는 노동자의 어떠한 공세도 막아낼 수 있도록 말입니다." 부유층 엘리트들의 구성이 과거 어느 때보다 더 복잡해지면서, 노동조합이 노동자에게 더 큰 몫의 부를 돌리려고 연대해서 힘을 사용하는 일이 전례없이 어려워진 것이다.

아래로부터의 저항 부재는 일터에서나 사회 전체에서나, 기업엘리트에게 전무후무한 권력이 집중될 수 있게 했다. 노동자의 권리가 박탈되는 일이 허다했다. 유나이트 노동조합이 조사한 바에 따르면 550만 명에 달하는 영국 노동자가 호출형 근로계약(zero-hour contract, 고용주가 호출시 언제든 응할 수 있도록 항시 대기하는 형태의 근로계약, 영시간 근로계약이라고도 함)[40]에 매여 있어 정해진 노동시간도 없고 연금이나 유급휴가 같은 기본적 권리도 누리지 못하는 실정이다. 항만 노동자들이 일용직 노동자로 뽑히기를 절박하게 기원하며 매일 새벽 일터로 행군하던 20세기 초로 회귀한 것이다. 기분에 따라 이용되고 버려질 수 있는 물건처럼 취급받으면서 노동자는 기본적 보장마저 박탈당한다. 자영업자 수는 2000년에서 2014년 사이에 1백만이 늘었는데, 안정적이고 제대로 봉급을 받을 수 있는 일자리는 부족하다. 레졸루션 파운데이션(하층계급 및 중간계급의 생활수준 향상을 목표로 하는 영국의 독립 싱크탱크)에 따르면, 2006년 이후 영국 자영업자 소득은 20%까지 떨어졌고, 경제불황 이후 자영업자가 된 사람의 거의 10명 중 9명이 일주일에 30시간 이하로 일하고 있다고 한다.[41] 이들은 병가, 유급휴가나 연금처럼 다른 노동자들이 누리는 권리를 누리지 못한다.

OECD 국가 중 영국보다 고용보호 관련 기록이 심각한 국가는 미국

단 한 곳뿐이다. 그러나 2010년 데이비드 캐머런을 총리로 하는 보수-자민당 연정이 집권하자, 기업엘리트는 이미 자신들 쪽으로 기울어진 권력을 좀더 많이 손에 넣을 기회를 얻은 셈이었다. 보수당이 에이드리언 비크로프트를 고용한 것은 노동자 권리에 대한 새로운 공세의 일환이었다. 비크로프트가 보고서를 쓰도록 한 것이 공정한 조치라고 보기는 어렵다. 합법 대부업체 웅가에도 투자하고 있는 사모펀드계의 귀족인 비크로프트는 50만 파운드가 넘는 돈을 보수당에 기부한 인물이다. 비크로프트가 생산한 보고서는 고용 2년 이내에 해고된 노동자에게는 부당해고 소명 기회를 주지 말 것을 제안했다. 게다가 비크로프트 보고서는 고용주가 직원에게 퇴직금을 지불하면 해고할 때 해고 이유를 댈 필요가 없다고도 주장했다. 또한 해고된 노동자가 고용주에 맞설 때는 물론이고, 부당해고에 맞서 싸울 자격이 주어지는 고용기한을 늘릴 때 노동재판소를 찾는데, 정부는 이 소송에 들어가는 법정 부담금을 자비로 부담하도록 하는 법을 도입했다. 이번에도 이 개혁안은 국가 전체의 선을 위한 것으로 포장되었는데, 존 필포트(John Philpott) 공인인력개발연구소(Chartered Institute of Personnel and Development, 인력개발 부문의 전문가 연합 단체) 수석 경제자문마저도 이 조치가 그저 '경기순환에서 고용을 더 불안정하게 만들 뿐'이라고 지적했는데도 불구하고 이 개혁안이 일자리를 창출할 것이라는 주장이 뒤따랐다.[42]

관리자협회 회장 사이먼 워커에게 있어서 비크로프트의 개혁은 '합리적인 것'이었다. 그는 "이런 관점이 아무리 인기가 없다 한들 생각을 바꾸지 않을 것"이라고 말한다. 워커는 아직 남아 있는 모든 노동자 보호법의 철회를 지지하는데, '나쁜 사장을 통제하는 건' 불가능하다고 믿기 때문이라고 한다. 그냥 시장(市場)이 결정할 것이라는 게 워커의 견해다. "어떤 회사가 부정한 고용자로 알려지면 그 말이 널리 퍼질 것이고, 사람들이 그 회사에서 일하기 싫어할 것이라고 봅니다." 워커가 주장한다. 워커는 분명 수백만 노동자들이 어디서 일을 할지 제멋대로 선택할 수 있고, 또는 노동자가 자기 고용주가 얼마나 자비로운지 판정할 수 있으며, 이런 지식에 기반해 일할 곳을 선택할 수 있다는 환상에 사로잡혀 있다. 이 환상적 관점은 노동자 대다수의 실제 상황과 멀며, 최상류층 사람들이 얼마나 사회에서 분리된 삶을 살고 있는지를 극명하게 보여준다.

2012년 10월 캐머런 정부는 정책을 또 하나 도입했는데, 노동자에게 주식을 분배해주는 대신 일터에서 그들의 권리를 포기하도록 하는 정책이었다. 이에 대해 심지어는 재계인사 몇명까지도 너무 심한 조치라고 반응했다. 재무부의 '정책통'들을 비난한 바 있는 존 롱워스 영국 상공회의소 소장조차 "그건 완전히 미친 짓이었다"고 말한다. 이 조치는 사실 편리한 조세회피책이 되었다. 노동자에게 지급된 주식이 이득을 보는 가격으로 팔려도 회사측은 자본소득세를 면제받았다.[43]

그러나 이 '미친' 정책안마저도 시행될 수 있었다는 점이 오늘날 기득권층에 대한 충격적인 통찰을 제공해준다. 이 조치는 국가행정의 방향이 기업엘리트에게, 그들이 요청한 것도 아닌 부와 권력을 더 심하게 집중시켜주는 것으로 읽힌다. 영국은 끊임없이 대기업의 이익에 맞춰 재구축되고 있다. 최상위에 있는 자들은 마치 법 위에 있고, 선출된 정치인들이 부과하는 조세도 피할 수 있는 것처럼 대우받는다. 그들은 상대방의 양보를 얻어내거나 자신들의 위치에 대한 도전을 견제하는

데 필요하면 힘을 모아 자신들의 뜻을 관철시킨다.

점점 심각해지는 부와 권력의 집중은 여러 이유로 일어났다. 기득권층의 이념은 너무나 지배적이고, 거의 상식으로 받아들여질 정도로 도전받지 않고, 좀 기벽이 있는 사람이나 정치적으로 살아있는 화석류급인 사람만이 도전할 수 있는 위치에 있다. 기득권층의 이념에는 나름의 논리가 있는데, 그 논리를 따르다보면 부자감세, 민영화, 그리고 노동자 권리 박탈이 그 자체로 목적이 되어버린다. 싱크탱크와 언론기업은 끊임없이 이런 목적을 정당화하는 이데올로기를 생산하고, 기업엘리트의 이익이 국가 전체의 이익과 동의어인 것처럼 묘사한다. 대기업은 정당과 싱크탱크에 돈을 댈 뿐 아니라 국가기관 자체와 부분적으로 융합되어 있다. 노조의 철저한 약화로 조직화된 운동에서 나오는 대항력이 부재하는 마당에 부와 권력이 끊임없이 최상층으로 이동하는 것을 견제할 방법은 이제 거의 없다.

기득권층 이념과 대기업의 정치적 지배, 그리고 선동자들에게 아무도 대항하지 않는다면 이 과정은 멈추지 않을 것이고, 아마 더 가속화될 것이다. 영국 금융엘리트가 이 나라를 경제적 파국으로 거꾸러뜨렸을 때, 이런 부와 권력의 이동을 새롭고 더 힘차게 추진할 기회가 왔다. 그러나 영국 기득권층은 완전히 확신하고 있다. 경제위기의 대가는 그 위기를 불러온 책임이 있는 자들이 아니라 노동자들이 치러야 한다는 것이다. 영국의 권력이 어떻게 작동하는지에 대한 이보다 더 설득력 있는 통찰은 없다.

7

우주의 지배자

실업자에게 덤터기 씌우기

런던 금융중심지, 그러니까 영국의 금융부문은 기득권층의 사고방식이 가장 순수한 형태로 표출되는 곳이다. 한편으로 금융부문은 과세에 대한 거부와 모든 정부규제에 대한 극심한 적의로 특징지을 수 있으며 국가에 대한 열정적 저항을 드러낸다. 그러나 또 한편으로 2008년 금융계가 무릎을 꿇었을 때처럼, 전례를 찾아보기 힘든 규모의 공공기금을 동원한 금융구제 같은 국가 의존이 곳곳에 스며든 곳이기도 하다. 이곳은 그 어느 때보다 소수 엘리트의 손에 부가 집중되는 과정이 옹호될 뿐 아니라 미화되기까지 한다. 런던 금융중심지는 철저한 아귀다툼을 당연히 여기는 개인주의로 만연하다. 금융가는 정치권력과 친밀하고, 현 체제에서 손해를 보는 사람들의 삶에 대해서는 가혹할 만큼 무심하다. 그리고 아마도 가장 충격적인 것은, 이곳에는 꼭대기에 있는 사람이 따라야 할 규칙이 다른 이들이 따라야 할 규칙과 다르다는 생각이 팽배해 있다는 점이다.

2008년 금융붕괴에 뒤이은 은행에 대한 정부구제와 관련해 부과된 조건은 별로 없었고, 런던 금융계는 그다지 책임을 질책당하지도 않았다. 반면, 그 뒤를 이은 긴축재정 계획에서 사회의 가장 아래에 있는 이들을 위한 정부의 지원은 점차 줄어들었다. 아직까지 남아 있는 지원조차 엄격한 조건을 만족시켜야만 받을 수 있다. 브라이언의 예를 보자. 브라이언은 경제위기 이후 직업을 잃은 수십만 명 중의 하나다. 구직수당을 수령하는 다른 실업자들처럼, 브라이언도 구직활동을 상세하게 기록한 '구직일기'를 써야 했다. 브라이언이 주당 71.70파운드라는 쥐꼬리만 한 실업수당을 2주간 받은 후, 구직자 수당이 정지된다는 통지서와 함께 그의 구직일기가 되돌아왔다. '복지수당 제재' (benefits sanction)를 받은 것이다. 그런데도 브라이언은 구직활동 조건을 계속 지켜야 했다. 수당이 정지된 이유에 대한 설명이 없었고, 브라이언이 통지서로 받은 전화번호로 전화를 걸어도 어떤 설명도 들을 수 없었으며, 그의 일이 '결정권자'에게 넘어갔으니 '때가 되면' 그 결정권자가 사정을 청취할 것이라고 했다.

결국 이유는 다음과 같았다. 일자리를 구하지 못한 다른 사람들과 마찬가지로, 브라이언은 고용주와 구직자를 연결시켜준다는, 정부에서 운영하는 「온세상 직업찾기」(Universal Jobmatch) 웹사이트를 일주일에 다섯 번 이용해야 했다. 브라이언은 이 규칙을 지켰고, 주어진 '구직일기'에 일지를 적었다. 그러나 브라이언이 온라인 다이어리에는 이 기록을 남기지 않았다는 것이 수당 취소의 이유였는데, 그는 온라인 다이어리 기록 규정에 대해서는 한 번도 듣질 못했다. 브라이언의 담당자도 4주간의 수당 지급정지는 가혹하다고 동의했고, 잘 처리해보겠다는 편지를 그에게 보내주었다. 그 후 두 달간, 브라이언은 아무 답도 듣지 못했다. 브라이언이 전화해서 일이 어떻게 되었는지 물어보자, 담당자는 그냥 브라이언에 대한 조치가 확정되었다고만 말했다. "솔직히 실업자로 보냈던 시절이 제 인생에서 제일 위축돼 있던 기간이었어요." 브라이언의 말이다. "난 열네살부터 신문배달에, 나이트클럽 매니저도 해봤어요. 어떤 때는 투잡을 뛰기도 했거든요. 스물여덟살까지 직업이 없어본 적이 없는 사람이에요. 그렇지만 직업센터 사람들한테는 그런 게 아무 상관없었나봐요. 그 사람들은 날 쳐다보기도 싫어하는 것 같더군요. 그곳의 모든 과정은 구직자를 수치스럽게 만드는 게 목적인 것 같았어요."

이런 경험을 해야 했던 건 브라이언 혼자만이 아니다. 맨체스터에서 가스기사 일을 했던 글린(Glyn)은 2013년 크리스마스 3주 전에 복지수당 제재를 받아 돈을 한푼도 받을 수 없었다. 글린은 등록일을 한번 놓쳤는데, 정부의 근로연계복지 계약업체 중 하나인 씨텍(Seetec)에서 직업탐색활동을 끝마치느라 그렇게 된 것이다. 딸과 함께 글래스고에 사는 장애인 샌드라(Sandra)의 예도 있다. 샌드라는 동거인 여부를 확인해 달라는 서류를 한통 받았다. 그것이 파트너와의 동거 여부를 묻는 서류라고 여긴 샌드라가 아니라고 답을 하자, 그녀는 '규정 준수 면접'에 소환되었다. 샌드라의 딸이 전업 학생이 아니었기 때문에, 샌드라는 주당 50파운드의 중증장애 보조금을 박탈당했다. 사우스런던에 사는 대니(Danny)도 심각한 신경쇠약이 발병한 뒤 복지수당에 의지해 살아가던 중이었는데, 대니의 담당자가 상담 일정이 있다는 것을 알려주지 않았고, 그후 상담을 빠졌다고 아무런 경고도 없이 수당이 2주간 정지되었다. "정말 두려웠어요." 대니가 회상한다. "그리고 또다시 수당을 정지시킬 거라고 위협하면서 그들이 준 스트레스는 정말이지 엄청나게 치명적이었어요."

영국은 하도 많은 실업자에게 복지수당 제재를 가해서 대중의 관심사에서 그런 일을 숨기기가 불가능하게 되었다. 잘 알려진 사례 중에는 60세의 재향군인 스티븐 테일러(Stephen Taylor)가 있는데, 동료 군인들을 위한 재향군인회 모금 활동의 일환으로 강아지를 파는 자원봉사 활동을 했다가 복지수당 제재를 받았다. 테일러는 셀 수도 없는 직업 공고에 지원했다 떨어졌고, 그중에는 그가 강아지를 팔던 슈퍼마켓도 있었다. 테일러는 4주간 제재를 받았다.[1]

메어리(Mary)는 직업센터에서 한부모 구직자들을 담당하고 있고, 공공상업서비스노동조합(Public and Commercial Services trade union, 영국의 노동조합으로, 대부분의 노조원은 공무원 및 공공기관 근무자이다)에서 직업센터를 대표하고 있다. "직업센터 관리자들 사이엔 정말로 괴롭힘 문화가 만연하다"고 그녀는 확신하는 태도로 나에게 말했다. "어느 팀이 복지수당 제재 조치를 제일 많이 하는지 서로 경쟁을 하죠." 직업센터 한 곳이 다른 곳보다 제재 조치를 많이 내리면 직원들이 '신이 나서 기뻐'한다. 제재 조치가 부족하면 '제 식구에게 물을 먹이는 짓'이라는 기풍 속에, 관리자급 뿐 아니라, 팀장들도 제재 조치를 내리라고 압박을 가한다. 이모든 일은 매우 심각한 변화다. 21세기 초입 메어리가 처음 노동연금부에서 일하기 시작했을 때, 제재는 최후의 수단이었고 실패로 간주되었다. 그러나 이제 제재는 노동연금부가 의지하는 방책이 되어가고 있다. "인간에 대한 이해라고는 찾아볼 수가 없어요." 메어리가 말한다. "그냥 실업 상태라는 점만으로 사람들에게 벌을 내리는 문화가 있죠."

통계 수치는 참담하다. 정부 통계에 따르면, 2012년 6월에서 2013년 6월 사이 86만 명이 복지수당 제재 조치를 받았는데, 노동당 집권 마지막 1년과 비교해보면 36만 명이 늘어난 숫자다. 이 조치는 특정 집단을 불균형적으로 공격한다. 홈리스링크(Homeless Link, 잉글랜드 지역의 노숙인 관련 단체 및 활동가들의 연합체)는 구직자 수당을 받는 노숙인의 거의 3분의 1 정도가 제재를 받은 적이 있다고 한다. 긴축재정을 실시중인 영국에서는 거의 백만 명에 가까운 사람들이 푸드뱅크의 도움을 받은 적이 있다. 세계에서 여섯번째로 부유한 나라에서, 가장 가난한 시민 중 많은 이들이 더이상 먹을 것을 살 돈도 없는 것이다. 푸드뱅크 중 단독 공급자로는 규모가 가장 큰 트러셀트러스트(Trussell Trust, 굶주림과 빈곤문제 해결을 위해 노력하며 푸드뱅크 네트워크를 운영하는 비정부기구)에 의하면, 음식을 받아가는 사람들은 절반이 넘는 비율로 긴축이나 복지수당 제재 때문에 보조금이 끊겨 자선에 의지해야 하는 사람들이라고 한다.

경제위기는 기득권층의 기반을 흔들지 않았고, 오히려 기득권층의 가치를 전면화했다. 경제위기 발생 후 단 6달 만에, "모든 은행가를 처벌하자는 정서는 사라진 지 오래"라고 금융계의 목소리를 전하는 언론 『파이낸셜 타임스』가 선언했다.[2] 정부에 그런 '정서'가 존재하기나 했는지 모르겠지만, 그것이 행동으로 옮겨진 일은 없었다. 그 대신, 처벌을 받도록 지목된 이들은 소위 수세에 몰렸다는 금융업자들이 야기한 경제위기로 직장에서 쫓겨난 사람들을 포함해서, 사회의 밑바닥에 있는 이들이었다. 실업자들은 점차 자신들이 범죄자처럼 취급받는다는 것을 알아차렸다. 가장 사소한 규정 위반에도 재빨리 견책이 날아왔다.

영국을 경제재앙으로 몰아넣은 책임자들은 그 어떤 제재나 처벌도 받지 않았다. 그들은 가난과 고난을 겪도록 내쳐지지도 않았고, 뭔가 먹으려면 푸드뱅크에 의지해야만 하는 상황으로 몰리지도 않았다. 많은 경우 이 사태에 책임이 있는 자들은 전보다 더한 번영을 누리고 있다. 구직자들이 정부지원을 받는 데는 그 어느 때보다 많은 제약과 조건이 따라붙었지만, 구제받은 은행가들은 훨씬 후한 공공부조를 받았는데도 그런 엄중한 조건을 따르느라 고통받지 않아도 된다. 경제위기 후 6년이 지났는데, 금융 뉴스 블룸버그(Bloomberg)에 실린 자동차 번호판 광고는 런던 금융가에 호황이 돌아왔음을 축하하고 있다. 'BU 11 MKT' 번호판(주식시장의 강세, 상승을 뜻하는 bull market과 비슷하게 보인다)은 25,000파운드라는 멋진 가격에 나왔고, 'BU 11 ESH'(주가상승을 의미하는 bullish와 유사하다)는 15,000파운드만 주면 살 수 있다.

경제위기는 법이 누구의 편인지 극명하게 드러냈다. 2013년 9월 당시 영국 검찰총장이었던 키어 스타머(Keir Starmer) 변호사는 복지수당 부정수령에 대한 형기를 최대 10년까지 연장할 것을 발의했다. 복지기금 부정수령으로 나가는 돈을 다 합쳐도 사회복지 지출 전체에서 차지하는 비율은 코웃음칠 정도밖에 안 된다. 그러나 법의 관점으로는 탐욕과 걷잡을 수 없는 사익 추구에서 기인한 행동으로 세계를 경제 대혼란으로 몰아넣은 만행 따위는 완전히 공명정대한 일이었다. 또는 2012년 은행가들이 이윤을 얻겠다고 금리를 부정하게 올렸다 내렸다 한 리보금리 조작(Libor-rigging, 리보금리란 런던의 신용도 높은 은행들이 단기적인 자금거래에 적용하는 금리로 세계 금융거래의 기준점 역할을 함)은 어떤가. 거래금리 조작의 경우 이것이 영국에서 불법이라고 할 수 있느냐는 논란조차 일어났다. 2014년 중반부에 이르러도 기소는 진행되지 않았으며, 영국 최고 은행을 대표하는 로비스트들마저—이들이 내게 비공개로 말한 바로는—희한하다고 생각했다. "가난한 사람들이 그런 금리조작 같은 방식으로 복지기금 수령액을 정하려고 했다면, 그 사람들은 전부 교도소에 갔겠지요." 케임브리지대학의 경제학자 장하준의 말이다.

그러나 실업자들은 권력 중심부에 자기네 로비스트를 두지 못한다. 그들은 정당이 자신들을 옹호해주도록 기부를 할 수도 없다. 유명 싱크탱크와 사상적 선동자들이 실업자들을 변호하려고 발벗고 나서는 것도 아니다. 반면 금융엘리트들은 나머지 기득권층을 완전히 지배할 힘을 얻었고, 경제를 파멸로 몰고간 이데올로기를 따랐다. 당연히, 금융엘리트가 아닌 다른 이들의 파멸이었다.

빅뱅의 순간 투기꾼 입장

런던 소호의 카페에서 만난 시다스(Siddarth)는 말하기를 꺼려했다. 어찌나 두려워했는지, 나에게서 그의 진짜 신원을 비밀로 하겠다는 각서를 받을 생각을 내비치기도 했다. 그런데 내가 만나본 런던 금융계 종사자들은 거의 모두 이런 식이었다. 직장을 잃을까봐 익명성을 요구하는 것일 수도 있겠지만, 동시에 이들은 비밀을 파헤쳐 드러내고, 금융계의 침묵의 규약을 깨면서 뭔가 옳지 못한 짓을 한다고 느끼는 것 같았다.

시다스는 여러 나라에서 어린 시절을 보낸 경험이 있어, 잉글랜드

식 영어와 미국식 영어에 약간의 인도 느낌이 뒤섞인 억양으로 말했다. 인도 외교관의 아들인 시다스는 10대 때, 아들이 외교부에서 일하기를 바라는 아버지의 기대에 저항하며 금융업에 종사하겠다는 꿈을 키웠다. 2004년 그는 열의에 가득 찬 다른 대학 졸업자들과 함께 바클레이 은행의 대졸자 채용계획 심사를 받고 있었는데, 이 무렵 금융계는 후일 대재앙을 예고하는 약한 전조로 밝혀진바, 4년 전 터진 닷컴 버블의 열기가 아직 남아 있는 상태였다. 바클레이에서 몇년간 열심히 일한 후, 시다스는 세계적으로 손꼽히는 규모의 투자은행으로 스카웃되었다(다시 한번, 시다스는 기업 이름을 기록하지 말아달라고 요청했다). "거기서 몇년 일했죠. 여기 제 흰머리 보이시죠." 그가 머리 쪽을 가리킨다. "이건 2008년 시장 사정이 안 좋아졌을 때 무리를 해서 그래요. 뭐, 세상이 바뀌었으니까요."

그해 가을, 갑자기 금융위기는 휴전 상태를 끝냈다. 더이상 손 놓고 구경만 할 수 없는 '서브프라임 모기지' 사태가 터진 것이다. 리먼브라더스 은행은 아슬아슬한 벼랑 끝에 몰렸다. "금요일(2008년 9월 12일)에 규제담당자가 여러 은행에 전화를 해서는 '리먼은 월요일까지 못 버틸 겁니다, 그쪽에서 인수할 생각 있어요?'라는 얘기를 했죠." 시다스는 그때 리먼의 핵심 경쟁은행의 인수합병 부서에서 일하고 있었다. 리먼브라더스 붕괴 바로 전주 주말에 시다스는, 다른 경쟁자들과 마찬가지로 자기 은행이 리먼브라더스를 인수할 수 있는지 '주판알을 굴려보고' 있었다.

인수합병도, 정부구제도 없었다. 2008년 9월 15일, 런던 카나리워프 지역의 리먼브라더스 본사에서 소지품이 든 상자를 옆구리에 낀 은행원들이 쏟아져 나왔다. 미국 남북전쟁과 두 번의 세계대전을 버텨내며 158년 동안 존속했던 미국 은행이 파산보호조치를 신청한 것이다.

시다스는 새롭고도 불확실한 시대를 목도하고 있었다. "세상이 바뀌고 있다면, 제가 있던 곳이야말로 가장 적합한 자리죠." 그가 눈을 반짝이며 말했다. "엄청난 아드레날린 분출을 경험했어요." 그 다음 달 내내 그는 하루에 두세 시간밖에 잠을 자지 못했다. 때로는 사무실에서 철야를 했다. "아드레날린은 힘을 주죠. 경이로운 일이었지만, 무서운 일이기도 했죠. 일이 어디로 흘러가는지 모르는데 그 한가운데에 있으니까요." 지나고 나서 되돌아보니, 예견된 결과였다. "2007년 초중반까지는 모든 은행이 아주, 아주 공격적으로 성장을 추구했습니다. 성장을 해야 한다고 몰아붙이는 분위기가, 특히 인수합병 쪽에 그런 분위기가 있었어요. 단순히 사업 규모를 키우는 데 가장 좋은 방법이기 때문에 인수합병 계약을 하는 거죠… '자, 모두 알다시피 우리는 빨리 성장하려 하고, 통상적인 속도보다 더 신속하게 성장하고 싶으니 지금 당장 다른 사업체를 사들이자.' 이런 식의 압력이 심했어요." 그러나 미국 서브프라임 모기지 사태가 서서히 표면화되자 분위기는 전환되었다. "분위기가 바뀐 건 2007년 5월에서 6월 사이였죠. 사람들이 갑자기 뒷걸음질을 치면서 '자, 모두 알다시피 이건 그냥 지나갈 일이 아니야'라고 말하는 거죠. 그리고 2008년 9월 사태가 터지고, 리먼이 넘어갔어요."

어떤 일을 돌이켜 생각할 때는 그 일이 일어나리란 것이 명백했고 피할 방법이 없었다는 틀린 느낌을 갖기 쉽다. 많은 동시대인이 폭풍이 목전에 닥쳤다는 걸 보지 못하다니 믿을 수 없다는 것이다. "(미국 경제학자) 존 케네스 갈브레이스(John Kenneth Galbraith)가 1929년 대공황에 대해서 쓴 훌륭한 책을 읽으면서 '허! 이 사람들은 어떻게 대공황이 다가오고 있다는 걸 모를 수가 있었지?'라고 생각했던 게 기억나네요." 금융붕괴 사태 당시 노동당 재무부 장관이었던 앤젤라 이글의 말이다. "그리고 우리는 모두, 전부 다, 똑같은 행태를 보였죠." 그러나 금융위기는 2008년보다 훨씬 전부터 야기된 것이다.

근래 십수년간 런던 금융계는 전례없이 강력한 지배력을 획득했다. 그러나 1980년대만 해도 금융계의 군림은 교정해야 하는 사태였다. "금융부문의 군림은 역사가 오래된 현상입니다." 경제학자 장하준의 말이다. "19세기 후반만 해도 벌써, 런던 금융중심지가 너무나 강력해져서 장기투자를 할 생각을 안 하니 영국 회사들은 그 시대에 떠오르고 있던 중화학공업을 큰 규모로 운용할 만한 자금을 동원하기가 어려워졌지요. 그래서 영국 산업이 독일이나 미국보다 뒤쳐지고 있다고 주장하는 사람이 많았습니다." 1차세계대전 발발 직전에 영국의 산업역량은 독일에 추월당하고 있었고 수십 년 후 2차세계대전 발발 시점에 영국 산업은 다른 나라 경쟁기업들에 비해 투자유치 부족에 시달리고 있었다. 그러나 런던은 오랫동안 세계 보험산업의 중심지였으며, 금융권은 영국 표준시 덕분에 이득을 누려왔다. 런던 증권거래소 개장시간이 미국과 아시아 증권거래소 개장시간의 중간에 끼어 있기 때문이다. 그럼에도, 클레먼트 애틀리 총리의 새로운 전후 질서는 런던 금융중심지의 힘을 억제하고 규제했다. "사회주의 국가 한가운데에 금융가가 있다는 것은 교황이 모스크바에 있는 것만큼이나 기이한 일"이라고 선언한[3] 애틀리 정부는 1946년 영국은행을 국유화했다. 1970

년까지, 영국의 금융 서비스는 경제의 호황 속에 다른 부문보다 천천히 성장했고 이는 부분적으로 지속적인 국가 규제가 반영된 결과다.

"광범위하고 체계적으로 금융을 규제하던 시절이 있었다"고 말하는 유창한 언변의 코스타스 라파비차스(Costas Lapavitsas)는 런던에 거주하는 반체제 경제학자다. "'장기 호황' 기간인 1950년대, 1960년대, 그리고 1970년대의 상당기간은 금융이 규제되던 시기와 일치합니다." 이 제약 때문에 런던 금융계는 전후 사회적 합의의 기반이 될 수 없었다. 그러나 1970년대가 되면 이 체제는 와해되기 시작한다. 2차세계대전 이후, 발전된 자본주의 국가들은 전세계적인 고정환율제도로 금융의 규칙을 제어하는 소위 브레튼우즈체제하에서 운영되었다. 각 국가가 미국 달러에 통화를 고정시켰기 때문에 환율은 일정하게 유지되었다. 그러나 집권 행정부가 연이어 베트남전쟁 비용과 미국 내 사회복지에 대한 지출을 거부하면서 미국의 경제위기는 심화되어갔다. 그러다가 1971년 8월 15일, 너무나 갑작스럽게도 리처드 닉슨(Richard Nixon) 미국 대통령이 달러 금태환을 종료해버렸다. 브레튼우즈체제의 종말이었다. "브레튼우즈체제는 환율 안정성과 금리 안정성을 제공했습니다." 라파비차스 교수가 말한다. "이건 금융 규제에 있어서 아주, 아주 중요했습니다. 오늘날에는 존재하지 않는 전 세계적 규제 체제죠." 새로운 금융의 무법 세계가 다가왔다.

그해 영국에 또다른 지각변동이 일어났다. 당시 재무장관이었던 앤서니 바버(Anthony Barber)가 경쟁·신용통제(Competition and Credit Control)라는 새로운 통화정책을 도입했는데, 이는 본질적으로 은행들이 원하는 만큼 얼마든지 대출을 해줄 수 있도록 허용하는 법이었다. 경쟁·신용

통제에 대해 이야기를 나누기 위해 찾아간 앤 페티포(Ann Pettifor)는 노동당의 켄 리빙스턴(Ken Livingstone, 영국 노동당 내 강성 좌파 정치인, 런던 시장을 역임)이 대런던(Greater London) 시의회를 이끌던 1980년대에 자문을 맡았던 경제학자다. 그녀는 제3세계주빌리2000(Jubilee 2000 Third World) 부채 탕감 운동(최빈국에 대한 외채 탕감을 추구한 범지구적 연대운동) 공동창립자이며 현재 PRIME(Policy Research in Macroeconomics, 거시경제정책연구소) 소장이다. 호스피털 클럽(Hospital Club)이라는, 최근 인기를 얻어 예술가연하는 이들이 좋아하는 런던 코번트 가든(Covent Garden)의 회원제 클럽에서 우리는 만났다. "은행은 이제 대출을 해줄 수 있게 되었고, 그때가 바로 신용창조에 대한 규제가 풀린 시기입니다." 페티포는 남아프리카 출신임을 짐작할 수 있는 억양으로 바버의 통화정책을 설명해주었다. "1971년 이전에는 대출을 받고 싶으면 은행 지점장한테 가서, 지점장이 납득할 때까지 몇시간 동안 이야기를 해야 했고, 점장은 고객의 위험요인을 매우 꼼꼼히 평가했어요. 1971년 이후로, 은행들은 거의 제한이나 규제 없이 신용을 창조할 수 있게 되었죠." 신용은 영국 경제를 타고 흘러, 돈을 좇는 사람은 너무 많아지고 상품과 서비스를 제공하는 사람은 적어지면서 만연하는 인플레이션에 부채질을 했다.

대처리즘이 새로운 기득권의 성립을 도우면서 전에 없이 금융업이 장려되었다. 어떤 의미에서, 새로운 기득권은 제조업 자본에 대한 금융 자본의 승리를 의미했다. 믿기 힘들지 모르지만, 보수당 고위층 내부에도 런던 금융가에 대한 회의론이 있었다. 20세기 초에 어떤 보수당 정치인들은 금융 자본의 흐름을 정부가 통제해야 한다고 주장하기도 했다. 그러나 대처는 1979년에 다우닝가로 행진하기 1년 전 금융계가 경제에 기여하는 바를 상찬하면서 "런던 금융중심지가 제공하는 서비스는 보조금이나 숨겨진 지원금을 끌어모으지 않았고, 그 때문에 금융계의 성취는 정치인의 성취가 아니"라고 주장했다. 금융계가 다른 산업부문이 받아간 그 어떤 '보조금'보다 거대한 규모의 구제를 받게 된다는 점을 주지하고 돌이켜보면 이런 표현은 비뚤어진 것 이상이다. 그러나 대처의 이런 연설은 대처리즘하에서 런던 금융계가 왜 기득권의 심장부로 진출하게 되었는지를 설명한다. 금융업은 실질적으로 영국의 공적 신조가 되어버린 반국가주의, 자유방임적 개인주의에 대한 찬양처럼 보였다. 런던 금융계의 경우를 보면, 이전 정부들이 했던 일이라고는 '금융계가 스스로 개선되는 것을 제약하는… 장벽'을 설치한 일밖에 없었다고 대처는 주장했다. 그 장벽들은 차차 무너진다.[4]

1979년 대처의 선거 승리 바로 전날, 런던 증권거래소의 주가는 기대감에 기록적인 상승을 보였다. "주식은 매기에게 표를 던졌다!"고 『이브닝 스탠다드』가 선언했다.[5] 대처는 기대를 저버리지 않았다. 대처는 자본에 대한 통제나 자본 이동에 대한 과세를 신속하게 폐지하여, 자본은 자유롭게 영국을 드나들며 제약없이 움직이게 되었다. 이는 금융시장의 권력이 급격히 강화되는 동시에 선출된 정부가 경제에 행사할 수 있는 힘이 약화됨을 뜻했다. 정부가 시장이 반기지 않을 정책을 시행했다가는 급작스럽게 억제 불가능하고 경제적으로 파괴적인 자본이탈이 촉발될 수도 있다는 의미이기 때문이다.

전통적 기업엘리트 일부도 실업자 수를 4백만까지 급격히 증가시킨 초기 대처 정권의 통화긴축정책을 반기지 않았다. 영국 기업의 주된 대표체인 영국산업연맹 회장 테렌스 베킷(Terence Beckett)은 불만을 표시했던 제조업 쪽 인사 중 하나였다. 1980년대에 베킷은 산업이 제 기능을 못하게 만드는 파운드 강세 등의 의제를 두고 대처에게 '맨주 먹으로 한판 붙자'고 말해서 물의를 일으켰다. 그러나 런던 금융중심 지는 대처의 접근방식에 더없이 만족했다. 보수당 각료 이언 길모어 (Ian Gilmour)의 표현처럼, '맹렬한 국가예산 삭감'은 '런던 금융계가 아 직 대처주의가 막강하다는 사실에 만족하도록' 설계되었다.[6] 1980년 10월, 대처의 의회비서관 이언 고(Ian Gow)는 니컬러스 구디슨(Nicholas Goodison) 런던 증권거래소 소장에게 "정부에 대한 확고한 지지에 감사 드립니다"라고 편지를 썼다.[7] 1980년대에 높은 금리와 파운드 강세로 제조업이 몰살당하는 와중에도 런던 금융계는 번영을 누리고 있었다. 은행이 대규모의 매각을 감독하니, 영국가스(British Gas)와 같은 공익사 업들의 민영화도 금융계에는 이득이었다. 금융계는 기득권의 심장부 에 더더욱 가까워졌다.

1986년, 런던 금융중심지의 약진은 '빅뱅'(Big Bang, 대대적인 금융규제 완화를 추구한 마거릿 대처 수상의 정책을 말함)으로 알려진 일련의 조치로 더 가속화되었다. 이때쯤이면 대처는 승리자로, 총리로 재선에 성공하고 광부들을 패배시킨 데 이어 노동조합 운동을 굴복시킨 참이었다. 빅뱅정책의 일부로, 증권 중개인(stockbroker)과 주식 매매에 있어서만 가격을 매길 수 있는 '투자가'(market-maker)—흔히 '주식 브로커'(stockjobber)로 알려진—사이의 경계가 폐지되었다. 전자거래로의 이동과 함께 매우 급격한 기술적 변화가 일어났다. 런던 증권거래소에 상장된 기업을 외부에서 소유하는 일이 가능해진 것이다. 투자은행들은 일반 은행들과 합병했고, 골드만삭스 같은 외국 은행은 라이벌 영국 은행들을 집어삼키기 시작했다.

시다스처럼, 빅뱅정책이 시행되기 1년 전에 런던 금융계로 들어간 대런(Darren)도 경력을 망칠 순 없으니 익명으로 인터뷰를 하겠다고 요청했다. 사우샘프턴의 동네 TV가게에서 일하기가 지겨워진 대런은 절박하게 탈출하고 싶었다. 운 좋게도, 대런은 친구와 친척들의 도움을 받을 수 있었다. 가게 동료 중 한 명의 부인이 금융가에서 일하고 있었고, 대런의 아버지는 증권가 직원들이 참석하는 만찬에서 그를 추천해주었다. 대런은 런던 증권거래소에서 경력을 시작했다. "위계적인 구조였죠." 그가 회상한다. "사람들은 서로 다른 배지를 달고 있었어요. 은색 배지는 증권거래소 직원으로 윗사람이라는 뜻이죠. 파란 배지는 주식거래를 할 수 있는 허가를 받았다는 겁니다. 노란 배지는 수습이라서 주위를 둘러보고, 가격을 질문할 수 있지만 거래를 할 수는 없고, 샌드위치를 나르고 전화를 받는 일을 주로 한다는 뜻이고요." 그 당시에 많은 유형은 두 부류였다. 공립학교 출신자들이 한 부류, 그리고 런던 이스트앤드 쪽 '행상' 출신이 또 한 부류고, 대졸자는 약간이었다. "빅뱅정책은 모든 걸 엄청나게 바꿔놨습니다." 파생상품, 혹은 복잡한 금융상품을 다루는 거래인이 된 대런이 말한다. 공립학교 출신 '옛날 사람'들의 인맥은 박살 났다. 결국, 새로운 기득권은 개인적 배경이 아니라 공유된 사고방식에 의해 서로 묶이는 것이다. 전자거래가 활성화되면서 거래장이 있던 층은 사라졌다. 빅뱅 이후의 런던 금융중심지는 이전보다 더 큰 수요를 만족시킬 수 있었고, 런던의 금융 심장부로 돈이 밀려들어왔다.

"영국은 역외금융지 비슷하게 되었습니다." 장하준의 말이다. 제조업부문이 쇠퇴하도록 내버려지면서, 재무부가 금융부문으로부터의 세수에 의존하고 있다는 주장이 점차 늘어났다. 이런 주장은 결국 금융부문의 로비력이 그 어느 때보다 거대해졌다는 점을 확실히 했다. 또한 정부가 세수를 금융부문에 기댄다는 논리는 기득권층이 런던 금융중심지의 패권적 위치를 보호하고 굳건히 할 때 흔히 꼽는 정당화 근거다.

대처가 보수당의 동료들로 인해 권력에서 밀려난 후, 1990년에는 또다른 중대 사건이 일어나 금융시장의 위력을 강조해준다. 그해는 보수당 정부가 영국을 유럽통화제도(ERM)에 가입시켜, 파운드 가치를 독일 마르크에 고정시켜야 했다. 런던 금융계는 이 조치가 인플레이션을 억제하고 영국의 국제수지 개선에 도움을 줄 것이라고 여겨 처음부터 지지했다.[8] 그러나 유럽통화제도 참여의 지속이 불가능하다는 점이 점차 드러났는데, 유럽 국가간 금리와 인플레이션의 정도가 상이하다는 것이 그 이유 중 일부였다. 영국은 정부 재정과 경상수지 모두가 적자를 기록하는 '쌍둥이 적자'(double deficit) 상태였다. 1992년 9월, 조지 소로스(George Soros) 같은 투기꾼, 은행가, 그리고 연금기금들이 영국 파운드를 매도하기 시작했고, 영국은 유럽통화제도가 부과하는 경제적 한도를 따르지 못할 것이라는 데 돈을 걸었다. 영국은행은 파운드 가치를 지탱하고 영국의 유럽통화제도 퇴출을 막기 위해 외환 보유고에서 매시간 20억 파운드를 지출했다. 결국 통화위기로 150억 파운드가 허공으로 사라졌다. 투기꾼들이 영국 파운드에 투자하게 해보려는 헛된 노력의 결과 단 하루 만에 금리가 대폭 상승해 10%에서 12%가

되었다가 15%까지 올랐다.

모두 소용없는 일이었다. 당시 보수당 정부는 굳건한 친시장, 친금융 성향이었으나 이런 경력이 정부를 구해주지는 못했다. 당시 내무장관 켄 클라크(Ken Clarke)의 표현처럼, "정부는 아무런 힘도 없었다. 시장과 그 사건이 우리를 압도해버렸다. 시간이 지날수록 우리는 그저 일어나는 일에 휩쓸려 떠다니는 부유물과 쓰레기에 지나지 않는다는 사실이 명확해졌다." 켄 클라크의 공포는 어떤 금융업자들이 행복하게 권력에 도취되어 있었던 것과 대비를 이루는데, 그중 한 명인 런던 금융중심지 주식 중개인 마크 클라크(Mark Clark)는 "시장이 중앙은행과 대결해 승리할 수 있다는 사실에 경외감을 느꼈다. 믿을 수가 없었다." [9]고 털어놓았다. 영국은 굴욕적으로 유럽통화제도에서 방출되었다. 투기꾼들은 선출된 정부를 상대로 맞붙어 이겼으며, 조지 소로스 한 명이 영국 국고에서 가져간 돈이 1조 달러였다. 이 일은 정부와 금융계 사이 새로운 힘의 균형에 유익한 교훈을 주었다.

보수당만 런던 금융계를 숭배한 게 아니다. 정치엘리트 전체가 금융업계의 수령들에게 경의를 표했다. 노동당이 전통적으로 금융업자들에게 양가적인 태도를 취했던 건 확실하다. 1970년대에 닐 키넉이 하원의원이 되었을 때 당시 노동당 총리였던 해럴드 윌슨의 동료 정치인 해럴드 레버(Harold Lever)가 키넉에게 말했다. "런던 금융중심지나 소(牛)에 관해서 많이 안다면 노동당 정상까지 오르는 게 그리 어렵지 않을 거라오, 젊은 친구. 노동당이 쥐뿔도 모르는 두 분야가 바로 금융업과 농업이거든."

대처주의의 맹공을 받으면서, 노동당의 입장은 극적으로 바뀌었다.

1990년대 초반, 당시 노동당 당수 존 스미스와 노동당의 유력 인물이었던 모 몰럼(Mo Mowlam)은 '새우 칵테일 공세'에 나서, 사적인 식사나 모임 자리에서 런던 금융중심지 주요 금융업자들의 환심을 사려 했다. 노동당 지도부 중 많은 이들이 이렇게 태도를 바꾼 건 체념 탓이었다. 이제는 지대한 영향력을 지니게 된 런던 금융중심지의 실체에 압도당한 것이다. "빅뱅정책이 구조를 규정해버렸고, 그 다음에는 상황이 이렇지 않았으면 하고 바라는 것조차 힘들어진 겁니다. 적응을 해야 하는 거죠." 앤젤라 이글의 말이다. 이글에게 이 일을 후회하느냐고 물었더니, 교훈적인 대답을 들을 수 있었다. "지금 와서 돌이켜보면 후회스러운 것이 맞습니다. 그렇지만 우리가 무슨 카산드라(그리스 신화의 예언자)처럼 처음부터 일이 어떻게 돌아갈지 알고 있어야 한다고 주장하긴 힘들죠." 어떻게 합리화하건 간에, 런던 금융가는 예전부터 강력하긴 했지만, 새로운 기득권하에서 범접할 수 없는 위치를 차지하게 되었다.

1997년, 노동당 집권기에도 제조업부문은 계속 기울어갔고, 반면 금융업계는 전례없는 번영을 누리고 있었다. 기득권층의 이념 덕분에 금융부문의 지배는 정당화되었고, 도전받는 일이 없었다. "런던 금융중심지의 이데올로기가 다른 기득권층의 사고방식을 틀어쥐고 있었다는 점에서, 특히 정치적 기득권층을 틀어쥐고 있었다는 점에서 금융계는 막강한 권력을 보유하고 있었죠." 앤 페티포가 말한다. "그리고 그 권력은 재정적이고 정치적인 것인 동시에, 일종의 심리적이고 사회적인 것이기도 했습니다."

다른 경제학자들도 이런 관점을 적극 지지한다. 로버트 스키델스키 경(Lord Robert Skidelsky)은 다채로운 정치적 배경을 지녔다. 그는 상원에서 보수당 재무부 대변인을 맡은 적이 있으나, 2001년에 보수당을 탈당했다. 경제학자 존 메이너드 케인스(John Maynard Keynes)의 전기를 집필하기도 한 스키델스키는 긴축재정의 주요한 비판자이기도 하다. 나는 상원의회 근처의 사무실에서 그를 만났다. 젊어 보이는 얼굴에 쾌활한 미소를 가진, 희끗한 머리를 한 70대의 스키델스키는 내 질문에 대답하면서 보좌관 두 명과 격의없이 생각을 주고받곤 했다. "그건 공유된 태도에 가깝지요, 어떤 것은 말할 수 없고, 어떤 것은 도리를 벗어난 것이 됩니다." 스키델스키가 금융계의 권력에 대해 말한다. "이데올로기는 매우 중요합니다. 경제가 이데올로기에 딱 맞을지는 모르겠지만, 분명히 이념이 있었고, 브라운이 신봉했던 그 이념이란 금융업계에는 규제가 그다지 필요없다는 거였지요. 그리고 그 이념에 따라 금융업계는 타율이 아닌 자기규제를 했기 때문에 '효율적 시장이론'(efficient market theory)이 있었고, 그러므로, 물가안정 목표(inflation target)만 있으면 다 된다는 겁니다." 물론 이 이념은 1970년대 후반까지는 열외취급을 당하던 선동자들이 이끈 것이다. 1947년 몽 펠르랭에 있었던 지식인과 경제학자들의 신념이 런던 금융중심지의 주식 증권업자, 은행가들의 종교가 되었고, 정치인들에게까지 확장된 것이다. 시장은 정부가 참견하지 않을 때 가장 번영한다는 주장은 무슨 주문처럼 되풀이되었고, 그러니 금융계가 평화롭게 엄청난 이윤을 만들어내도록 놔두어야 한다는 것이었다.

보수당은 야당이었던 2007년 당시 '영국에 경쟁의 자유를'(Freeing Britain to Compete)이라는 제목의 보고서를 발표하며 금융업에 대한 규제를 대폭 줄여야 한다고 요구했다. 그러나 당시 신노동당 재무부 장관이던 고든 브라운이 런던 금융계에 떤 아첨은 결코 보수당에 뒤지지 않는다. 경제위기 1년 전에 브라운은 런던 시장 공관에서 금융부문에 다음과 같은 찬송을 바쳤다. "저는 지난 십년에 걸쳐 재무장관으로서 여러분께 연설을 하는 특권을 누리며, 한해 한해를 보내면서 어떻게 런던 금융중심지가 여러분의 노력, 독창성, 그리고 창조력으로 새로운 세계의 리더가 되었는지를 기록할 수 있었습니다." 그의 부관 격이었던 대미언 맥브라이드에 의하면, 2007년 고든 브라운이 총리가 되고 나서 브라운 쪽에서 적극적으로 찾아가서 만난 건 '대형 금융기관' 쪽 인물과 언론귀족들뿐이었다. "고든은 (전 바클레이 은행 회장) 밥 다이아몬드(Bob Diamond) 같은 인물 옆에 앉게 되는 저녁 만찬 자리에 초대받곤 했다"고 맥브라이드는 말했는데, 그런 만남은 대화를 기록하는 공무원 없이 비공식적으로 이루어졌다. "밥 다이아몬드 같은 사람들은 만찬 후에 돌아가면서 '총리가 내가 어떤 위치에 있는지를 아는군'이라고 생각하겠죠. 그게 총리의 정책결정에 어떤 영향을 미쳤는지는 아무도 모르고요."

금융부문에서 흘러들어오는 세수를 사회복지 계획에 지출할 수 있다는 것이 노동당 내부에서 통하는 근거 중 하나였다. "경제성장이 둔화되면서, 점차 금융계가 세원이 되었던 겁니다." 스키델스키가 말했다. "그리고 그 점이 그(브라운)가 공공서비스 비용을 댈 수 있게 해준 거지요… 그러니 그건 부패한 관계였습니다. 블레어의 파우스트적 거래 상대가 머독이던 것처럼, 금융계와의 유착이 브라운의 파우스트 거래(악마와 계약하는 전설 속의 인물 파우스트에 빗댄 표현)였다고 할 수 있을 겁니다. 그리고 정말로, 그게 신노동당의 기조였지요."

여기에서 이념적 합리화는 때로 지나치게 편리한 신기루에 기반할 수 있다는 점을 알 수 있다. 맨체스터대학 학자들의 2011년 연구는 금융계가 '경기순응적 부문'(pro-cyclical sector)이라는 사실을 강조했는데, 이는 가령 금융계가 불황에는 대출을 덜 해주어서 경제위기를 악화시키는 식으로 경기변동을 심화시켰다는 뜻이다. 그러나 이 연구에서 핵심은 금융부문에 조세회피가 만연하기 때문에, 납세자가 큰 비용을 치르며 금융체제를 구제하기 이전의 호황에는 '현저히 적은 세수만을' 제공한다는 사실을 강조했다는 점이다. 2002년에서 2008년 사이 금융부문으로부터 거두어들인 세금은 1,930억인데, 이는 평균적으로 조세총액의 6.8%밖에 안 되는 액수다. 제조업계가 세금을 내는 직원을 더 많이 고용하고 조세회피는 훨씬 덜 하기 때문에, 제조업은 금융 서비스업보다 두 배의 세수를 제공했다.[10] 그러나 대처주의 시대 이후 정치엘리트는 금융계에 굴종하여, 금융계는 자신들이 절대적으로 필수적인 부문이며 제조업은 더이상 필요없다는 논리를 내세워 조세회피의 책임에서 빠져나갈 수 있었다. 제조업이 더 많은 세수를 제공하고 더 많은 사람들을 고용했는데, 정치엘리트들은 금융부문에 집착하며 제조업이 쇠약해지도록 내버려두었다.

멀어지는 민주주의

정치엘리트들이 금융계의 비위를 맞추고 있는 마당에, 원래부터 자신감이 넘치던 은행가와 증권업자들이 자기네가 천하무적이라고 믿게 된 것도 놀랄 일이 아니다. 경제위기가 다가오면서, 런던 금융중심지는 옛날식 건달들의 밤나들이처럼, 서로 견줘보는 공격적인 분위기로 가득했다. 위기가 다가오던 시기에 스코틀랜드 왕립은행(Royal Bank of Scotland)에서 일하게 된 대런은, 런던 금융중심지에 대해 "비현실적인 곳이에요. 경제위기의 시기라 해도, 으스스한 농담을 여기저기서 들을 수는 있지만 결국 그쪽 사람들은 안전한 보호막 안에 있죠. 그 사람들이 가진 돈의 액수 때문에, 그들은 현실세계 그 자체에서 살아가질 않아요. 평범한 규칙들은 적용되지 않죠. 주식 거래가 이루어지는 층은 엄청난 인종차별과 성소수자 혐오가 가득하고, 성차별적이며, 사람들은 대체로 일터에서 정상적인 상호작용을 하지 않습니다"라고 말한다. 대런은 이성애자이고 유부남이었으나, 마초 같은 행동에 가담하지 않고 스트립 댄스 클럽에 어울려 다니지 않는다는 이유로 자주 '사무실 게이자식'이라거나 '호모'로 불렸다. "그 층에는 여성 직원이 매우 적었고, 여성 직원이 지나가면 음흉하게 훑끔대는 사람들이 많았죠."

금융부문은 선동자들이 고취한바, 다른 어느 곳보다도 더 자기계발이 경제성장의 비결이라는 이데올로기를 지지했다. "탐욕이 주된 원동력이에요." 대런이 말한다. "보너스 액수에 엄청나게 목을 매는 문화가 있죠. 매일 돈을 다루는 일을 하잖아요. 매일 자신의 성공을 측정할 수 있는 기준은 바로 오늘 얼마나 벌었는가이고, 그 다음엔 이번 주에, 올해에 얼마나 벌었는지, 끊임없이 돈 생각을 하고 또 하죠. 그 사람들은 파이를 만든 건 자기들이고 자기네가 큰 조각을 가질 권리가 있다고 생각해요."

커밍아웃하지 않은 남성 동성애자로서, 그리고 에식스 롬퍼드(Romford)의 노동계급 출신이며 '마지못해 투자은행에서 일하는 은행가'로서 원시적인 형태의 편견이 넘쳐나는 부문에서 일하게 된 짐(Jim)

도 비슷한 경험이 있다. "거래소에 있는 건 마치 놀이터에 있는 것 같아요. 그곳에서 접하는 성차별주의, 성소수자 혐오, 그리고 인종차별주의는 정말 믿을 수가 없을 정도죠." 무엇보다도, 그는 자신이 범람하는 탐욕의 한가운데서 일하고 있다는 걸 깨달았다. "사람들이 어찌나 자기중심적인지, 늘 충격을 받곤 했어요." 마거릿 대처의 재무장관 나이절 로슨이 1987년 최고소득에 대한 세율을 60%에서 40%로 인하했을 때 런던 금융중심지를 휩쓸었던 '환희'를 회상하며 그가 말한다. "그곳에는 이런 노골적인 탐욕과, 금융업계를 제외한 나머지 세계로부터 단절되어 있다는 느낌이 있었죠. 언제나 납세를 피하려는 시도를 하는 사람들이 있었어요. 보너스를 미리 받는 것처럼 말이죠."

은행의 구조 자체가 이런 탐욕이 제도화될 수 있도록 돕는 역할을 한다. "최근 몇년 사이에 비용이 이토록 급등한 것은 사람들이 자기 아랫사람들을 승진시켜 더 고액의 봉급을 받도록 떠밀었기 때문이죠. 그래야 자기네 지위도 올라갈 테니까요." 영국 주요은행 중 하나의 부사장인 제임스(James)의 말이다. "예를 들어서 제가 승진하고 급여 등급도 올리고 싶다고 해봅시다, 그러면 저는 제 밑에 있는 사람들을 승진시켜서 그 사람들이 봉급을 더 많이 받도록 해야 합니다. 가능한 한 많은 사람을 승진시키는 데 모두의 이익이 달려 있는 거죠."

중국이 미국의 국채를 사들이면서, 2000년대를 통틀어 미국 은행에는 저리 자금이 넘쳐났다. 이 모든 돈이 순환하면서, 미국 은행들은 절대 빚을 갚을 수 없는 가난한 고객에게 소위 '서브프라임 모기지' (subprime mortgages, 은행이 신용등급이 낮은 사람들에게 고이자로 주택담보 대출을 해주는 것) 대출을 대단히 많이 해주었다. 어떤 대출 패키지는 대출상환 유예 기간이라는 것과 함께 팔려나갔는데, 이는 대출 고객이 3년 동안은 대출금을 값을 필요가 없다는 뜻으로, 많은 이들에게 집값이 빨리 올라서 집을 팔면 돈을 마련할 수 있을 거라는 희망을 주었다.

삽시간에 은행 장부는 서브프라임 모기지로 가득 찼고, 어떤 기관도 덥석 맡지 못할 정도가 되었다. 그 대신, 신용등급 평가기관들은 상환 가능성에 따라 대출거래를 평가하는 공식을 만들어냈다. 부채를 상환할 가능성이 실질적으로 매우 낮은 이들이 특정 구조와 법인을 이용해 상환 가능성 99%로 평가되었다. 실제로 쓰레기로 분류된 대출 장부가 '트리플 에이'급으로 평가받았다. 이것은 신용평가회사들의 이득을 위해서였다. 이런 회사들은 '보통' 신용등급을 부여할 때보다 '좋은' 신용등급을 부여할 때 더 많은 수수료를 받았다. 주요 투자은행들은 직원들에게 허위로 높은 신용등급이 나오도록 수식을 조작하는 방법을 훈련시켰다. 이렇게 모두가 이득을 보는 것 같았다. 신용등급 평가기관들은 후한 돈을 받았고, 은행 최고경영자들은 수익이 치솟으니 기뻐했다. 그리고 이 대출 패키지를 잡아채려고 몰려오는 경쟁자들 가운데 영국 은행들도 있었다. 새로운 기득권층은 은행을 거대한 카지노로 바꾸어, 막대한 부를 이루기 위해 다른 이들의 돈을 놓고 내기를 걸었다. 그러나 저소득층 미국인들이 부채를 체납하기 시작하자, 도미노가 하나씩 쓰러져갔다.

데이비드 블랜치플라워(David Blanchflower)는 경제위기가 다가오고 있음을 내다본, 엘리트층에서는 몇 안 되는 영국 경제학자다. 그러나 기득권층의 방식과 불화한 블랜치플라워는 열외가 되고 잊혀진다. 2006년 6월 블랜치플라워는 1997년부터 금리 결정을 책임졌던 영국은행 금융통화위원회(Monetary Policy Committee) 일원으로 임명되었다. 블랜치플라워는 다른 이들과 달랐다. 금융통화위원회 대부분이 옥스브리지를 졸업했지만, 블랜치플라워는 그곳 출신이 아니다. "어느 회의를 가든지 항상 '내가 옥스퍼드대학에 다닐 적에, 케임브리지 시절에' 이런 말을 듣곤 하죠"라고 블랜치플라워는 말한다. "그러면 저는 '내가 보그너(Bognor, 잉글랜드 남쪽 해안지방)에서 학교를 다닐 때'라는 말로 답하곤 합니다. 제가 보그너에서 학교를 나왔다는 사실도 케임브리지나 옥스퍼드를 졸업했다는 사실만큼 흥미로운 거 아닙니까! 그래서 전 처음부터 제가 아웃사이더라고 느꼈죠." 영국은행 총재 머빈 킹(Mervyn King)이 블랜치플라워가 금융통화위원회 위원이 되는 걸 꺼린다는 사실은 처음부터 명백했다. 미국 아이비리그대학 교수 출신인 블랜치플라워의 이력서는 킹 자신의 이력보다 훨씬 훌륭했음에도, 블랜치플라워는 "처음부터 전 무례한 취급을 당했다"고 말한다. "'네가 어떻게 이 무리에 들어와?'라는 느낌이 있었죠. 그리고 아주 오랫동안 일은 그런 식으로 진행되었습니다." 블랜치플라워는 경제학을 어떻게 연구해야 하는지를 두고 시작부터 킹과 충돌했다. 예를 들자면, 블랜치플라워는 행복의 경제학(economics of happiness)을 연구한다고 해서 비웃음을 당했다. "처음부터 선전포고를 한 거죠."

1981년에만 해도 킹은 당시 재무장관 제프리 하우가 실행했으며, 런던 금융중심지가 선호했던 무참한 통화긴축을 비판하며 『타임스』에 실린 공개서한에 서명한 364명의 경제학자 중 한 명이었다. 그러나 다른 많은 동시대인처럼, 킹 또한 선동자들의 경제학에 경도되어 자유방임자본주의와 방임된 시장의 마법을 신봉하게 되었다. "킹은 세상이 실제로 어떻게 보이는지 신경을 그다지 쓰지 않는 이론가의 전형적인 사례죠." 블랜치플라워의 말이다. "그러니 상당한 이념적 굴절이 있었던 겁니다. 영국은행 금융통화위원회에 있는 경제학자들은 대체로 킹이 선호하는 사람들이었습니다." 킹과 같은 이데올로그들이 금융통화위원회에 있으니, 영국은행의 방침에 찬성하지 않는 이들은 조용히 주변으로 밀려날 수밖에 없었다.

영국은행이 '시장이 알아서 할 테니 가만히 놔두고, 망치면 안 된다'는 생각을 근간으로 주요 금융기관들에 전문가를 방문하도록 한 것은 아니라고 블랜치플라워는 말한다. 킹은 미국과 영국은 '분리'되었으므로 미국 경제는 영국 경제와 무관하다고 믿었다. 게다가 킹은 곧 노조들이 집결해 큰 폭의 임금인상을 요구할 것이기 때문에 임금의 폭발적 상승이 임박했다고 믿는 또다른 치명적인 실수를 저질렀다. "실제로 그렇게 볼 만한 수치는 아무것도 나오지 않았다"고 블랜치플라워가 말한다. 블랜치플라워에 따르면, 자신이 기득권층임을 즐겼다는 것에도 킹이 실패한 이유가 있다. "전형적으로, 전 머빈 킹 하면 그 사람이 윔블던 테니스 대회의 귀빈석에 앉아 있을 때 가장 행복해한다는 걸 떠올리죠. 머빈에겐 힘과 명망이 전부입니다."

당시 블랜치플라워는 미국에 살고 있었고, 영국은행 월별 회의에 참석하러 런던에 오곤 했다. "끔찍했죠," 그가 회상했다. "2007년 10월부터는, 전 미국에서 와서 '밤이 지나면 낮이 오듯이, 제가 미국에서 보는 모든 것이 영국에 다가오는 게 보인다'고 했고 금융통화위원회 위원들은 '당신 미쳤다. 자신이 무슨 말을 하는지도 모르는 모양이다. 영국에서 두려워해야 할 것은 인플레이션'이라고 했죠." 킹은 블랜치플라워를 축출해버렸다. 영국은행 직원들은 블랜치플라워와 말을 하려 들지 않았다. 블랜치플라워는 "저는 말 그대로 미친 사람 취급을 당했습니다. 2008년 9월까지도 저는 무슨 최하층 불가촉천민 취급을 당했어요. 그러니까 2008년 9월 4일(리먼브라더스 파산 11일 전)까지도 이 사람들은 왜 은행이 금리를 인상해야 하는지 따위를 논하고 있었다는 말입니다." 블랜치플라워는 영국이 이미 경기침체 국면에 들어섰다고 확신했으며, 그의 판단은 후일 정당성이 입증된다. 영국의 위험요소는 킹이 믿는 것처럼 인플레이션이 아니었다. 만일 가격이 정말로 상승하고 있었다면, 적어도 신용의 남용을 막기 위해 금리를 올리는 것에 경제적 정당성은 있었을 것이다. 그러나 진정한 위험은 심각한 경기하강이었으며, 따라서 소비를 촉진하기 위해 금리를 급히 인하해야 하는 상황이었다.

"2008년부터 우리는 1930년 이래 우리가 본 영국의 경제사 중 가장 파괴적인 3/4분기에 접어들었는데, 영국은행 금융통화위원회 사람들은 아무도 그걸 이해하지 못했습니다. 그들 중 아무도 연이어 3분기 동안 영국 경제가 3% 후퇴했다는 사실을 바로보지 못했습니다. 거시경제적으로 볼 때 세기의 사건을 그들이 놓쳐버렸고, 그 책임을 져야하는데 아무도 그러지 않았죠." 블랜치플라워는 금융통화위원회의 그 실수를 '눈뜨고 봐줄 수가 없는 무능력'이라고 요약했다. 그러나 블랜치플라워가 영국은행의 사고방식에 동의하지 않았기 때문에 배척당한 것도 명백했다.

리먼브라더스가 무너졌을 때, 그 충격파는 세계 금융체제 전체를 거꾸러뜨릴 것만 같았다. 영국에서 정부 요인들은 급박하게 조치를 취하지 않으면 어느날 현금인출기에서 돈을 찾을 수 없는 사태가 올 거라고 믿었다. 가장 거대한 전세계적 국유화의 물결이 하필이면 신자유주의 자유시장의 시대에 일어났다는 것은 통렬한 역설이다. 블랜치플라워의 표현처럼, "민간부문은 실패했고 공공부문이 민간부문을 구제해야 했으며, 그것 외에는 다른 대안이 없었다." 장대한 규모의 '부자를 위한 사회주의'였다. 이 은행들을 구제한 것은 자유시장이라는 종교가 아니었다. 그것은 국가였다.

앤서니 브라운(Anthony Browne) 영국은행가협회(British Bankers' Association) 회장은 영국에서 가장 노련한 은행 로비스트 중 하나다. "저라고 태어날 때부터 로비스트가 되어야지 하면서 세상에 나온 건 아닙니다." 영국 금융가 심장부 근처의, 놀랍도록 작은 영국은행가협회 사무실에서 만난 브라운이 웃으면서 한 말이다. 배경을 보면 브라운은 선동자에 가깝다. 그는 보수당 주요 정치인들이 설립하고 우익 사기업들이 자금을 대는 싱크탱크 정책교환센터의 책임자였다. 브라운의 이력에는 '회전문' 시스템이 압축되어 있다. 브라운은 모건스탠리(Morgan Stanley) 투자은행의 정부협력부문 책임자로 일했고, 보수당 런던 시장 보리스 존슨의 고위 자문이었으며, BBC방송국과 『옵저버』, 『타임스』 신문에서 언론 일도 했다. 브라운은 은행 긴급구제의 의미에 대해서 솔직하게 말했다. "뒷면이 나오면 내가 이기고 앞면이 나오면 네가 진다는 건데, 이건 전혀 자본주의가 아니죠. 근본적으로 납세자가 부도은행을 인수한 것은 도덕적 해이죠. 그들 은행이 수익을 내면 그 수익은 주주나 직원에게 가는데, 그들이 손해를 보거나 무너지면 주주와 직원들도 파산 전까진 돈을 내지만 납세자도 돈을 내니까, 그게 큰 문제인 거죠."

국가회계감사원(National Audit Office)에 의하면, 은행에 대한 최대 규모의 국가지원은 경악스러운 액수인 1조 1,620억 파운드라고 한다.[11] 그러나 이 은행들은 그들을 구제해준 사람들에게 책임을 지지 않았다. 그 은행들의 이사회에 납세자 대표가 앉아 있지도 않았다. 정부는 계속 납세자를 경원시하며 은행들이 마음대로 행동하도록 내버려두었다. 영국 주요 은행의 부사장이며 언제나 그렇듯이 직장을 잃지 않기 위해 반드시 익명이라는 조건으로 인터뷰한 제임스는 어쩌면 이런 구제에 대해 가장 경악할 만한 이야기를 들려주었다. "'기업 범죄'를 산업적 규모로 저지르는데, 정부가 그걸 허가해주는 겁니다."

제임스의 말은 밑줄을 그을 만하다. 빈자는 죽든지 살든지 알아서 해야 한다. 매달을 버티기 위해 웅가와 같은 합법 대부업체에 의지해야 하는 백만 가구 남짓한 가족은 빚을 갚을 능력이 없어도 정부는 이들을 구제해주지 않는다. 대신 이들의 집 문을 집행관이 두들겨대고 소지품을 압수한다. 빈자는 먹고 먹히는 자본주의의 법칙을 반드시 따라야만 한다. 그러나 전세계를 경제적 재앙으로 거꾸러뜨린 은행들은 그러지 않아도 된다. 은행들에는 안전망이 있다. 국가 복지가 나서서 그들을 구제해줄 것이다.

은행에 대한 국가원조는 구제로 끝나지 않았다. 영국은행은 경제에 활기를 불어넣으려는 필사적인 노력으로, 뒤늦게 2009년 3월 금리를 0.5%로 인하했다. 그러나 이 조치의 부작용 중 하나는 더 높은 이자로 돈을 빌려주는 은행이 수익을 낼 수 있게 해준다는 것이었다. 또다른 방법으로 금융부문에 돈이 흘러들어갔다. 양적완화다.

양적완화는 때로 화폐를 찍어내는 것으로 묘사되지만 사실 그런 조치가 아니다. 양적완화는 지폐의 물리적 생산과 상관이 없기 때문이다. 대신에, 영국은행은 전자화폐를 발행해 그것으로 국채를 사들인다. 그렇게 되면 금융기관은 국채를 팔아 대차대조표에 돈을 더할 수 있다. 2013년 영국은행은 양적완화로 금융 시스템에 3,750억 파운드라는 기가 막힐 만한 금액을 주입했다. 양적완화는 부자들에게, 특이 금융자산이 있는 부자에게 경악할 정도의 보조금을 지급하는 것으로 밝혀졌다. 영국은행의 추정치에 따르면 영국에서 경제적으로 하위 10%에 속하는 인구는 양적완화 조치로 인해 각 779파운드씩을 손해 보는 데 반해 상위 10% 인구는 자산가치가 322,000파운드나 뛰었다.[12] 영국 거시경제학자 크리스 마틴(Chris Martin)의 연구에서 양적완화는 "금융부문에 제한적이지만 일시적인 이익을 주며…금융 이외의 더 광범위한 기업공동체나 개인들, 그리고 가족들이 인플레이션과 실업으로 분투할 때 도움이 된 바 없다."[13] 반(反)긴축재정 환경운동가들의 단체인 그린뉴딜(Green New Deal)에 의하면, 그러한 양적완화는 "은행과 금융자산을 가진 부자들에게 이득을 준다." 2015년 1월에 그린뉴딜은 영국은행이 양적완화 대신 경제를 살리고 환경을 지키기 위해 '친환경적 공공기반시설 양적완화 프로그램'을 지지해야 한다고 주장했다.[14]

1970년 당시, 노동조합은 경제문제의 희생양으로 잘못 지목돼 이례적으로 가혹한 조치를 당해야 했다. 매우 많은 입법이 영국 이외의 다른 어떤 서구 민주주의 국가에서도 찾아볼 수 없을 만큼 엄중한 반노조법을 도입하는 방향으로 이루어졌다. 그러나 2000년대 후반 영국을 대공황 이후 가장 큰 경제적 재앙으로 몰아넣은 은행에 대해서는 이와 같은 탄압이 없었다. 은행을 조사할 독립위원회는 2010년 6월에야 만들어졌으며, 이 위원회는 금융붕괴 3년 후인 2011년 9월에야 보고서를 발표했다. 연립정부는 이 보고서에서 밝혀진 사실을 기반으로 입법을 하겠다고 서약했는데, 투자은행이 더이상 일반 고객의 돈을 위험한 상품에 투자하지 못하도록 일반은행과 투자은행에 경미한 용도지정 조치를 한다는 제안이 있었다. 정부는 이 제한을 시행하는 데 2019년까지, 그러니까 리먼브라더스 파산 이후 10년이 넘는 유예 기간을 두었다. 보수당 하원의원 앤드루 티리에(Andrew Tyrie)마저도 정부 개정안이 그러한 강제를 집행할 금융부문 감시기구의 힘을 약화시켰다고 주장했다. 자유민주당의 빈스 케이블은 일반은행과 투자은행의 완전한 분리를 주장했으나 연립정부는 케이블 의원의 주장을 묵살했다. 앞서 언급된 보고서에 제시된 제안들도, 주요 은행들이 투자운용에서 감수할 수 있는 위험에 제한을 두라는 권고를 포함해 많은 부분이 약화되거나 무시되었다.

기업 대출은 은행들이 자신들이 붕괴시킨 경제를 어떻게 소생시키고 있는지 나타내는 꽤 정확한 지표다. 그러나 은행들은 공공부조로 새로 들어온 돈으로 기업에 대출을 해주기보다, 대차대조표를 바로잡는 데 이용했다. 2013년 가을 비금융기업에 대한 은행의 대출은 근 2년 반 동안 가장 낮은 수준으로 떨어져, 47억 파운드에 머물렀다.[15] 2011년에서 2013년 사이에 우편번호를 기준으로 나눈 영국 120개 지역을 보면 10곳 중 8곳 이상에서 기업 대출이 감소했다.[16] 은행은 계속 경기회복에 도움을 주지 않았다.

연립정부는 정부지출 절감이 부채상환에 가장 중요한 방법임을 들어 긴축재정을 정당화했다. 정부의 이야기는 지나친 공공지출 때문에 빚을 지고 있다는 것이었다. 데이비드 블랜치플라워는 정부의 경제위기 대응의 근저에 깔린 냉소주의를 지적하며 "이 모든 게 정치적 언론플레이라고 조지 오스본 자신이 내게 말했다"고 주장했다. 그러나 2010년 기준으로 GDP의 81%에 달한 공공부채, 그러니까 정부의 빚은 2차세계대전 후의 평균보다는 높았지만 7대 산업국가 평균인 105%에 비하면 한참 낮았다. 하지만 기업과 개인들이 진 빚을 모두 포함한 개인부채는 훨씬 거대한 액수였다. 2008년 개인부채가 GDP의 487%라는 터무니없이 엄청난 숫자에 도달했으며, 여기에는 금융권 대출이 큰 비율을 차지하고 있었다. 1987년 빅뱅정책 도입 직후에 금융권 대출은 47%였으나, 2000년이 되면 122%로 오르고, 현재는 219%에 달해, 다른 어떤 G7 산업국보다 높은 수준이다. 이러한 개인부채는 경제성장 전망을 억누르고 있다.[17] 연립정부는 긴축정책을 시행하여 부채를 청산하고 있다고 주장했지만, 연립정부 4년간 늘어난 국가부채가 노동당 집권기 13년 동안의 부채보다 많다.[18]

연립정부는 은행들이 파산 전에 하던 행동을 하도록 그냥 내버려두었다. 은행은 "파생상품이라고 알려진 복합금융상품을 통해 금리변동에서부터 상품가격, 석유, 밀, 외화를 포함해 아주 여러 가지에 투자했다"고 에식스대학 회계학 교수 프렘 시카는 쓰고 있다. 갑부 투자가 워렌 버핏(Warren Buffet)은 파생상품을 '금융계의 대량살상무기'라고 예언적으로 표현했다. 그후 5년, 실로 파생상품은 세계 금융체제의 심장부에서 폭발했다.[19]

노동자의 월급봉투가 얇아지고 푸드뱅크의 숫자가 폭발적으로 늘어나며, 궁극적 절망의 표지인 자살률도 껑충 뛰었다. 그러나 런던 금융중심지에서는 죄책감이나 수치심을 찾아보기 힘들다. 시다스는 런던 금융중심지 사람들의 일반적인 사고방식을 이렇게 요약했다. "모두가 희생양을 찾고 싶어하니까, 런던 금융계가 편리한 매품팔이가 되어버린 것 같네요"라고 그는 말한다. "모두가 무이자로 신용카드를 긁어대며 기뻐하고, 기꺼이 지출하고, 소비하고, 실제로는 가지고 있지도 않은 돈을 써댔잖아요." 시다스의 말과 달리, 경제위기 한참 전부터 이미 생활수준의 실질적 하락을 경험하고 있던 노동자들은 점점 빈약해지는 수입을 저리 신용으로 보충하도록 강요당하고 있었다는 쪽이 사실이다.

런던 금융중심지에서는 긴축재정이 사람들의 삶에 미치는 영향을 언급하는 것만으로 웃음거리가 되기 십상이다. "긴축에 대해서 사람들에게 말하기 시작하면 난 놀림감이 될걸요." 런던 금융중심지 증권업자였던 대런의 말이다. "만일 당신이 런던 금융중심지에서 일하는 누구한테라도 그런 주제를 꺼내들면 그 사람은 당신을 쫓아버리거나, 큰 소리를 쳐서 당신이 입을 다물게 하거나, 아예 무시해버릴 겁니다. 금융가 사람들은 외부와 차단된 채 살고 있어요. 그들은 그런 긴축정책이나 사람들의 삶 같은 것에는 관심을 거의, 아니 전혀 갖지 않죠." 대런은 금융가 증권업자들의 '냉혹한 적자생존' 사고방식의 탓이라고 했다. "그 사람들은 옳건 그르건 간에 자신은 성공할 자격이 있으니까 성공한 거라고 여깁니다. 다위니즘적인 관점을 갖고 있죠." 전 동료들을 이보다 더 통렬하게 묘사할 순 없을 것이다. "그곳 사람들은 아주 비열하고, 부패해 있고, 탐욕스럽죠. 런던 금융중심지에 오래 있었던 사람일수록 더 편협해지고, 금융계 이외의 다른 세상에서 동떨어지게 됩니다. 그 사람들에게 있었을지도 모르는 동정심이나 세계에 대한 이해는 사라져버렸어요. 런던 금융중심지가 그런 의도로 설계된 곳은 아닐지 몰라도, 그게 거기서 일어나고 있는 일이에요."

세련된 홍보와 로비 덕에, 런던 금융중심지는 경제대란의 한가운데에서도 효과적으로 권세를 유지할 수 있었다. 홍보대행사야말로 투자자들 사이에서 그들의 평판을 유지하고 향상시키는 일이건, 대중과 집권정부를 상대할 때건 주요 금융기관들의 이미지를 만들어내고 관리하는 데 핵심적인 역할을 했다. 지난 30년간 홍보대행사는 우후죽순처럼 늘어났다. 금융위기 직후인 2009년에는 86개 이상의 금융기관 홍보대행사가 운영되고 있었다.『데일리 메일』증권담당 편집자였던 이언 라일(Ian Lyall)의 표현처럼, 금융위기 기간 동안 홍보대행사들은 "언론인, 투자자, 그리고 어쩌면 어느 은행이 회복 불가능할 정도로 파산했고 어느 은행이 살아날 수 있을지 알아내려던 규제담당 기관까지도 가로막는 장벽으로 기능했다."[20]

현재 최고의 금융기관 전문 홍보대행사는 바클레이스, HBOS와 스탠더드라이프(Standard Life)를 포함해 영국 100대 기업 리스트 중 24개 회사 홍보를 맡고 있는 브런스윅(Brunswick)이며, 21개의 100대 기업을 맡고 있는 RLM 핀스버리(RLM Finsbury)가 그 뒤를 잇고 있다.[21] 경제부 기자가 그런 힘있는 홍보대행사들의 눈 밖에 났다가는 기업엘리트 상당수로부터 정보를 얻기가 불가능할 것이다.

익명을 강력하게 요청한 한 경제부 기자는 홍보대행사들이 기업에 '집단 방호'를 제공한다고 말했다. 브런스윅과 RLM핀스버리가 거의

FTSE 100대 기업과 FTSE 250대 기업 절반의 홍보를 대행하기에, 이들은 "언론이 기사를 못 쓰도록 런던 금융중심지를 폐쇄해버릴 수 있다"는 것이다. 홍보대행사가 기삿거리를 얻을 수 있는 유일한 통로이니, 기업들은 경쟁사들이 자기네를 음해하지 못한다는 걸 알고 있다. 기업에 도움이 안 되는 기사가 언론에 나면 문제의 홍보대행사들은 언론 편집자에게 전화를 해서 한바탕 잔소리를 늘어놓는다. 곤혹스럽게도, 편집자는 파티나 다른 사교모임에서도 그 일로 항의를 받을 수 있다. "홍보대행사에는 돈 잘 벌고, 아주 매력있고, 굉장히 공격적인 사람들이 가득하다"고 그 경제부 기자는 말한다. "홍보대행사라는 기구와 대립하는 건 그다지 좋지 못한 일이에요."

홍보대행사는 현 기득권이라는 정치적 통일체의 생명유지기관이다. 2007년 브런스윅의 창립자 앨런 파커(Alan Parker)가 결혼했을 때, 하객 중에는 당시 총리 고든 브라운과 이후 총리가 될 데이비드 캐머런이 있었다. 브라운의 아내인 사라(Sarah)는 브런스윅의 동업자이기도 했다.[22] 브라운은 파커 아들의 대부가 되었고, 파커와 캐머런은 그 다음해 3월에 함께 남아프리카에서 휴가를 즐겼다. 2008년 초, 금융대란이 일어나기 단 몇달 전에 브라운은 브런스윅의 최고경영자 스티븐 카터(Stephen Carter)를 수석보좌관으로 임명했다. 앨런 파커와 남매지간인 루시 파커(Lucy Parker)는 브런스윅 동업자인데, 데이비드 캐머런이 다우닝가 10번지를 차지한 뒤 정부의 재능·기업부(Talent and Enterprise) 특별위원회를 떠맡았다. 브런스윅은 머독 제국 쪽에서도 재능있는 인재를 낚으려 했다. 브런스윅 간부 중 하나인 데이비드 옐랜드(David Yelland)는 전에 『선』지 편집자였다.[23] 파커는 언론의 비위를 맞추지 않고, 비밀스럽게 회사를 운영하기로 유명하다. 홍보 잡지 『브랜드 리퍼블릭』(*BrandRepublic*)의 표현처럼, 브런스윅은 '핵심 세력인 동시에 수수께끼다.'[24]

RLM핀스버리 창립자 롤런드 러드(Roland Rudd) 또한 기득권의 중심인물로서, 2013년까지 3년 연속으로 가장 영향력 있는 금융 홍보경영자로 뽑혔으며 기업가, 은행가와 정계엘리트들과의 연줄로 유명하다.[25] 1998년 TV회사 칼턴 커뮤니케이션즈(Carlton Communications)가 핀스버리와 계약을 맺으면서, 핀스버리는 당시 칼턴의 대외협력부 수장이었던 미래의 영국 총리, 데이비드 캐머런에게 직속 보고를 하게 되었다.[26] 유럽연합을 강력하게 지지하는 러드는 피터 맨델슨이나 에드 볼스 등의 신노동당의 권위자와 가까워, 맨델슨은 러드의 자녀 중 한 명의 대부가 되어주기도 했으며, 토니 블레어가 총리직에 있을 당시에는 총리의 비공식 자문 역할을 했다. 이런 마당에 블레어의 아들 유언(Euan)이 2006년에 핀스버리에서 인턴십을 하게 된 것도 놀라울 게 없다.[27]

게다가 머독 제국과도 가깝고 비스카이비(BSkyB) 방송국 홍보대행을 맡은 러드는 다른 언론계 인사들, 특히 1990년대 『파이낸셜 타임스』에서 같이 일한 BBC 경제부 편집자 로버트 페스턴(Robert Peston)과도 친밀하다.[28] 롤런드 러드와 남매지간인 앰버 러드(Amber Rudd)는 한때 투자은행 JP모건에서 일하다가 2010년에 보수당 하원의원으로 당선되었고, 조지 오스본 장관의 개인 비서이기도 했다. 앰버 러드가 당선된 2010년 선거에서 RLM핀스버리 동업자 중 한 명인 로빈 워커(Robin Walker) 또한 보수당 하원의원으로 당선되었다. 이 회전문은 다른 방향으로도 돈다. 데이비드 핸더슨(David Henderson)은 2012년 RLM핀스버리에 합류하기 전까지 4년간 다우닝가의 경제고문으로서 고든 브라운과 데이비드 캐머런 양 총리의 질의응답(Prime Minister's Questions, 매주 총리가 하원의원과 내각 관료들을 만나 질문을 받고 토의하는 시간) 준비를 도왔던 사람이다.[29]

이런 홍보대행사가 담당하는 금융계 큰손들은 광대한 정치와 언론 인맥을 즉시 이용할 수 있다. 탐사보도국(Bureau of Investigative Journalism, BIJ, 런던 시티대학을 기반으로 한 비영리 언론단체)에 따르면, 런던 금융중심지는 해마다 9,300만 파운드를 로비 비용으로 지출한다고 한다. 이런 노력을 통해 금융계는 정부의 법인세 인하와 해외 지사의 조세문제 등에 엄청난 혜택을 이끌어냈고, 덕분에 수백만 저소득 노동자를 돕는 것이 목적이었던 정부의 비영리연금이 제기능을 하지 못하게 만들었다.[30]

탐사보도국(BIJ)은 마크 볼리트를 영국에서 가장 강력한 은행 로비스트로 꼽았다. 볼리트는 선동자였다. 1970년 당시, 그는 보우그룹이라는 보수당 싱크탱크에서 후일 재무장관 자리에 오르는 나이절 로슨이라거나 대처의 오른팔 키스 조지프, 보수당 우익이자 사회보장부(State for Social Security) 장관을 지내기도 했으며 지금까지 돈독한 사이인 피터 릴리(Peter Lilley) 등의 현직 보수당 고위층과 같이 일했다. 현재 볼리트는 시티오브런던사(City of London Corporation, 런던 금융중심지를 실질적으로 운영하는 자치기구) 정책자원위원회(Policy and Resources Committee) 회장인데, 실질적인 수장이라고 할 수 있다. 볼리트는 런던 길드홀(the Guildhall) 대회의실에서 "로비스트들을 두고 하는 소리들 중엔 정말 우스운 것도 있지요"라고 말하며, "저를 런던에서 가장 유력한 로비스트로 만들어준 건 예외지만. 전 그 호칭이 좋습니다!"라고 덧붙인다. 볼리트는 여느 뛰어난 로비스트들이 그렇듯 붙임성 좋고 매력이 있다. 볼리트의 이력서는 인상적이다. 그는 7년간 영국건축조합(Building Societies Association)을 이끌었고, 그 후에는 6년간 영국보험인협회(Association of British Insurers) 회장이었다. "같은 일을 너무 오래 하지 않으려고 한다"고 볼리트는 설명한다. 40대 후반에 볼리트는 직업 이력의 다음 단계를 모색하며 이사직과 자문 일의 혼합쯤을 기대하고 있었다. 시티오브런던사를 대표해달라는 청을 받았을 때, 볼리트는 그곳이 뭘 하는 곳인지도 몰랐다. 그러나 그 자리에 선임된 일이 볼리트가 로비스트로 활동하는 시작점이 되었다.

시티오브런던사는 민주주의에 고집스럽게 저항하는 지역으로 남아 있다. 이곳의 기원은 12세기까지 거슬러 올라간다. 경제와 무역의 세력가들이 모인 런던 금융중심지의 중요성 때문에 시티오브런던사는 어느 정도 자치권을 허용받았고, 이렇게 확립된 관행과 특권은 영국이 근대로 행진하는 와중에도 유지되었다. 16세기부터 시티오브런던사는 무역과 금융업의 중심지가 되었다. 시티오브런던사 안에서는 의회가 발부한 영장도 소용없었으며, 그들은 하원의원 의장 반대편에 앉는 로비스트도 따로 보유하고 있었다. 런던 금융중심지의 스물다섯 행정구역 중 스물한 곳의 표는 기업이 소유하고, 그 기업의 대부분은 금융부문이다.[31] 각 기업이 받는 표의 수는 그들의 규모가 얼마나 큰지에 달려 있다. 볼리트는 대기업만 투표권을 가지는 것이 아니며, 중소기업도 선거권에 포함된다고 강조했다. "우리는 무엇보다 먼저 기업들이 등록하도록 설득을 해야 합니다. 그 다음에는 투표를 누가 할 것인지를 지명하라고 기업을 설득하고, 그 다음 임직원을 대표하는 사람을 투표자로 임명하라고 설득합니다. 이 모든 건 어려운 일이죠." 그러나 실상은 노동자가 아니라 기업체가 투표자를 지명한다. 나는 볼리트에게 이게 민주주의라 할 수 있겠느냐고 질문했다. "이게 민주주의냐고요? 엄청난 묘책이나, 올바른 체제란 존재하지 않습니다. 전 이보다 더 나은 체제를 생각해낼 수가 없기 때문에 저희 체제에 만족합니다. 저한테는 그게 중요한 점이죠. 이보다 더 나은 체제가 뭐겠어요? 우린 현체제를 개선시킬 방법을 찾고 있답니다. 저로서도 기업들이 투표자를 지명하는 방식이 완전히 마음에 들진 않아요." '한 명당 한 표'의 방식은 지나치게 비실용적일 것이라고 볼리트는 믿는다. 여기에서 민주주의와 금융의 노선충돌이 명확히 드러난다.

경제붕괴의 여파로 궁지에 몰린 금융부문을 수호하는 것이 볼리트의 임무였다. "규제를 시행할 때는 주로 규제를 느슨하게 하다가 뭔가 잘못되고 있다는 걸 깨닫게 됩니다. 그러면 추가 반대쪽으로 쭉 가서 아주 엄격한 규제를, 때로는 지나치게 엄격한 규제를 도입하죠." 그는 영국 경제를 금융업 지향에서 다시 제조업을 지향하는 방향으로 다각화하자는 제안을 무시한다. "계획경제를 믿느냐 하는 문제에 달려 있는 건데, 제 생각에 그건 심지어 계획경제 국가에서마저 몇년 전에 이미 유행이 지났습니다. 그건 마치 우리가 영국에서 시장이 뭘 할지 결정할 수 있다는 것과 같습니다." 시장이 아니라 국가가 영국의 금융부문을 구제했음을 고려하면 이상한 주장이다.

볼리트는 거대 금융기업들을 위한 전략의 일환으로, 정치인들에게 사치스러운 저녁식사를 대접한다. "그건 로비가 아니"라고 그는 주장한다. "대표로서의 일이죠. 여흥과 호화로운 음식을 제공하는 문제가 아닙니다. 전 계속 음식이 남고 포도주 병도 따지도 않은 채라고 불평하는데 우린 토론을 활발하게 하려고 거기 있기 때문이고, 거기에 우리와 같이 있는 사람들이 누구든, (노동당 예비내각 기업부 장관) 추카 우무나든, (노동당 예비내각 재무장관) 에드 볼스든 다른 그 비슷한 급의 각료들이든, 채텀 하우스 규칙(Chatham House Rules)이 적용되기에 우린 열린 토론을 할 수가 있습니다." 여기서 '채텀하우스 규칙'이란 모든 발언이 익명으로 이루어지고, 아무도 참석자들의 발언을 직접 인용할 수 없다는 뜻이다. 덕분에 대화가 더 솔직해질 수는 있겠지만, 이 규칙은 투명성을 박탈해버려서 영국 인민을 대표해서 행해진 발언, 서약, 그리고 합의를 인민은 알 수 없다. 볼리트는 이어서 말한다. "보통 장관님들이 조금 말씀을 하시고, '런던 금융중심지에서 당신들이 곤란해하는 문제는 뭡니까? 지금 런던 금융중심지에 중요한 의제가 뭐죠?'라고 물어보실 겁니다."

불리트는 저녁식사 자리에서 영국의 최고위 공무원인 내각 장관들 옆에 앉아 있는데, 언론인들이 이 일을 부적절하게 묘사한다고 분개한다. "그런 게 아닙니다, 그 장관님은 저에게 '마크, 사람들이 런던 금융중심지를 두고 뭐라고 하지요? 우리는 요즘 이런 이야기를 들었는데, 어떻게 생각합니까?' 이런 말씀을 하시는 거죠. 이런 게 전부 정책결정 과정이고, 정책결정이란 사람들이 이야기를 나누는 거지, 부적절한 영향력을 행사하는 그런 게 아닙니다." 다시 한번 강조하자면, 이런 이야기는 사석에서 또한 비공개로, 검토받지 않은 채로 오가는 것이다.

불리트 같은 사람들이 여러 의제에 영향력을 행사하는 건 분명 사실이다. 유럽위원회(European Commission)가 2016년 1월까지 도입하자고 발의한 금융거래세(financial transaction tax)를 예로 들어보자. 이 세금은 금융거래에 경미한 추가부담을 붙여 투기 거품을 막으려는 것이다. 거기서 모인 돈은 개발이나 기후변화 방지 등의 지출에 배정될 것이다. 여론조사를 보면 금융거래세는 폭넓은 대중적 지지를 받고 있었다. 그러나 이 문제는 런던 금융중심지에서 시급한 현안이 되고 말았다. "영국인들에게 세금을 매기고 돈은 전부 유럽정부로 가는 법안을 지지한다니, 정말 충격적"이라고 볼리트는 말한다. "도저히 이해할 수가 없네요." 영국은 이 법안에 참여하지 않았을 뿐 아니라, 유럽 전역에 적용되는 제도라면 영국 정부의 참여 여부와 상관없이 영국의 이익에 타격을 줄 것이라는 근거로 법적 이의를 제기했다. 금융거래세에 격렬하게 반대한 것은 연립정부뿐이 아니었다. 공공연히 친금융 입장을 드러내는 노동당 예비내각 재무장관 에드 볼스도 이 법안을 반대했다. 정치엘리트는 거대 금융기업을 수호하기 위해 결집했다.

경제붕괴의 원동력 중 하나는 터무니없는 위험부담을 감수하는 은행원들에게 초고액 연봉과 보너스로 보상을 해준 것이었다. 슈퍼마켓 점원이라든지 간호사들에게는 실질임금 삭감이 도입된 경제붕괴의 여파 가운데도 은행은 변함없이 번영했다. 2012년을 예로 들면, 백만 유로 이상의 연봉을 받은 영국 은행원은 2,714명으로 다른 유럽연합 국가들보다 12배나 많다. 이 은행원들은 평균적으로 자기네 기본급의 네 배 가까이 되는 보너스를 챙겼고, 최고위급 은행가들은 전해에 비해 35% 인상된 봉급을 받았다. 그러나 2012년 유럽연합이 주주들의 허락이 없으면 1년 또는 2년 연봉에 해당하는 액수 이하로 보너스를 제한하는 발의안을 공개하자, 런던 금융중심지는 격노했다. 다행스럽게도 이들에게는 보너스를 지켜줄 고위직 친구들이 있었다. 영국 납세자가 낸 세금을 지출하면서까지, 재무부는 이 발의안을 유럽재판소(European Court)에 회부했다. 또다시, 영국 정부 전체가 런던 금융중심지를 위해 작동하는 거대한 로비작업임이 드러났다.

2008년 경제붕괴의 여파를 수습할 때 런던 금융중심지는 다른 형태의 영향력에서 도움을 얻었다. 134인의 보수당 하원과 상원의원들이 현재 금융부문에 고용되어 있거나 과거에 고용된 적이 있다.[32] 맷 리들리(Matt Ridley)가 그런 경우 중 하나인데, 인기있는 과학 저술가이자 자칭 '합리적 낙관주의자'인 리들리는 그 부친에게서 노던 락(Northern Rock, Northern Rock Building Society, 영국의 은행. 파산 위기에 처해 2008년 국유화되었다가 매각됨) 회장 자리를 물려받았다. 그의 '합리적 낙관주의'는 그의 관리하에 있던 은행이 파산하여 납세자의 돈으로 구제받아야 했을 때는 그다지 소용이 없었다. 2013년 초에 리들리는 부친의 자작 작위를 상속받아 보수당 상원의원이 되었다.

보수당이 받는 기부금의 절반 정도는 런던 금융중심지의 돈이다. 보수당의 재정후원자 중 하나인 리처드 샤프(Richard Sharp)[33]는 1년에 402,420파운드를 기부해 2010년 총선의 보수당 승리를 이끌었다. 샤프는 다국적 은행 JP모건체이스(JP Morgan Chase)에서 채무자본시장 및 스왑그룹(Debt Capital Markets and Swap Group)의 공동수석을 맡았다가 1985년부터 2007년까지는 골드만삭스에서 일했고, 유럽사모펀드협회(European Private Equity) 수장이자 상무이사가 되었다. 샤프는 우익 선동자 집단인 정책연구센터[34] 임원을 맡고 있는데, 이는 금융계와 선동자들 사이의 무수한 연결고리 중 하나일 뿐이다. 2013년에 조지 오스본은 샤프를 영국은행 재정정책위원회(Financial Policy Committee) 위원으로 임명했다. 금융계의 중심인물이, 그가 후하게 기부를 한 당의 재무장관에게 임명되어, 또다른 경제 재앙을 막기 위해 존재하는 정부기구에 합류한 것이다. 기득권의 회전문은 이렇게 작동한다.

2011년 7월 데이비드 캐머런의 '비즈니스, 무역 및 혁신' 분야 수석 자문으로 임명된 팀 루크(Tim Luke)도 있다. 루크는 기업에 대한 온건한 규제를 도입하려는 빈스 케이블 기업부 장관의 시도에 앞장서서 저항했다. 루크는 리먼이 파산하기 전까지 6년간 리먼브라더스에서 일했고 그 이후에는 바클레이스 캐피털에 합류했다.[35] 아이반 로저스(Ivan Rogers)는 2011년 8월 데이비드 캐머런의 유럽 및 국제문제부문 자문이 되기 전 시티그룹(Citigroup)과 바클레이스 캐피털에서 고위직을 맡고 있었으며, 2013년 11월에는 유럽연합 상주 영국 대표가 되었다. 보수당 내무장관이었으며 현재 UBS AG 투자은행(UBS AG Investment Bank) 부회장 브리탄 경(Lord Brittan)은 정부에 무역 관련 자문을 하고 있다.

경제붕괴 이후 금융부문이 정계 깊숙이 촉수를 뻗으면서, 런던 금융 중심지가 차지한 위치에 도전할 의미있는 변화가 일어날 전망은 사라져버렸다. 은행가들에 대한 대중의 분노와는 상관없이, 금융계 거두들은 자기네 심복들이 직접 정치적 영향력을 행사하면서 웨스트민스터 엘리트들이 계속 재계의 이익을 대변할 것이기에 거듭 안심할 수 있었다. 이는 극소수 엘리트들이, 그들의 이익이 얼마나 국가 전체의 이익과 충돌하든, 민주주의를 전복시킨 명확한 사례였다.

금융제도는 기업을 육성하고 유지하는 데 필수적이다. 그러나 영국의 금융제도는 이 핵심 기능에서 점차 멀어져 투기와 복합 파생상품에 집중하는 도박장에 가깝게 되었다. "금융서비스 부문과 런던 금융중심지는 경제적 목적에 복무하기 위해 있는 겁니다."(그 또한 익명을 요구한) 펀드매니저 프랭크(Frank)의 말이다. "하지만 이제 금융부문은 자기 자신밖에 위하질 않지요." 코스타스 라파비차스 교수의 표현처럼, 현대 자본주의는 완전히 '금융화'되었다. 현대 기업은 이익잉여금이나 주주에게 분배되지 않는 돈을 동원해 스스로 금융 투기에 뛰어든다. 개별 가구들도 자택을 소유하고, 떨어지는 생활수준을 유지하기 위해 그 어느 때보다도 금융에 의지하는 실정이다. 현대 기득권층은 전례가 없을 정도로 금융화되었다.

무엇보다도, 금융부문은 민주주의에 대한 위협이다. 정부는 외환 관리의 포기가 되었든 규제철폐 장려가 되었든, 금융부문의 경제적 힘 앞에 굴복했다. 로비, 정치 기부, 권력의 심장부에 포진한 너무나 많은 금융부문 출신 인물들을 통해서 금융부문은 가공할 만한 영향력을 행사한다. 이는 "엘리트에게 적용되는 규칙과 그 외의 사람들에게 적용되는 규칙은 다르다"는 관념을 압축적으로 보여준다. 금융부문의 지배에 반대하는 이들은 열외가 되고 웃음거리가 된다. 런던 금융중심지는 가장 근본적이고도 원형적 형태의 기득권층임이 확실하다.

8

주권이라는 환상

동맹인가 맹목인가

선동자들의 야심은 영국 국경에 얽매이지 않았다. 그들은 국가의 경계와 상관없이 기업 권력의 이익을 사상으로 삼는 이데올로그들이며, 그들의 계획 범위는 항상 전지구적이다. 영국과 함께, 미국 또한 그들의 지적 중심지였다. 물론, 미국에 대한 영국의 예속은 수십 년을 거슬러 올라간다. 그러나 공통의 사고방식이 영국의 새로운 기득권층을 결속시켜주는 것과 같은 방식으로, 영국 기득권층과 미국 엘리트들이 공유하는 새로운 이념은 윈스턴 처칠이 '특수관계'(the special relationship, "영국과 미국은 정치·군사 등 분야에서 특수 관계에 있다"는 처칠의 말에서 유래되어 영미 관계를 나타내는 상징적 표현이 됨)라고 설정한 상황을 바꿔놓았다. 그것은 크루즈 미사일, 폭탄, 전차의 지원을 받는 이데올로기다. 여기에는 엄청난 인명의 희생이 따랐다.

　양차 세계대전 사이에, 아직 드넓은 세계를 아우르던 제국 영국은 분명히 미국과 냉랭한 관계였다. 현대의 영미 동맹은 수많은 미군이 영국으로 파병되고 히틀러의 몰락 이후에도 영국에 남게 된 제2차세계대전 와중에 형성되었다. 오늘날 수천 명의 주영 미군은 종전 후 거의 70년이 지나도록 영국 전역에 걸친 군시설에 배치되어 있다. 미국과 영국의 각 군대와 정보기관 간의 유대는 전후 시대에도 강하게 유지된다. 1949년 북대서양조약기구(NATO)에 가입하여 영국을 확실히 미국의 세력권으로 만든 것은 클레먼트 애틀리가 이끈 영국의 전후 정부였으며, 1952년 윈스턴 처칠(총리로 재선됨)과 보수당 정부하에서 영국은 핵무기 보유국이 되었다. 영국의 트라이던트 핵무기(Trident, 미국에서 개발된 잠수함 발사 탄도미사일)는 여전히 미국 기술에 의존하고 있다. 2010년 연립정부 집권 후 영국의 국방예산을 삭감하기 시작하자, 전 미국 국방장관 로버트 게이츠(Robert Gates)는 예산삭감은 영국이 '이전처럼 대등한 동반자가 될 수 있는 역량과 능력을 완전히 유지하지 못한다는' 의미가 될 거라고 경고했다.

그러나 미국에 대한 맹종은 비교적 최근에 나타난 현상이다. 1956년에 영국은 이집트의 나세르 장군(Nasser, 가말 압델 나세르, 군인으로 이집트를 왕정에서 공화정으로 바꾼 쿠데타의 주도자. 후일 대통령이 됨)이 수에즈 운하를 국유화하는 데 반발하여 프랑스·이스라엘과 함께 군사행동에 나서기도 했지만 미국의 압력으로 이 세 국가는 어쩔 수 없이 철수해야 했다. 이 굴욕은 강대국 영국이 공식적으로 몰락했음을 보여주었다. 1960년대 노동당 총리 해럴드 윌슨은 영국 좌파 다수가 미국의 베트남전을 외교적으로 지지한다는 데 비분강개했다. 미국이 베트남의 여러 도시에 폭격을 가한 후, 윌슨은 린든 B. 존슨(Lyndon B. Johnson) 미국 대통령에게

"우리 영국이 이 작전을 반기지 않는다고 해서 영국이 보내는 미국의 베트남정책에 대한 지지에 영향을 미치진 않습니다"고 말했다. 그러나 윌슨은 미국의 엄청난 압박에도 불구하고 베트남전에 영국군을 파병하지 않았기에 워싱턴에 큰 좌절을 안겨주었다.[1] 1965년 2월 윌슨이 확대되고 있는 존슨의 베트남전쟁에 개인적으로 우려를 표했을 때, 존슨 대통령은 영국이 행한 말레이시아 내란 진압작전을 언급하며 쏘아 붙였다. "저는 총리께 말레이시아를 어떻게 다스려야 하는지 말하지 않으니, 총리께서도 제가 베트남을 어떻게 해야 할지 말씀하시는 게 아니죠. 베트남에서 우리 미국을 돕고 싶으면 군사력을 보내고 이 게릴라들을 처리할 인력을 보내주시지요. 미국을 도울 거라고 언론에 공표하시고 말입니다."[2]

1980년, 마거릿 대처가 영국 선거에서 승리한 지 1년이 조금 넘었을 무렵 로널드 레이건(Ronald Reagan)의 선거가 결정적인 전환점이었다. 대처리즘이 영국의 새로운 기득권층을 형성해냈다면, 레이건 행정부도 두 임기를 치르며 미국에 비슷한 현상을 일으켰다. 레이거니즘은 많은 부분 두 이념의 혼합이었다. 신보수주의(neo-conservatism)와 신자유주의(neo-liberalism)가 그것이다. 신보수주의는 원래 1960년대 후반부터 미국 민주당(Democratic Party) 핵심부에서 나타났고, 미국의 힘이 쇠퇴하고 있다는 인식 ─ 리처드 펄(Richard Perle, 로비스트이자 정치자문으로, 국방정책 자문위원회 위원장 등을 맡으며 레이건과 부시 정부에서 활발히 활동), 폴 울포위츠(Paul Wolfowitz, 미국 전 국방부 부장관, 전 세계은행 총재), 진 커크패트릭(Jeane Kirkpatrick, 레이건 임기중 대외정책자문, 유엔 미국대사를 역임) 같은 엘리트 정치인과 지식인들의 인식 ─ 에 따른 위기의식의 반영이었다. 이들 엘리트는 레이건 정부하에서 미국이 소비에트 연방에 다시 호전적 입장을 취하도록 추동했고, 미국 군대가 힘과 권력을 다시 요구할 근거를 제공했다.

한편 미국 자유시장주의자들은 영국 싱크탱크는 하찮아 보일 정도로 어마어마한 싱크탱크를 조직했다. 영국 선동자들과 마찬가지로 이들 또한 미국의 정치적 합의를 전복시키고 싶어했다. 미국의 경우, 자유시장주의자들은 1930년대 프랭클린 루즈벨트(Franklin Roosevelt)의 간섭주의(interventionist) 뉴딜(New Deal) 경제학, 그리고 그 이후 1960년대 존슨 대통령의 위대한 사회(Great Society) 정책이 세운 체계에 도전했다. 영국 보수당이 클레먼트 애틀리식 복지 자본주의의 주안점들을 받아들였듯이, 당시에는 미국 공화당(Republican Party)의 상당수도 그 시대 미국의 정치적 합의에 따랐다. 리처드 닉슨(Richard Nixon) 대통령은 1971년 '우리는 이제 모두 케인즈주의자'라고 선언하기까지 했다.[3] 헤리티지재단(미국 보수파 싱크탱크)은 영국의 애덤스미스연구소와 비슷하지만 지원을 훨씬 잘 받는 곳인데, 1973년 자유시장경제를 장려하기 위해 설립되었다. 헤리티지재단은 기업 및 사익 집단으로부터 매우 후한 지원을 받았다. 양조업계의 큰손 조지프 쿠어스(Joseph Coors)가 내놓은 초기 기부금 25만 달러에 이어, 헤리티지재단은 1977년까지 연간 예산이 2백만 달러였고, 1989년에는 1,750만 달러에 이르렀다. 이 재단은 레이건 대통령이 처음으로 당선되기 전날 『리더십을 위한 정책과제』(Mandate for Leadership)라는 자세한 정책안을 출판해 주목을 받았는데, 많은 사람들이 이 정책안을 새로운 행정부의 지적 기반으로 보았다.[4] 후버연구소(Hoover Institute, 스탠퍼드대학 내 미국의 보수파 싱크탱크 겸 도서관)나 미국기업연구소(American Enterprise Institute, 미국의 보수파 싱크탱크) 등 다른 선동자들도 레이건 프로젝트의 지적 기반을 창조해냈다.

그러니 대처와 레이건의 관계가 그토록 가까웠을 만도 하다. 그럼에도 긴장과 갈등은 있었다. 레이건은 1982년 아르헨티나로부터 포클랜드 제도(Falkland Islands)를 탈취하려 애쓰는 영국에 냉담했는데, 당시 아르헨티나를 통치하던 잔인한 군사정부는 미국의 지원을 받는 반공정부였기 때문이다. 그 이듬해, 레이건은 카리브해의 섬 그레나다(Grenada)에 대한 침공을 지시했으나, 대처는 이에 반대했다. "그레나다 정권이 얼마나 변변치 못하든간에, 이 조치는 소(小) 독립국가의 내정에 대한 서구 국가의 간섭으로 비춰질 것"이라고 대처는 레이건에게 메시지를 보내며, 자신이 이 문제에 관련된 레이건 대통령과의 소통 때문에 '심려가 컸다'고 덧붙였다.[5] 이런 기복은 있었지만, 1980년대에 영국 기득권층과 미국 엘리트 간에는 새로운 이념적 연대가 자라났다.

그러나 아직 정치엘리트 전체가 영국과 미국의 새로운 관계에 찬동한 것은 아니었다. 마이클 풋(Michael Foot, 영국의 언론인, 저술가이자 정치인. 전 노동당 당수)과 닐 키넉이 이끌던 1980년대 노동당은 핵무기 감축을 포함한 국방 전략을 추구했다. 이는 워싱턴에서 받아들일 수 없는 일이었다. 영국의 군축 전략에 보인 미국의 반응 중에 영국 내정에 대한 간섭도 있었느냐고 키넉에게 물었더니, 키넉은 분명하게 대답했다. "그래요, 거기에 대해선 의심의 여지가 없지. 내 듣기로, 그건 대처 쪽 사람들이 조직했거나 아니면 보수당 중앙사무소일 거라고 했습니다. 어쨌든 확실히 조직되어 있었지."

키넉은 미국 행정부로부터의 적대를 회상했다. "미국에 처음 갔을 때 그쪽 사람들하고 금세 친해졌다곤 말 못하겠군." 키넉이 비딱한 미소를 지으며 말했다. "그렇지만 레이건의 개인 비서와 언론담당 비서는 적대감은 전혀 없이 아주 흥미로운, 재미있는 철학적 의견 교환이 있었다고 말했어요. 두번째로 갔을 땐 분위기가 완전히 달랐지. 한번은 미국 대사가 나를 향해 내가 일방적일 뿐만 아니라 우리 노동당한테는 애국심이 없다는 발언을 했어요. 물론 그 두 가지는 완전히 다른 책략이지. 나중에 내 집무실로 불러 엄중히 항의하고 정식으로 사과를 받았습니다."

영국에서 토니 블레어, 그리고 미국에서 빌 클린턴(Bill Clinton)의 부상은 영국 기득권 지식인과 미국 엘리트의 결속을 강화시킨다. 1992년 미국 대선에서 성공을 거머쥔 클린턴의 '신민주당'(New Democrats, 중도 및 보수층을 공략하기 위하여 규제완화와 경제성장 등 신자유주의를 상당 부분 수용하며 보수화된 민주당) 운동은 1997년 당선된 블레어의 신노동당 정부에 많은 영감을 주었다. 신민주당과 신노동당 모두 자신들이 적대하는 쪽의 기저 교리를 수용했다. 1996년, 클린턴은 뉴딜정책을 부인하며 '큰 정부의 시대는 끝났다'고 선언했다. 클린턴과 블레어 모두 자신들이 '제3의 길'(Third Way)이라고 부른, 신자유주의와 각 국가의 전후합의의 절충이라고 알려진 노선의 대변자였다. 신노동당의 부상은 미국 외교정책에 대한 모든 종류의 비판적 접근을 폐기하는 것을 의미했으며, 기득권층에서 흔한 입장을 굳건하게 해주었다. 고관 크리스토퍼 마이어(Christopher Meyer)가 1997년 주미 영국대사로 파견되었을 때, 토니 블레어의 수석 보좌관 조나선 파월(Jonathan Powell)이 마이어에게 말했다. "그냥 백악관과 무탈하게 지내며 머무시죠."[6] 미국과 영국의 관계는

1998년 이라크전쟁을 비롯한 합동군사작전을 통해 더욱 공고해졌고, 영국 기득권층 상당수는 이에 갈채를 보냈다.

그러나 1990년대 후반 미국에서는 신보수주의의 물결이 일었다. 신보수주의 지도자들은 1997년 신미국시대프로젝트(Project for the New American Century, PNAC)를 설립하여 즉각 단체 목표를 발표했다. 그 문서에는 '미합중국은 미국의 원칙과 이해에 우호적인 새 시대를 만들어 나갈 결의를 했는가?'라는 질문이 있다. '우리는 세계에 널리 정치적·경제적 자유를 촉진해야 한다'고 선언하며, 성명서는 '우리의 안보, 우리의 번영, 그리고 우리의 원칙에 우호적인 국제질서를 유지하고 확장하는 데 있어서 미국의 유일무이한 역할'을 설명했다. 이 성명은 많은 것을 드러냈다. 신미국시대프로젝트는 선동자들의 사상에 따르고 미국의 권세에 뒷받침되는 국제질서를 공공연히 원했다. 1998년 도널드 럼즈펠드(Donald Rumsfeld, 전 국방부장관), 폴 울포위츠, 로버트 졸릭(Robert Zoellick, 전 국무부 차관, 세계은행 총재) 같은 신미국시대프로젝트의 지도급 인사들은 클린턴이 사담 후세인(Saddam Hussein)을 물러나게 하라는 요구를 담은 성명서를 발표했다. 이들은 모두 2001년 조지 W. 부시가 이끄는 공화당 행정부의 핵심 인사가 된다.

공화당원들이 백악관을 차지했다 해도 영미 동맹에는 전혀 문제가 없었다. 새로운 기득권층의 이데올로기는 어떤 대통령이 집권했는지에 개의치 않고 전에 없이 열성적으로 미국의 권력에 종속되었다. 영미 간의 이 관계는 끔찍한 분쟁으로 굳건해진다. 2001년 9월 11일의 테러 공격에 뒤이어, 영국은 탈레반을 축출하기 위하여 아프가니스탄을 침공한 미국 주도의 동맹에 동참했다. 모든 주요 정당과 사실상 모든 영국 언론이 이 무력간섭을 지지했다. 몇주 만에 카불의 신정 정치가들을 끌어내린 항구적 자유작전 초기에는 이 전쟁이 대단히 성공적인 것 같았다. 그러나 이것은 오래도록 반복될 피비린내 나는 게릴라전의 서막일 뿐이었다. 2014년 6월 기준으로, 미국이 주도하는 동맹에서 영국군 453명을 포함한 3,374명의 장병이 전사했으며, 수천 명의 병사가 장애를 입거나 부상당했다. 아프가니스탄 안보군 수백 명과 반란군 수천 명이 죽어갔고, 셀 수 없이 많은 민간인들 또한 살해당했다. 하미드 카르자이(Hamid Karzai, 2014년까지 집권) 대통령이 이끄는 새로운 아프가니스탄 정부는 부패했고, 민주적 적법성이 없었으며, 끔찍한 인권문제를 안고 있었다. 영국 여론은 의미도 없고 이길 수도 없는 분쟁에서 영국군을 철수시키길 원했으나, 미국의 외교방침에 의지하려는 기득권층의 결심 때문에 영국 장병들은 아프간에 묶여 있어야만 했다.

조 글렌턴(Joe Glenton)은 스물두살에 영국군에 입대했다. 요크(York)의 노동계급 가정에서 자라 취업 전망이 그리 밝지 않았던 그가 입대한 데는 경제적 이유가 크게 작용했다. "그런 소리들, '영웅'이라는 생각, 군대가 '고귀한 목표'를 추구한다는 걸 믿는 사람들도 있죠. 하지만 대부분은 경제적 동기예요. 군인들은 북동부, 스코틀랜드, 런던의 가난한 동네 출신이죠. 그렇지만 군대는 아주 번드르르하고 세련된 방식으로 영업을 해요. 안내책자를 들고 모병 사무소로 가면, 거기선 진짜 살인에 대한 언급이 없어요. '더 존경받고, 동료도 더 얻고, 돈도 많이 번다'는 거고, 꽤 애매하고 뭉뚱그려서 얘기하길 우리나라를 방위한다는 거예요." 글렌턴은 2006년 아프가니스탄으로 파병되었는데, 그는 자신이 파병된 기간을 '아프가니스탄 남부에 대한 초기의 대규모 재침공'이라고 불렀다. 그는 거의 처음으로 파병된 영국 병사 중 한 명이었다.

아프가니스탄에 일곱 달을 있으면서, 글렌턴은 환상이 점차 깨지는 것을 느꼈다. "아프가니스탄을 돌아다니면서, 우리가 들었던 합리화들, 아프가니스탄의 어린 여자애들을 학교에 보내고, 사회 기반시설을 재건한다는 등의 이야기는 사실이 아니었다는 게 드러났죠. 우리가 내란을 일으킨 겁니다. 오만이었죠." 글렌턴은 이라크의 바스라(Basra)에서 영국군이 반군에게 받은 굴욕을 되갚기 위하여 시작되었고, 2007년 철수로 막을 내렸으며, 영국과 미국 장군들조차 패배라고 했던, 헬만드 주(Helmand province, 아프가니스탄 남서부로 헬만드 강 근처)에 대한 영국의 피묻은 개입을 지적했다. "우리가 파병된 가장 큰 이유는 여기 영국이나 그곳 아프가니스탄의 안보가 아니었다"고 글렌튼은 말한다. "미국이 보기에 우리가 실패한 것처럼 보인다는 게 이유였죠." 글렌튼 생각에는, 헬만드 파병은 이라크에서 영국이 굴욕적으로 실패한 후에 영국 정부가 미국 정부에 자신의 쓸모를 입증하려고 했기 때문에 일어난 사태였다.

아프가니스탄 분쟁에 대한 글렌튼의 생각이 '확고해진' 것은 영국에 돌아오고 난 다음이었다. 아프가니스탄에서 움직이는 동안에는 생각할 시간이 없었다. 글렌튼은 의문을 품었지만, 거기에 대해 이야기해볼 기회가 없었다. "다시 아프가니스탄으로 돌아가고 싶지 않다는 걸 확실히 알았어요. 파병을 거부하려고 했어요. 그건 마치 직장을 떠난 다음에야 사직서를 내는 것 같긴 하지만, 군대에선 그만두려면 일 년은 걸리죠. 그런데 그 와중에 재배치 명령을 받았고, 난 지휘계통 쪽에 아프간에 돌아가지 않을 거라고 말했어요. 난 양심적 병역거부 절차도 몰랐고, 군대는 내게 거부할 권리가 없다고 했죠." 그는 2년이 넘게 무단이탈을 했고, 2010년 9개월의 징역을 선고받았다.

영국의 외교정책을 미국에 종속시키려는 기득권층의 열정은 어마어마한 반대에 맞닥뜨린다. 2003년, 영국이 미국 주도의 이라크 침공에 열성적으로 동참했을 때, 두 주요 정당 지도부뿐 아니라 언론 또한 영국의 참전을 지지했다. 하지만 영국의 이라크 참전은 2003년 2월, 2백만 명이 가두행진에 참여한, 영국 사상 최대 규모의 시위를 불러일으켰다. 외무부 법률자문 마이클 우드(Michael Wood)와 같은 고위 법조계 인사들은 계속해서 2차 UN 결의안 없는 이라크전쟁은 불법이라고 조언했다. 그러나 그의 부관 엘리자베스 윌름셔스트(Elizabeth Wilmshurst)와 달리, 그는 사직하지 않았다.

이라크 분쟁에 개입하기 위한 영국의 준비는 기만과 지연이 특징이었는데, 여기에는 기득권층, 특히 정치와 언론 분야의 엘리트들이 한몫을 했다. 한때 서방의 지원을 받았던 이라크 독재정권이 대량살상무기를 소지했다는 평계는 거짓으로 밝혀졌다. 이 전쟁으로 수십만 민간인이 사망하고, 이라크에는 민병대와 테러리스트가 들끓게 되며, 179명의 영국군이 목숨을 잃는다. 국제법을 따르지 않는 이라크에 대한 마지막 수단이 전쟁이었다는 것이 당시의 주장이었으나, 침공 아홉 달전에 이미 블레어 총리가 부시 대통령에게 "어느 쪽으로 결정하든, 나는 당신 편"이라고 말했다는 사실이 후일 밝혀졌다. 개전 전날, 영국 정부와 정부에 우호적인 언론은 이라크전쟁을 정당화할 2차 UN결의가 좌절된 이유는 프랑스와 러시아가 비협조적으로 나왔기 때문이라고 주장했다. 그러나 후일 밝혀진 바로는 이라크 침공 몇달 전에 이미 부시와 블레어는 이라크의 국제법 위반 여부와 상관없이 침공을 결행하기로 약조했다.[7]

이 파국적 개입은 미국의 힘에 대한 영국 기득권층의 애정 때문이었다. 전쟁 준비기간 동안, 블레어는 미합중국과의 소위 '특수관계'를 굳건히 하려면 영국은 '피의 대가'를 치러야만 한다고 말하며 이 애정이 얼마나 깊은지를 드러냈다. 다시 말해서, 워싱턴과의 동맹을 지키기 위해 영국인의 목숨을 바쳐야 한다는 것이다. 블레어 총리 자신의 말처럼, "그들(미국)은 '헌신할 준비가 되었는지, 총격이 시작될 때 그 자리를 지킬 준비가 되었는지' 알고 싶어한다"는 것이다.

전쟁이 그토록 끔찍했으니 의사결정에 관여했던 자들이 책임을 지거나 최소한 누군가 그들에게 책임을 지울 것이라고 사람들은 생각한다. 그러나 이라크전쟁으로 몇명이 사임하긴 했지만, 옷을 벗은 사람들은 언제나 전쟁에 비판적인 사람들이었다. 기득권층은 단결하여 스스로를 지켰고, 자신들의 처참한 전쟁에 반기를 들었던 자들을 내몰았다. 전 외무부 장관 로빈 쿡(Robin Cook)은 개전 하루 전날, 현대에 이루어진 하원연설 중 가장 훌륭한 연설에 꼽힐 만한 연설을 하고 사임했다. 내무성 장관 존 데넘(John Denham)도 뒤이어 사임했다. 이라크 침공 후 뒤늦게, 국제개발장관(International Development Secretary) 클레어 쇼트(Clare Short) 또한 사임했다.

점입가경이었다. 2003년 7월 18일, UN 무기사찰단 일원이었던 데이비드 켈리(David Kelly)가 벌판에서 시체로 발견된다. BBC 기자 앤드루 길리건(Andrew Gilligan)이 그를 자신의 정보원으로 지목한 후였다. 한

달 반 전, BBC 라디오 4번 채널의 「투데이」(Today)라는 프로그램에서, 길리건 기자는 블레어 정부, 특히 공보비서관 앨러스테어 캠벨이 이라크 무력에 관련된 핵심 보고서를 '꾸며냈'으며 이를 통해 신노동당 쪽 세력이 이라크에 분노하도록 부추겼다고 주장했다. 켈리와 길리건 모두 고위 정치인과 적대적 언론보도의 압력을 지속적으로 받았고, 특히 켈리는 사망 며칠 전까지 하원의원들의 취조에 시달리느라 매우 힘겨워했다. 켈리의 시신이 발견되었을 때 한 기자가 블레어를 지목하여 그가 켈리의 죽음을 지시했는지 공개적으로 질문했고, 정부는 북아일랜드 수석 재판관을 지냈던 허턴 경(Lord Hutton)의 지휘로 조사가 이루어질 것이라고 발표했다. BBC방송국 사장 그레그 다이크(Greg Dyke)가 후일 주장한 바에 따르면, 블레어의 가장 절친한 동료 중 하나인 필립 굴드(Philip Gould, 선거 및 언론홍보 전문가로 신노동당과 밀접하게 일했다)는 '우리가 적절한 판사를 지명했다'며 뽐냈다 한다.

　오늘날 앤드루 길리건은 노동당 정치인 켄 리빙스턴 같은 좌익 인사들을 열심히 비판하고 있으며, 우익 언론 『데일리 텔레그래프』 기자이면서 보수당 런던 시장 보리스 존슨 밑에서 일하기도 한다. 그러나 2003년만 해도 길리건은 영국 기득권층이 총력으로 적대하던 인물이었다. 안경을 쓰고 머리가 벗겨지기 시작한 리빙스턴에게는 놀랍게도 냉소를 찾아볼 수 없었다. 따뜻하면서도 카리스마 있는 태도로 그는 그 일 때문에 영국이란 나라에 대한 견해가 완전히 바뀌었다"고 인정했다. 리빙스턴은 이라크전쟁이 "국가로서 영국의 권위와 신뢰성을 영구적으로 손상시켰다"고 믿고 있다. 그는 1956년 수에즈 운하를 두고 일어난 영국의 형편없는 군사개입에 대한 『옵저버』의 보도를 공감하며 인용했다. "우리나라 정부가 그토록 어리석고 비뚤어진 짓을 저지를 줄은 몰랐다."

"제가 충격을 받았던 건 영국처럼 민주주의가 성숙한 나라에서 국가기구 전체가 이용당했다는 겁니다. 행정 조직은 부패했고, 사법부는 이용당했고, 의회는 앨러스테어 캠벨이 저와 데이비드 켈리를 공격하는 데 쓰는 도구가 되었죠." 리빙스턴은 이라크전쟁에 관련된 사건이 의회 공적자금 스캔들과 함께 '영국 정부에 대한 태도를 영원히 바꿔 버렸다'고 믿고 있다. 정부와 한편인 언론들이 그를 맹렬히 공격했다. 그들은 리빙스턴의 쓰레기통을 뒤졌다. "『선』하고『타임스』는 저하고 BBC를 쓰레기처럼 보이게 만들려고 잉크를 아끼지 않았어요." 리빙스턴이 자기 얼굴이『선』지 1면에 도배가 되어서는 '이런 쥐새끼'라는 머리기사로 나왔던 일을 회상했다. "제 인생에서 단연 최악의 경험이었죠, 8개월이나 그런 일을 겪었습니다." 그러나 리빙스턴은 기득권층의 적대에도 불구하고 폭넓은 대중적 지지를 받았다고 기억한다. 택시 기사들은 요금을 받지 않겠다고 했고, 여러 식당에서 그에게 공짜 식사를 제공하기도 했다.

2004년에 허턴 조사의 결과가 출판되었고, 허턴은 블레어 행정부에게 혐의가 없다고 판정하고는 대신 BBC를 맹공격했다. 길리건은 퇴직을 강요받았고, 그레그 다이크와 BBC 이사 개빈 데이비스(Gavyn Davies)도 사퇴해야 했다. 리빙스턴은 "사법부의 허턴은 그가 했던 일을 하도록 특별히 선택된 겁니다. 거의 우스울 정도로 치우치고 편향된 보고를 하도록요. 만일 앨러스테어 캠벨이 보고서를 썼다면 캠벨은 신뢰성이 있어 보이도록 자기 쪽을 10% 더 비판적으로 만들었을 거예요. 전

허턴에게 많은 빚을 졌지요. 그 보고서가 너무 편향적이었던 덕택에 지속적으로 신뢰를 얻을 수가 없었으니까요"라고 말한다. 길리건 자신은 무죄가 입증되었다고 생각했다. "일이 잘 되었다고 해야겠지요." 블레어나 캠벨이 공개적으로 처벌을 받은 건 아니었지만, 길리건이 언론상도 받고 계속 언론 활동을 잘 이어가고 있는 반면 그 둘은 '여론이라는 법정에선 종신형을 받았다'고 길리건은 말했다.

대중이 그런 뻔한 눈가림으로 만족할 리는 없었다. 이라크 정권의 대량살상무기 보유라는 전쟁의 구실은 신용을 얻지 못했고, 이라크는 폭력의 수렁으로 빠져들었다. 이런 배경에서 영국 정부가 전쟁 참전과 그 내막에 대한 진실을 밝히라는 요구를 거부하기란 결국 불가능했다. 조사는 이라크 침략 후 6년이 넘게 지난 2009년 6월에 시작되었다. 은퇴한 공무원인 존 칠콧(Sir John Chilcot) 경이 조사를 이끌었다. 5년 후, 조사는 여전히 발표되지 않았다. 게다가 보수-자민당 연립정부는 이라크 침공 개시 하루 전날의 각료회의 문서를 비롯한 핵심 문서의 공개도 거절했다. 그러나 조사를 비공개로 진행하려던 고든 브라운의 의도가 빗나가 문서가 공개되어버렸고, 그 문서는 애초부터 참전을 원했던 정부의 과오를 입증해주었다.

정부 고위층이 조사를 수행한 칠콧보고서에서 드러난 증거는, 영국 의회나 국민뿐 아니라 행정부 고위각료들조차 이라크전 발발 전의 날조된 진실에서 차단되어 있었음을 시사한다. 국가공무원의 우두머리인 앤드루 턴불 경(Lord Andrew Turnbull)은 2002년 9월 23일 처음 각료회의에 참석하여 이라크전 참전 여부 문제로 "최종 합의에 도달하려고 노력하고 있을 뿐, 어떠한 결정도 내려진 적 없다는 확언을 받았다"고

조사단에 말했다. 이 회의는 내각각료들이 군사적 선택을 논의할 것이라는 또다른 '확약'과 함께 끝이 났다. 한 달 후, 또다시 각료회의가 열려 '머지않아 군사적 선택을' 각료들과 함께 논의할 것이라고 결론이 났다. 턴불은 이 회의 후 "아무 일도 일어나지 않았다"고 기억한다. 2002년 12월 19일 내각에 영국군 동원령이 내려졌다고 통보되는데, 그 하루 전날 국방장관 제프 훈은 이미 의회에 이 사실을 알릴 발표문을 만들어두었다. 턴불은 존 칠콧에게 "전쟁준비 기간 동안 내각은 참전준비 문제에 관해 의사결정이 이미 한참 진행된 후에야 참여하게 되었다"고 이야기한다. 2003년 1월, 내각각료들은 군사행동에 대해 결정된 사항은 없으며 다음주에 논의가 진행될 예정이라고 듣게 된다. "뭐, 여긴 패턴이 있다"고 턴불은 말했다. "내각은 항상 '다음주에 의논해봅시다'는 말을 듣는 것이다." 토니 블레어가 결국 "다들 아는 얘기였습니다"나 마찬가지인 말을 했을 때 턴불은 블레어의 그 말이 '실제로 일어난 일과는 다른 소리'라고 결론지었다. 턴불은 그 시기를 회상하며 "내가 보기에 블레어 총리는 침공 몇달 전부터 군사행동이 필요하다고 마음을 아주 확고하게 결정한 사람처럼 보였어요… 군사행동이 있어야 하고, 미국이 군사행동을 주도해야 하며 영국이 참전해야 한다는 것이죠"라고 결론을 내렸다.[8]

그러나 내각 대부분 및 국가기관, 그리고 공격적인 참전 찬성 선전을 펼쳤던 많은 곳을 포함해 언론까지도, 정보에서 차단되어 있었다는 사실은 전혀 중요하지 않았던 것으로 드러났다. 대중의 반대 여론 앞에서도 불법적인(당시 UN 사무총장 코피 아난(Kofi Annan)의 말이다) 전쟁에 참전하는 데는 미국에 대한 완전한 복종이라는 기득권층의 지

배적인 구호만으로 충분했다.[9]

블레어가 미국과 소위 '특수관계'를 유지하기 위한 '피의 대가'를 입에 올렸을 때 그는 자신이나 자기 자식들의 피를 말하는 것이 아니었다. 안정된 직장이 부족한 지역사회 출신의 노동계급 청년이 군에 입대하는 비율이 월등하게 높았고, 피를 쏟은 것은 이들이었다.

이라크 침공은 한때 배척받던 선동자들이 얼마나 큰 권력을 차지했는지를 극명히 드러낸다. 지구상에서 가장 강력한 군사력의 지지를 받는 그들은 이라크를 자신들의 자유시장 놀이동산으로 바꾸는 일에 착수했다. 2003년 이라크 침공 직후 『워싱턴 포스트』(The Washington Post)는 대규모의 민영화 계획을 언급하며, "부시 행정부는 이라크 경제를 미국의 이미지대로 재편하려는 대대적인 계획을 내놓았다"고 보도했다. 전쟁이 시작되기도 전에 금융자문들 사이에서 '대규모 민영화 계획'과 함께 이 계획의 청사진이 돌고 있었다.[10] 점령 후 첫 몇달 내에 폴 브리머(Paul Bremer) 미군정 최고행정관은 시행령 39조(Order 39)를 발행해 이라크 사업의 외국인 소유를 제한하는 법을 폐기해버렸으며, 외국계 사업체의 수익을 이라크에 재투자해야 한다는 요건도 없애버렸다. 군정 첫 몇달 동안 수십 개의 국영기업이 민영화되었으며, 최고세율은 45%에서 15%까지 떨어졌다. 이는 영국 기득권층과 미국 엘리트의 새로운 이념적 연대를 표상한다. 그 둘의 합동작전은 선동자들의 욕망에 들어맞게 점령지를 개편할 것이다.

영국 기득권층의 미국 추종은 개인의 자유를 점점 심하게 위협한다. 변호사 제프리 로버트슨(Geoffrey Robertson)은 영국의 대표적인 인권 변호사 중 하나이다. 그의 말투에는 호주에서 자랐던 어린 시절이 살짝 남아 있다. 우리는 조지아 왕조 스타일의 건물들이 나무와 함께 연이어 있는, 런던 중심 다우티가(Doughty Street)의 사무실에서 만났다. "전 오늘날 영국 안보기관이 너무나 미국에 저당잡혀 있다고 생각합니다." MI5 와 MI6를 상대로 한 사건을 꽤 많이 맡아본 로버트슨의 말이다. "우리 영국은 (공군 감청기지) 리틀 사이완(Little Sai Wan)과 (정보기관) 정보통신본부(General Communications Headquarters, GCHQ) 같은 자산을 소유하고 있지만, 그런 곳은 모두 미국에 빚을 지고 있지요." 전 미국국가안보국(US National Security Agency) 분석가 에드워드 스노든(Edward Snowden)이 흘린 말에 의하면, 영국 정보통신본부는 영미 관계의 초석이었다. 스노든이 밝힌 정보에 따르면, 미국국가안보국은 공동으로 진행한 무작위 비밀 대량감시의 일환으로 정보통신본부에 3년에 걸쳐 1억 파운드 정도를 주었다고 한다. 2014년 1월 하원의원들이 받은 법적 자문에 따르면, 이 첩보활동은 대부분 불법으로 이루어졌다.

개인의 자유에 대한 가장 큰 위협은 2001년 9월 11일 미국이 공격당한 후 영국 기득권층의 열렬한 지지와 함께 시작된 '테러와의 전쟁'이었다. 테러와의 전쟁은 단지 영국 내에서만 시민의 자유를 탄압하는 것이 아니다. 영국 시민이 미국의 명령에 따라 자유를 박탈당할 수도 있는 것이다.

탈하 아산(Talha Ahsan)의 예를 보자. 런던 남부에 거주하는 무슬림인 아산은 10대 때 너바나(Nirvana)와 매닉 스트리트 프리처스(Manic Street Preachers) 같은 록, 그런지 밴드를 좋아했다. 그런 장르 밴드들이 너무 상업화되고 주류화되었다고 생각한 후로는 그다지 좋아하지 않았지만 말이다. 아산이 읽는 책의 상당수는 이런 밴드의 앨범 재킷에 추천

된 책들이다. 그는 제이디 스미스(Zadie Smith)와 셰이머스 히니(Seamus Heaney) 같은 영국 작가들의 작품을 읽었다. 아산의 책은 그의 방에, 주제별로 분리되어 알파벳 순서로 정리된 채 남겨져 있다. 아산은 어렸을 때 덜위치 칼리지(Dulwich College, 7-18세까지의 학생을 교육하는 사립 명문 남자 기숙사 학교)에 장학금을 받고 합격한, 부모의 자랑이었다. 개인적으로 방황을 좀 해서 교사들이 걱정하긴 했지만, 아산은 공부를 좋아하고 야심이 있는 학생이었다. 16세 때는 교재 한 권만 보고 아랍어를 독학하기도 했을 정도다. 아산은 런던 SOAS 대학교(School of Oriental and African Studies, 동양·아프리카 연구학원)에서 아랍어를 전공했으며, 열심히 공부해 최우수 등급 학위를 받았다. 수상 경력이 있는 시인이기도 한 아산은 분명 남다른 재능이 있는 청년이다.

탈하의 남동생 함자(Hamja)는 수줍어하고 때로는 사교에 서툰 젊은이다. 함자는 내향형인 사람들의 정치학에 대해 책을 쓰기도 했다. 함자는 형 탈하와 그의 성취를 무척 자랑스러워하는 게 분명했다. 우리는 사우스웨스트런던의 투팅(Tooting)에 있는, 책으로 가득한 함자의 집에서 만났다. 이야기를 나누는 동안 함자는 맛있는 인도 요리를 준비하겠다고 고집을 부리는 어머니를 말려야 했다. 함자는 가족의 이야기를 들려주었다. 1960년대 중반, 탈하와 함자가 태어나기 20년쯤 전에 아산 가족은 인도를 떠나 영국으로 왔으며, 형제의 아버지는 화물 운송업체 운영을 시작했다. 함자는 여전히 아들을 애지중지하는 부모님과 함께 살고 있지만 그의 형 탈하는 이제 거의 5,000킬로미터나 떨어진 곳, 미국 코네티컷(Connecticut)의 교도소에 갇혀 있다.

함자는 2006년 2월 집이 불시단속 당했을 때를 생생히 기억한다. 함자는 아직 예술학교 첫 해를 다니고 있었고, 탈하는 사서로 취직하려고 면접 일정이 잡혀 있던 날이었다. 함자가 침대에 누워 있는데, 경찰이 문을 박차고 들어와 침실을 뒤집어놓았다. 그의 휴대전화와 일기, CD와 DVD들, 플레이스테이션 2 메모리 카드와 학교에서 만든 작품이 압수되었다. 경찰은 함자가 코란을 갖고 있는지도 물었고, 방 전체를 사진으로 찍어 갔으며, 함자가 옷을 제대로 갈아입는 동안에도 그 옆에 서 있었다.

하지만 그날은 긴 악몽의 시작일 뿐이었다. 런던이 폭염에 휩싸인 2006년 7월 19일, 경찰은 미국의 범죄인 인도 요청에 따라 함자의 형 탈하를 체포했다. 함자가 1층에 내려가니 어머니가 울고 있었다. "방금 그 사람들이 네 형을 데려갔다"고 어머니가 함자에게 말했다. 탈하는 1997년(탈하가 18세 되던 해)과 2004년 사이에 네 항목의 주요 범죄를 저질렀다는 혐의를 받았다. 테러 지원 모의 및 테러 지원, 살인 모의, 납치, 외국에서의 인적 상해와 부상 유발 또는 재물 손괴 및 방조죄였다. 그러나 탈하는 영국 내에서 이런 범죄로 기소당한 게 아니며, 기소도 당하지 않고 6년간 영국 감옥에 수감되어 있었다. 탈하에 대한 기소는 대부분 한 웹사이트를 중심으로 진행되었는데, 그 웹사이트는 경찰이 탈하의 집에 들이닥치기 4년 전에 폐쇄된 상태였다. 「아잠 퍼블리케이션」(Azzam Publications)이라는 이 웹사이트는 보스니아와 체첸, 그리고 아프가니스탄에서 테러 활동을 고무하고 촉진했다는 혐의를 받았다. 함자는 "그 사이트는 일종의 대안언론 같은 거였어요. 실제로 그 웹사이트가 초점을 맞추고 있던 건 러시아로부터 독립하려는 체첸 전쟁이었죠"라고 말한다. 그 웹사이트는 바바 아마드(Babar Ahmad)

라는 인물이 관리했고, 탈하는 그 웹사이트에 관여한 게 별로 없었다. 역시 투팅 사람인 아마드도 2003년에 경찰에 체포된다. 그 과정에서 경찰은 아마드를 걷어차고, 주먹으로 때리고 목을 졸랐으며 그가 혈뇨를 보는데도 그냥 내버려두었다. (그로부터 5년 후, 런던 경찰은 아마드에게 피해 보상금 6만 파운드를 주고 합의했고, 또한 아마드가 '근거없이 장기적으로 계속된 심각한 공격'의 피해자라고 인정했다.)[11]

오심 소송으로 명성을 얻고 있는 유명 인권 변호사 개러스 퍼스 (Gareth Peirce)가 탈하의 사건을 맡았다. (「아버지의 이름으로」(In The Name of the Father)라는 영화는 IRA(아일랜드 공화국군, Irish Republican Army, 북아일랜드 독립을 추구하는 비합법 무장조직)가 저지른 주점폭파 사건을 빌미로 억울한 수감생활을 한 무고한 인물들을―길포드 4인(Guildford Four)으로 불리는―변호한 퍼스의 활동을 다른 영화다. 이 영화에서 배우 엠마 톰슨(Emma Thompson)이 퍼스 역할을 했다.) "탈하는 의심스런 처지예요, 생각해보면 깜짝 놀라게 되죠." 퍼스는 흔히 생각하는 공격적인 변호사같지 않게 부드럽고 정다운 목소리로 말한다. "중범죄를 저질렀다고 영국에서 체포되고 심문을 받았는데, 왜 기소는 여기서 하지 않는 걸까요? 탈하는 영국에서 운영된 웹사이트에 운영상의 도움을 줬다고 하는데, 미국으로 범죄인 인도가 예정된 바바 아마드가 처음 체포될 때도 탈하는 체포되지 않았어요." 이 범죄인 인도는 그 웹사이트의 호스트 서버 일부가 우연히 미국 서버였다는 구실로 이루어졌다.

퍼스는 탈하의 체포가 영국 기득권층에 미치는 미국의 권세 탓임을 의심하지 않는다. "미국 검찰은 미국의 사법 관할권이나 세력 범위를 전세계로 확대하라는 임무를 띠고 있어요. 또한 영국 경찰이 미국 검찰의 대리인 역할을 하는 여러 사건에서 보이는 패턴이 있는데요. 탈하 사건의 모든 것이 이 패턴에 들어맞습니다." 퍼스의 지적처럼, 탈하 아산은 자신의 행동이 범법 행위임을 몰랐을 뿐 아니라 "영국 검찰청은 탈하를 영국에서 기소할 만한 증거가 충분치 않다고 입장을 밝혔어요. 탈하의 기소는 그렇게 충격적인 출발점에서 시작된 겁니다."

형 탈하가 체포된 후, 함자는 음식을 먹고 잠을 자기가 쉽지 않았다. 그러나 긴 법정 투쟁을 앞에 두고, 함자는 탈하의 석방을 촉구하는 열정적이고 단호한 운동을 시작했다. 그 후 6년 동안 탈하 아산은 기소 절차나 재판도 없이, 범죄인 인도 소송이 질질 미뤄지는 동안 영국 감옥에 수감되어 있었다. 어느 날은 함자가 벨마쉬(Belmarsh) 교도소에 있는 형을 면회하러 갔더니 교도관이 다짜고짜 다가와 어떤 방으로 끌고가선 "영어 할 줄 아나?" 하고 소리를 질렀다. 함자의 기억으로는 "그 교도관이 '당신 몸에서 뭐라도 나오면 가족 전부 면회가 금지될 줄 알아,' 그러더라고요. 그 사람은 내가 마약을 지니고 갔다고 여긴 거죠." 술도 입에 대지 않는, 완전 채식주의자인 함자에게는 꽤나 수치스러운 경험이었다. 그러나 이런 의심은 증거가 아니라 편견이 낳은 결과였다.

또다른 범죄인 인도 사건이 탈하 아산 사건 당시 세간의 관심을 받았다. 미국 컴퓨터를 해킹한 글라스고 출신의 런던 거주자 게리 매키넌(Gary McKinnon)이 그 주인공인데, 그는 미확인 비행물체(UFO)에 관한 정보를 얻기 위해 해킹을 했다고 주장했다. 매키넌과 아산은 둘 다 자폐스펙트럼장애(autism spectrum disorder)의 일종인 아스퍼거증후군(Asperger's Syndrome)으로 진단되었지만 10년간의 법정싸움을 이어온

2012년에 이르러 내무장관은 매키년의 미국 송환을 막는다. 그러나 탈하 사건은 그런 관심을 못 받았다. 탈하가 백인이고 무슬림이 아니었다면 분명히 발언을 할 기회가 더 많았을 것이다. 6년 동안 탈하 가족의 지역구 하원의원 사디크 칸(2010년 노동당 예비내각 법무장관) 같은 사람들이 탈하의 가족을 지지하며 탈하가 영국 법정에서 재판을 받도록 싸워왔다. 그러나 영국 법정과 유럽인권재판소(European Court of Human Rights)에 제기한 항소는 기각되었고, 2012년 10월 5일 탈하 아산은 서픽(Suffolk)의 공군 기지로 이송되어 미국 코네티컷으로 날아갔다. 탈하와 함께 송환된 죄수 중에는 테러지원 혐의로 널리 비난받는 이집트계 영국인 성직자 아부 함자(Abu Hamza)도 있었다. 며칠 후, 영국 내무장관 테리사 메이(2017년 현재 영국 총리)는 보수당 당대회에서 이렇게 선언했다. "마침내 아부 함자를 비롯해 다른 네 명의 테러 용의자들을 보내버리게 되다니, 기쁜 일 아닙니까?"

탈하 아산은 악명높은 미국의 '최고 엄중구금' 시설(supermax, 최고 보안등급이 적용되는 교도소로, 죄질이 무거운 장기수를 엄중 감시함)인 북부교도소에 수감되었다. 이곳은 사형 판결을 받은 죄수를 비롯해 최고의 흉악범들이 수감된 곳으로, 그 때문에 이곳 재소자들은 긴 시간 독방에 감금당한다. "미국인들은 탈하 아산이 처한 상황에 유감을 느끼지 않는 모양이지만, 그건 정말 소름끼치게 혹독한 상황"이라고 개러스 퍼스 변호사는 말한다. "죄수복과 쇠고랑을 차고 있는 그 사람들은, 우리가 보기엔 동물도 그런 식으로 다룰 수는 없을 거예요. 미국 감옥에서 죄수들이 다뤄지는 모습을 보면 충격을 받죠." 그러나 탈하는 다른 죄수들과 달랐고, 자신이 처한 역경을 헤쳐나갈 길을 찾아냈다. "탈하는, 그보다 훨씬 강한 사람도 못 견딜 것 같은 상황에서도 활기를 잃지 않는 굉장히 특별한 사람입니다." 퍼스의 설명이다. "그는 정신력이 강하고, 창의력이 뛰어나 창작의 세계와 영적 공간에 속한 사람이에요. 감옥 안이든 밖이든, 탈하는 그런 세계에서 살아가죠. 역설적이지만, 심각하고 명백한 연약함을 가진 덕분에 탈하는 미국 감옥 체제에 의해 압도되고 파괴당하는 데 저항하고 있는 겁니다."

처음에 탈하는 무죄를 항변했으나 그런 경우에는 희망이 별로 없었다. 용의자가 무죄를 주장한 뒤 유죄를 선고받으면 수십 년의 형량을 선고받고, 어쩌면 다시는 집으로 돌아갈 수 없을 수도 있다. 죄수들은 냉혹한 선택에 직면한다. 죄를 자백하거나 최고 엄중구금 시설에 갇혀 죽어가야 하는 것이다. 사정이 이럴진대 2012년 미연방 관련사건의 97%에서 유죄 인정이 이루어졌다고 놀랄 일이 아니다. 유죄 인정은 형을 덜 받기 위한 '양형 거래'의 일부로 이루어진다. 2013년 말, 탈하 아산은 유죄를 인정하고 이미 복역한 형기를 포함해 최고 15년형을 선고받았다.

아산과 아마드는 명백한 증거 없이도 미국이 영국에서 범죄인 인도를 받는 것을 가능케 하는 2003년 범죄인인도법(Extradition Act 2003) 조항에 따라 미국으로 인도된 이들이다. 2012년에 하원 특별위원회는 '영국 시민을 미국으로, 또는 그 반대의 경우 범죄인을 인도하기 용이해졌다'라고 표현했다. 당시 내무장관 데이비드 블렁킷이 의회에서 범죄인인도법 통과를 밀어부쳤는데, 몇년 후 그는 BBC에 이렇게 밝힌다. "이론적으로, 범죄인인도법에 아직 논쟁의 여지가 남아 있다고 봅니다. 우리가 미국에 너무 많이 양보한 건 아닌지 논쟁의 여지가 있다

는 건 인정합니다." 그러나 가장 기본적인 시민의 자유권을 미국에 양
도해버리는 행위는 미국의 이익에 맹목적으로 헌신하는 기득권층의
산물이다.

하지만 미국의 대외정책을 확고히 지지하는 기득권층의 교조주의
는 전례없는 저항에 맞닥뜨린다. 미국의 권력은 상대적으로 가파르게
하락세를 타고 있다. 전세계 경제생산량에서 미국이 차지하는 비율은
1991년 4분의 1에서 오늘날 5분의 1 이하까지 붕괴했다. 미국의 경쟁
자 중국이 급격히 성장하고 있으며, 인도나 브라질 역시 빠르게 발전
하고 있다. 2008년 금융붕괴는 세계 경제력이 동쪽으로 이동하는 현
상을 더욱 가속화했다. 미국은 한때 라틴아메리카에서 거의 패권을 쥐
고 있었으며, 이 사실은 1823년 먼로주의(Monroe Doctrine, 아메리카 대륙에 대
한 유럽의 간섭을 거부하며 미국 역시 유럽 열강간 분쟁에 중립을 지킬 것임을 표명한 외교정
책)로 나타났고 현대에는 소위 '워싱턴 컨센서스'(Washington Consensus, 제
3세계, 개발도상국이 미국식 시장경제체제를 모델로 삼도록 한 합의문. 작은 정부, 자유시장경
제, 관세인하, 기간산업 민영화 등을 요한다)로 나타난다. 그러나 2000년대 라틴
아메리카에서 압도적 승리로 집권한 좌파 행정부들은 독립의 길을 주
장했다. 처참한 이라크전쟁은 미군의 위신을 훼손했으며 군사개입에
대한 미국 내의 지지 또한 약화되었고, 미국의 숙적 이란이 중동에서
영향력을 확대한 것도 바로 이라크전 덕분이다.

수포로 돌아간 군사행동 준비가 보여주듯, 미국의 영향력이 쇠퇴
하면서 '특수관계' 뒤에 도사린 기득권 교조주의도 약해질지 모른다.
2011년부터 중동 독재자들에게 저항한 혁명의 물결은 빠르게 아랍의
봄(Arab Spring)이라는 이름을 얻었다. 그런 봉기 중 하나는 시리아에서

터졌지만, 이란이 바샤르 알-아사드 정권을 지지하면서 봉기는 종파간 유혈 사태가 되어 약화되기 시작하였으며, 사우디와 카타르의 전체주의 정부에게서 재정지원을 받는 저항세력은 점차 이슬람 원리주의자들의 지배하에 들어간다. 서구 국가들은 알-아사드 퇴진을 지원한다. 2013년 여름, 시리아 민간인 수백 명이 화학무기에 중독되어 사망하였고 이는 정부군의 소행임이 거의 확실시된다. 서구의 군사공격은 피할 수 없는 것처럼 보였고, 영국 정부는 의회에 이를 지원하는 입법을 요청했다. 그러나 예상 밖으로 노동당 지도부가 보수당이 주도하는 연립정부와 의견을 달리했다. 기득권층 교조주의의 입장에서 보기에 이는 각본에서 벗어난 것이었다. 연립정부가 내놓은 군사개입안 발의는 전쟁과 관련된 정부 입장에 관한 표결로서는 거의 전례없는 반대표를 기록하여 통과되지 못했다.

　이 투표 결과로 상당수의 기득권층이 분노했다. 『선』은 1면에 '부고(訃告)'라고 적고 그 밑에 '영미간 특수관계 사망. 2013년 8월 29일 목요일, 갑작스레 병으로 앓다 자택에서 별세. 67세. 윈스턴 처칠과 프랭클린 D. 루즈벨트 슬하의 총아'라고 인쇄된 신문을 내보냈다. 그러나 여론조사는 영국 여론이 얼마나 기득권 교조주의에 저항하는지를 다시 한번 드러냈다. 지배자들 때문에 끌려간 아프가니스탄, 이라크, 리비아전쟁의 재앙에 지쳐버린 절대 다수의 유권자가 영국군의 시리아 사태 개입에 반대표를 던졌다. 응답자의 72%가 '영미간 특수관계가 약화되었다'는 진단에 찬성하지 않았을 뿐 아니라, 67%는 특수관계가 '현대에는 관계없는 일이라고 생각하며, 우리 영국이 미국의 감정이 상하는 데 신경쓸 필요가 없다'고 대답했다.

그럼에도 미국 권력에 대한 추종은 기득권의 신념으로 남아 있다. 다른 권력집단은 그렇게까지 추종하지는 않는다. 실로, 유럽연합은 현대 기득권을 가름하는 큰 분열 중 하나다.

유럽연합을 탓하기 전에

영국 주권을 위협하는 세력이 대서양 건너편에 있다는 이야기를 주류 정치계에서 듣기는 힘들다. 그러나 기득권층의 한쪽 날개는 영국 해협을 건너오는, 유럽으로부터의 위협에 엄청나게 집착한다. 영국의 유럽연합(EU, European Union) 가입은 이미 드러나 있던 사고방식의 충돌로 생긴 균열을 더욱 크게 했다. 전후 상당 기간 선동자들이 영국에서 이념적으로 따돌림을 받고 있었지만, 지금은 결국 선동자들의 관념이 영국 기득권층의 주류가 되었다. 이 이념이 유럽연합의 제도와 조약에 많이 침투하긴 했으나, 유럽연합의 다른 측면은 수세에 몰린 복지자본주의의 끈기를 반영하고 있기도 하다. 유럽연합의 이런 측면은 기득권층의 구호와 충돌이 불가피하며, 분열을 불러일으킨다.

1973년, 영국이 처음으로 유럽경제공동체(EEC, 당시에는 이렇게 불렀다)에 가입할 때, 정치엘리트 대부분은 이 결정을 지지하는 데 열성이었다. 대영제국은 거의 무너졌고 영국은 다시 유럽 시장으로 눈을 돌릴 때였다. 에드워드 히스가 이끄는 보수당 정부가 영국의 유럽경제공동체 가입을 주도했고, 마거릿 대처와 같은 우익세력이 결집하여 가입을 지지했다. 1974년 노동당의 해럴드 윌슨이 히스를 선거에서 꺾은 후, 윌슨은 이 문제를 국민투표에 붙였고, 토니 벤과 같은 내각각료들이 유럽경제공동체 가입을 반대하는 것도 허용했다. 노동당 지도부

대부분은 가입을 지지하는 쪽이었고 대중의 의견도 그러했다. 그러나 당시 노동운동계와 좌파의 상당수는 일반적으로 유럽경제공동체가 시장 친화적 정책을 동반하고, 국유화와 같은 정부의 산업개입을 금지할 것을 우려하여 가입을 반대했다. 1983년 발표된 노동당 성명서는 심지어 영국의 유럽경제공동체 탈퇴를 종용하기도 했다.

그러나 유럽경제공동체가 유럽연합이 되고 좌파의 비판이 느슨해지면서, 우파 사이에서 소위 '유럽회의주의'(Euroscepticism)가 세력을 얻기 시작했다. 대처 집권 몇년 후인 1980년대 후반 무렵에는 마치 사회 진보적 입법은 유럽연합을 통해서만 가능한 것처럼 보였다. 하지만 대처는 유럽 프로젝트를 자신이 이끌어낸 정치적 합의에 대한 위협으로 보았다. "우리는 영국에서 국가의 개입 범위를 후퇴시키는 데 성공적이지 못했다"고 대처는 1988년 브뤼주(Bruges, 벨기에의 도시)에서 선언하며, "유럽 단위에서 유럽 초국가가 브뤼셀(Brussels, 벨기에의 수도로 유럽연합 본부가 위치함)로부터 새로운 지배력을 행사하는 걸 보기 위해서였는지도 모르겠다"고 한탄했다. 영국 기득권층의 한쪽 날개는 여전히 유럽연합을 무역의 대들보로 보고 있었으나, 다른 쪽 날개는 점차 유럽연합을 영국의 새로운 지배이념에 대한 위협으로 보기 시작했다. 반면, 좌파와 노동운동진영의 어떤 이들에게 유럽연합은 기득권층으로부터의 보호를 어느 정도 제공하는 듯했다.

1980년대 후반 유럽연합집행위원회(European Commission, 유럽연합의 행정부와 같은 역할을 하는 초국가적 독립기구)는 노동조합과 단체교섭권 및 성 평등, 노동자의 건강과 안전기준 등을 규정하는 '공동체헌장'(Community Charter, 노동자의 생활 및 평등권과 광범위한 노동권을 보장해야 한다는 선언으로 1989년 12

월 채택)을 발의하였다. 대처는 공동체헌장이 '사회주의자헌장'이라며 맹공격했고, 당시 영국 보수당 정권은 공동체헌장의 후신인 사회헌장(Social Charter, 1961년에 채택되고 1991년에 개정되어 노동자 기본권과 폭넓은 인권을 명시 및 보호함)을 따르지 않을 권리를 확보한다. 결국 이런 발의는 기득권의 교조주의에 대한 직접적 도전이었던 것이다. 영국은 1997년 신노동당 집권기가 되어서야 사회헌장을 준수하기로 서약한다. 그러나 유럽연합의 노동시간지침(Working Time Directive)이 노동자들의 매년 최소 휴가일을 보장하고 주당 노동시간이 48시간을 초과할 수 없다고 정했을 때, 신노동당은 최대 노동시간 제한을 따르지 않았다. 기득권층 일부는 비정규직 노동자에게 더 많은 권리를 보장하는 2011년 유럽연합지침(EU directive)이라거나 유럽인권협약(European Convention on Human Rights)을 법으로 통합한 인권법(Human Rights Act) 등 그밖의 다른 조치에도 심히 분개했다. 보수당 평의원들과 『데일리 텔레그래프』와 『데일리 메일』 같은 우익 신문들은 이런 조치들이 주권 위협이라고 맹렬히 주장했다. 데이비드 캐머런과 다른 보수당 고위급 정치인들이 가장 좋아한 말은 '국익'이었다. 그러나 '국익'이 '영국 기득권층의 이익'의 줄임말이라는 점은 분명했다.

2011년, 데이비드 캐머런이 유로존 위기에 대응하여 유럽연합조약(EU treaty)에 투표할 때 이 점이 매우 극명히 드러났다. 보수당과 주류 언론 대부분은 캐머런이 '불도그 정신'을 보여줬다며 그를 칭송했다. 그러나 이 '불도그 정신'이라는 건 런던 금융중심지의 이익을 대변하기 위해 요청된 것이다. 그리고 런던 금융중심지의 이익은 영국 전체의 이익과 혼동된다. 유럽연합의 발의안은 공매도(空買渡, short-selling)와 같은 헤지펀드의 해로운 행동을 시정하고, 세입을 늘릴 뿐 아니라 경제적 안정성을 증진하는 금융거래세 도입 등을 포함했다. 캐머런과 비슷하게, 재무장관 조지 오스본도 은행가가 받는 보너스에 한도를 정하려는 유럽연합에 맞서 소송을 건다. 애국심이 부자와 권력자의 이익에 대한 지지를 모으는 데 이용되었다. 이런 전투는 영국 정부가 기득권의 구호와 실천에 위협을 가하는 유럽연합의 한쪽 측면을 두려워했기 때문에 일어났다.

그러나 영국 정부가 유럽연합과 분쟁을 일으키지 않은 부분도 못지않게 흥미롭다. 유럽연합의 어떤 요소들은 제도적으로 특정 사익을 편든다는 점에서 영국 기득권층과 꼭 같다. 이런 점은 영국 정치엘리트들과 아무 충돌도 빚지 않았다. 유럽연합조약은 "회원국간 및 회원국과 제3국간 자본이동에 대한 모든 규제를 철폐해야 한다"고 명시하여 자본의 자유로운 이동을 가능하도록 했다. 국가지원은 경쟁에 편의를 봐주는 일이라고 해서 대체로 금지된다. 유럽연합법에는 민영화 또한 암시되어 있다. 예를 들어, 유럽연합지침 91조 440항(EU Directive 91/440)은 철도 민영화를 뒷받침한다. 유럽연합의 다른 지침도 우편사업의 개방을 명령한다. 그러나 이런 사항에 대해서는 거부권을 행사하겠다는 위협도, 국익과 주권 위협을 경고하는 성명도 없었다. 결국 이런 조치들은 선동자들이 오랫동안 지지해온 관념에 따랐으니 말이다. 유럽연합의 이러한 조치는 국민이 선출한 정부가 할 수 있는 일을 제한했고, 동시에 기득권의 구호는 강화시켰다.

이 문제에서는 매우 재미없고 전문적으로 들리는 조약이 핵심이다. 2013년 말, 유럽연합과 미국 간에 체결된 범대서양무역투자동반자협정(Transatlantic Trade and Investment Partnership, TTIP)은 언론에서 거의 다뤄지지 않았고, 이에 대한 정치적 비난도 없었다. 협정에는 소위 '투자자국가분쟁해결'(Investor-State Dispute Settlement) 제도가 포함되어 있었는데, 이는 다국적기업이 기업 변호사를 통해 선출된 정부를 고소하고 해당 지역의 사법체계를 우회할 수 있게 해주는 도구다. 민주주의센터(Democracy Centre)에 따르면, 이 장치는 "다국적기업을 위한 효율적인 민영 사법제도로 기능한다." 투자자국가분쟁해결이 작동하는 지역에서는 수십 건의 소송이 일어났는데, "광업, 수자원, 원자력에 이르기까지 다양한 건으로 기업이 국가를 고소했다."[12]

"그건 실로 무서운 위협입니다." 언론 운동가이자, 언론에서 투자자국가분쟁해결의 위험성을 경고한 드문 인물 중 하나인 조지 몽비오(George Monbiot)는 말한다. "투자자국가분쟁해결은 매우 많은 정치적 대안을 폐기하고, 이 나라의 수많은 국민이 매우 간절히 원하는 정책의 상당수를 실행할 수 없도록 합니다. 예를 들면, 투자자국가분쟁해결이 지금 형태 그대로 시행되면 NHS의 민영화와 상업화를 막는 게 사실상 불가능해진다고 봐야죠."

정치엘리트들이 침묵했다는 점은 흥미롭다. 2013년 11월 해당 조약이 의회에 상정되었을 때, 650명의 하원의원 중 단 38명만이 이를 규탄하는 동의안, 그러니까 의회의 탄원에 서명을 했다. 그러나 새삼스레 놀랄 일은 아니다. 범대서양무역투자동반자협정(TTIP)은 민간기업의 이익을 거스르기보다는 그 이익을 신장시켰다. 영국의 정치엘리트는 런던 금융중심지와 대기업의 이익에 위협이 닥친다고 여겨질 때만 동요하는 것이다.

특히 놀라운 점은 브뤼셀로부터의 영국 주권 침해에 맞서는 성전이라는 명목으로 1993년 출범한 극우정당인 영국독립당(United Kingdom Independence Party, UKIP)이 취한 입장이다. 영국독립당의 TTIP에 대한 입장은 예상치 못한 것이었다. "오해가 없도록 분명히 말하자면, 나는 차라리 영국이 미합중국과 자유무역협정(Free Trade Agreement, FTA)을 맺는게 낫다고 본다"고 유럽연합의회의 영국독립당 의원 로저 헬머(Roger Helmer)는 블로그에 썼다. 이어서 그는 "그리고 영국이 자유로운 독립국이라면 우리는 10년, 20년 전에 미국과 그런 계약을 맺었어야 한다고 본다… 스스로 계약을 했으면 좋았겠지만, 오늘날 영국이 우리나라의 무역정책을 브뤼셀에 맡겨버렸다는 점을 생각하면, 나는 그 계약(TTIP)을 지지하는 것 외엔 다른 대안이 없다고 본다"고 썼다.[13] 무슨 웅변적인 주권 수호도, 브뤼셀이 민주주의에 끼치는 악영향에 대한 언급도 없다. 결정적인 순간에, 영국독립당의 진짜 관심은 사익을 보호하는 것이지 국가의 독립이 아니다. 그리고 영국독립당은 사익에 봉사하는 유럽연합 정책에는 아무런 불만도 없다.

심하게도, 일부 우익 논객은 유럽연합이 영국 정부가 정치적 합의를 벗어나지 않게 해주는 보험이라고 주장했다. 이런 관점에서 유럽연합은 기득권층의 구호 및 실천으로 포위되어 있다. 에드 밀리밴드의 사회민주주의 실험이 '선거에 효력'이 있었다는 점에는 의심의 여지가 없다고 보수 문필가 프레이저 넬슨(Fraser Nelson)은 썼다. '에드 밀리밴드의 경제계획에서 영국을 구하려면 유럽연합이 필요할지도 모른다'라는 제목으로 『데일리 텔레그래프』에 실린 글에서 넬슨은 밀리밴드의 정책이 "정확히 빌 드 블라시오(Bill de Blasio)가 뉴욕 시장으로 당선

될 때나 프랑수아 올랑드(Francois Hollande)가 프랑스 대통령이 될 때 보였던 것과 같은 종류의 좌파 포퓰리즘"이라고 주장했다. 유럽재판소(The European court of Justice)는 대기 목록에 처박힌 NHS 환자가 정부 비용으로 유럽의 민영 의료기관에서 치료받는 것을 허가했으며, 유럽연합법은 정부가 자동차산업을 구제하거나 철도를 재국유화 하는 것을 금지한다고 넬슨은 썼다. "물론 영국이 유럽연합을 떠나면 모든 것이 원점으로 돌아간다. 그리고 에드 밀리밴드는 얼마든지 보수당의 실험(과 많은 계약)을 끝낼 수 있는 권력을 갖게 될 것이다. 그러니 보수당은 어느 쪽을 바라야 할지 신중해야 한다. 유럽연합은 에드 밀리밴드에게 영국 기업은 그의 장난감이 아니라는 것을 상기시켜줄 유일한 장치가 될지도 모른다.[14]

넬슨의 지적처럼, 유럽연합은 사회주의의 온상이 아니고 대기업에게 수익이 매우 짭짤할 로비 기회다. "금융부문을 두고 벌어진 협상에서 알 수 있듯이, 재계는 훨씬 많은 자원을 갖고 있지요." 노동조합회의(TUC)의 대외관계활동을 책임지는 오언 튜더(Owen Tudor)도 인정한다. "대기업이 모든 기구에서 얼마나 큰 영향력을 행사하는지에 대해 맹하게 굴 생각은 없습니다. 대기업은 유럽연합집행위원회에서 사람을 모집하고, 산업연합회에서 위원회로 가기도 하고 그러지요."

연구 및 운동단체인 유럽기업감시(Corporate Europe Observatory, CEO)는 유럽연합 관료와 기업계 간의 이 회전문을 꼼꼼히 분석했다. 유럽연합집행위원회 공정경쟁총국(European Commission's Directorate General for Competition) 관료들은 '어려운 시기에 브뤼셀의 비밀스러운 관계망 사이로 긍정적인 길을 찾는' 기업을 돕는 일을 전문으로 하는 기업 로비

회사 아비사 파트너스(Avisa Partners)로 갔다. 이사벨 오티즈(Isabel Ortiz)는 로비그룹 푸드드링크유럽(FoodDrinkEurope)에 입사하기 전 공정경쟁총 국의 식품산업부(Food Industry Unit)에서 일했다. 브뤼셀의 영국 상설대 표부 재정담당관이었던 파베즈 칸(Parvez Khan)은 스코틀랜드 왕립은행 (Royal Bank of Scotland) 같은 은행들을 대변하는 로비스트 기업 G+유럽(G+ Europe)에 입사한다. 기업이 자신들의 의제를 더 밀어붙이기 위해 유럽 연합 관료들을 스카우트하는 이 어두운 세계의 목록은 한참 더 길다.[15]

기업은 심지어 유럽연합법 초안 작성까지 도울 수 있다. 2013년 2월 조세회피를 일삼아온 거대 온라인 소매기업 아마존(Amazon)이 몇몇 호 의적인 유럽의회 의원들이 상정한 유럽연합 데이터보호법 수정안을 직접 작성하고 있었음이 드러났다. 로비기업 브런스윅 그룹이 이 계획 의 배후에 있었으며, 아마존으로부터 15만 유로에 달하는 보수를 받 고 있었다. 아마존은 이것이 결국 비용을 만회할 수 있는, 가치있는 투 자라고 믿었던 것이다.[16] 2013년 11월 벨기에 유럽의회 의원이자 전 유럽위원회 위원 루이스 미첼(Louis Michel)이 기업 로비스트를 위해 158 건의 데이터보호법 수정안을 상정한 것이 발견되자 그는 '지나치게 열성적인 직원'을 탓했다. 놀랍게도 그는 그 일로 아무런 징계도 받지 않았다. 유럽연합의 로비 등록은 자발적이기 때문에, 로비스트들이 어 떤 운동을 진행하고 어떤 유럽연합 정치인 및 관료들에게 로비를 하 는지가 매우 불분명하다.

이 투명성 부재와 민주적 책임의 부재는 오로지 기업의 이익 증대 를 도울 뿐이다. 유럽의회 보수당 의원이면서 유럽회의론의 중요 인물 인 다니엘 하난(Daniel Hannan)은 기득권 구호의 열정적인 지지자로 유럽연합에 대한 대처리즘의 비판에도 동의할 것이다. 하지만 유럽연합의 민주주의 부족에 대한 그의 의견은 경청할 필요가 있다. "만약 유럽연합 스스로가 유럽연합에 가입신청을 한다면, 충분히 민주적이지 못하다는 이유로 거부되고 말 것"이라고 그는 말한다. "유럽연합집행위원회가 운영진이지만, 집행위원회는 동시에 법안 발의가 가능한 유일한 기구이기도 하지요. 뭐라고 트집을 잡든, 그게 90%는 진실이에요." 유럽연합집행위원회가 발의한 법안을 도입하거나 수정할 권한을 포함해서, 몇몇 권한이 선출된 유럽연합 의회에 이양된 것은 사실이다. 그러나 유럽 시민이 선출한 것이 아닌 유럽연합집행위원회가 여전히 핵심 권한을 쥐고 있다.[17] 투표권이 있는 유럽 시민 중 43.1%만이 2014년 유럽의회 선거에 투표했다는 사실은 유럽의회의 민주적 적법성에 더욱 큰 타격을 준다. 1979년 첫 선거부터, 투표율은 매년 떨어졌다.

이와 비슷하게, 데이비드 캐머런이 2011년 런던 금융중심지에 위협이 된다는 이유로 유럽연합조약을 거부하긴 했으나, 그 조약에 반대할 다른 건전한 이유가 없는 건 아니다. BBC 기자 폴 메이슨(Paul Mason)이 당시에 표현한 것처럼, "국내 및 국제법에 '균형재정'(balanced budgets, 한 국가의 경상수입과 경상지출을 비슷하게 맞추는 것)과 거의 영에 달하는 재정적자를 유지할 것을 기입함으로써, 유로존은 확장재정정책(expansionary fiscal policies, 경기를 진작시키기 위해 정부지출을 확대하여 총수요를 증가시키는 정책)을 불법화했다." 유로존 국가들의 예산은 유럽연합집행위원회에 제출되어 승인을 받아야 한다. 유럽연합은 케인스주의와 국가의 경제개입을 효과적으로 폐기했고, 경제파탄 기간에 국가가 재정부양책을 쓰는 것을 금지했다. 한편 유럽중앙은행(European Central Bank)은 유럽 전체에서 긴축재정이 시행되게 만든 동력이었으나, 이해할 수 없게도 그 회의록을 공개조차 하지 않는다. 유로존 경제는 재정붕괴로 위기로 치달았고, 그리스와 같은 국가에 대출을 해준 독일 은행들의 무모함 때문에 위기가 더 가열되었다. 스페인, 포르투갈, 그리고 특히 그리스 같은 유럽 국가에 부과된 정책 때문에 많은 청년들이 일터 밖으로 내몰렸다. 이런 국가에서는 청년 실업률이 50%나 되는 경우도 있었으며 공공서비스가 붕괴하고 빈곤율이 치솟았다.

유럽연합이 기득권층 내에서 갈등을 불러올 만도 하다. 프레이저 넬슨 같은 몇몇 엘리트들은 유럽연합이 기득권층의 정책과 관념을 보호하고 잠재적 위협을 막아준다고 생각한다. 다른 기득권층은 유럽연합을 반대하는데, 영국의 '주권' 수호를 원해서가 아니라 유럽연합이 기득권층의 구호를 위협한다고 믿기 때문이다.

그러나 이런 논의를 하려면 먼저 주권이 무엇인지부터 정의해야 한다. 주권이란 최우선의 권력 또는 권위이다. 현대 영국에서 주권은 국민에게 있지 않다. 유럽연합이나 다른 단일기관이 영국 국민의 주권을 박탈한 것도 아니다. 가장 높은 자리에 군림하는 것은 기득권층이다. 바로 이 기득권층이 영국 민주주의를 축소하고 박탈했으며, 나라가 아주 소수의 허세를 부리는 엘리트를 위해 돌아가도록 만들었다. 그 부분이 바뀌기 전에 민주주의는 언제나 위태로울 것이다.

결론

민주혁명을 위하여

지금이야 현 상황이 상식처럼 취급될 수도 있지만, 후세대는 분명 현 사회가 조직된 방식을 바라보며 경악과 경멸을 느낄 것이다. 수백 수천 명이 식사를 하려면 푸드뱅크에 줄을 서야 하는 처지에, 상위 1천 명의 부자가 5,200억 파운드를 움켜쥐고 있다.[1] 그런데도 나라를 경제 붕괴의 수렁에 가라앉히는 데 일조했으며 1조 파운드의 공적자금을 들여 구제받은 재계엘리트들은 이전과 다름없이 활동하며 번영하고 있다. 국가가 사익의 중추로 봉사하고 있는데도 지배적 교조주의는 국가를 근절하고 멀리해야 할 방해물로 취급한다. 국가부조에 기대는 기업엘리트는 국가에 재정적으로 기여하기를 거부한다. 언론은 정보를 알리거나, 교육적 목적을 수행하거나, 권력자를 비판하기는커녕 소수 거부(巨富)들의 야심, 편견, 적나라한 사익 추구를 위한 장이 되고 있다. 우리 후손들은 이런 상황이 어떻게 정상적이고 합리적이며 옹호가 가능한 양 취급될 수 있었는지, 그리고 어떻게 엘리트가 운영하는 기관들이 사람들의 분노를 사회 최하층에게 돌리려고 시도하고 그것에 상당 부분 성공했는지 놀라워할 것이다.

기득권층은 비합리적이며 정의롭지 못한 현 상태를 보위한다. 그러나 사회체제가 지금과 같은 모습일 필연적인 이유는 어디에도 없다. 현 체제가 사회를 조직하는 가장 효율적이고 효과적이며 합리적인 완벽한 본보기라서 기득권이 영국을 지배하는 게 아니다. 기득권체제는 부유한 엘리트층이 민주주의 사회에서 자신들의 사익을 방어하는 제도적·학문적 수단을 대표할 뿐이다. 이는 결국에는 한때 훨씬 천연덕스럽게 이루어지던 일의 반복이다. 1918년 이전에는 선거 참여에 재산 자격이 여전히 존속하고 있어서, 많은 노동계급이 투표를 할 수 없었다. 1832년, 1867년 그리고 1884년에 의회가 아래로부터의 압력에 못 이겨 참정권을 확대하기 이전에 투표란 특권층에게만 가능한 일이었다. 재산이 없는 사람은 투표할 권리를 거부당했기 때문에, 정치체계는 엘리트가 멋대로 주무르며 엘리트의 이익을 위해서만 존재했다. 물론 폭동이나 혁명을 두려워하는 등의 제약이 있기는 했으나, 영국 지배계급이 인구 전체의 필요와 요구를 고려할 이유가 별로 없었다. 그러나 민주주의는 문제를 복잡하게 만들었다. 사실상 모든 성인이 투표를 하거나 선거에 출마할 수 있으니, 정치인들은 더이상 드러내놓고 부유한 엘리트의 고용인으로 처신할 수 없었다. 보통선거로 부유층의 세금을 대폭 인상하거나 만인에게 안전을 제공하는 복지국가를 건설하는 것과 같은, 모든 종류의 권리를 얻어낼 길이 열린 것이다.

민주적 혁명, 즉 기득권층이 착복한 권력과 권리를 평화적 수단을 통해 되찾는 일은 오랫동안 미뤄지고 있다. 그러한 혁명은 기득권층의 성공으로부터 배울 때에만 가능할 것이다. 공격적인 사상투쟁이야말로 승리의 열쇠임이 증명되었다. 기득권층은 영국 국민의 전폭적 지지를 얻은 바가 없다. 이는 여론조사가 지속적으로 보여주는데, 예컨대 대다수의 영국인은 부자증세를 원하고 공공 및 공익사업을 이윤창출 목적으로 전환하는 조치에 반대하며 정부 주요기관에 대한 신뢰도 심각하게 낮다. 그러나 기득권의 비공식적 구호처럼, '대안은 없다'는 감각을 널리 퍼뜨리는 것이 체념하게 하고 저항의 의지를 약화시키는 엄청난 이념적 승리임이 드러났다.

어느 정도는, 이것이 선동자들이 그토록 중추적 역할을 해낸 이유이다. 선동자들은 대체로 자신들의 처방이 전체 사회를 위한 선이라는 신념을 가진 남자와 (약간의) 여자들이다. 그러나 그들의 신념은 부유한 개인 및 사기업의 이익과 일치하여 양자의 매우 효과적인 정략적 결합을 보장한다. 이후 본질적으로 기득권에 공감하는 언론과 수많은 정치엘리트를 포괄하는 훨씬 광범위한 연합이 결성되었다.

이 연합은 함께 수용 가능한 정치논쟁의 조건과 정치적 가능성의 경계를 말하는 '오버턴의 창'(다수 대중이 수용할 만하다고 생각되는 의견이나 사상의 범위, 1장 참조)을 옮겨놓았다. 이 창 안에 들어가는 모든 것은 주류, 상식, 중심, 합리적인 것으로 보인다. 오버턴의 창 바깥에 있는 착상은 극단주의, 위험, 불가능, '도대체 어느 별에서 왔느냐'는 취급을 받으며 일축된다. 선동자들이 보여주었듯이, 오버턴의 창은 고정된 것이 아니다. 한때 도리를 벗어난 것으로 보이던 착상이 정치적 상식이 될 수 있고, 한때는 정치엘리트들이 당연하게 여기던 착상이 '미친 소리'

로 버려질 수도 있다. 선동자들은 즉각 버려질 만큼 급진적이진 않지만, 자신들의 착상에 호의적인 주류 정치인들을 압박하거나 그런 정치적 기회를 만들어낼 만큼은 급진적인 착상을 집요하게 선전했다. 위기의 한가운데서는 급격한 변화가 일어날 전망이 더 크며 변화에 대한 열망이 생길 때 이 전략은 정말로 진가를 발휘했다. 기득권층이 등장한 1970년대의 경제위기와 2000년대의 경제위기는 오버턴의 창을 움직이는 데 효과적으로 이용되었다. 그러나 그 전략은 항상 다양한 인물과 기관이 같은 주장을 계속 되풀이하는, 일관된 메시지의 끊임없는 반복에 의존했다.

싱크탱크든 대학교의 학과든 신문의 사설란이든, 선동자들의 철학은 또다른 중요한 역할을 했다. 선동자들은 기득권을 하나로 묶을 결합의 이데올로기를 발전시켰다. 현재 우리의 기득권층은 이전 시대의 지배엘리트들보다 훨씬 더 이데올로기적이다. 이 이데올로기는 여러 가지로 합리화된다. 국가의 중압에 짓눌리지 않는 자유시장이나 개인주의 문화, 효율성 등을 통해서다. 실질적으로 이런 이념은 극소수에게 부와 권력이 집중되는 것을 정당화하는 사고방식에 편리한 근거를 제공해왔다. 특히, 로레알 광고의 '난 소중하니까'식의 사고방식 말이다. 솔직하게 드러나는 일은 거의 없지만, 탐욕은 개인의 가능성을 해방시키고 모든 사회구성원의 번영을 부르는 수단으로 갈채를 받았다. 그러나 실질적으로, 탐욕이 제공한 전리품 대부분은 기득권층의 것이 되었다. 자기 경력을 기업 임원직에 앉기 위한 수단으로 이용한 정치가도, 납세자가 낸 세금으로 보조금을 받아 공공자산을 넘겨받거나 직접 원조를 받은 사익집단도, 막대한 세금을 회피할 수 있었던 기업도,

다른 유럽 국가의 금융가들이 받는 보너스를 전부 합친 것보다 더 많은 보너스를 챙긴 영국 은행가도 모두 전리품을 챙겼다.

일종의 승리주의가 기득권층의 특징이다. 반대 세력을 누르고 얻은 기득권층의 승리, 특히 1980년대와 1990년대의 승리가 결정적이었다. 냉전의 종식은 교묘하게 자유시장자본주의 이외의 모든 대안의 종말을 의미하는 것으로 제시되어 기득권층의 자신감을 한층 더 북돋웠다. 세계화는 시장의 의지가 세계를 지배한다는 생각을 굳건히 했다. 신노동당이 기득권을 수용하자 기득권이 천하무적이라는 생각은 더욱 강고해졌다. 고분고분한 언론은 부유한 자들의 이익을 더해주는 안건에 기꺼이 동의하고, 마치 제정신인 사람이면 아무도 반대할 수 없는 상식인 양 만들었다. 반면 현 기득권층의 위치에 도전하는 정책은 파멸로 가는 길이라고 일축되었다. 그런 정책을 시행하면 기업들이 국가를 떠나고, 자본 또한 국가에서 새나갈 것이며, 세제수입(税諸收入)이 붕괴될 거라고 위협했다. 기득권에 반대하는 사람들은 무시당하고, 위험한 자들이나 현혹된 극단주의자들로 몰려 묵살당하고, 기득권에 필요하다면 모욕까지 받았다. 기득권층의 자신감은 그들이 경찰도 부릴 수 있다는 사실에서 드러난다. 경찰은 기득권층의 적을 물리치는 데 핵심적인 역할을 했다. 그러나 기득권의 헤게모니에 대한 눈에 띄는 위협이 줄어들면서 경찰은 더이상 기득권 유지에 필수적인 요소로 여겨지지 않는다.

기득권을 보호하는 또다른 장치는 대중의 분노가 사회의 상부가 아닌 최하층에게로 굴절되는 현상이다. 언론과 정치인들은 저소득 노동자에게 임금을 적게 지불하는 고용주를 향해 분개하기보다, 호사스런 생활을 한다는 실업수당 청구인들 쪽을 시샘하게 만든다. 연금을 보장받을 수 없는 민간부문 노동자는 여전히 연금이 보장되어 있는 공공부문 노동자를 부러워하도록 선동당한다. 공영임대주택을 얻을 수 없게 된 것은 정부가 임대주택을 건설하지 않았기 때문이며, 안정적인 직장을 얻을 수 없게 된 것도 정부가 그들을 경제에서 배제시켰기 때문인데도, 사람들은 이민자들이 자신의 몫을 빼앗았다고 생각하며 이민자를 질투하도록 선동당한다.

이런 분노의 굴절은 언론계 거물과 대기업 총수와 정치인이 뒷방에 모여 시가를 피워대며 어떻게 빈자를 못살게 굴면서 그들의 이웃을 희생양 삼도록 할지 조직적으로 음모를 꾸며댄 탓이 아니다. 오히려, 이 굴절은 기득권층의 사고방식이 널리 공유된 결과이다. 재능과 기술과 확고한 의지가 있으면 사회계층의 사다리를 기어올라갈 수 있으니까, 사회 최상층에 있는 이들은 그 자리에 앉을 자격이 있기에 거기에 있는 것이고 반면 자기 상황을 더 낫게 만들지 못한 자들은 스스로를 탓해야 한다는 사고방식 말이다. 언론 소유주들은 자기 자신이 속한 엘리트를 비판하길 꺼려한다. 정치인들은 자기네끼리 어울리고 많은 경우 자금 의지처로도 삼곤 하는 사익집단을 공격하고 싶어하지 않는다. 기업엘리트들의 행태에 아주 조금이라도 도전하려면 '반기업적'이고 극단적이라는 딱지가 붙을 위험을 감수해야 한다. 노동당 전 당수 에드 밀리밴드가 2013년 에너지 요금 일시 동결을 제의했을 때 그랬듯이 말이다. 동시에, 사람들의 분노를 위로 향하게 할 강력한 대중운동이 부재한 상황이다. 그렇다면 힘있는 자가 아니라 힘없는 자들의 행동이 철저히 감시당하면서 그 과정에서 기득권이 보호되는 것도 이상할 것 없다.

산발적으로 흩어진 현 체제의 반대자들에게, 2008년 금융위기는 기득권의 지배력에 균열을 가할 수 있는 기회처럼 보였다. 자유시장자본주의의 실험이 1930년대에 이어 또다시 세계를 최악의 수렁에 빠뜨린 것이다. 『런던 타임스』(London's Times)는 '자본주의는 실패했는가?'라고 중얼댔고, 『뉴스위크』(Newsweek)에 따르면, 미국 대통령으로 선출된 버락 오바마가 맡은 임무는 '냉전 종식 후 지구를 지배해왔으나 현재 세력을 다할 참인 관념, 즉 자유시장절대주의에 대한 개념적 대항 혁명을 이끄는 것'이었다. 『타임』(Time)은 이 경제위기로 서구 정부들이 '자본주의 위기대응 연합'을 구성하고 있다고 묘사했다. 기득권을 비판하는 이들이 자신들의 때가 왔다고 믿는 건 그들의 자유였지만 "확실한 것은 20년 넘게 지배적이던 자유시장 모델 자본주의의 권세가 급격히 종말을 향해 치닫고 있다는 점"이라고 『가디언』 정기기고가 셰이머스 밀른(Seumas Milne)은 썼다.

그러나 경제위기는 선동자 이념의 종말을 알리는 전조가 아니라 선동자 이념에 새 생명을 주는 사건이었다. 기득권에 대항하는 이들은 이 위기의 순간에 제시할 만한, 이미 정리된 일관적인 대안이 없었다. 반면 재원이 풍부한 선동자들은 금융위기를 맞닥뜨린 순간에도 주눅들지 않았다. 그 반대로, 선동자들은 1970년대에 그랬듯이 위기를 붙잡아 기회로 전환시켰다. 그들은 위기의 순간에도 언제나와 마찬가지로 지적 활력과 패기로 가득 차 있었다. 선동자들은 경제위기가 정부의 과잉지출로 유발되었다는 내러티브를 엮도록 도왔고, 국가의 개입 영역을 축소시키려는 새로 거듭난 공격을 정당화했다.

이 새로운 시대에 기득권에 반대하는 듯한 태도를 가장 성공적으로 취한 정치세력은 우파 포퓰리즘 세력 쪽에서 일어났다. 이 세력은 영국독립당이라는 형태로 번창했는데, 상품중개인으로 일한 바 있으며 사진 찍힐 기회가 있을 때마다 거의 항상 손에 에일 맥주잔을 들고 소박한 매력을 풍기는 나이절 패라지(Nigel Farage, 2017년 초 현 당수는 폴 너톨 (Paul Nuttall))가 당수를 맡고 있다. 원래 영국의 유럽연합 탈퇴에 초점을 맞추던 영국독립당은 그보다 훨씬 광범위한 불만을 결집시키는 피뢰침 역할을 하게 되었다. 패라지는 자신이 엘리트와 불화하는 사람들을 대표한다는 메시지를 거듭해서 전달했다. "기득권층, 현 상황, 대기업, 권력을 가진 고위직 유럽연합 공무원, 그리고 다른 세 개의 소위 주류 정당은 영국독립당이 하는 일에 겁을 잔뜩 먹고 있다"고 그는 선언했다. 2014년 3월, 패라지는 자유민주당 부총리 닉 클레그와 함께 출연한 텔레비전 토론에서 '그 당신네 무리, 대기업들'의 지령을 받아 유럽통화에 가입하려 한다며 클레그를 몰아세웠다.

무엇보다도 영국독립당은 이민문제를 영국에서 가장 우선적 정치의제로 만드는 걸 도왔고, 영국의 고질적인 사회문제에 대한 비난을 고전적 희생양인 외국인에게 돌려 사회 최상층의 책임있는 자들이 비난을 피할 수 있게 만들었다. 전국으로 배포된 영국독립당 포스터는 '유럽에서 2,600만 명이 구직중. 그들은 누구의 일자리를 노리는가?'라고 선언한다. 그 문구 옆에는 포스터를 보며 지나가는 행인들을 똑바로 가리키는 손가락 사진이 있었다. 영국독립당의 이런 접근법에 상당한 정치적 보상이 돌아왔다. 2014년 5월 유럽의회 선거에서 영국독립당은 여론조사 결과 영국 최고 지지율을 보였다. 108년 만에 처음으로 노동당이나 보수당이 아닌 다른 정당이 전국 선거에서 1위를 한 것이다.

　영국독립당의 전략은 천재적이었다. 포퓰리즘적인 메시지에도 불구하고, 영국독립당은 가장 순수한 형태의 기득권 사고방식을 대변한다. 영국독립당은 사람들의 분노가 런던 금융중심지나 턱없는 임금을 지불하는 고용주, 또는 조세를 회피하는 사람이 아니라 이민자를 향하도록 하는 동시에, 부자에게만 이익을 주는 정책들을 지지했다. 2014년까지 영국독립당은 단일소득세(flat income tax, 공제액을 차감한 모든 소득에 대해 단일한 비례세율을 적용하여 과세하는 방식)를 주장했는데, 이 제도가 시행되면 부자들이 내는 세금의 양이 줄어들 뿐만 아니라, 억만장자와 콜센터 노동자가 같은 과세 등급에 속하게 된다. 영국독립당은 결국 이 정책을 철회하긴 했으나, 여전히 최고세율의 절삭을 주장하고 있다. 또한 고용주측에 500억 파운드라는 어마어마한 액수를 건네줄 고용주의 국가보험 부담금 폐지를 주장하며 공공부문 일자리 200만개의 폐지를 장려하는데, 이런 조치가 취해진다면 지역공동체를 완전히 파괴하고 말 것이다. 영국독립당은 심지어 보수파보다 더 격하게 NHS의 해체와 민영화를 주장한다. "NHS의 존재 자체가 경쟁을 억압한다"고 영국독립당 부대표 폴 너톨(Paul Nuttall, 현 당대표)은 선언했다. 너톨에 따르면 "NHS가 정치의 '성역'으로 남아 있는 한, 영국 국민은 이류 보건서비스로 인해 고통받을" 것이다. 2014년 11월, 패라지가 NHS를 민간보험 체제로 대체하자고 요구하는 영상이 공개되었다. 여러 압력 때문에 주장을 철회하기는 했지만, 2015년 초에 패라지는 BBC 방송에서 10년 안에 민영 건강보험이 NHS를 대체해야 할 것 같다고 말했다.[2] 영국독립당은 해고 요건, 휴일과 초과근무 등을 규정하는 법률을 다 폐기해버리는 조치를 포함, 노동자의 권리를 전부 불살라버리라고 요구한다.[3]

그런데도 영국독립당 지지자의 대부분은 아마 그 정당이 유럽연합과 이민에 반대한다는 점 이외에는 무엇을 대표하는지 거의 혹은 전혀 모를 것이다. 영국독립당에 표를 주는 유권자 대부분은 보수당에서조차 추방된 초(uber)-대처주의자-보수당이 아니다. 오히려, 사실 여론조사를 보면 영국독립당 지지자는 긴축재정이나 복지삭감을 지지할 확률이 보수당 지지자보다 상당히 낮다. 놀랍게도 많은 의제에서 영국독립당 지지자들은 영국인 전체에 비해 훨씬 급진적이다. 유고브 여론조사에 따르면 영국독립당을 지지하는 유권자의 78%가 에너지 기업의 국영화를 지지하고(전체 국민의 68%가 에너지기업 국영화를 지지한다), 73%는 철도의 재국유화를 원하며(영국인 전체의 66%가 철도 재국유화를 원한다) 50%는 주택 임대료의 통제에 찬성(영국인 전체는 45%)했다. 그리고 경악스럽게도, 영국독립당 지지자의 40%는 식품 및 생활 잡화의 가격 통제를 원했는데, 영국인 전체의 수치는 35%다.[4]

이 결과는 무엇을 말하고 있는가? 한편으로, 극우정당에 투표하는 사람들마저도 경제 의제에 있어서는 그 정당보다 훨씬 좌측에 있을 만큼 기득권은 대중의 지지를 거의 얻지 못하고 있다. 그런 만큼이나, 이런 현상은 기득권에 대항하는 급진좌파 뿐 아니라 노동당을 비판할 근거가 되기도 한다. 커져가는 불만과 환멸에 다가가는 데 실패하여, 노동당과 급진좌파는 그 진공상태가 우익 포퓰리즘으로 채워지도록 내버려둔 것이다.

많은 사람들에게 정치는 자신과 무관한, 완전히 추상적이며 삶과 동 떨어진 무언가처럼 느껴진다. 많은 국민들이 투표는 아무 소용없는 짓 이라고 여긴다. 여러 도시와 마을에 사는 사람들이 투표를 하지 않는 이유를 들어보니, 그것은 놀랄 만큼 서로 닮아 있었다. '투표해도 아무 것도 안 바뀐다' '정치인들은 다 자기네 생각밖에 안 한다' '정치인들 은 제 잇속 차리기에만 바쁘다' '정치인은 다 똑같지' '항상 공약을 어 기지 않느냐' 같은 것이 그 이유들이다. 비숙련 노동자들은 중산층 전 문직 종사자보다 투표함으로 향할 확률이 거의 20% 낮다. 2012년 유 고브 여론조사에서, 유권자들은 '세계화, 현대 기술, 유럽연합, 다국적 기업과 금융시장 등의 외부 압력에 대해 생각해보십시오. 보기 중 어 느 쪽의 관점의 당신의 것과 가깝습니까?'라는 질문을 받았다. 응답자 의 거의 절반이 '요즘은 이런 압력이 너무 강력해서 정부와 의회는 영 국의 미래와 관련해 큰 결정을 내릴 권한을 많은 부분 상실한 것 같다' 라는 보기를 선택했다. 39%만이 이 보기에 동의하지 않았다. 같은 여 론조사에서 58%는 '요즘은 총선거에서 어느 쪽이 이기든 내 일상에 그다지 변화가 없다—주요 정당은 서로 별 차이가 없다'는 데 동의했 다.[5] 민주 권력을 사익집단에 굴복시키고, 실질적 의제가 아니라 뉘앙 스만 서로 다른 정치엘리트를 형성해서, 기득권층은 민주주의를 말할 수 없을 만큼 훼손했다.

녹색당 브라이튼(Brighton, 영국해협의 휴양도시) 하원의원이자 전 녹색당 당수 캐럴라인 루커스는 한 지방의회 공무원과 나눈 불편한 대화를 회상한다. 루커스와 그 공무원은 저소득 노동자 및 실업자에게 주어 지는 지방세 혜택 폐지와 관련해 이야기를 나누었다. 루커스가 말하길, "보통 이런 변화가 일어나면요, 확실히 직접 전화를 걸어서 통보해야 하는 공무원들은 아주 화가 난, 정말로 화가 난 사람들을 어떻게 다뤄야 되는지를 연습하게 되죠. 물론 화를 내는 사람들은 그럴 만한 정당한 이유가 있지만, 여하튼," 그러나 이번에는 복지혜택이 줄었는데도 지방의회 공무원들은 다른 종류의 반응을 접하게 되었다. "그 대화를 나눈 공무원이 저에게 말하길, 사람들이 화내지 않아서 너무 충격을 받았대요. 혜택을 잃은 사람들이 너무 많이 고통을 받았다는 거예요. 마치 그 사람들은 싸울 의지를 잃어버린 것 같았대요… 저는 가두행진이나 대규모 시위가 더 자주 일어나지 않아서 놀랐습니다. 어쩌면 그 이유 중 일부는, 슬프게도, 사람들이 포기하기 시작했기 때문인지도 모릅니다." 기득권층은 많은 사람들이 체념하고, 희망을 완전히 잃고, 저항할 수 있다는 생각조차 하지 못하게 만들었다. 이는 물론 기득권 지배의 영속화를 돕는다.

그렇다고 해서 기득권에 저항하는 사람들이 최근 완전히 사라져버렸다는 건 아니다. 평화적 시민 불복종의 오랜 전통을 활용하여, UK언컷은 정치 및 언론엘리트가 (본격적으로 나서서 해결하지는 않더라도) 최소한 기업과 부유층의 조세회피 문제에 참여하게 만들었다. 세인트 폴 대성당(St Paul's Cathedral) 바깥에 텐트를 친 '점거하라'(Occupy) 운동도 어떻게 영국과 세계가 '99%'가 아니라 '1%'를 위해 돌아가고 있는지에 눈을 뜨게 했다. 수십만 노동조합 운동가들이 긴축정책에 저항하며 시위를 했고, 삭감에 반대하는 장애인(Disabled People Against Cuts)과 같은 단체들은 사회에서 가장 취약한 위치에 있는 사람들에게 가해지는 공격에 맞서 싸웠다. 광범위한 반(反)긴축재정 운동인 인민의

회(People's Assembly, 필자는 이 계획이 처음 형성될 때부터 참여했다)도 영국 전역에서 대규모 회합을 열었다. 녹색당 또한 긴축정책과 환경파괴에 반대하여 대안을 촉구했으며, 일부 노동당 하원의원 및 활동가는 보수당 주도 정부에, 그리고 때로는 노동당 지도부에 저항하며 연대했다. 스코틀랜드 독립에 대한 당신의 의견이 무엇이든, 독립에 찬성하는 '예스'(Yes) 운동이 기득권으로부터 심각하게 소외된 스코틀랜드 상황을 활용했으며, 스코틀랜드가 영국이라는 연합왕국을 떠나기만 하면 기득권의 지배와 구호에서 자유로워질 것이라고 약속했다는 데는 의심의 어지가 없다.

민주혁명을 지지하는 사람이라면 이들의 사례에서 영감을 얻을 수 있을 것이다. 그러나 민주혁명의 지지자들은 또한, 선동자들의 사례에서 용기를 얻어야 할 것이다. 전후 시대에 선동자들은 패배한, 별 볼 일 없는 주변부였으며 역사의 행진에 짓밟혀 먼지가 된, 실패한 사상을 옹호하는 자들이었다. 그 구성원들은 심히 패배주의에 젖어 있었고, 숫자도 적었다. 그랬기 때문에 뒤이어 찾아온 승리가 다른 사람들뿐 아니라 선동자들 자신에게도 더욱 놀라웠다. 그러나 선동자들을 버티게 했던 것은 자기 사상에 대한 신념이었다. 야심만만하며 고무적인 장기목표 역시 물론 중요했다. 1979년 영국을 장악한 자유시장 이데올로그들은 자신들이 계획한 변화가 절대 즉각 일어나지 않을 것임을, 사람들의 태도를 바꾸고 반대와 맞서며 새로운 사회적 합의를 바꾸기 어려울 만큼 단단히 자리잡게 하는 일은 길고 어려운 견인 과정이 필요하다는 걸 알고 있었다.

민주혁명을 지지하는 사람이라면 선동자들처럼 장기전망에 헌신을 다짐할 필요가 있다. 영국은 가장 부유한 사람들이 부를 얻고 유지하려는 책략에 따라 운영되는 것이 아니라, 실제로 나라를 유지하는 사람들을 위한, 그런 사람들이 운영하는 국가가 될 것이다. 그것은 단기적인 사익이 아니라 사회적 수요를 기반으로 사회가 조직됨을 뜻한다. 또한 삶의 모든 영역으로 민주주의를 확대한다는 뜻이다. 단지 가끔 총선거를 하는 정치가 아니라, 더 넓은 경제와 일터로까지 말이다.

그러나 선동자들이 최선을 다해서 해낸 것처럼, 사람들의 경험과 열망에 공명하는 설득력 있는 학문적 주장을 만드는 일이야말로 성공에 가장 핵심적이다. 그런 주장은 추상적이거나 제멋대로 사유된 것이 아니다. 일관성 있는 대안을 제시하지 못한다면 체념이 널리 퍼진 상황이 지속될 뿐이다. 원대한 변화는 충분히 많은 사람이 그 변화가 약속하는 바에 고무되고, 그 실현에 확고한 자신감을 가질 때에만 가능하다.

기득권에 저항하는 사람들이 지적으로 빈곤한 것이 사실이다. 부자들은 자신들의 경제적 이익을 고취할 싱크탱크에 돈을 아낌없이 쏟아붓고, 뉴라이트의 약진으로 결국 대학 경제학과에서 반체제적 인사들을 몰아냈으며, 학문의 사다리를 오르는 일은 기득권의 사고방식에 순응하는 데 달려 있도록 새 판을 짰다. 그러나 경제학자를 비롯해 현 상황을 고수하는 데 반대하는 다양한 전문가가 남아 있으며, 그들 중 일부가 이 책을 쓰는 데 인터뷰를 해준 사람들이다. 2014년 프랑스 경제학자 토마 피케티(Thomas Piketty)는 불평등이 어떻게 영속화되는지 파헤치고 더 높은 소득세와 세계적 과세를 요청하는 책 『21세기 자본』(Capital in the Twenty-First Century)을 출판하여 지적 센세이션을 일으켰다.

문제는 그런 반체제적 학자들이 서로 너무 이질적이고 분열되어 있

는 경우가 많아서 적대적인 언론의 관심을 끌지 못한 채 개인 연구에
만 몰두한다는 점이다. 역설적으로, 기득권을 수호하는 이들은 과격한
개인주의의 독트린을 설파하지만 그들 자신은 많은 경우 같은 목적을
추구하는 집단으로 함께 일하는 데 놀라울 만큼 잘 훈련되어 있다. 반
면 기득권과 그 수호자들에게 반대하는 우리들은 연대를 설파하지만,
너무나 자주 개별적으로 행동하고 독불장군처럼 군다.

민주혁명을 지지하는 이들이 성공하려면 분열된 이들을 한데 모으
고, 유능한 우리의 선동자를 만들어내야 하며, 그 한 조직은 적대적인
환경에서 앞으로 나아갈 길을 찾을 솜씨 좋은 싱크탱크의 형태가 되
어야 할 것이다. 노동조합은 그러한 목적에 공감하면서 싱크탱크를 만
들어낼 자금을 충분히 지닌 핵심 조직이며, 이미 활동을 개시하고 있
다. 클래스(Class)라는 싱크탱크가 2012년에 설립되었고(필자는 이 단
체의 자문위원회에서 일하고 있다), 신경제재단도 이런 조직 중 하나
다. 일관적이고 신뢰할 수 있는 대안이 형성되지 않으면, 그리고 그 대
안이 대규모의 청자와 공명하지 않으면, 현 상황은 계속 유지될 것이
다. 몇십 년 전에 신자유주의 쪽 선동자들이 깨달았던 사실이 바로 이
것이다.

기득권을 반대하는 이들이 듣는 거짓주장 중 하나는, 우리의 대안
이 해방적인 자유시장을 무능하고 관료주의적인 흉물로 대체하는 국
가통제주의일 뿐이라는 말이다. 이는 잘못된 흑백논리다. 자유방임자
본주의의 대안이 상의하달식 국가통제주의는 아니다. 어떤 측면에서
는 국가개입의 축소야말로 기득권 체제에 대한 대안이다. '자유시장'
이라고 불리는 체제는 사실 한쪽에서는 부유한 엘리트들에게 후한 보

조금과 지원금을 주는 사기, 허울일 뿐이다. 모든 이에게 사회적 안전망을 제공하고자 했던 복지국가가 곡해되어, 사실상 낮은 임금을 지불하는 고용주와 엄청난 임대료를 매기는 개인 지주들의 수입원이 되고있다. 최저임금을 생활임금으로 만들면 국가에 대한 이런 의존을 줄일것이다. 임대 한도 때문에 지방의회가 건물을 시설 좋은 공영주택으로만들지 못하고 있는데, 임대 한도를 늘리고 민간의 임대료를 통제한다면 공영주택이 세워지며 직장도 늘어나고, 경제에도 활기를 불어넣고안전한 임대의 흐름을 만들 것이다. 그러면 복지국가의 본 목적으로돌아갈 것이다. 이런 요구에 많은 사람들이 동참하고 있으니, 기득권의 수호자들은 수세에 몰릴 것이다.

서구에서 가장 노조를 탄압하는 영국 법은 힘의 균형이 고용자측으로 치우치도록 확고하게 보장했다. 따라서 영국에서 가장 규모가 큰민주주의 운동인 노동조합이 노동자를 효과적으로 대표할 수 있도록,직장에서 노조원을 모집할 수 있게 보장하는 등 노조 관련법을 현대화시키는 것이 중요하다. 경제위기가 발발하기 한참 전부터 기업은 기록적 흑자를 내고 있는데도 세금감면을 신청하거나 저리융자에 의존하는 저소득층은 늘어나기만 했다. 이렇게 된 핵심 원인은 노동조합의약화다. 그 결과 경제에서 수요가 고갈되었고 노동자의 삶의 질이 하락했다. 기득권층의 반노조 구호를 물리치면 우리 모두에게 이익이 돌아온다.

일터에서의 민주주의는 고용주에게 기울어진 힘의 균형을 되돌리기도 한다. 독일의 경우 노동자의 권익을 신장시키기 위해 선출되는노동자 대표가 이사회에 동참하는데, 이런 제도를 '경영참여제'(codetermination)라고 부른다. 독일 노동자들에게 이 제도가 만족스럽다면 영국 노동자에게도 분명 만족스러울 것이고, 노동자가 일하는 슈퍼마켓, 콜센터, 사무실 등에서 착취해도 되는 노예 취급을 당하는 대신 자신의 목소리를 낼 수 있을 것이다. 노동자가 고용주의 뜻에 따라 고용되고 해고될 수 있는 소모품으로 취급되는 폐해를 막을 다른 정책, 예컨대 호출형 근로계약의 파기와 같은 정책이 이 제도를 뒷받침해야 할 것이다. 완전고용을 달성하려는 공식 정책 또한 결정적이다. 완전고용정책은 노동자측의 협상력을 가장 잘 보장한다는 장점이 있다. 이러한 제도가 실현되면 고용주들은 더이상 일터 곳곳에서 경제적 폭군이 될 수 없을 것이다.

철도 회사와 같은 민영화된 회사들이 세금으로 보조금을 받는 등, 민영화는 일종의 기업 지원책이 되고 말았다. 재계약을 할 때 각 철도 사업체들은 쉽게, 추가비용 없이 다시 공영화될 수 있다. 그러나 그것이 주주를 기업에서 정부 관료로 바꾸는 일은 아니다. 그 대신, 이런 국가 핵심산업들은 그 사업을 유지하는 노동자와 그 서비스를 이용하는 승객 모두가 민주적으로 소유해야 한다. 이는 이 부문의 상징 존 루이스 파트너십(John Lewis Partnership, 종업원이 절반 이상의 주식을 소유하는 종업원지주회사로, 직장 내 의사결정이 민주적이며 직원 복지가 훌륭하기로 유명함)과 같은 협업체들의 원칙과 전통적인 국유 형태의 융합을 의미한다. 경제가 전반적으로 어려운 시기에 에너지 가격을 올려 큰 이윤을 낸 6대 에너지기업도 마찬가지다. 전후 노동당 정부는 국채로 주식을 사들여 개인 자산을 국유화했고, 바로 그런 방법으로 공공서비스를 제공하는 기업들이 모두의 복지가 아니라 자신의 이득만 생각하는 부당 이득자들의 손아귀에서 벗어날 수 있었다.

　핵심 공익사업의 민주적 공영화는 '시장이 가장 잘 안다'는 기득권의 구호를 약화시킬 것이다. 먼저, 모든 여론조사는 가장 보수적인 유권자들마저 국유화를 지지하며 공영화가 압도적으로 선호된다는 점을 보여준다. 민주적 공영화는 소비자의 욕구를 잘 모르는 관료들이 운영한 이전의 국유화 같은 함정을 피할 수 있을 것이다. 1980년대 마거릿 대처가 공익사업과 공공서비스를 대중의 항의도 별로 없이 너무 쉽게 민영화할 수 있었던 이유는 사람들에게 공공소유의 개념이 없었기 때문이다. 브리티시 텔레콤처럼 한때 공영기업이었던 곳들은 많은 사람들에게 자신들과 동떨어져 있고, 얼굴 없는 관료들이 운영하는, 때로 서비스가 형편없는 곳으로만 인식되었다.

　서비스의 실사용자와 노동자가 함께하는 공동 소유권은 경제를 민주화할 것이고, 시장과 경직된 국가통제주의 양쪽 모두의 대안이 될 수 있다. 사회를 끝없이 소수 엘리트의 이익을 위해 움직이려는 접근법은 큰 타격을 입을 것이다. 민주혁명은 이익집단의 지지를 제도화할 때만 새로운 합의가 존속할 수 있음을 계산해냈던 1970년대 선동자들에게서 교훈을 얻을 것이다. 서비스의 실사용자들이 이 서비스가 자신들의 것이라고, 자신들이 그 업체를 민주적으로 소유했다고 느끼면 바로 그렇게 될 수 있다. 이 민주적 소유권이 혁신을 억누르지도 않는다. 새 제품에 쓸 기술개발이든, 공공기반시설 제공이든, 인력 교육이든, 연구 및 개발의 주도든, 자금지원이든, 인터넷의 창조에서부터 아이폰에 응용되는 기술에 이르기까지, 우리는 이미 국가가 수많은 사업체들이 하는 일의 원천이라는 사실을 깨달았다. 창조적 활동이 백만장자의 전유물이 아니며 공공영역 또한 그런 활동을 할 수 있다는 증거가 여기 있다.

　민주주의를 복원하려면 금융가들의 권력과 맞서 싸워야 한다. 영국은 금융가를 비호하는 사람들이 말하는 것처럼 런던 금융중심지나 금융권에 의존하고 있지 않다. 제조업이야말로 더 많은 세수와 직업을 제공하고 있으며, 금융계처럼 수천억을 들여 구제받지도 않았다. 그러나 영국은 제대로 규제받지도 않고 외국의 경제위기에 민감하게 반응해 침몰할 수 있는, 너무나 불안정한 금융부문의 기여에 의존하고 있다. 금융계의 권력은 민주적으로 선출된 정부가 할 수 있는 일을 제한한다. 이는 영국이 금융부문에의 의존을 그만두고 신세대 현대산업을 발전시켜야 한다는 뜻이다. 독일 같은 나라에서 배워, '시장이 결정하게 두자, 국가는 누가 이기고 누가 져야 하는지 결정하지 않는다'라는 정부의 태도를 버려야 한다는 뜻이다. 전 보수당 예비내각 마이클 헤슬타인(Michael Heseltine, 영국의 사업가이자 보수당 정치인. 국방부 장관 및 환경부 장관 등을 역임)마저 새로운 산업을 장려하고 육성하기 위해 정부의 적극적인 역할이 필요하다고 요청했다. 국가가 산업정책을 가지고 적극적으로 개입한다면, 영국은 실존적 위협을 가할 수 있는 기후변화에 대응하고 금융업에의 탐닉을 끝낼 새로운 '친환경 산업'을 발전시켜 일자리를 창출할 수 있다.

　금융부문은 '부자를 위한 사회주의'의 완벽한 전형이다. 경제위기 이후, 납세자들은 사기업들을 구제하기 위한 비용을 짐으로 떠안았다. 즉 공공이 금융부문이 진 부채를 부담하고, 그 이득은 사기업의 손에 그대로 남아 있게 된다는 뜻이다. 그러나 여기에는 기회가 있다. 납세자가 구제한 은행을 헐값에 팔아넘기기보다, 정부는 이 은행들을 공공소유의 지역투자 은행으로 바꾸어 국가 전역에 걸쳐 지역경제를 재건하도록 도울 수 있다. 그 은행들은 현재 자금부족에 시달리는 중소사업체를 돕고 경제구조를 새롭게 하며 새로운 산업전략을 촉진할 수 있다.

다시 강조하자면 이는 상의하달식 국가통제주의 모델을 똑같이 복사하자는 것이 아니다. 영국 납세자들이 은행들을 구제했다. 그 옛날 미국 독립의 구호는 '대표 없이 세금 없다'였고, 금융에도 같은 원칙이 적용되어야 한다. 우리 납세자들은 우리가 구제한 은행의 이사회에 민주적으로 선출된 대표를 세울 수 있어야 하고, 그 대표들은 구제받은 은행이 고객과 공동체의 필요에 부응하게 도와야 한다.

우리는 금융이 민주주의에 미치는 영향력을 줄일 수 있다. 국제통화기금(IMF)은 신자유주의의 보호막으로서 여러 나라에 세계화와 민영화, 규제 폐기에 나서도록 요구했고, 자본의 흐름을 방해하는 장애물을 파괴하도록 강제해왔다. 그러니 2012년 12월, 국제통화기금이 자본의 통제, 또는 국경을 넘나드는 자본이동에 대한 과세와 같은 제한조치를 더이상 덮어놓고 반대하지 않게 된 것은 엄청난 변화였다. 자본에 대한 통제가 '목표가 분명하고, 과정이 투명하며, 일반적으로 임시적 조치여야' 한다는 제한을 달았더라도 말이다. 브라질과 남한, 인도와 중국처럼 활력있게 발전하는 경제는 자본통제정책을 폐기한 적이 없다. 아이슬란드 경제가 금융붕괴로 파탄을 겪었을 때, 자본통제가 회복에 핵심적인 역할을 했다. 브라질의 예를 보면, 금융거래에 최대 6%에 달하는 세금을 부과하여 환율의 급격한 변화를 막아냈기에 정부는 이 조치에 만족했다. 말레이시아가 1997년 아시아 금융위기에서 다른 경쟁 국보다 수월하게 살아남았던 이유도 바로 자본을 통제했기 때문이다.

자본통제는 한 경제를 들고나는 통화의 흐름을 감시하고, 자산 버블 및 전체 사회의 이익과 충돌할 수 있는 투자자의 단기이익을 경계한다. 자본이 급격히 유입되어 부동산 가격과 환율을 급등시키고 갑자기 철수하면 급격한 경제붕괴가 일어날 수 있다. 예를 들어, 2008년에만 총 4,900억 파운드가 영국에서 빠져나갔을 때 금융부문이 비대한 영국은 다른 곳에서 일어난 금융위기가 자국에 확산될 위협에 직면할 수밖에 없었다. 세계화된 금융 시스템에서 위기 상태는 전광석화처럼 국가에서 국가로 옮겨다닌다. 조지 소로스 등이 1992년 검은 수요일로 이득을 봤듯이, 투기꾼들은 끊임없이 경제 악몽에서 돈을 벌 기회를 찾아다닌다.[6] 그러나 이 문제의 이면도 해악이 크다. 소위 '핫머니'(hot money, 자본 도피 또는 투기를 목적으로 국제 금융시장으로 이동하는 단기자금)나 단기이익을 노리고 특정 국가로 자본이 갑작스레 밀려드는 현상 또한 사회와 경제기반에 해를 끼칠 수 있다. 그리고 만일 선출된 정부가 사익집단들이 싫어하는 정책이라도 시행할라치면, 국가로부터의 급격한 자본이탈이 뒤따른다. "정부는 경제를 관리할 수단을 전부 잃었습니다." 경제학자 앤 패티포의 말이다. "그리고 제가 보기에 가장 중요한 수단은 이자율 통제입니다. 여기서 이자율이란 중앙은행이 고정하며 마음먹으면 올렸다 내렸다 할 수 있는 기준금리만 말하는 게 아니고, 소규모 사업가들이 새 사업을 시작할 때 감당해야 하는 이자율이고, 대기업이 위험을 무릅쓰고 모험을 할 때 문제가 되는 그런 이자율이에요."

신경제재단은 선출된 정부가 경제정책을 시행할 능력을 되찾게 해주며, 더욱 안정적인 장기투자를 유인하고, 금융 권력이 영국의 목을 조를 수 있는 능력을 제한할 다양한 자본통제책을 제안했다. 주택가격 거품은 경제를 손상시킬 위험이 있으며 영국인을 주택시장에서 몰아내버렸다. 우리는 외국인의 주거용 부동산 소유에 제한을 부과해 주택가격 거품을 걷어내야 한다.[7]

무엇보다도, 이러한 조치는 기업이익으로부터 선출정부로 경제주권을 옮겨 기득권층의 위치에 상당한 타격을 가할 것이고, 민주혁명은 기득권 핵심부의 부를 재분배할 것이다. 불황이 삶의 질을 떨어뜨리는 동안에도 부자들의 은행계좌는 여전히 두둑하다. 이는 명백한 불의이고, 또한 생산적으로 사용될 수 있는 엄청난 액수의 돈이 투자도 되지 않고 쌓여 있음을 의미한다. 돈이 투자되거나 사회적으로 이용될 수 있는데도 그냥 비축되어 있는 것이다. 그리고 가장 가난한 10%가 소득의 43%를 세금으로 지불할 때, 가장 부유한 10%는 35%만을 낸다. 확실히 합리적인 관점에서 옹호할 수가 없는 일이다.[8]

덴마크나 스웨덴, 네덜란드나 벨기에처럼 더 번창한 유럽 국가들은 최고세율이 현저히 높다. 일본의 최고세율마저 50%다. 여론조사 결과 대다수가 부자의 세금을 올리길 원하며, 100만 파운드를 상회하는 모든 소득에 대해 75%를 과세하는 조치에 찬성한다.[9] 그 시작으로 10만 파운드를 넘는 소득, 다시 말해 상위 2% 소득의 인구에게서 50%를 과세할 수 있다. 이 세금은 실업 상태거나 형편없는 일을 하고 있어 장래를 망칠 위험을 겪고 있는 수백 수천 명의 청년을 훈련시키고 고용하는 데 쓸 수 있다. 그런 세금으로 숙련 수습직과 함께 사업을 발주할 수 있다. 예를 들면, 가정과 사업체에 단열공사를 실시해 수백만 명의 에너지 빈곤문제를 해결하고, 에너지 사용량을 줄이며 환경을 보호할 수 있다. 그러나 이것은 시작에 불과하다. 사회 최상층에 전례없이 부가 집중되어 있는 상황을 고려할 때, 훨씬 진보적인 조세제도도 얼마든지 가능하다. 세금 부담을 노동자에게서 사회 최상층에 있는 이들에게 옮기는 조치는 사익의 번영이 국가의 부조에 전적으로 의존하고 있으며, 그러므로 사익집단은 그에 따르는 비용을 내야 한다는 사실을 알려줄 것이다. 그러한 조치가 힘의 균형을 노동자 쪽으로 옮겨올 것이라는 점이 핵심인 것이다.

조세회피를 향한 총공격도 이와 마찬가지다. 조세회피를 엄단하면 간절히 필요한 세수를 얻을 수 있을 뿐 아니라, 사회가 부유층의 권력과 맞선다는 사실도 확고히해줄 것이다. 기득권층의 사고방식은 다국적기업과 부자 사업가들이 국가에 빚진 건 아무것도 없으며, 국가는 혁신과 수익을 방해하는 걸림돌일 뿐이라는 믿음을 부추긴다. 공인회계사 리처드 머피는 다국적기업과 부자들이 이용하는 법률상의 허점을 막을 일반조세회피방지법(General Anti Tax Avoidance Principle Bill)을 작성했다. 그러나 영국을 점령해버린 회계법인들을 권력에서 축출시키는 게 급선무다. 재무부가 조세법을 작성할 때 도움을 준 다음 자신의 고객이 그 법을 빠져나가도록 하는 그들의 행위를 더이상 좌시해서는 안 된다. 대신, 조세법을 작성하는 데 참여하는 모든 인물은 조세법에 대한 지식에서 이득을 얻는 사익집단과 엄격하게 분리되어야 하고, 기업이나 개인이 얼마나 부자든 권력이 크든 의회가 부과한 세금을 빠짐없이 지불하도록 해야 한다. 권력의 중심에서 기업 이익을 축출하는 일이야말로 민주혁명의 중심이 될 것이다.

현재 연립정부(데이비드 캐머런 총리가 이끈 2010-2016년 7월까지의 보수당-자유민주당 연립정부를 말함)는 부유층의 정치권력에 대한 대중의 정당한 염려를 소위 로비법, 또는 널리 알려진 재갈법을 도입해서 반대자들을 탄압하는 데 부당하게 이용했다. 그 법안은 모든 시민사회단체와 비정부기구를 엄중 단속했지만, 주로 조직 내부에서 로비를 하는 대기업들은 아무 탈이 없었다. 하지만 내부에서 이루어지는 로비야말로 법으로 단속해야 하는 대상이다. 예를 들어, 거대 에너지회사들은 돈을 버는 데 관심이 있지 소비자의 이익을 챙기려 하지 않는다. 그러므로 정부 부처에 그들의 대표자가 들어갈 자리는 없다.

우리가 보았듯이, '자유 언론'의 대부분은 많든 적든 정치적 의견을 가진 큰 부자들의 확성기 노릇을 하고 있다. 우리의 언론 조직들은 정치적 논쟁의 장에서 부와 권력의 기반에 도전하는 사람과 신념 또는 운동을 추방하거나 폐기하고 주변화하는 가차없는 기구로 기능하고 있다. 언론개혁은 언론자유와 언론인의 독립을 침해하는 일이 없도록 신중하게 시도돼야 한다. 한 명의 개인이 전국 단위 언론사를 소유할 수 있는 숫자를 제한하여 부자들이 민주주의에 행사할 수 있는 권력과 영향력에 제한을 두는 것이 그 시작이 될 것이다. 그리고 무급 인턴제도를 폐지하여 포부는 있지만 특권층의 일원이 아닌 언론인을 가로막는 장벽도 허물어야 한다. 무급 인턴십은 결국 잘나가는 부모가 있어야만 언론계에 고용될 수 있다는 사실을 확고히해줄 뿐이다. 사실 정치계에서부터 법조계까지, 다른 많은 직업도 사정이 마찬가지다. 모든 언론사가 직원과의 계약조건에 '양심 조항'(conscience clause)을 포함하도록 의무화하면 언론인들이 비윤리적이거나 불법적인 임무를 거절할 수 있을 것이다. 언론사에 더 강력한 노동조합이 생기는 것도 힘의 균형을 언론재벌에서 편집자와 기자들 쪽으로 돌려줄 것이다.

인터넷과 SNS는 주류 언론의 지배를 깨뜨릴 희망을 제공한다. 이제 시민기자들은 유례없는 발언대를 가지고 있고, 부유층 거물들이 소유한 언론사에서 유포한 허위, 왜곡, 그리고 노골적인 거짓말을 재검토하고 반박하는 일을 도울 수 있다. 이미 활동가들이 기득권 언론을 우회하는 방향으로 SNS를 사용하는 경우가 늘고 있다. 시위를 조직하거나, 무시될 뻔한 정보를 퍼뜨리거나, 발언기회가 없는 사람들이 목소리를 낼 장을 제공하거나, 주류 언론사가 퍼뜨리는 내러티브에 대항하기 위해 SNS가 사용되고 있다. 인쇄 신문이 계속 줄어들고 인터넷이 점점 대중 뉴스의 주요 원천이 되면서, 공동소유의, 저렴한 비용으로 대안적 관점을 제공할 수 있는 언론이 등장할 기회가 생겼다. 현 상황에서 이득을 얻고 있는 부자들의 언론 독점을 끝내려는 이들은 시급히 그와 같은 도전을 검토해보아야 한다.

민주혁명은 정치에서 부자들이 휘두르는 권력 또한 몰아낼 것이다. 부유한 개인과 기업이 정당에 기부할 수 있는 총액에 제한이 부과되어야 한다. 정계 외부인사와 장관들의 만남은 전부 투명하게 공개되어야 하며, 그런 만남에서 돈이 오가는 일이 있어서는 안 된다. 이런 일마저도 제안을 해야만 한다는 점은 현재 영국 민주주의의 상태가 어떠한지 잘 보여준다.

하원의원들이 돈을 위해 겸직을 맡는 일은 금지되어야 한다. 게다가, 전 장관들이 보건이나 국방 같은 분야의 사기업에서 중요한 직위를 맡는 일 또한 법으로 금지되어야 한다. 회전문이 굳게 닫혀야 하는 것이다. 정치계 또한 현대 영국을 정확히 반영하도록 변화하여야 한다. 정치는 정부와 사회가 절박하게 해결해야 하는 문제를 겪어본 경험이 있는 노동계급 사람들을 점차 열외 취급하고 배제하고 있다. 임금이 줄어 곤경을 겪는 사람들, 청구서를 지불하려고 발버둥을 치는 사람들, 보육비가 모자란 사람들의 문제 말이다. 노동계급의 정치 진출에 전통적 통로가 되어온 노동조합과 지방정부가 강화되어야 하는 절박한 이유 중 하나가 이것이다. 하원의원들의 봉급인상은 공공부문 노동자들의 급여인상률과 직접적으로 연계되어, 정치인들이 자신들이 만든 정책을 직접 느끼도록 해야 한다. 충분한 수의 지역 유권자가 청원서에 서명하면 하원의원의 당선을 취소할 수 있는, 오랫동안 도입하겠다고 말만 해왔던 권리가 시행될 필요가 있다. 싱크탱크들은 당연히 정치계에 관여하겠지만, 이들이 정치적 논의를 형성하는 데 얼마나 중요한 역할을 해왔는지 고려한다면, 이해의 충돌을 검토할 수 있도록 자신들의 후원자 명단 전체를 공개해야 한다.

　스코틀랜드에 국회(Parliament)를 수립하고, 웨일스에도 의회(Assembly)를 수립하여 권력을 분산해야 한다. 잉글랜드에 지역의회를 수립하려는 지난 계획은 난항을 겪었다. 2004년 당시 북동부 지역 국민투표는 소위 '의회'를 거부하는 부결로 끝났고, 대신 별달리 열의를 모으지 못한 권한 없는 협의체가 제안되었다. 그러나 최소한 주거, 교육, 보건 문제와 같은 분야를 포함한 권한이 웨스트민스터에서 지자체로 이양될 필요가 있다.

현재 유럽연합은 기득권적 요소들을 제도화하고, 설령 영국인이 투표로 결정한 문제에서도 기득권 구호와 정책에 도전하는 것을 불가능하게 한다. 포르투갈, 폴란드와 영국 모두의 노동자 이익을 위해 운영되는 유럽 국가들의 민주적 연합이 바람직하다. 그러려면 영국 우파가 바라는 대로 기득권의 구호 이외의 모든 것을 제거해버리는 방식 말고, 유럽연합이 기업의 이익에 따라 조작되지 않았음을 확고히하는 방식으로 유럽연합의 조직구성을 재협상해야 할 것이다.

사람들의 무사안전이 위협받는 한, 공식적인 보호기구가 필요하다. 그러나 그렇다고 현 경찰의 구조를 그대로 지지해야 한다는 뜻은 아니다. 경찰력을 둘러싼 차별과 부패의 문제가 명백히 말하고 있다. 고질적인 인종차별, 경찰과 접촉한 직후의 사망사건들, 보수당 내각각료에게 누명을 씌운 것, 젊은 흑인 남성에 대한 차별적인 불심검문, 시위 참가자들에 대한 괴롭힘, 여성 운동가들과의 기만적인 성적 관계 형성(잠복경찰), 노동조합원들에 대한 공격, 힐스버러의 대재앙 등과 같은 이 모든 불의를 해결해야 한다. 그 해결은 광범위한 제도개혁을 뜻할 것이며, 경찰에게 책임을 물을—지금의 소위 경찰 민원처리독립위원회와 달리—정말로 독립적인 기구가 필요할 것이다. 이를 위해 왕립위원회(Royal Commission, 법률 및 제도의 개정 및 도입, 운용 등을 평가하고 검토하는 심의위원회)를 요청하는 것이 이상하게 보일지도 모른다. '왕립위원회'라니 더없이 기득권적으로 들리지 않는가? 그러나 왕립위원회는 영국에서 대규모 공적 조사를 개시하는 수단이다. 경찰개혁과 관련하여 왕립위원회가 발족된다면 이해관계에서 진정 독립적인 인물을 세워야 하며, 경찰의 불의에 희생된 사람들을 불러 증언을 들어야 한다. 그 위원회의 목표는 공동체의 모든 집단을 평등하게 대우하는 기구의 설립을 권하는 권고안을 출판하는 것이 될 것이다.

기득권을 지지하든 반대하든 상관없이, 자본주의가 얼마나 전지구화되었는지 생각해보면 영국 혼자만 광대한 개혁을 해내는 건 불가능하다고 주장하는 사람들이 있다. 이는 건전한 비판이다. 1970년대 선동자들의 야심은 영국 국경에서 멈추지 않았다. 영국 기득권의 대안을 원하는 이들 또한 선동자들과 마찬가지로 국제적인 시각을 가져야 한다. 서구세계 전역에 걸쳐 삶의 질이 떨어지고 있으며, 공공자산이 사익집단에 팔려나가고, 사회 전체가 지불하는 비용으로 극소수가 배를 불리며, 노동자가 힘들게 얻어냈던 사회보장, 일터에서의 권리 등이 폐기되고 있다. 이 상황을 타개하기 위해서는 공동의 노력이 필요하다. 전지구적 자본주의의 시대에도 그 중요성을 전혀 잃지 않은 언어, 문화, 그리고 민족 정체성과 같은 장벽이 분명히 있다. 그러나 인터넷의 부상, 특히 SNS는 새로운 운동들이 연결될 기회를 제공한다. 지금까지는 일관성 있는 연대에 실패했다. 이제는 그러한 연대가 꼭 필요하고, 비슷한 요구조건을 두고 뭉쳐야 한다. 영국과 마찬가지로 다른 나라들도 혼자서 변화하는 것은 불가능하기 때문이다.

이런 제안들은 부유층과 책임지지 않는 엘리트들이 아닌 다수의 이익에 따라 운영되도록 사회를 재구조화하는, 즉 민주주의를 되찾기 위한 온건한 주장일 뿐이다. 이러한 제안들은 '오버턴의 창'을 기득권층에서 다른 곳으로 옮겨놓을 것이다. 그러면서, 더욱 급진적인 가능성들도 함께 열릴 것이다. 이런 변화를 실행하는 일이 어렵지 않은 양 할 필요는 없다. 기득권의 방식 이외에 '다른 대안은 없다'는 구호가 만연하다. 다른 사회를 원하는 이들은 무시당하고, 주변화되고, 격렬히 공격받기도 한다. 광대한 변혁을 추구하는 성공적인 운동들 모두가 그랬듯이 말이다.

그러나 기득권층 또한 역사의 선례에 주목하는 편이 좋을 것이다. 모든 시대는 자신들이 영원할 거라는 환상을 품는다. 흥망성쇠가 갑자기 뒤집혀, 우스울 만큼 하찮고 분열된 반대자들이 그 덕을 볼 수도 있는 것이다. 오늘날 유행하는 상식이 놀라운 속도로 믿을 수 없는 헛소리가 되어버리기도 한다.

19세기 미국 흑인 노예였다가 노예제 폐지론자이자 사회개혁 운동가로 거듭난 프레더릭 더글러스(Frederick Douglass)는 "권력은 요구 없이는 그 무엇도 내주지 않는다"고 선언했다. "권력이 요구 없이 무언가를 포기한 적은 절대 없었고, 앞으로도 없을 것이다." 더글러스는 이 말에 사회진보의 영원한 진실을 요약했다. 변혁은 위에 있는 자들의 선의와 인정이 아니라 아래에 있는 자들의 투쟁과 희생을 통해 가능하다. 역사는 어떤 위대한 남자가 등장하는 웅장한 멜로드라마가 아니다. 위대한 여자들은 너무나 자주 역사책에서 지워지곤 하지만, 어쨌든 역사는 위대한 여자 한 명이 바꿔낼 수 있는 것도 아니다. 이해를 같이하는 사람들이, 어떤 면에서는 표면적으로 너무나 달라 보일지라도, 집단적 힘으로 사회정의를 성취하는 것이다. 이러한 전승(傳承)이 변화를 원하는 이들에게 희망을 주고, 그로 인해 패배할 자들에게 두려움을 불러일으킬 것이다.

주(註)

들어가며

1. http://www.publications.parliament.uk/pa/cm201213/cmhansrd/cm121129/debtext/121129-0003.htm.
2. https://archive.org/stream/marquisofsalisbu00elliuoft/marquisofsalisbu00elliuoft_djvu.txt.
3. http://archive.spectator.co.uk/article/23rd-september-1955/5/politicalcommentary.
4. Henry Fairlie and Jeremy McCarter, *Bite the Hand That Feeds You: Essays and Provocations* (New Haven and London, 2010), pp. 70–72.
5. http://www.theguardian.com/uk-news/2014/nov/19/becoming-king-not-silenceprince-charles-allies.
6. http://www.countrylife.co.uk/article/506200/Who-really-owns-Britain-.html.
7. Edward Royle, *Modern Britain: A Social History 1750–2011*, 3rd edn (London, 2012), p. 12.
8. http://www.churchofengland.org/about-us/structure/churchcommissioners/assets/property-investments.aspx.
9. http://www.theosthinktank.co.uk/files/files/Reports/Voting%20and%20Values%20in%20Britain%2011%20FINAL%20%282%29.pdf.
10. www.parliament.uk/briefi ng-papers/SN 01250.pdf.
11. http://www.runnymedetrust.org/blog/49/15/Record-number-of-BME-MPS.html.
12. http://www.boardsforum.co.uk/boardwatch.html.
13. http://raceforopportunity.bitc.org.uk/about-race-opportunity/campaignaims.
14. http://www.civilservice.gov.uk/about/resources/monitoring-diversity.
15. Jon Ronson, *The Psychopath Test: A Journey through the Madness Industry* (London, 2012).

1장 선동자들

1. F. A. Hayek, *The Road to Serfdom* (London, 1944), p. 10.
2. Richard Cockett, *Thinking the Unthinkable: Think-Tanks and the Economic Counter-Revolution, 1931–1983* (London, 1995), p. 100.
3. R. M. Hartwell, *A History of the Mont Pelerin Society* (Indianapolis, 1995), p. 24.
4. George J. Stigler, *Memoirs of an Unregulated Economist* (New York, 1988), pp. 144–5.
5. Hayek, *Road to Serfdom*, p. 9.

6. Milton Friedman, *Capitalism and Freedom* (Chicago, 1962), p. 5.
7. Donald Sassoon, *One Hundred Years of Socialism: The West European Left in the Twentieth Century* (London, 1996), p. 140.
8. *The Economist*, 23 November 2006.
9. Sassoon, *One Hundred Years of Socialism*, p. 118.
10. TUC, *The History of the TUC, 1868–1968 : A Pictorial Survey of a Social Revolution* (London 1968), p. 5.
11. C. A. R. Crosland, *The Future of Socialism* (London, 1956), pp. 61–2.
12. Margaret Thatcher, *Margaret Thatcher: The Downing Street Years* (London, 1995), p. 7.
13. Madsen Pirie, *Think Tank: The Story of the Adam Smith Institute* (London, 2012), p. 50.
14. Ibid., p. 19.
15. 'Who is Behind the Taxpayers' Alliance?', *The Guardian*, 9 October 2009.
16. TUC, 'The Facts about Facility Time for Union Reps', October 2011, p. 5.
17. Robert Halfon, 'Trade Unions are Capitalist, Community-Minded', *The Spectator*, 20 October 2012.
18. http://www.research-live.com/news/news-headlines/guido-fawkes-editor-in-bigdata-analysis-venture/4009384.article.
19. http://www.taxpayersalliance.com/matthew_elliott.
20. http://www.powerbase.info/index.php/Taxpayers'_Alliance_Roundtable.
21. 'Secret Tory Fund Helped Win Marginals', *The Guardian*, 10 May 2005.
22. 'Who is Behind the Taxpayers' Alliance?', *The Guardian*, 9 October 2009.
23. 'Controversy over New Tory Health Advisor Nick Seddon who Called for NHS Cuts and Charges for GP Visits', *Evening Standard*, 9 May 2013.
24. Mel Kelly, 'What the BBC Conceals on Private Prisons Research', *Open Democracy*, 21 February 2013.
25. http://www.policyexchange.org.uk/media-centre/press-releases/category/item/militant-trade-unionism-blocking-public-service-revolution.
26. https://www.gov.uk/government/news/independent-reviewer-of-benefitsanctions-announced.
27. http://www.insidehousing.co.uk/think-tank-housing-expert-joins-cameronspolicy-unit/6529898.article.
28. http://www.conservativehome.com/thinktankcentral/2012/01/cameronsformer-head-of-policy-james-oshaughnessy-joins-policy_exchange-towork-develop-school-feder.html
29. http://www.independent.co.uk/life-style/health-and-families/health-news/the-pm-his-prosmoking-aide-and-a-dirty-war-over-cigarette-packaging-7563261.html.

2장 정치인 카르텔

1. James Kirkup, ' MPs' Pay Rises: Five Reasons MPs Should be Paid More', *Daily Telegraph*, 11 July 2013.

2. http://www.bbc.co.uk/blogs/nickrobinson/2011/01/why_did_mps_make_false.html.

3. http://www.insidehousing.co.uk/quarter-of-tory-mps-are-landlords-saysresearch/6524104.article.

4. http://www.gmb.org.uk/newsroom/landlords-hit-housing-benefit-jackpot.

5. http://www.theguardian.com/politics/2013/jun/08/lynton-crosby-tory-strategylobbying-firm.

6. http://www.theguardian.com/politics/2013/jul/21/tory-strategist-lyntoncrosby-lobbying.

7. http://www.theguardian.com/politics/2013/jun/08/lynton-crosby-tory-strategylobbying-firm

8. http://www.sovereigncapital.co.uk/businesses-we-back/healthcare-services.

9. Kiran Stacey, 'The Explosion of Hedge Fund Donations to the Tories', Financial Times Westminster Blog, 8 December 2011.

10. 'Employment Tribunal Claims Fell by More than Half after Introduction of Fees', *The Guardian*, 23 December 2013.

11. http://www.theguardian.com/politics/2012/dec/07/tory-funds-mansion-tax.

12. http://classonline.org.uk/docs/Class-YouGov_poll_results_28 October_2013.pdf.

13. http://classonline.org.uk/docs/YouGov-Class_Polling_Results_120522 Economic_Policies.pdf.

14. Allister Heath, 'There is Sadly Mass Support for Nationalization and Price Controls', *City A. M.*, 5 November 2013.

15. http://www.telegraph.co.uk/finance/newsbysector/retailandconsumer/9270369/Stefano-Pessina-I-want-to-merge-Boots-not-fl oat-it.html.

16. Peter Oborne, *The Triumph of the Political Class* (London, 2007), p. 135.

17. 'The Educational Backgrounds of Members of Parliament in 2010 ', *SuttonTrust* (2010), p. 2.

18. See R. Cracknell and F. McGuiness, 'Social Background of Members of Parliament– Commons Library Standard Note', *House of Commons Library* (December 2010), and http://www.theguardian.com/politics/2010/may/10/mp-intake-private-sector.

19. 'Membership of UK Political Parties–Commons Library Standard Note', *House of Commons Library* (2012).

20. Stuart Wilks-Heeg, Andrew Blick and Stephen Crone, How Democratic is the UK ?, *Democratic Audit* (July 2012), p. 290.

21. http://labourlist.org/2013/05/we-need-to-talk-about-south-shields.

22. Richard Heffernan and Mike Marqusee, *Defeat from the Jaws of Victory: Inside Kinnock's Labour Party* (London, 1992), p. 13.

23. http://www.unitetheunion.org/news/lord-warners-confl ict-of-interest-over-10-a-month-nhs-fee-report-says-unite/.

24. http://www.dailymail.co.uk/news/article-1372597/The-letter-Peter-Mandelsonusing-tout-business-despots-dodgy-billionaires.html.

25. http://www.greenpeace.org.uk/blog/forests/timeline-how-you-persuadedasia-pulp-and-paper-stop-cutting-down-indonesias-rainforests-20130205.

26. http://www.telegraph.co.uk/news/politics/8963427/Lord-Mandelson-courted-Mubaraks-dying-regime.html.
27. http://www.theguardian.com/politics/2013/nov/08/tony-blair-kazakhstanhuman-rights-role.
28. http://www.telegraph.co.uk/news/politics/9796803/Lord-Hill-faces-confl ictof-interest-claim-over-shares.html.
29. http://corporateeurope.org/revolving-doors/2014/09/hill-finance-commissionershould-be-rejected.
30. Links between government and business: full data, *The Guardian*. http://www.theguardian.com/news/datablog/2011/oct/16/links-government-databusiness-data.
31. Philip Parvin, 'Friend or Foe? Lobbying in British Democracy: A Discussion Paper', *Hansard Society* (2007), p. 10.
32. http://knowhownonprofit.org/leadership/governance/getting-started-ingovernance/the-responsibilities-of-charity-trustees.
33. https://bma.org.uk/news-views-analysis/the-bma-blog/2013/august/newlobbying-rules-could-threaten-free-speech.
34. http://www. ipsos-mori.com/Assets/Docs/Polls/June 2013 Trust_Topline.pdf.

3장 언론귀족의 힘

1. http://d25d2506sfb94s.cloudfront.net/cumulus_uploads/document/w 6 h 1wni29 p/YG-Archive-results-TUC-121212-welfare-benefits.pdf; http://www.tuc.org-uk/social-issues/child-poverty/welfare-and-benefits/tax-credits/support-benefit-cuts-dependent.
2. http://www. ipsos-mori.com/researchpublications/researcharchive/3188/Perceptions-are-not-reality-the-top-10-we-get-wrong.aspx.
3. http://www.publications.parliament.uk/pa/jt 200607/jtselect/jtrights/81/7012202.htm.
4. http://www.themediabriefing.com/article/abc-regional-decline.
5. https://www.gov.uk/government/uploads/system/uploads/attachment_data/file/347915/Elitist_Britain_-_Final.pdf.
6. Roy Greenslade, *Press Gang: How Newspapers Make Profits from Propaganda* (Pan, 2004), p. 455.
7. http://www.theguardian.com/politics/2010/apr/22/cleggmania-nick-cleggnewspaper-attacks.
8. Tim Montgomerie, 'Miliband is a Far Worse Leader than Kinnock', *The Times*, 2 January 2014.
9. http://www.politicshome.com/uk/article/36697/who_authored_that_osborne_speech%3F.html.
10. Peter Oborne, 'A Man of his Times', *The Spectator*, 28 September 2013.
11. Kamal Ahmed, 'We Are in an Anti-Business Funk. It Should Stop', *Sunday Telegraph*, 23 June 2013.

12. https://www.opendemocracy.net/ourbeeb/oliver-huitson/how-bbc-betrayednhs-exclusive-report-on-two-years-of-censorship-and-distorti.

13. http://www.bbc.co.uk/blogs/legacy/theeditors/2009/01/bbc_and_the_gaza_appeal.html.

14. https://theconversation.com/hard-evidence-how-biased-is-the-bbc-17028.

15. J. Lewis, A. Williams, B. Franklin, J. Thomas and N. Mosdell, *The Quality and Independence of British Journalism: Tracking the Changes over 20 Years* (Cardiff, 2008).

4장 민중의 지팡이?

1. http://www.hse.gov.uk/services/police/statistics.htm.

2. Owen Jones, 'The "Spirit of Petrograd"? The 1918 and 1919 Police Strikes', *What Next*, no. 31 (2007).

3. *Hillsborough: The Report of the Hillsborough Independent Panel* (September 2012).

4. http://www.telegraph.co.uk/sport/football/teams/liverpool/9540436/Jack-Straw-expresses-regret-over-failure-of-Hillsborough-review.html.

5. http://www.huffingtonpost.co.uk/peter-g-tatchell/public-order-act-repealsection-5b_1209096.html.

6. 'G20 Protests: Man Who Died during Demonstrations Named as Ian Tomlinson', *Daily Telegraph*, 2 April 2009.

7. http://www.theguardian.com/uk-news/2013/aug/05/ian-tomlinson-familyquest-justice.

8. http://www.ipcc.gov.uk/sites/default/files/Documents/investigation_commissioner_reports/inv_rep_independent_investigation_into_the_death_of_ian_tomlinson_1.pdf.

9. http://www.tomlinsoninquest.org.uk/NR/rdonlyres/37E43E60-01ED-4F3F-9588-FD19ACB2B033/0/150411pm.pdf.

10. http://www.inquest.org.uk/pdf/INQUEST_ian_tomlinson_briefing_jun_2009.pdf.

11. 'G20 Assault: How Metropolitan Police Tried to Manage a Death', *The Guardian*, 9 April 2009.

12. http://content.met.police.uk/News/Public-Statement-and-Deputy-Assistant-Commissioner-de-Brunners-apology-to-the-Tomlinson-family/1400019013635/1257246745756.

13. http://www.theguardian.com/politics/2009/nov/25/police-g20-inquiryreport.

14. 'Kettle Tactics Risk Hillsborough-Style Tragedy—Doctor', *The Guardian*, 19 December 2010.

15. http://www.ohchr.org/en/NewsEvents/Pages/DisplayNews.aspx?NewsID=12945 &LangID=E.

16. 'Trauma of Spy's Girlfriend: "like being raped by the state" ', *The Guardian*, 24 June 2013.

17. http://www.theguardian.com/commentisfree/2013/jun/28/sexual-

behaviourundercover-police.
18. 'Police "smear" Campaign Targeted Stephen Lawrence's Friends and Family', *The Guardian*, 24 June 2013.
19. Ministry of Justice, 'Story of the Prison Population: 1993–2012 England and Wales' (January 2013), p. 1.
20. Equality and Human Rights Commission (EHRC), 'How Fair is Britain? Equality, Human Rights and Good Relations in 2010 ', https://www.gov.uk/government/ publications/how-fair-is-britain-equality-human-rightsand-good-relations-in-2010-the-first-triennial-review (2010), p. 162.
21. EHRC, 'Stop and Think: A Critical Review of Stop and Search Powers in England and Wales' (March 2010).
22. EHRC, 'Race Disproportionality in Stops and Searches under Section 60 of the Criminal Justice and Public Order Act 1994 ', http://www.equalityhumanrights.com/ sites/default/files/documents/research/bp_5 final.pdf (Summer 2012).
23. EHRC, 'Stop and Think Again: Towards Race Equality in Police PACE Stop and Search' (June 2013).
24. http://www.lifeline.org.uk/articles/drug-war-milestone-uk-drug-searchesand-drug-offences-both-reach-record-levels.
25. Owen Jones, 'London Riots–One Year On: Owen Jones Commences a Series of Special Reports', *The Independent*, 23 July 2012.
26. 'Key Macpherson Report Figure Says Met is Still Racist', *The Independent*, 4 January 2012.
27. http://www.ipcc.gov.uk/news/Pages/pr_170713 mps_race_complaints.aspx?auto= True&l1link=pages%2Fnews.aspx&l1title=News%20and%20press&l2link=news%2FPages%2Fdefault.aspx&l2title=Press%20Releases.
28. http://www.inquest.org.uk/statistics/bame-deaths-in-prison; http://www.inquest.org.uk/statistics/bame-deaths-in-police-custody.
29. http://www.publications.parliament.uk/pa/cm201213/cmselect/ cmhaff/494/49411.htm.
30. 'Police Watchdog Criticised for Errors in Investigation into Death in Custody', *The Guardian*, 17 May 2013.
31. *The New York Times*, 1 September 2010.
32. Chris Mullin, 'Don't Let Police Bullies Oust Andrew Mitchell', *The Times*, 16 October 2012.
33. http://www.telegraph.co.uk/news/uknews/law-and-order/11259821/Plebgate-Pc-feels-sorry-for-Andrew-Mitchell.html.

5장 국가에 빨대 꽂기

1. http://www.independent.co.uk/news/business/news/new-patent-law-willhelp-uk-business-8498245.html.
2. http://www.rcuk.ac.uk/Publications/policy/framework/casestudies/Healthy Society/.

3. Mariana Mazzucato, *The Entrepreneurial State* (London, 2011).
4. http://www.cbi.org.uk/media-centre/press-releases/2012/10/gear-changecan-accelerate-the-uk-towards-a-21st-century-road-network/.
5. Andrew Bowman et al., *The Great Train Robbery: Rail Privatization and After*, CRESC report (Manchester, 2013).
6. http://www.ft.com/cms/s/0/fe46ffea-a7f8-11e2-8e5d-00144feabdc0.html.
7. http://www.blog.rippedoffbritons.com/2014/08/graphs-at-glance-east-coastmainline.html?utm_content=buffer0e60b&utm_medium=social&utm_source=twitter.com&utm_campaign=buffer#.VLzyOYd3at8.
8. http://blog.abundancegeneration.com/2013/05/how-much-subsidy-dofossil-fuels-get-in-the-uk-and-why-is-it-more-than-renewables-2/.
9. According to the International Energy Association (IEA), such tax breaks are a type of subsidy.
10. http://blog.abundancegeneration.com/2013/05/how-much-subsidy-do-fossilfuels-get-in-the-uk-and-why-is-it-more-than-renewables-2/.
11. http://www.keepeek.com/Digital-Asset-Management/oecd/environment/inventory-of-estimated-budgetary-support-and-tax-expenditures-forfossil-fuels-2013_9789264187610-en#page368.
12. http://www.telegraph.co.uk/finance/newsbysector/energy/10394243/Hinkley-Point-good-for-Britain-says-Ed-Davey.html.
13. http://www.caat.org.uk/resources/publications/economics/subsidies-sipri-2011.pdf.
14. https://www.caat.org.uk/issues/jobs-economy/subsidies.
15. http://www.channel4.com/news/government-criticised-over-repressive-regimearms-exports.
16. http://www.oecd.org/pisa/pisaproducts/pisainfocus/48482894.pdf
17. David Kynaston, 'Private Schools are Blocking Social Mobility', *Daily Telegraph*, 29 October 2013.
18. http://www.bshf.org/published-information/publication.cfm?thePub ID=5 E017604-15C5-F4C0-99F1DFE5F12DBC2A.
19. http://www.gmb.org.uk/newsroom/landlords-hit-housing-benefit-jackpot.
20. 'Tory Hatchet Man Iain Duncan Smith's Weasel-Worded Letter to Boy who paid Atos Test Killed Dad', *Daily Record*, 24 November 2012.
21. Department for Work and Pensions, 'Contract Management of Medical Services' (October 2012), pp. 6–7.
22. http://www.dailyrecord.co.uk/news/scottish-news/mum-of-three-elenoretold-find-job-2074333.
23. http://diaryofabenefitscrounger.blogspot.co.uk/2012/06/rip-karensherlock.html.
24. http://blogs.mirror.co.uk/investigations/2012/04/32-die-a-week-after-failingin.html.
25. http://www.express.co.uk/news/uk/379841/Rise-in-Atos-rulings-overturnedby-appeals.
26. http://www.bbc.co.uk/news/uk-politics-24548738.

27. http://www.mirror.co.uk/news/uk-news/fears-disabled-brits-firm-takes-4611263.
28. http://www.independent.co.uk/news/uk/politics/senior-atos-executive-findsnew-role-at-the-american-company-taking-over-disability-benefit-9831973.html.
29. http://www.telegraph.co.uk/news/politics/spending-review/10146659/5bn-Work-Programme-worse-than-doing-nothing.html.
30. http://www.channel4.com/news/46m-payout-for-a4e-despite-missing-workprogramme-targets.
31. http://www.theguardian.com/news/blog/2013/oct/30/cait-reilly-poundlandreaders.
32. Richard Crisp and Del Roy Fletcher, 'A Comparative Review of Workfare Programmes in the United States, Canada and Australia' (Department for Work and Pensions, 2008), p. 1.
33. http:www.theguardian.com/society/2012/jun/13/mandatory-work-schemegovernment-research.
34. http://www.24dash.com/news/local_government/2014-12-10-Boris-Johnson-sunpaid-workfare-scheme-halved-chances-of-young-people-finding-work.
35. http://www.theguardian.com/uk/2013/jan/15/statistics-doubt-coalition-500000-jobs.
36. http://tompride.wordpress.com/2013/04/05/oops-homebase-let-cat-out-ofthe-bag-about-using-workfare-to-reduce-wage-bills.
37. http://www.telegraph.co.uk/finance/newsbysector/supportservices/10070425/Timeline-how-G4Ss-bungled-Olympics-security-contractunfolded.html.
38. Oliver Wright, 'Philip Hammond: "Games humanised the face of armed forces"', *The Independent*, 14 August 2012.
39. National Audit Office, 'The Role of Major Contractors in the Delivery of Public Services' (November 2013), p. 6.
40. Christoph Hermann and Jorg Flecker, 'Privatization of Public Services and the Impact on Quality, Employment and Productivity (PIQUE)–Final Report' (Vienna, 2009), p. 98.
41. http://www.britishfuture.org/wp-content/uploads/2013/01/State-of-the-Nation-2013.pdf.
42. http://classonline.org.uk/docs/Class-YouGov_poll_results_28 October_2013.pdf.
43. https://yougov.co.uk/news/2015/01/07/poster-wars/.
44. http://www.dailyecho.co.uk/news/9072355.Care_home_firm_to_axe_3_000_jobs/?ref=rl.
45. http://www.theguardian.com/society/2014/jun/09/financial-strategy-southerncross-care-homes-blamed-deaths-old-people?utm_content=buffer24ef4&utm_medium=social&utm_source=twitter.com&utm_campaign=buffer.
46. Frank Dobson, 'Exorbitant and Wasteful', *The Guardian*, 1 July 2006.
47. http://www.pulsetoday.co.uk/commissioning/commissioning-topics/ccgs/revealed-majority-of-gps-no-more-involved-with-commissioning-underccgs/20002440.article#.U4BZPNzX_wI.

48. https://www.opendemocracy.net/ournhs/alex-nunns/hinchingbrooke-howdisastrous-privatisation-duped-political-class#.VLzfQr1nKws.twitter.
49. According to Professor Allyson Pollock.
50. http://www.politicshome.com/uk/article/82703/rssfeeds.html
51. https://www.opendemocracy.net/ournhs/paul-evans/race-to-privatiseenglands-nhs
52. http://www.catalystcf.co.uk/uploads/Catalyst_Healthcare_2012.pdf.
53. http://www.england.nhs.uk/statistics/statistical-work-areas/bed-availabilityand-occupancy/bed-data-overnight.
54. http://www.theguardian.com/commentisfree/2013/nov/13/nhs-beingdestroyed-labour.
55. https://www.gov.uk/government/policies/making-the-nhs-more-efficient-andless-bureaucratic.
56. Rachel Sylvester, 'Olympic Bandwagon Jumping is a Poor Sport', *The Times*, 24 July 2012.
57. http://www.theguardian.com/society/2013/mar/02/doctors-bemoan-nhsprivatisation-by-stealth.
58. *Daily Mirror*, 20 September 2013.

6장 갑부와 세금포탈범들

1. http://www.ft.com/cms/s/0/46aa42bc-b5d4-11e3-b40e-00144feabdc0.html#axzz3KrfpMlxJ.
2. http://www.northantstelegraph.co.uk/news/top-stories/corby-woman-jailedfor-benefit-fraud-1-5558894.
3. http://www.taxjournal.com/tj/articles/big-four-tax-bosses-unmoved-publicaccounts-committee-grilling-31012013.
4. http://www.accountingweb.co.uk/topic/tax/look-businesss-total-taxcontribution-says-pwc.
5. http://www.civilservice.gov.uk/recruitment/secondments.
6. Derek J. Savoie, *Thatcher, Reagan and Mulroney: In Search of a New Bureaucracy* (Pittsburgh, 2009), p. 252.
7. http://my.civilservice.gov.uk/reform/civil-service-reform-one-year-on/chapter-4.
8. http://hb.betterregulation.com/external/CFC-Reform-Brochure.pdf.
9. https://www.kpmg.com/IE/en/IssuesAndInsights/ArticlesPublications/Documents/Tax/PatentboxJan13.pdf.
10. Public Accounts Committee, Forty-Fourth Report, 'Tax Avoidance: The Role of Large Accountancy Firms' (London, 2013).
11. http://www.theguardian.com/politics/2014/nov/12/pricewaterhousecoopers-taxstructures-politics-infl uence.
12. https://www.youtube.com/watch?v=3w4tcIsaInE.
13. 'Critics Attack Job Moves between Big Four and Government', *The Financial Times*, 28 May 2013.
14. 'Goldman Sachs Let Off Paying £ 10 m Interest on Failed Tax Avoidance Scheme',

The Guardian, 11 October 2011.

15. http://www.judiciary.gov.uk/wp-content/uploads/JCO/Documents/Judgments/uk-uncut-v-hmrc-16052013.pdf.

16. HM Revenue & Customs 2010–11, Accounts: Tax Disputes–Public Accounts Committee.

17. http://www.taxresearch.org.uk/Blog/2015/01/16/hmrc-recovers-up-to-97-forevery-1-it-spends-on-tax-investigations/.

18. Prem Sikka, 'The Predatory Practices of Major Accountancy Firms', *The Guardian*, 8 December 2012.

19. http://www.telegraph.co.uk/news/politics/georgeosborne/9194558/George-Osborne-Im-going-after-the-wealthy-tax-dodgers.html.

20. http://uk.reuters.com/article/2012/10/15/us-britain-starbucks-taxidUKBRE89E0EX20121015.

21. http://www.ft.com/cms/s/0/5aab696e-c447-11e2-9ac0-00144feab7de.html?siteedition=uk#axzz3MGsDJUFc.

22. http://www.telegraph.co.uk/technology/google/10343014/Googles-UKdivision-paid-12m-in-corporation-tax-in-2012.html.

23. http://www.theguardian.com/uk/2013/apr/03/offshore-secrets-offshoretax-haven.

24. http://www.cbpp.org/cms/?fa=view&id=3556.

25. http://www.theguardian.com/politics/2013/sep/24/energy-firms-declarewar-ed-miliband-fuel-freeze.

26. http://www.telegraph.co.uk/finance/newsbysector/energy/10332877/Blackoutscould-happen-next-year-following-Ed-Milibands-price-freeze-vow.html.

27. http://yougov.co.uk/news/2013/09/27/voters-energy-companies-bluffingover-blackouts.

28. http://www.ageuk.org.uk/latest-news/archive/cold-homes-cost-nhs-1-point-36-billion/.

29. http://www.independent.co.uk/environment/green-living/investment-in-greenenergy-falls-to-fouryear-low-8640849.html.

30. http://www.theguardian.com/business/2013/oct/06/energy-lobby-heat-onlabour.

31. https://www.gov.uk/government/uploads/system/uploads/attachment_data/file/240404/foi_13 1175.pdf.

32. David Carrington, 'Energy Lobby Insiders Will Lead Cold War against Labour', *The Observer*, 6 October 2013.

33. Andrew Heywood, 'London for Sale? An Assessment of the Private Housing Market in London and the Impact of Growing Overseas Investment', *The Smith Institute* (July 2012), p. 3.

34. http://www.esopcentre.com/dont-scale-back-brits-and-rm-employees-sayscentre-chairman.

35. http://www.telegraph.co.uk/news/uknews/royal-mail/10373868/Hedge-fundinvesting-in-Royal-Mail-employs-George-Osbornes-friend.html.

36. http://www.resolutionfoundation.org/media/blog/taking-a-local-look-

householddisposable-income.
37. http://www.cipd.co.uk/pm/peoplemanagement/b/weblog/archive/2013/08/12/ fall-in-british-wages-among-worst-in-europe.aspx.
38. See, forexample, http://www.demos.org/publication/retails-hidden-potentialhow-raising-wages-would-benefit-workers-industry-and-overall-ec, http://www.economist.com/blogs/democracyinamerica/2010/12/tax_cuts, http://www.dailyfinance.com/2013/04/05/poor-vs-rich-spending-habits-/, http://www.bloomberg.com/news/2010-09-13/rich-americans-save-moneyfrom-tax-cuts-instead-of-spending-moody-s-says.html.
39. http://www.independent.co.uk/news/uk/politics/the-champagne-flows-inthe-city-7580792.html.
40. http://www.unitetheunion.org/news/research-uncovers-growing-zerohour-subclass-of-insecure-employment.
41. http://www.bbc.co.uk/news/business-26265858.
42. http://www.cipd.co.uk/pressoffice/press-releases/questionable-merit-watering.aspx.
43. http.//www.ft.com/cms/s/o/cb93fa00-1c8b-11e3-a8a3-00144feab7de.html#axzz3NJaNXWur.

7장 우주의 지배자

1. A list of some of the cases of benefit sanctions that have trickled into the press is kept here: http://stupidsanctions.tumblr.com.
2. Andrew Hill, 'The Urge to Punish all Bankers has Gone Far Enough', *The Financial Times*, 25 March 2009.
3. David Kynaston, *City of London: The History* (London, 2011), p. 422.
4. E. H. H. Green, 'The Conservatives and the City', in R. Michie and P. Williamson, *The British Government and the City of London in the Twentieth Century* (Cambridge, 2011), pp. 171–2.
5. Kynaston, *City of London*, p. 542.
6. Jonathan Kirshner, *Appeasing Bankers: Financial Caution on the Road to War* (Princeton, NJ, 2007), p. 165.
7. Kynaston, *City of London*, p. 544.
8. Earl Aaron Reitan, *The Thatcher Revolution: Margaret Thatcher, John Major, Tony Blair and the Transformation of Modern Britain* (London, 2002), p. 86.
9. Ibid., pp. 587–9.
10. Ewald Engelen et al., *After the Great Complacence: Financial Crisis and the Politics of Reform* (Oxford, 2011), p. 147.
11. http://www.nao.org.uk/highlights/taxpayer-support-for-uk-banks-faqs.
12. http://blogs.spectator.co.uk/coffeehouse/2012/08/qe-the-ultimate-subsidyfor-the-rich.
13. http://www.bath.ac.uk/news/2012/10/09/quantitative-easing.
14. http://www.theguardian.com/money/2015/jan/17/cheap-petrol-could-push-infl

ationbelow-zero-election?CMP=share_btn_tw.

15. http://www.theguardian.com/business/2014/jan/08/loans-business-cheaperavailable-bank-england.

16. http://www.theguardian.com/business/2013/jul/23/bank-lending-smallbusiness-falls-postcode.

17. James Meadway, *Why we Need a New Macroeconomic Strategy* (London, 2013), pp. 10–12.

18. http://blogs.spectator.co.uk/coffeehouse/2013/11/the-tories-have-piled-onmore-debt-than-labour.

19. Prem Sikka, 'Five Tips for George Osborne on Banking Reform', *The Guardian*, 26 November 2013.

20. Ian Lyall, *The Street-Smart Trader: An Insider's Guide to the City* (Kindle, 2011), p. 69.

21. http://www.prweek.com/article/1161511/brunswick-tightens-grip-ftse-100-clients.

22. Lyall, *The Street-Smart Trader*, p. 70.

23. http://www.brunswickgroup.com/people/directory/lucy-parker/.

24. http://www.brandrepublic.com/Features/login/804439/.

25. http://www.cityam.com/article/revealed-city-s-most-infl uential-financial-prs.

26. http://www.prweek.com/article/95589/carlton-appoints-finsbury-its-firstfi nancial-pr.

27. Antony Barnett and Jamie Doward, 'The PR Tycoon, a Private Dinner and PM 's Meeting with Euro Lobby Group', *The Observer*, 17 September 2006.

28. Lucy Kellaway, 'The Networker', *Financial Times*, 12 August 2011.

29. http://rlmfinsbury.com/people/david-henderson/.

30. http://www.thebureauinvestigates.com/2012/07/09/revealed-the-93 m-city-lobbymachine.

31. http://www.theguardian.com/commentisfree/2011/oct/31/corporationlondon-city-medieval.

32. 'Conservative Party Links to Fat Cat Bankers Revealed by Daily Mirror Investigation', *Daily Mirror*, 10 January 2011.

33. http://www.bankofengland.co.uk/about/Pages/people/biographies/sharp.aspx.

34. http://www.cps.org.uk/about/board/richard-sharp.

35. http://www.csap.cam.ac.uk/network/tim-luke.

8장 주권이라는 환상

1. Sylvia Ellis, Britain, *America and the Vietnam War* (Westport, CT, 2004), p. 161.

2. Eugenie M. Blang, *Allies at Odds: America, Europe, and Vietnam, 1961–1968* (Lanham, MD, 2011), pp. 165–6.

3. Daniel Bell, *The Radical Right* (New York, 1964), p. 466.

4. Tim Hames and Richard Feasey, ' Anglo-American Think Tanks under Reagan and Thatcher', in A. Adonis and T. Hames, *A Conservative Revolution?: The Thatcher-Reagan Decade in Perspective* (Manchester, 1993), p. 221.

5. http ://www.margaretthatcher.org/commentary/displaydocument.asp?docid=
109427.
6. Christopher Meyer, *DC Confidential* (London, 2005), p. 1.
7. 'Blair and Bush Planned Iraq War without Second UN Vote, Letter Shows', *The Guardian*, 29 August 2011.
8. http://www.iraqinquiry.org.uk/media/51794/20110125-turnbull-final. pdf.
9. 'Annan Says Iraq War Was "Illegal" ', *The New York Times*, 16 September 2004.
10. 'Bush Officials Devise a Broad Plan for Free-Market Economy in Iraq', *The Washington Post*, 1 May 2003.
11. http://www.theguardian.com/politics/2009/mar/19/police-brutatlity-racism.
12. http://www. business-humanrights.org/Links/Repository/1019754.
13. http://rogerhelmermep.wordpress.com/2013/03/18/breakfast-at-t-tip-nottiffanys.
14. Fraser Nelson, 'It May Take the EU to Save this Country from Ed Miliband's Economic Agenda', *Daily Telegraph*, 16 January 2014.
15. http://corporateeurope.org/revolving-doors/2011/12/eu-officials-goingthrough-brussels-revolving-door-lobby-industry-exposed.
16. http://corporateeurope.org/lobbycracy/2013/11/amazon-lobbying-weakendata-privacy-rights-refusing-lobby-transparency.
17. http://www.europarl.europa.eu/aboutparliament/en/007c895f4c/Powersand-procedures.html.

결론—민주혁명을 위하여

1. http://www.thesundaytimes.co.uk/sto/public/richlist.
2. http://www.independent.co.uk/news/uk/politics/nigel-farage-nhs-might-have-to-bereplaced-by-private-health-insurance-9988904.html.
3. http://www.hopenothate.org.uk/ukip/ukip-business-spokesman-wants-toabolish-workers-rights-3698.
4. http://classonline.org.uk/docs/Class-YouGov_poll_results_28 October_ 2013.pdf.
5. http://cdn.yougov.com/cumulus_uploads/document/ww4o7wko1q/WebVersion_Democracy%20in%20Britain%20A5.pdf.
6. James Meadway, *Why We Need a New Macroeconomic Strategy* (London, 2013).
7. Ibid., p. 26.
8. http://www.equalitytrust.org.uk/sites/default/files/attachments/resources/Unfair%20and%20Unclear.pdf.
9. http://classonline.org.uk/docs/YouGov-Class_Polling_Results_120522 Economic_Policies.pdf.

옮긴이의 말

영국 전통의 엘리트 양성소인 옥스포드대학에서 역사학을 전공했으며 『가디언』을 비롯한 여러 신문에 기고하고, BBC처럼 유명한 TV와 라디오 방송에 자주 출연하는 젊은이가 '기득권층'을 비판하는 책을 썼다고 하면 그저 맥 빠지는 자기반성에 그치겠거니 하는 편견이 앞설지도 모른다. 그러나 전작이자 첫 단행본 『차브』를 통해 일상에서 폭넓게 작동하는 노동계급의 악마화 문제를 속속들이 파헤쳐 찬사를 받은 오언 존스는 이 책에서도 기득권층의 문제를 거침없이 탐구한다. 그가 보기에 자신의 위치는 기득권층에게 접근하고 그들의 이야기를 들을 수 있게 해준다는 점에서 어느 정도 특권적일 수는 있지만, 그럼에도 이 점이 기득권에 대한 비판을 불가능하게 할 모순점이거나 자신을 기득권의 테두리 안에 넣을 이유는 되지 못한다고 단언한다.

'기득권층'에 대한 반감은 꽤 널리 퍼져 있음에도 불구하고 정작 그 기득권층이 누구이고, 어떤 사람들이며, 기득권이 어떻게 작동하는지는 오랫동안 불투명하게 남겨져 있었다. 저자가 보기에, 그러한 불투명성은 기득권에 대한 의미있는 도전을 더욱 지연시킨다. 군주가 부여하는 작위가 아직 존재하며 사회 계층·계급간 분리가 어느 정도 가시적인 영국에서, 기득권층이란 세습된 부와 작위를 가지고 태어나 이튼 칼리지-옥스브리지를 졸업한 상류계급 인사와 그들의 관계망 정도로 생각되기 쉽다. 실제로 기득권을 뜻하는 영어단어 'establishment'가 오늘날과 같은 용례로 쓰이는 데 큰 영향을 미친 1950년대 칼럼니스트 헨리 페얼리는 영국 귀족 및 상류계급의 인맥을 통해 작동하는 폐쇄적이고 배타적인 특권을 가리키는 말로 기득권이라는 용어를 사용했다.

오언 존스는 기득권의 그러한 정의가 충분하지 못하다고 생각한다. 기득권층은 시대에 따라 변하는 유동적인 집단이기에 세습된 신분만으로 정의될 수 없다. 저자가 보는 현 기득권층의 핵심 요소는 대처리즘 이후 정착된 현 영국의 사회적 합의를 불변의 상식으로 여기며, 거기에 도전하는 모든 생각과 행동을 극단적이고 비현실적인 것으로 규정하는 일련의 사고방식이다. 이 사고방식은 경제적일 뿐 아니라 도덕적이기도 한 일련의 내러티브를 생산해낸다. 예를 들면, '개인의 자유로운 욕망 추구가 사회 발전의 원동력이다. 뛰어난 능력을 가진 비범한 기업인과 금융인이 나머지 무능한 인구를 부양할 부를 생산하므로 그들에게 충분한 보상이 있어야 한다. 시장이 다 알아서 최선의 길을 찾는다. 국가는 개인의 자유를 침해하고, 각종 규제로 뛰어난 개인들의 재능 발휘를 방해할 뿐이다. 국영사업은 민간에 비해 비효율적이고 경쟁력이 떨어진다'와 같은 견해가 그것이다. 이와 동시에, 자유시장의 작동을 방해하고 교란하는 국가개입(복지와 같은)과 노동운동 등은 타파해야 할 적으로 악마화된다. 이들의 서사는 결국 대처의 개혁이 복지국가와 노동조합이 일으킨 '영국병'(British disease)의 끔찍한 비효율성에서 영국을 구해냈다는 것이다. 동시에 실업급여나 장애연금을 비롯한 국가보조금 수령자들(이민자를 포함한)은 기업가가 창출한 부를 좀먹는 쓸모없는 존재이자, 실질임금 삭감과 생활수준 악화에 끊임없이 시달리는 영국인들의 분노를 돌릴 좋은 표적이 된다. 이런 서사에서 조금이라도 벗어난다면 사회적·학문적·정치적 주류로 진입할 수 없을뿐더러 경청할 만한 소수의견으로 여겨지기조차 힘들 정도로, 이는 영국 사회의 굳건한 주류 내러티브로 자리잡았다고 저자는 말한다.

그러나 논리정연해 보이는 기득권층의 설명은 이미 널리 통용되고 있기에 그것이 비교적 새롭게 나타난 내러티브라는 점을 잊기 쉽다. 저자가 세심하게 상기시키는바, 20세기 중반까지만 해도 영국은 사회민주주의적 좌파와 온정주의적 복지국가에 공감하는 주류 우파가 권력을 겨루는 국가였다. 당시만 해도 민영화와 부자 감세를 포함한 현 기득권의 상식들은 지나치게 극단적이고, 너무나 과격해서 현실성이 없는 몽상으로나 여겨졌다. 그 사실을 직시할 때 비로소 대처리즘의 실체 또한 바로 보인다. 대처리즘은 단순히 그 '개혁'의 적시성과 과단성 덕분에 성공한 것이 아니다. 그것은 근본적으로 논쟁이 일어나는 지형 자체를 바꾸고 무엇이 중도이고 무엇이 극단으로 규정되는지를, 즉 사회적 합의를 바꿔내는 지각변동이었던 것이다. 대중이 받아들일

만한 의견의 테두리를 지칭하는 '오버턴의 창'을 옮기는 사상적 작업
이 뒷받침되었기에 대처리즘은 영국 사회의 상식으로 지속되어, 심지
어 신노동당 같은 그들의 정치적 반대파마저 대처리즘이 주조해낸 용
어와 한계 속에 자신들을 가두게 된다.

따라서 대처라는 카리스마적 인물 한 명이 갑자기 등장해 영국을
장악했다기보다, 적어도 프리드리히 하이에크까지 거슬러 올라가는
이 투쟁에 몸을 던진 이론적 선각자(outriders, 본문에서는 '선동자'로 번역됨)들
이 한 세대 이전부터 이미 등장을 예비했던 것이다. 저자는 바로 그 선
각자들의 기원까지 거슬러 올라가, 오늘날까지 유지되는 기득권층의
합의가 영국에서 작동하는 방식을 탐구한다. 정치인과 언론인에서부
터 경찰과 같은 관료들까지도 폭넓게 동조하며 그 유지에 힘을 보태는
기득권층 선각자들의 사상 덕분에 사기업들은 공공서비스를 넘겨받
아 비효율적으로 운영하며 이윤을 추구하고, 그러면서도 세금을 부당
한 비용인 것처럼 회피하며, 금융가들은 규제받지 않고 이윤을 추구할
수 있었다. 기득권의 대항세력이 자신들을 의미있는 대안으로 자리매
김하는 데 실패함에 따라, 이러한 체제에 만족하지 못하는 사람들마저
도 대안은 없다는 체념에 깊이 빠지고, 이는 다시 기득권과 그들의 사
상을 강화한다. 저자는 민영화-감세가 효율성을 증진시킨다는 신자유
주의 도그마, 일하기 싫어하는 노동계급이 부정하게 세금을 타내기 때
문에 영국이 만성 적자에 시달리다가 경제위기의 늪에 빠졌다는 내러
티브 등의 허구성을 풍부하고 자세한 실례와 함께, 샅샅이 파헤친다.

그러나 이 책의 비범함은 단순히 오늘날 통용되는 지배적 내러티브
이면에 숨겨진 역사성을 밝혀낸 데 그치지 않는다. 저자는 사상의 확

산과 통용이 이루어진 역사와 함께 그 양태와 영향을 살아 있는 사람들의 목소리로 분석한다. 선각자들은 위기의 시대에 대안적 가치를 제시하고, 추상적 이념과 구체적 실현방안을 다각도로 연구했으며, 그들의 사상으로부터 얻을 것이 있는 이익집단의 동의와 지지를 구했다. 이 책은 선각자들의 사고 실험이 통치이념이 된 지금 영국을 사는 사람들의 이야기를 전한다. 존스는 힐즈버러 참사의 유족부터 영국 하원의원과 상원의원까지, 4대 회계법인 중역에서부터 불심검문에 노출된 흑인 피해자와 구직수당을 받은 경험이 있는 전 실업자에 이르기까지 다양한 목소리를 인용하고 있다. 그 인용은 특정인을 악마화하거나 반대로 도덕적으로 무조건 정당한 피해자로 만들지 않는다. 오히려, 저자는 백인, 비장애인, 남성, 성소수자 등으로 표현되는 자신의 자리를 부정하거나 망각하지 않으면서 동시에 그들에게 공감하고, 반박하고, 동의하고, 논쟁한다. 그리고 그러한 분석을 바탕으로, 저자는 기득권층의 선각자들이 해냈던 것을 지금 기득권의 반대자들이 해내야 할 것이며, 따라서 현재 기득권의 반대자들은 선각자들과 같은 위치에 있다고 말한다. 저자는 선각자들이 주변부였을 때조차 잃지 않았던 신념과 낙관성, 끈기가 현재 학계의 상대적 주변부로 밀려난 장하준 같은 학자들의 쾌활함을 닮아 있다고 평한다. 그리고 어떤 의미에서 그것은 저자 자신의 모습이기도 하다. 기득권의 선각자들이 수세에 몰렸을 무렵 19세기 자유주의를 향수했다면, 존스는 20세기 중반 이후 복지국가 모델의 성취와 성과를 돌아보며 그보다 더 앞으로 나아갈 힘을 구한다.

 그래서, 아이러니하게도, 존스의 이야기는 선각자들의 내러티브에 대한 가장 철저한 반박임과 동시에 그들에게 보내는 찬사다. 수도 적고 현실성 없는 몽상가들, 한줌의 극단주의자들이 고안한 사상이 오늘날 영국의 지배이념이 되었다면 그 반대도 가능하지 않겠는가. 이제 지배이념의 승리는 좌파가 절망해야 할 사건이 아니다. 그것은 오늘날 현 기득권의 반대자들에게 용기를 주는 선례다.

저자에 따르면, 선각자들은 일관적인 메시지를 반복하며 현 체제에 대한 체계적인 대안을 설계하는 데 골몰하여 마침내 위기를 기회로 전환시키는 데 성공했다. 그 역사를 상기하는 것은 그들의 성공 행보에 시작이 있었듯 끝이 있을 것이라는 점을 일깨워준다. 그러나 저자가 주지하듯이, 기득권의 반대편에 있는 이들은 2008년 경제위기 당시 그와 같은 성공을 거두지 못했다. 보호무역주의를 앞세운 트럼프가 대통령으로 당선되고 유럽연합이 흔들리며, 국경의 장벽 없는 자본의 이동과 수탈을 규제하고자 하는 열망이 들끓는 지금은 확실히 기존 기득권의 위기일지도 모른다. 그러나 기득권에 대한 반감은 체제를 변혁하고자 하는 열망이 되기는커녕 오히려 반이민과 같은 극우주의 포퓰리즘의 자양분이 되는 것이 아직까지의 현실이다. 한편, 한국에서는 한동안 '금수저'라는 말이 인터넷과 신문지상을 풍미했다. 원망과 선망이 섞인 형태로 금수저가 호명될 때, 거기에는 한편으로 신분상승과 자수성가의 신화가 더이상 지탱 불가능하다는 현실 직시가 존재하는 동시에 그같은 현실을 바꿀 수는 없다는 체념도 엿보인다.

이처럼, 기존 기득권의 반대자들은 또다른 실패를 목전에 두고 있는지도 모른다. 그러나 바로 이런 때야말로 이 책이 필요한 시점이다. 공교롭게도 이 책이 영국에서 출판되고 한국어 번역 과정을 거치는 동안 브렉시트 가결이나 트럼프의 당선 같은 굵직한 사건들이 일어났다. 이런 시대에, 이 책은 세상을 바꾸는 일이 가능하며 실제로 일어났었다는 사실을 상기시키고, 지금 자연스러운 상식으로 받아들여지는 것을 주조하고 전파한 이들에 대한 값진 통찰을 제시한다. 저자가 기대고 있는 영국의 역사적 자산과 그다지 가깝지 않은 한국의 현실을 사는 사람에게도, 심지어 저자의 정치관에 동의하지 않는 사람에게도 이 책은 귀한 참고점을 선물하리라 생각한다.

책을 번역하는 와중에 일일이 열거할 수 없을 만큼 많은 도움을 받았으나, 좋은 동료 연구자이자 조언자로 함께해준 루인과 영국의 기득권층을 한국의 '금수저'와 병렬하는 지혜를 통해 이 책을 읽어낼 통찰을 보태주신 이유진 선생님, 항상 곁에서 힘을 전해준 고양이 둘리와 개 아리, 원고 정리작업을 도와준 동생 은영과 늦어지는 작업을 너그럽게 기다려주신 북인더갭 안병률 대표님을 비롯한 출판사 여러분께 감사를 전한다.

2017년 3월
조은혜

기득권층

초판 1쇄 발행 2017년 3월 30일
초판 2쇄 발행 2017년 5월 5일

지은이 오언 존스
옮긴이 조은혜
펴낸이 안병률
펴낸곳 북인더갭
등록 제396-2010-000040호
주소 410-906 경기도 고양시 일산동구 고봉로 20-32, B동 617호
전화 031-901-8268
팩스 031-901-8280
홈페이지 www.bookinthegap.com
이메일 mokdong70@hanmail.net

ⓒ 북인더갭 2017
ISBN 979-11-85359-23-6 03330

이 도서의 국립중앙도서관 출판예정도서목록(CIP)은
서지정보유통지원시스템 홈페이지(http://seoji.nl.go.kr)와
국가자료공동목록시스템(http://www.nl.go.kr/kolisnet)에서 이용하실 수 있습니다.
(CIP제어번호: CIP2017006359)